旅游景区服务与管理

主编◎琚胜利
副主编◎尚群 王伯启 许广路 王春华 何郑莹 杨淇深

LÜYOU JINGQU FUWU YU GUANLI

北京·旅游教育出版社

图书在版编目（CIP）数据

旅游景区服务与管理 / 琚胜利主编. -- 北京：旅游教育出版社，2023.4（2025.7 重印）

ISBN 978-7-5637-4540-1

Ⅰ. ①旅… Ⅱ. ①琚… Ⅲ. ①旅游区－商业服务－高等职业教育－教材②旅游区－经济管理－高等职业教育－教材 Ⅳ. ①F590

中国国家版本馆CIP数据核字(2023)第013684号

旅游景区服务与管理

主　编　琚胜利

副主编　尚　群　王伯启　许广路　王春华　何郑莹　杨淇深

策　　划	施云峰
责任编辑	贾东丽
出版单位	旅游教育出版社
地　　址	北京市朝阳区定福庄南里1号
邮　　编	100024
发行电话	（010）65778403　65728372　65767462（传真）
本社网址	www.tepcb.com
E - mail	tepfx@163.com
排版单位	北京旅教文化传播有限公司
印刷单位	唐山玺诚印务有限公司
经销单位	新华书店
开　　本	710毫米×1000毫米　1/16
印　　张	25
字　　数	352千字
版　　次	2023年4月第1版
印　　次	2025年7月第2次印刷
定　　价	49.00元

（图书如有装订差错请与发行部联系）

前　言

旅游业、旅游企业的可持续发展关键在于人才，培养具有旅游职业素养和能力的知行合一的高素质技术技能型人才是旅游高等职业院校义不容辞的责任。教材作为人才培养、教学过程的重要载体，对提高人才培养质量具有十分重要的作用，编写出一本具有现代职教理念和时代特色、契合旅游产业发展需求和高职专业人才培养特点的《旅游景区服务与管理》教材，是本书编写团队的目标。

纵观现有市场关于《旅游景区服务与管理》教材的建设现状，多有不足。第一，教材内容陈旧，不符合旅游景区业态发展需要。第二，没有体现思政课程的元素，课程思政的表现形式不足。在新发展阶段、新发展格局、新发展理念背景下的《旅游景区服务与管理》课程知识体系构建应与课程思政内容相结合。而现有出版的教材中，几乎没有哪本教材将课程思政元素融入课程体系，以至于课程内容体系、结构框架、培养目标、培养途径都落后于新时代对人才培养的要求。第三，大多数教材的配套资源没有实现智慧化、立体化，课程资源较缺乏。

旅游景区服务与管理是旅游管理专业核心课程，它是学生从一个初级服务工作人员成长为中级服务工作人员和初中级管理人员必须学习的一门专业技能课程。本教材编写团队成员都是双师型教师，拥有多年该课程的教学和实践经验，积累了丰富的教学素材。

本教材针对高职高专旅游人才培养的特色及要求，立足于学生职业生涯发展和成长成才规律，体现"学生主体""就业导向""职业素养和能力提升"的职教育人理念，采取"项目导向""任务驱动""自学与团队学习"相结合等形式，将行业的新技术、新工艺、新规范作为内容模块融入教材。教材每个项目都明确了课程思政培养目标，突出课程思政主题。根据课程体系与内容特点，培养学生爱祖国、爱人民、爱优秀传统文化的情感，以及敬业、精益、专注、创新的工匠精神。教材从红色文化与红色精神，中华优秀传统文化思想，旅游景区服务中的大国工匠精神等方面凸显思政主题。线上与线下，课内与课外，思政思想芳香弥漫。教学过程中，以二维码、微视频、音频、动漫、图画等形式将课程资源体现出来，通过云课堂、线下实训、课堂互动、课外实践等形式让学生学习掌握，并将学生学习情况纳入考核体系。

全书共分为九个项目，每个项目都相对独立地形成一个研究专题，从理实一体、教学做一体出发，通过项目化教学、任务化驱动，在强化理论知识要点掌握、积累的同时，强化职业技能、职业素养的培养和训练，从而提高教材的科学性、规范性、可读性和实用性。

本书由琚胜利老师进行总体设计、统稿和审订工作。项目编写的具体分工是：项目一认识旅游景区由琚胜利（江苏经贸职业技术学院教授）负责，项目二旅游景区等级、产品与业态划分由尚群（江苏经贸职业技术学院讲师）负责，项目三旅游景区接待服务由王伯启（江苏经贸职业技术学院讲师）负责，项目四旅游景区商业服务由尚群负责，项目五旅游景区解说服务由许广路（江苏经贸职业技术学院副教授）负责，项目六旅游景区营销管理由许广路负责，项目七旅游景区游客管理由王春华（江苏经贸职业技术学院副教授）负责，项目八旅游景区环境与资源管理由王伯启负责，项目九旅游景区安全管理由何郑莹（江苏经贸职业技术学院讲师、博士）负责，相关典型案例、拓展素材由杨淇深（江苏尔目文旅集团董事长）负责。

本书受到江苏高校"青蓝工程"优秀教学团队（苏教师函〔2020〕10号）、江苏高校哲学社会科学优秀创新团队（苏教社政函〔2020〕20号）项目资助。本书既可作为高职高专院校旅游大类、财经大类、管理大类专业的教材或参考书，也可供五年制高等职业院校、中等职业学校的教师使用，同时可作为旅游企业的培训用书和旅游景区从业人员的自学用书。

目 录

项目一　认识旅游景区 ··· 1
任务一　旅游景区发展概述 ·· 2
任务二　旅游景区类型解析 ·· 15
任务三　旅游景区服务与管理认知 ···································· 33

项目二　旅游景区等级、产品与业态划分 ······················ 47
任务一　旅游景区等级认知 ·· 48
任务二　旅游景区产品分类 ·· 60
任务三　旅游景区业态分类 ·· 69

项目三　旅游景区接待服务 ··· 87
任务一　旅游景区优质服务认知 ······································ 89
任务二　旅游景区门票服务 ·· 97
任务三　旅游景区咨询服务 ·· 113
任务四　旅游景区投诉服务 ·· 120
任务五　智慧景区与接待服务 ··· 131

项目四　旅游景区商业服务 ··· 141
任务一　旅游景区餐饮服务 ·· 143
任务二　旅游景区住宿服务 ·· 150
任务三　旅游景区交通服务 ·· 162
任务四　旅游景区娱乐服务 ·· 168

任务五　旅游景区购物服务……………………………………………… 175

项目五　旅游景区解说服务 ……………………………………………… 187
　　任务一　旅游景区解说服务概述 ………………………………………… 188
　　任务二　旅游景区讲解员解说服务 ……………………………………… 197
　　任务三　旅游景区自助式解说服务 ……………………………………… 216

项目六　旅游景区营销管理 ……………………………………………… 227
　　任务一　旅游景区营销认知 ……………………………………………… 228
　　任务二　旅游景区市场调查和分析 ……………………………………… 239
　　任务三　旅游景区形象策划及节事活动营销 …………………………… 255

项目七　旅游景区游客管理 ……………………………………………… 269
　　任务一　游客行为管理 …………………………………………………… 270
　　任务二　游客满意度管理 ………………………………………………… 289

项目八　旅游景区环境与资源管理 ……………………………………… 307
　　任务一　旅游景区环境与卫生管理 ……………………………………… 308
　　任务二　旅游景区环境容量管理 ………………………………………… 321
　　任务三　旅游景区资源管理 ……………………………………………… 331

项目九　旅游景区安全管理 ……………………………………………… 353
　　任务一　旅游景区安全事故形态及类型 ………………………………… 354
　　任务二　旅游景区日常安全管理 ………………………………………… 364
　　任务三　旅游景区突发事故的应急处理 ………………………………… 376

参考文献 …………………………………………………………………… 388

项目一　认识旅游景区

知识目标：

- 熟悉我国旅游景区业发展概况。
- 了解旅游景区业发展趋势。
- 掌握旅游景区基本内涵。
- 认知旅游景区服务与管理全流程。

能力目标：

- 能够辨析不同旅游景区类型。
- 能够判断景区发展趋势，寻找创业、就业机会。
- 能够初步判断自己在旅游景区业中的职业适应性。

素质目标：

- 能够依据本章所介绍的知识，对不同类型景区的管理特点和服务进行比较分析。
- 能动态分析旅游景区出现的新特点和发展趋势。

思政目标：

- 树立旅游景区从业人员职业自信心。
- 树立民族文化自豪感。
- 确立景区领域就业、创业方向。

思维导图

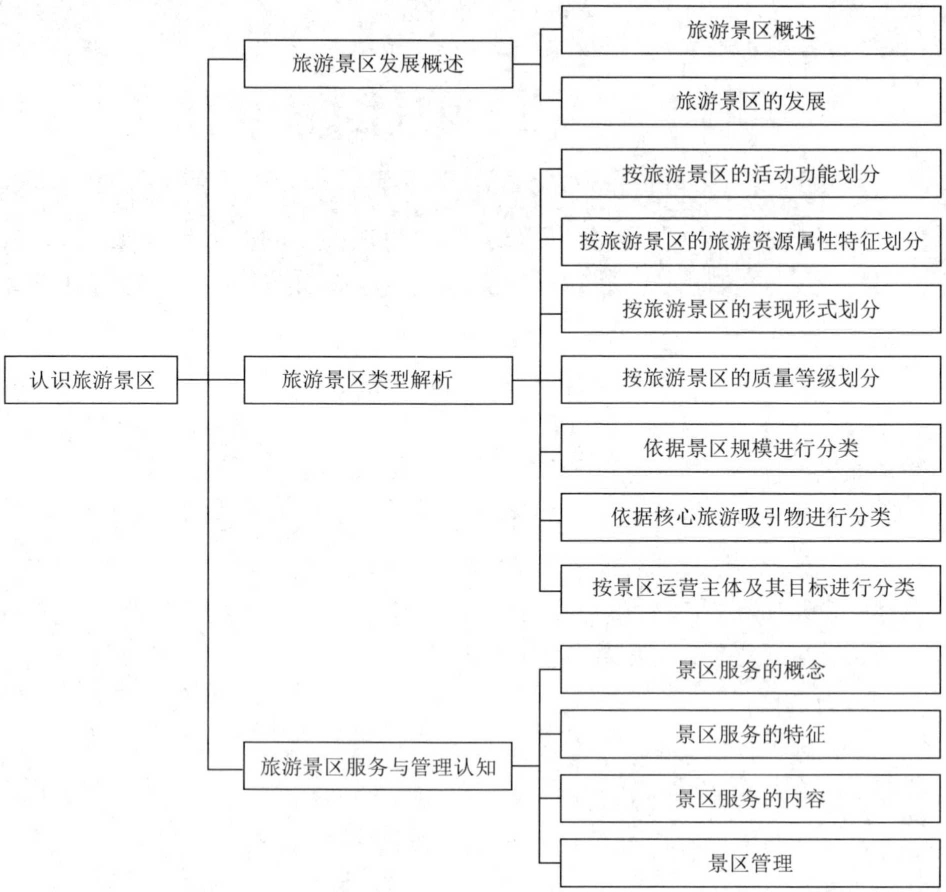

```
认识旅游景区
├── 旅游景区发展概述
│   ├── 旅游景区概述
│   └── 旅游景区的发展
├── 旅游景区类型解析
│   ├── 按旅游景区的活动功能划分
│   ├── 按旅游景区的旅游资源属性特征划分
│   ├── 按旅游景区的表现形式划分
│   ├── 按旅游景区的质量等级划分
│   ├── 依据景区规模进行分类
│   ├── 依据核心旅游吸引物进行分类
│   └── 按景区运营主体及其目标进行分类
└── 旅游景区服务与管理认知
    ├── 景区服务的概念
    ├── 景区服务的特征
    ├── 景区服务的内容
    └── 景区管理
```

任务一　旅游景区发展概述

【引例】

江苏省旅游景区发展迅速

江苏省文化和旅游厅官网数字文旅栏目显示,到 2022 年底,江苏省 5A

级景区达到 25 个，4A 级景区达到 208 个，3A 级景区达到 265 个，2A 级景区达到 102 个。景区类型丰富，特色鲜明。覆盖自然生态、历史文化、乡村田园、主题乐园、工业旅游、博物馆等景区类型，农家乐专业村、田园综合体、休闲度假、运动康养等主题的旅游景区新业态增长迅速，文旅融合、农旅融合、城乡融合、景城融合趋势明显。景区在地域分布上日益均衡，苏北、苏中地区景区数量增长速度明显加快，景区不仅局限于大城市周边，小城镇周边、乡村地区不同类型的景区发展呈现类型多样及快速化增长态势。旅游景区的发展在促进生态环境改善、民生就业、经济发展、文化传承等方面起着积极作用。

思考：我国 A 级旅游景区分为几个等级？每种等级景区有什么要求？

旅游景区作为旅游产业的核心载体，是旅游系统中最重要的组成部分，是旅游者出游的空间载体，也是吸引旅游者做出旅游决策的原动力，它们对旅游者形成的直接吸引力使旅游活动得以成行。旅游景区是游客完成旅游体验活动的重要场所，景区旅游的体验效果决定着游客整体旅游体验的质量。

旅游景区是旅游业的主要旅游供给和发展先决条件。文化和旅游部数据显示，2011—2019 年，我国国内旅游人次由 26.41 亿人次增至 60.06 亿人次，旅游收入由 19 305 亿元增至 57 251 亿元。2020 年受新冠疫情限制，国内旅游人数下滑至 28.79 亿人次，旅游收入为 22 286 亿元。随着疫情的持续好转，出行限制不断降低，居民旅游意愿将逐步上升。

截至 2020 年末，全国共有 A 级旅游景区 13 332 个，其中 5A 级旅游景区 302 个，4A 级旅游景区 4030 个，3A 级旅游景区 6931 个，2A、1A 级旅游景区合计 2069 个。

随着文化和旅游融合的场景化、科技旅游的产品化，旅游景区已经成为人们感受文化之美、增强文化自信的常态化生活新空间，也是温暖向上的力量。大众旅游时代，旅游景区是旅游的核心载体，小康旅游时代，旅游景区则有可能是包含所有生活内容的吸引物。不断满足游客美好生活需求、持续进行内容创造创新的旅游景区是有着无限未来的景区。随着旅游业的发展，旅游景区也在迅速发展，而且出现了许多新的特点和发展趋势。对旅游景区有一个基本认识才能更加深入地理解景区服务与管理。

一、旅游景区概述

到目前为止，国内外均没有一个一致认可的旅游景区定义，且不少名词又易于与景区概念混淆。根据这一现状，我们从权威的定义入手，分析旅游景区的概念、特点，并阐述旅游景区的发展历程和发展趋势。

（一）旅游景区概念

关于景区定义，国内学者的代表性观点有：

杨正泰（1999）提出，旅游景点、景区是旅游者到达旅游目的地之后的重要活动场所，泛指具有一定自然或人文景观，可供游人游览并满足某种旅游经历的空间环境。

谢彦君（1999）提出，旅游观赏业是旅游业的核心成分，以向旅游者提供观赏娱乐产品（核心旅游产品）为其基本产业职能，其典型的企业形式是景区景点和有突出特色吸引力的娱乐场所。

王德刚（2000）提出，旅游景区是以旅游资源或一定的景观、娱乐设施为主体，开展参观游览、娱乐休闲、康体健身、科学考察、文化教育等活动和服务的一切场所和设施。

张凌云（2004）提出，旅游景区是以吸引游客为目的，根据游客接待情况进行管理，为游客提供一种快乐、愉悦和审美的体验并开发潜在市场需求，提供相应设施和服务，有较明确范围边界和一定空间尺度的场所、设施或活动项目。

为了便于理解，本书借鉴《中华人民共和国旅游法》中关于景区的定义，把旅游景区定义为：由具有某种或多种价值，能够吸引游客前来观光、游览、休闲、度假的自然景物、人文景观以及能够满足游客需要的旅游设施构成的，具有明确具体空间界限的多元环境空间和经营实体，有明确的管理界限的场所或者区域，并通过对游客进行管理和提供服务，达到营利或保护目的的旅行游览场所。

（二）旅游景区特征

旅游景区一般有以下特征。

（1）具有明确的环境空间界限：形成固定的、范围确定的经营服务场所，有明确的管理界限的场所或者区域。服务空间一般表现为门票限定范围空间。有固定的出入口，通过对出入的管理达到盈利和保护目的。

（2）旅游吸引物：旅游吸引物（Attraction）是能够满足游客旅游体验需要的各种事物和因素，是吸引游客前往该景区的最根本要素。无论是自然旅游资源还是人文旅游资源，都必须对旅游者具有较强吸引力，并以这种特定吸引物的文化内涵和活动内容而区别于其他不同的旅游景区。旅游吸引物可以是物质的，也可以是非物质的。旅游吸引物主要有两类，一类是一切物质的自然和人文旅游景观，诸如山岳、水体、生物、建筑、寺观、田园风光、民俗村寨、主题公园等；另一类是活动类，是指某地将要或正在进行的具有吸引力的活动或事件，如奥运会、博览会、服装节、泼水节等，以及舒适宜人的环境、文学艺术中描绘的一种意境等。这些吸引物能够供人们欣赏、游览或从事娱乐活动。

（3）旅游接待条件：通常包括两类——基础设施和接待服务设施。其中基础设施有门禁设施、交通设施、水电气热供应设施、排污设施、信息设施、环卫设施和风险防范设施等；接待服务设施则包括住宿设施、餐饮设施、购物设施、康乐设施、标识设施、环境景观设施、休憩设施、环境保护设施和生态保护设施。

（4）旅游景区经营管理机构与人员：从旅游经济的角度来看，任何一个旅游景区都是一个经济单元。内部有一个管理主体，对景区的资源开发保护、经营服务进行统一管理。它是旅游景区的经营主体，也是旅游景区产品的供给方。它可能是政府机构、行业主管机构、多部门联合的机构或独立的法人管理主体。旅游景区是有确切范围和行政组织的独立管理体，像任何一个有组织机构的单位一样，景区必须配备能够使组织运转的管理和服务人员，这些人员包括高层管理人员、中层管理人员、基层管理人员和一线员工。其中，高层管理人员，即景区的董事长、总经理、副总经理等，对景区发展战略、经营管理全面负责。中层管理人员，如各部门经理、各部门负责人等，他们在景区经营管理方面承上启下，既是本层面运行的决策者，又是执行者，他们要带领团队完成各项工作任务，对景区服务质量水平和景区竞争力的提高至关重要。基层管理人员，如领班、组长等，他们既是景区整体利益的代表，又是其下属员工利益的代表。一线员工，分为以下三类：①技术人员，如工程技术人员、园艺师、设备维修人员和专用设备技术人员以及演职人员等；

②服务人员，包括售票员、验票员、讲解员、咨询员、售货员等；③其他工作人员，如保安人员、景区内售票员、验票员、咨询人员、受理投诉人员、餐厅服务员、商店服务员等直接为游客提供服务的人员。

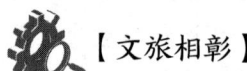【文旅相彰】

2021年中国红色旅游发展势头强劲

2021年年底，中国旅游研究院和马蜂窝自由行大数据联合实验室发布《中国红色旅游消费大数据报告（2021）》。报告显示，2021年参与的调查者中，41.7%的游客参加红色旅游的次数达到3次以上。其中，7.1%的游客参加红色旅游的次数超过5次，40%以上的游客经常、自主选择红色景区参观学习。报告指出，2021年游客对红色旅游目的地红色文化氛围的评价，"满意"等级以上的比例为94.5%，其中，"非常满意"和"较满意"的比例达到79.1%。

报告显示，2021年游客喜爱的"红色+"融合业态中，游客最喜爱的是"红色+影视"，其次是"红色+体育运动项目"和"红色+动漫/游戏"，这三项总占比为40%。在具体项目中，2021年游客最喜爱的红色旅游项目的类型中，排名第一、第二的分别为红色民宿、红色实景演出，两项占比均接近20%。

报告指出，2021年我国红色旅游发展势头强劲，2021年1月以来，"红色旅游"搜索热度与上年同期相比，北京以涨幅316%排名第一，湖南、吉林两省分别以热度涨幅202%和196%位列第二和第三。2021年经典红色景区热度同比增长89%，其中，中共一大会址热度涨幅243%，井冈山风景名胜区涨幅140%。

〔资料来源：李志刚.超四成被调查者今年参与红色旅游3次以上［N/OL］.中国旅游报，2021-12-17（2）.〕

思考：为什么红色旅游景区广受欢迎？

（三）旅游景区相关概念

旅游景区相关概念包括旅游地、旅游区、风景名胜区。

1. 旅游地

（1）旅游地的概念

旅游地就是旅游者前往的目的地，如七彩云南、浪漫海南、文化河南、好客山东、多彩贵州、燕赵河北。旅游地是由旅游资源、旅游服务设施及其他相关旅游条件结合形成的吸引游客前往旅游的区域。它由若干个旅游区组成，各个旅游区之间组成一个地域上不一定相连成片，但服务接待设施配套及管理统一、交通方便、旅游服务条件相对独立的地域。旅游地可大可小，大到一个国家、城市，小到一个景区、景点。

（2）旅游地需具备的基本要素

①旅游业是其所在地区的重要支撑产业，旅游地依靠它获得较好的经济收入和社会效益。

②对旅游者具有吸引力，可供游人观光、度假、休闲、健身、娱乐、科学考察等。

③接待条件优越，具有现代性、时尚性和科学性。

2. 旅游区

（1）旅游区的概念

中华人民共和国国家标准《旅游区（点）质量等级的划分与评定》（GB/T 17775—2003）中指出：旅游区是以旅游及其相关活动为主要功能或主要功能之一的空间或地域。本标准中，旅游区是指具有参观游览、休闲度假、康乐健身等功能，具备相应旅游服务设施并提供相应旅游服务的独立管理区。该管理区应有统一的经营管理机构和明确的地域范围，包括风景区、文博院馆、寺庙观堂、旅游度假区、自然保护区、主题公园、森林公园、地质公园、游乐园、动物园、植物园及工业、农业、经贸、科教、军事、体育、文化艺术等各类旅游景区。旅游区是旅游活动的客体，是客观存在的事物，它是旅游活动不可或缺的三大因素之一。

（2）旅游区的特征

①具有供游客参观游览的吸引物，一般分为自然旅游资源和人文旅游资源两大类。

②拥有完善的旅游交通服务设施，即具有通往旅游区的交通道路，具有停车（船）场所，具有可供游人参观游览的步道或航道。

③游览服务设施齐备，具有明显的各种引导标志（入口游览导游图、标

牌、景点介绍牌等），能提供导游服务。

④旅游安全保障有力，即消防、防盗、救护设备齐全，功能完好，管理机制健全，能及时提供安全保卫工作。

⑤环境卫生良好，即景区环境优美、干净卫生，有健全的环卫管理机制，各种卫生设施设备齐全，标示明显。

⑥公共设施完善，如有完善的数字旅游系统、完善的购物环境。

3. 风景名胜区

（1）风景名胜区的概念

1985年国务院颁布的《风景名胜区管理暂行条例》规定：风景名胜区是指具有观赏、文化或者科学价值，自然景观、人文景观比较集中，环境优美，可供人们游览或者进行科学、文化活动的区域。风景名胜包括具有观赏、文化或科学价值的山河、湖海、地貌、森林、动植物、化石、特殊地质、天文气象等自然景物和文物古迹、革命纪念地、历史遗址、园林、建筑、工程设施等人文景物和它们所处的环境以及风土人情等。2006年9月国务院公布的《风景名胜区条例》规定：国家对风景名胜区实行科学规划、统一管理、严格保护、永续利用的原则。

中国地大物博，旅游资源丰富，风景名胜众多。国务院于1982年、1988年、1994年、2002年、2004年、2005年、2009年、2012年、2017年先后公布了9批国家级风景名胜区，截至2020年年底，中国国家级风景名胜区已达244处。

（2）风景名胜区需具备的基本要素

①有法定的范围和空间。

②有优美奇特的自然景观，代表性强，并且比较集中。

③有历史悠久的人文景观，代表性强，并且比较集中。

④有观赏、文化、科学以及生态价值。

拓展阅读：钟山风景名胜区

⑤有可供游客游览、休息或进行科学、文化活动的环境空间。

二、旅游景区的发展

景区起源于何时，景区发展历程是怎样的，景区未来有何发展趋势，是回答景区发展面临的三个问题。下面将从国外旅游景区发展历程、中国旅游景区发展历程和旅游景区的发展现状与趋势三个方面进行介绍。

（一）国外旅游景区发展历程

一般来说，古代国内外的帝王、贵族们为娱乐所建的狩猎场（或中国的"囿"）即现代景区的雏形。鉴于人类旅游活动发展程度与社会文明发展成正比的关系，下面将国外景区发展的历程分为古代、中世纪、近代、现代和当代五个时段展开说明。

1. 古代帝王、贵族旅行目的地阶段

景区发展之初是指古罗马帝国灭亡的公元475年以前的漫长时期。其景区发展特征主要体现在古希腊和古罗马时期的旅行活动中，这一时期的旅游者主要是经济实力雄厚、社会地位高、有闲的帝王和贵族阶层，旅游活动主要以享乐为目的，旅行目的地主要是宗教圣地、海滨和自然美景地。

2. 中世纪宗教朝觐及温泉景区阶段

这一时期以罗马帝国灭亡的公元475年为起点，到15世纪的文艺复兴之初止，该时期的旅游者主要是宗教信徒和少数有地位的知名人士，其旅游活动主要是大量宗教信徒的宗教朝觐和少数有地位的知名人士的温泉享乐。

3. 近代文化及温泉景区阶段

这一时期是指文艺复兴的15世纪到产业革命的18世纪末，大约4个世纪。这一时期旅游活动因受文艺复兴的影响，文化旅游盛行。17世纪后期到18世纪末，人们对健康的关注促使了两种景区的迅速发展：其一是温泉疗养地得到了进一步的大发展；其二是海滨旅游的兴起促进了海滨浴场的开辟。

4. 现代滨海及山地度假景区阶段

本发展阶段的起点为产业革命的18世纪末，终点为20世纪中叶第二次世界大战结束。这一时期的健康旅游活动使景区得到较为充分的发展。在欧洲，除温泉旅游得到继续发展，南部冬季的温暖气候、地中海海滨的充足阳光、阿尔卑斯山的终年积雪也使得休闲疗养旅游及冬季运动获得了大规模的开发，并建设了滨海和山地度假景区。美国为适应人们游憩的需要，修建了许多野营地，并自1872年起，以黄石公园为先导，开始大规模建设国家公园系统。

5. 当代各类景区成熟发展阶段

本发展阶段为 20 世纪 50 年代到现在，大众旅游的兴起和发展使景区的数量、种类、访问人数都迅猛发展，传统景区进一步改造，新兴景点不断开发和推出。该时期主要有 5 类代表性景区：①以国家公园为代表的自然景区；②以博物馆为代表的文化景区；③以主题公园为代表的人造景区；④以海岛、海滨为主的休闲度假景区；⑤以工厂、乡村为主的特种景区。

（二）中国旅游景区发展历程

我国旅游景区的发展与社会经济发展和对外开放的程度密切相关，若要对我国景区发展的历程进行阶段划分，则 1840 年和 1978 年发生的两次重要历史事件是划分的重要依据，它们将中国旅游景区发展分为三个阶段。

1. 古代的名胜及园林景区发展阶段

本发展阶段是我国景区发展之初，指 1840 年鸦片战争以前的漫长的奴隶社会和封建社会时期，此期间的旅游活动有两类：其一是外出旅行，主要是帝王巡游，官吏宦游，文人漫游，僧人云游，我国现有的著名的历史文化名胜和名山大川大都是在这一阶段开发建设的；其二是园林景区的开发和享用，园林的雏形是奴隶社会帝王狩猎的"囿"，后开发建设"仿效自然"的园林。南宋时期开发了西湖，有了著名的西湖十景，到清代已经形成了北方的皇家园林和南方的私家园林。

2. 景区发展经历波折阶段

1840 年至我国改革开放的 1978 年间，我国的景区发展进入了波折阶段，具体表现为三个方面：其一，帝国主义列强的入侵和战乱，圆明园、颐和园、清东陵等文物古迹曾一度被焚毁；其二，西方列强在中国的风景名胜区如北戴河海滨、庐山等地，建造房舍作为居住区；其三，1966 年至 1976 年，全国部分文物古迹、林区、风景区遭受了一定程度的破坏。

3. 景区快速开发阶段

20 世纪 70 年代末至 90 年代初，我国真正意义上的大众旅游的发展使我国的旅游景区开发建设进入前所未有的大发展阶段。在这一阶段，中国景区发展呈现出四大特点：①旅游景区得到规划与开发；②旅游景区开始进行经营管理；③旅游景区的规划注重经济效益而忽视社会和生态效益，旅游资源开发破坏较严重；④旅游景区的旅游产品以观光项目为主，缺乏对旅游市场需求的调查分析，产品较单一，没有较大特色。

4.景区规范管理阶段

从20世纪90年代至今，中国景区发展的重点从开发转向规范管理，国家旅游管理部门对各类景区加强了旅游行业规范管理。为了规范和提高各类景区的经营管理和服务水平，促进景区升级上档，国家出台了《旅游区（点）质量等级的划分与评定》（GB/T 17775—2003）国家标准。2006年，经有关省、自治区、直辖市旅游景区质量等级评定委员会推荐和辅导创建，全国旅游景区质量等级评定委员会组织评定，66家试点景区达到国家5A级旅游景区标准的要求，批准为首批国家5A级旅游景区。其中包括北京故宫、四川九寨沟、云南石林等知名景区。截至2022年7月，全国已经批准318家国家5A级旅游景区，并对这些景区实行动态管理。

（三）旅游景区的发展现状与趋势

1.发展现状

类型多样化。伴随着人们旅游消费需求多样化和个性化发展的新特点，各种以观光旅游、文化旅游和度假旅游为主的传统景区内容更加丰富，种类也不断增加。各种新兴景区迅速产生，如满足人们回归自然需求的生态旅游景区、乡村旅游景区，满足人们康体健身需求的登山旅游景

拓展阅读：宁夏A级旅游景区已达119家

区、滑雪旅游景区、高尔夫球景区，满足人们探险和刺激需求的秘境旅游景区、漂流旅游景区、沙漠旅游景区，满足人们求知需求的工业旅游景区、学艺旅游景区、科考旅游景区等。

内容综合化。为满足人们多样化的旅游需求，扩大利润空间，增强竞争力，许多景区更加注重游客休闲娱乐、康体健身、增加知识等综合旅游体验产品的提供，使国际旅游景区内容综合化的发展趋势更加明显。例如，美国奥兰多的迪士尼世界，其园内不仅有6大主题景点、3个水上乐园和1个电影城，而且还有26个主题酒店、6个高尔夫球俱乐部、1座巨型体育中心、大量的体育运动设施、餐厅、购物中心等。

规模大型化。随着国际旅游市场竞争的加剧，许多旅游景区加大了对现代科技成果的应用，以丰富旅游景区的内容、增强旅游景区的国际吸引力，未来旅游景区的投资规模将呈现日益扩大的趋势。景区规模大型化的发展趋

势主要体现在三方面：一是旅游景区空间面积大，如韩国民俗村占地面积达98 000公顷；二是旅游景区投资规模大，如美国奥兰多迪士尼世界累计投资达80多亿美元；三是旅游景区接待旅游者人数的规模也会不断扩大。

主题特色化。随着大量景区景点的开发建设，景区之间的竞争日趋激烈。为了提高旅游景点的吸引力，许多旅游景点都在突出主题特色和差异性方面狠下功夫。旅游景区的主题特色和内容不仅是影响旅游者消费决策的重要因素，而且是未来影响旅游者消费趋势的主导因素。

2. 发展趋势

旅游业在我国是一个拥有6万亿元产出的产业，是国民经济一个巨大的消费领域，也是经济增长的主要动力和龙头产业之一。高质量景区是观光旅游者的主要诉求，随着旅游新时代的到来，景区的未来也会随之变化。以前景区强调自然景观，视觉成为第一要求，而现在对于景区的要求是全方位的，是眼耳鼻舌身心神的全面体验。新时代，景区向历史文化体验区、休闲游憩区、生态旅游区、旅游度假区、专项旅游区、特色娱乐区等定位转化。魏小安认为景区未来的发展趋势有以下几个方面。

第一，从单一观光到综合开发是景区未来的总体趋势。从单一观光到综合开发，文化旅游、商务旅游等各种不同的旅游类型有着不同的诉求，景区需要复合型的产品、多元化的发展。观光游曾是以景区为王，旅游开发之前是研究有什么资源，如今这个时代已经过去了。度假游是酒店为王，休闲游是娱乐为王，商务游是链条为王，复合游是元素为王。现在更多资源是乡村旅游资源、生态旅游资源，这就要求我们必须深化发展，不一定非要戴一个景区的帽子。

第二，从景区到目的地是扩展趋势。面积大的景区，本身已形成一种旅游模式，更多景区需要向目的地模式转换。以安徽黄山为例，整个黄山市将近1万平方千米，在这种情况下，目的地模式或者向目的地转换的模式是必然的发展趋势。所谓目的地模式，就是在综合体模式基础上的扩大和升级，它的理想状态是终极目的地，中间状态是主要目的地，初级状态是顺访目的地。

第三，从跑马圈地到功能第一。不能只满足于景区的面积大，过去所谓的跑马圈地，能有1000亩（约67万平方米）土地就不得了，能有500亩（约33万平方米）就过得去。可用土地是商业化的根本。景区规划需要分区，通过大分散、小布局的方式，强调内容为王，强化项目的功能性。若缺少功能，即使是标志性建筑也需要研究。总体来说，内容决定功能，功能决定结构，结构决定形式。

第四，从阶段性到全年利用是时间趋势。第一个时间，是从客源地到目的地的时间，1∶1是底线，超越这个底线，就是超值。第二个时间，游客进景区5分钟要有一个兴奋点，15分钟要有一个高潮点。得让游客在景区的停留有价值，停留时有感受。现在景区有日光经济，如日出、观光、运动、活动；有月光经济，如夜游、夜景、夜宴、夜演、夜享、夜乐等。但也有好多景区像机关，早上8点上班，下午5点下班，这是留不住游客的。现在很多景区最常见的留住客人的方式是什么？为了坐索道排队3小时，这种留住客人的方式效果绝不可能好。景区未来应该通过塑造新形象、深化产品、丰富内容、打造四时产品等方式来延长客人的停留时间。

第五，从观光到沉浸是体验趋势。观光旅游者追求视觉震撼力，消费场景、消费过程、消费体验要让游客达到眼耳鼻舌身心神的全面沉浸。正如登山看到云海，那种体验是非亲历不可想象的，因为那是一个过程、一个场景，游客能真正感受。所以，要从身游到神游，要追求深度。

第六，情景规划与体验设计是深度趋势。情景规划——绿水青山就是金山银山，但绿水青山不会自动变成金山银山，绿水青山需要投资，绿水青山怎么成长，需要研究其内容、功能、空间、时间方面的规划。体验设计——包括视觉、听觉、味觉、触觉等，体验设计就是从人的需求出发，努力让游客获得最好的感觉、最丰富的体验，不需要游客走的路一步也不要多走，需要游客走的路一步也不能少走。如果20千米的山路，以平路为主，且不断有场景变化，这就基本规划到位了。如果台阶的宽窄高低比较均匀，走起来有韵律，游客就感觉轻松。重视游客体验是下一步规划设计深度发展的关键。

第七，资源与区位是市场趋势。资源的垄断性决定市场的覆盖性。旅游场景具有一定周期性，但对于垄断性景区，不存在周期性的问题。比如，无论再过多少年，黄山还是黄山，故宫还是故宫，永远有第一代旅游者，他们的主要诉求是观光。但是，如果隔几年没有新花样，景区的竞争力肯定会下降。一流资源、一流产品也要建立竞争体系，这个竞争体系在中国已经形成，但一些体系化建设还不足。我们要努力完善体系建设，要形成市场和产品的转化。

第八，A（吸引中心）+B（利润中心）+C（文化中心）是运营趋势。游客二次消费说了很多年，但现在的情况限制了二次消费。一是难在改变运营单一的模式，景区单一主题、单一门票的模式多年来已经形成习惯。二是难在改变消费者的惯性思维。三是难在消费时间的短暂，景区这种传统模式注定了二次消费的可能性很低。游客二次消费全国排名第二位的景区是江苏无锡的灵山，其旅游商品年销售额达 3 亿元。灵山有 60 多人的团队专门研究游客二次消费，目前已经有 50 个专利，另外，佛教主题可能更容易产生二次消费。有了多层次的产品、多层次的运营，游客二次消费才有可能。所以，以增量拉动存量，以高端拉动中低端，最终的趋势就是 A+B+C，一个大的项目、一个好的景区，就可能成功。

第九，景区数字化转型加速，智慧景区快速发展。广义的智慧旅游，指的是针对广义旅游者不断变化和细化的需求，在旅游发展的各个方面，运用智慧的头脑，凝聚智慧的团队，采用智慧的手段，实现低成本、高效率、个性化的结果。狭义的智慧旅游是指以互联网为基础，以新技术为手段，以细分化为目标，形成为旅游者全面服务的网络。目前，旅游电子商务已经形成主流，难题不断被攻克，竞争日益激烈。智慧景区建设一般从三个方面发力：首先，推动智慧旅游向纵深发展。《中共中央关于制定国民经济和社会发展第十四个五年规划和二〇三五年远景目标的建议》强调，推动互联网、大数据、人工智能等同各产业深度融合。景区数字化转型过程中，加大互联网等数字技术与景区的深度融合，意味着景区的管理运营将更加系统、优化，要建立基于大数据的旅游资源信息系统，普及电子地图、语音导览等服务，实施电子票务与门禁，进行网络营销，落实景区安全防控等。游客进入景区后在食住行游购娱各方面都可以用扫码形式实现智能化消费。智慧旅游向纵深发展还包括在"互联网＋旅游"下，将更多产业进行整合。虚拟景区、数字博物馆等项目可创造出虚拟空间与浸入式体验，利用高度发达的数字化技术为旅游者提供新体验。其次，将景区数字化转型纳入整个智慧旅游体系。智慧旅游体系包括智慧服务、智慧管理、智慧营销等方面。智慧旅游服务包括游客定位、智能导航、电子门票、电子地图、电子导游、智能导购等方面。智慧管理包括信息发布、实时数据统计、智能库存管理、旅游电子商务、旅游预测预警等方面。智慧营销包括旅游资源展示、游客分析、大数据精准营销等方面。智慧景区将与智慧旅行社、智慧酒店、智慧目的地深度融合，从智慧服务、管理、营销等方面展开全方位合作。最后，实施包容审慎监管与综合监管。在景区数字化转型与智慧旅游发展过程中要注意改善旅游消费环境。景区需要建立与完善视频监控、游客数据统计、景区突发情况监控体系等，推动数字化旅游软硬件进一步完善，为旅游景区安全消费保驾护航。

第十，IP先导是新竞争趋势。景区本身就有天然的垄断性，但IP的形成要经历创造、积累、培育、扩张的过程。IP不是一个简单的品牌概念。国内通常是通过一个成功的项目突出一个人物，形成一种模式，最终形成IP。互联网条件下，新趋势形成新概念。景区天然具有异质性，集团模式很难采用，必须建立独特的IP。这意味着创造价值、获取价值的方式，要围绕着人员流动的要素改变，要提升效率、深化体验。创意不空、流程不空、人才不空，才能创造IP。所以，需要研究这个先导，超越智慧旅游，寻求智能趋势，对应需求，引发一系列的旅游变化乃至社会变化。

拓展阅读：科技赋能鸣沙山·月牙泉景区

任务二　旅游景区类型解析

【引例】

作为广东省"十三五"旅游业发展重点规划项目，顺德欢乐海岸PLUS项目占地3.36平方千米，开创性地将商业街区、主题公园、文化体验以及生态湿地融为一体。在顺德欢乐海岸PLUS感受到的不仅是欢快的游乐氛围，还有浓浓的文化气息。欢乐海岸在设计时除了注重娱乐性、游艺性，还非常注重人文性。立足顺德"世界美食之都"的美誉，顺德欢乐海岸建有3700平方米的中华美食博物馆。顺德有着丰厚的龙舟文化，这里建有一个龙舟博物馆。在顺德历史上有一个有350年历史的青云文社，培养了大量文人学子，养成了顺德的文风，顺德欢乐海岸因而建了一座青云文社研究所，通过研究青云文社的历史，研究顺德的文脉和顺德的传统文化。

思考：顺德欢乐海岸PLUS是哪种类型的景区？

对景区进行分类是为了更好地管理景区，明确景区未来的发展方向。景区类型很多，根据不同的分类标准，可以分成多种类型。常见的景区分类标准有活动功能、资源属性特征、表现形式以及质量等级等。

一、按旅游景区的活动功能划分

可以分为以下7种类型。

1. 自然观光型景区

这类景区具备独特的自然景观，有较高的美学观赏价值，主要以山川、林木、熔岩、瀑布、江河、气象气候等为主要景观。包括国家公园、森林公园、地质公园、自然保护区、野生动物园等。如我国的桂林山水、昆明石林、四川九寨沟、厦门鼓浪屿、湖南张家界等，以及美国的黄石公园和日本的富士山等。

桂林自古就有"桂林山水甲天下"的美誉，拥有世界上规模最大、风景最优美的喀斯特地貌景区。

九寨沟位于四川西北部，具有群湖、溪流、瀑群、林莽、雪峰等多种元素，被誉为"美丽的童话世界"。

图1-1 昆明石林

图1-2 四川九寨沟

2. 人文景观型景区

遗址、遗迹、遗物是人类文明的传承，历史古迹直观地记录了人类的文明。包括早期人类遗址、文博院馆、寺庙观堂、宗教圣地、古建筑、古园林名人遗迹等。如：北京故宫博物院，旧称紫禁城，被誉为世界五大宫之首，是世界上现存规模最大、保存最完整的木质结构的宫殿型建筑群。遵义会议会址，位于遵义老城子尹路（原名琵琶桥）东侧，这次会议确立了以毛泽东为核心的党中央的正确领导和毛泽东在红军及党中央的领导地位。

图1-3　北京故宫

图1-4　遵义会议会址

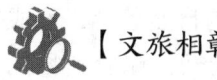【文旅相彰】

延安革命纪念地旅游景区由延安革命纪念馆、宝塔山、枣园革命旧址、杨家岭革命旧址、中共中央西北局纪念馆组成。景区是延安445处革命遗存中的经典代表，收藏着延安时期的珍贵历史文物，是全国重点文物保护单位，全国爱国主义、革命传统、延安精神三大教育示范基地，全国首批红色旅游经典景区之一。

延安是中国革命圣地，党中央、毛泽东等老一辈无产阶级革命家在延安和陕北生活战斗了十个春秋，领导中国人民取得了抗日战争和解放战争的伟大胜利，形成了伟大的毛泽东思想，培育了光照千秋的延安精神。为了集中展示中共中央在延安和陕北领导中国革命的丰功伟绩，早在1950年7月就组建了延安革命纪念馆，它是中华人民共和国成立后建成的最早的革命纪念馆之一。现在的延安革命纪念馆位于宝塔区西北延河东岸，距城1千米处。宝塔是革命圣地延安的标志和象征。

枣园革命旧址是以毛泽东为首的中共中央书记处在抗日战争后期和解放战争前期的所在地，被人们亲切地称为延安的"中南海"。中共中央书记处在枣园期间，领导全党完成了以马克思主义思想教育为标志的延安整风运动；高度概括总结了全心全意为人民服务的党的根本宗旨；筹备召开了党在新民主主义时期具有里程碑意义的第七次全国代表大会，确立了毛泽东思想在全党的指导地位；做出了赴重庆谈判的重要战略决策，从而掌握了党和人民军队在两种命运、两个前途决战中的主动权；领导全党全军和解放区人民以人民解放战争粉碎了国民党军队向解放区发动的全面进攻，开辟了国民党统治区爱国民主运动的第二条战线，加速了国民党统治的最后崩溃。杨家岭位于延安城西北2千米处，是中共中央驻地旧址。1938年11月至1947年3月，毛泽东等中央领导人居所及中共中央机关设在此处。中共中央西北局纪念馆再现了中共中央西北局为陕甘宁边区政治、经济、军事、文化建设做出的重大贡献。

思考：通过延安革命纪念地，你了解到哪些延安精神？

3. 民俗体验型景区

此类景区是指以少数民族集聚地的独特生活习俗（包括服饰、民居、饮食、婚恋、丧葬、娱乐、节庆、礼仪、交通等），结合当地的自然景观，形成的别具一格的人文景观区域。游客多数通过参加各项民族活动，体验独特的民族文化。

云南丽江古城，又名"大研古镇"，坐落在云南省丽江市大研镇，是一座风景秀丽、历史悠久、文化灿烂的名城，也是中国罕见的、保存完好的少数民族古镇。

湖南凤凰古城，位于湖南省湘西土家族苗族自治州西南部，曾被新西兰著名作家路易·艾黎称赞为"中国最美丽的小城"，与云南丽江古城、山西平遥古城媲美，享有"北平遥，南凤凰"之美誉。

4. 艺术欣赏型景区

这类景区以文化为中心为游客创造一定的艺术氛围，让游客在旅游途中增长学识、提高艺术修养，如奥地利维也纳、法国卢浮宫、美国好莱坞、中国无锡影视城等。

5. 休闲康乐型景区

休闲康乐型景区以优美的度假环境为基础，根据其地理位置及旅游资源进行开发，包括：康体疗养型景区，指主要依托宜人的气候环境及特殊的康体疗养资源的地域，如陕西骊山温泉、河北承德、海南三亚；运动健身型景区，如广州白云山海南亚龙湾等；娱乐休闲型景区，以人造景观为背景进行建设，如上海迪士尼乐园、深圳欢乐谷、环球嘉年华等。

6. 探险科考型景区

以科学考察和科学普及类旅游资源为主，具有较高的科学价值和观赏性。如各类地质公园，西藏雅鲁藏布大峡谷，三星堆古文化遗址等。

7. 综合型景区

这类景区不仅有优美的风景，还拥有大量名胜古迹，是自然与人文资源的有机结合，每年吸引大量游客前往游览。如北京八达岭长城。

二、按旅游景区的旅游资源属性特征划分

根据国家标准《旅游资源分类、调查与评价》（GB/T 18972—2017），景区分为三类，即自然类景区、人文类景区、复合型景区（见表1-1）。

表1-1 按旅游资源属性特征划分的景区类型

景区类型	主要旅游资源
自然类景区	地文景观、水域景观、生物景观、天象与气候景观
人文类景区	历史遗迹、建筑与设施、旅游商品、人文活动
复合型景区	融合自然资源和人文资源

三、按旅游景区的表现形式划分

可划分为以下9种类型。

1. 风景名胜区

风景名胜区是指具有观赏、文化或者科学价值，自然景观、人文景观比较集中，环境优美，可供人们游览或者进行科学、文化活动的区域。风景名胜包括具有观赏、文化或科学价值的山河、湖海、地貌、森林、动植物、化石、特殊地质、天文气象等自然景物和文物古迹、革命纪念地、历史遗址、园林、建筑、工程设施等人文景物和它们所处的环境以及风土人情等。

风景名胜区划分为国家级风景名胜区和省级风景名胜区。自然景观和人文景观能够反映重要自然变化过程和重大历史文化发展过程，基本处于自然状态或保持历史原貌，具有国家代表性的风景名胜区，可以申请设立国家

级风景名胜区。国家级风景名胜区由国务院批准公布，自 1982 年 11 月起至 2017 年 3 月，国务院共公布了 9 批 244 处国家级风景名胜区。具有区域代表性的风景区，可以申请设立省级风景名胜区。省级风景名胜区由省、自治区、直辖市人民政府批准公布。

风景名胜区的功能，主要是指人与大自然精神联系的种种形式及其发展和演进，也就是人们利用风景区价值的方式。如因风景区的科学价值而相应产生科研和科教功能，因美学价值而产生审美、游览功能，因历史文化价值而产生考古的、研究历史的功能，因多种价值的交叉，激发爱国情怀和山水文化创作的灵感等。风景名胜区的功能随着时代的发展而发展变化，有的功能随着封建帝制的结束而成为历史，如封禅祭祀、隐居读书等。有的功能随着现代科学的发展而产生，如 20 世纪初，地质学家发现了泰山古生物地层，为泰山发展科研、科教功能写下了新的篇章。

在风景名胜区内禁止进行下列活动：开山、采石、开矿、开荒、修坟立碑等破坏景观、植被和地形地貌的活动；修建储存爆炸性、易燃性、放射性、毒害性、腐蚀性物品的设施；在景物或者设施上刻画、涂污；乱扔垃圾。在风景名胜区内进行下列活动，应当经风景名胜区管理机构审核后，依照有关法律、法规的规定报有关主管部门批准：设置、张贴商业广告；举办大型游乐等活动；改变水资源、水环境自然状态的活动；其他影响生态和景观的活动。国家建立风景名胜区管理信息系统，对风景名胜区规划实施和资源保护情况进行动态监测。国家级风景名胜区所在地的风景名胜区管理机构应当每年向国务院建设主管部门报送风景名胜区规划实施和土地、森林等自然资源保护的情况；国务院建设主管部门应当将土地、森林等自然资源保护的情况，及时抄送国务院有关部门。

风景名胜区功能分区一般有 5 个：(1) 生态保育区：面积较大，生态科学价值高，只对科学工作者开放（经主管部门批准），不对游人开放。(2) 特殊景观区：美学价值、科学价值高，对游人开放，可建步游道、解释系统、观景点（选择适当景位、以自然山石为主），个别可建得体的亭台厕所等，游时游程较长的可建小型茶饮点，但不建餐馆、住宿设施和机械交通。(3) 文化遗产保存区：历史文化价值高，供参观游览，按文物保护法利用，可建防火、文保、卫生等设施。在不影响其真实性和完整性的原则下，有的古建筑可用来展示风景区历史文化价值。有的价值一般的老建筑，可设置茶室、休息。区内不能兴建营业性设施。(4) 服务区（游憩区）：在大风景区内，除以上3区外，如环境容量允许，可选择交通、供水、供电较方便，景观影响较小的地方，建过夜服务区——游憩区。有的国家称为宿营地，有的称山庄，有的称接待站，其性质是体验性。服务区的规模、建筑高度、密度、体量、材料、色彩等都要与景观、地方文化相协调。(5) 一般控制区：除以上4区以外，皆属一般控制区。本区内一般多有数量不等的农田、村落，或从事其他产业如林、牧、渔业等的产区。本区应限制发展，居民出而不进，限制影响和破坏景观的产业，发展与景观协调的产业，需进行产业结构调整，如改粗放农业为精细农业、生态农业，山坡地改成果木园并与旅游业结合发展。禁止伐木和扩大用地的开发。

2. 旅游度假区

旅游度假区是为满足休闲康体度假者健身、疗养、娱乐等需求，在环境质量好、区域条件优越的地区兴建度假住宅以及体育、娱乐、文化设施，并提供高质量服务的综合性景区。国家级旅游度假区，是指符合国际度假旅游要求、以接待海内外游客为主的综合性旅游区，它有明确的地域界限，适于集中设置配套旅游设施，所在地区旅游度假资源丰富，客源基础较好，交通便捷，对外开放工作已有较好基础。与国家级风景名胜区等自然保护区域不同的是，国家级旅游度假区属国家级开发区，它的主要特征是：对环境质量要求高，区位条件好，服务档次高，有明显的休闲康体特征。

1992年，全国认定12个国家级旅游度假区。2015年，国家级旅游度假区重新进行评定，吉林省长白山旅游度假区等17家旅游度假区被评为首批国家级旅游度假区。2019年12月20日，《国家级旅游度假区管理办法》发布。随着国家度假区的规范管理，度假区快速发展，目前我国国家级度假区已经涵盖全国23个省区市，度假区类型有河湖湿地类、山林类、温泉类、海洋类、冰雪类、主题文化类、古城古镇类、沙漠草原类等多种类型。国家级旅游度假区带动了一大批地方级旅游度假区和度假村的建设。我国的旅游度假区基本形成金字塔式的产品链条，以国家级旅游度假区为核心，100多家省级旅游度假区为基础，1000多个不同类型的度假村为补充。

度假产品是旅游度假区的重要吸引物，它与度假资源之间可以互相转化。旅游度假区的休闲类活动设施包括：歌舞观赏类、卡拉OK类、室内温泉类、SPA类、康体按摩类、疗养类、棋牌类、游艺类、互联网类、图书类、博物馆类、手工艺类、影剧音乐类、茶酒吧类、室外温泉类、垂钓类、农业参与类、主题游乐类、军事游戏类、探险游戏类、狩猎游戏类；运动健身类活动设施包括：游泳嬉水、保龄球、网羽乒球、篮足排球、台球、壁球、攀岩、射击、旱冰、水冰、舞蹈、健身、潜水、滑水、漂流、高尔夫、骑行、滑雪等。室内休闲类设施普及性较好，而室外休闲活动则总体数量较少，地域差异性大，数量种类也与度假区的占地面积有正比关系。

服务设施是旅游度假区重要的硬件条件，针对旅游度假的特殊需求，各种服务设施往往集中建设于住宿接待设施中，形成集吃住娱购为一体的综合性度假酒店，而有时特色性度假酒店也能成为度假吸引物，因此，服务设施中最核心的考察指标当数住宿接待设施。

旅游度假区的选址主要考虑资源条件和区位条件的影响。旅游度假区的资源条件要综合分析气候、自然风光、室外活动资源、文化旅游资源四个方面。第一，适宜的度假气候。在旅游度假区选址时，要充分考虑并详细分析气候条件：包括度假季节的长短与不适宜的天气（如严寒、酷暑、台风、沙暴、阴霾、淫雨等）出现的概率与日数。欧洲北部居民到地中海沿岸度假，我国北方居民冬季到海南去度假，都在很大程度上与相对适宜的度假气候有关。第二，优美的自然风光。度假旅游不同于观光旅游的显著特点就是观光旅游按既定路线全线巡游，对观光游览要求较高，但对住宿设施的周围环境要求则相对低一些。旅游度假区所在地区必须空气清新、环境僻静、风光秀丽。度假游客将假日的闲暇消融在山光水色之中。从当今世界范围看，旅游度假区多选址于海滨、湖滨、山区和森林地带。山区和森林地带是自然景观最丰富、生态系统保存最完好的地方；海滨和湖滨地带则以大面积水体构成粗犷、开敞的游憩空间。第三，有丰富的可供开展特色室外活动的体育健身资源。世界各地的旅游度假区都力图融休憩、娱乐、医疗保健、体育运动为一体，将旅游度假区办成新型的多功能旅游综合体。第四，文化旅游资源。独特的文化旅游资源可以吸引特定类型的细分市场，因此，在其他类型资源不佳的情况下，依托文化旅游资源建立的旅游度假区要充分找准所能吸引消费者的特定的细分市场，考察、评价旅游度假区文物古迹、社会风情、风味特产、现代设施的典型特征与集聚性状。

3. 森林公园

森林公园是以大面积人工林或天然林为主体建设的，融自然景观和人文景观为一体，具有一定规模的场所。森林公园是一个综合体，它具有建筑、疗养、林木经营等多种功能，也是一种以保护为前提，利用森林的多种功能为人们提供各种形式的旅游服务的、可进行科学文化活动的经营管理区域。森林公园的管理方式是保护为主，适度开发，对公众开放。森林公园根据其观赏、科学、文化价值，可以分为国家级、省级和市县级森林公园。中国境内最早的国家森林公园是1982年建立的张家界国家森林公园。森林公园主体上未纳入自然保护区，行政管理机构为国家林业和草原局。国家林业局于2006年2月28日发出通知，决定自即日起启用"中国国家森林公园专用标志"，同时印发了《中国国家森林公园专用标志使用暂行办法》。至2019年，中国国家级森林公园达897处。

1999年发布的《中国森林公园风景资源质量等级评定》国家标准对"森林公园"做了科学的定义并得到了学术界的认可，指出森林公园是"具有一定规模和质量的森林风景资源和环境条件，可以开展森林旅游，并按法定程序申报批准的森林地域"。它明确了森林公园必须具备以下条件：第一，是具有一定面积和界限的区域范围；第二，以森林景观为背景或依托是这一区域的特点；第三，该区域必须具有旅游开发价值，要有一定数量和质量的自然景观或人文景观，区域内可为人们提供游憩、健身、科学研究和文化教育等活动；第四，必须经由法定程序申报和批准。

对于森林公园的分类，目的不同，可以有不同的分类标准。我国学者按功能、质量等级、区位、景观、林分特征等各种指标对森林公园进行了不同角度的划分。

按地貌景观类型，可将森林公园初步划分成以下10个基本类型：山岳型森林公园，以奇峰怪石等山体景观为主，如湖南张家界、山东泰山、安徽黄山、陕西太白国家森林公园等；江湖型森林公园，以江河、湖泊等水体景观为主，如浙江千岛湖、河南南湾国家森林公园等；海岸—岛屿型森林公园，以海岸、岛屿风光为主，如山东鲁南海滨、福建平潭海岛、河北秦皇岛海滨国家森林公园等；沙漠型森林公园，以沙地、沙漠景观为主，如甘肃阳关沙漠、陕西定边沙地国家森林公园等；火山型森林公园，以火山遗迹为主，如黑龙江火山口、内蒙古阿尔山国家森林公园等；冰川型森林公园，以冰川景观为特色，如四川海螺沟国家森林公园等；洞穴型森林公园，以溶洞或岩洞型景观为特色，如江西灵岩洞、浙江双龙洞国家森林公园等；草原型森林公园，以草原景观为主，如河北木兰围场、内蒙古黄岗梁国家森林公园等；瀑布型森林公园，以瀑布风光为特色，如福建旗山国家森林公园等；温泉型森林公园，以温泉为特色，如广西龙胜温泉、海南蓝洋温泉国家森林公园等。

4. 自然保护区

1956年，中国全国人民代表大会通过一项提案，提出了建立自然保护区的问题。同年10月林业部草拟了《天然森林禁伐区（自然保护区）划定草案》，并在广东省肇庆建立了中国的第一个自然保护区——鼎湖山自然保护区。20世纪70年代末80年代初以来，中国自然保护事业发展迅速。

自然保护区是指对有代表性的自然生态系统、珍稀濒危野生动植物物种的天然集中分布地、有特殊意义的自然遗迹等保护对象所在的陆地、陆地水域或海域，依法划出一定面积予以特殊保护和管理的区域。

中国自然保护区分国家级自然保护区和地方级自然保护区，地方级又包括省、市、县三级自然保护区。此外，由于建立的目的、要求和本身所具备的条件不同，而有多种类型。按照保护的主要对象来划分，自然保护区可以分为生态系统类型自然保护区、生物物种自然保护区和自然遗迹类自然保护区3类。生态系统类自然保护区，包括森林、草原与草甸、荒漠、内陆湿地和水域、海洋与海岸5种生态系统类型；生物物种自然保护区，包括野生动物和野生植物两种类型；自然遗迹类自然保护区，包括地质遗迹和古生物遗迹两个类型。生态系统类自然保护区是指以具有一定代表性、典型性和完整性的生物群落和非生物环境共同组成的生态系统作为主要保护对象的一类自然保护区。生物物种自然保护区中的野生生物类自然保护区，是指以野生生物物种，尤其是珍稀濒危物种群体及其自然生境为主要保护对象的一类自然保护区。自然遗迹类自然保护区，是指以特殊意义的地质地貌、地质剖面、化石产地等作为主要保护对象的一类自然保护区。

中国自然保护区的分布存在较大的地区差异。从数量上看，2018年，广东省保护区数量最多，达到384个；数量较多的前7个省份（广东、黑龙江、江西、内蒙古、四川、云南、湖南）保护区总数达到1473个，占全国自然保护区的半数以上。从保护区级别来看，地方级自然保护区（尤其是县级保护区）多分布于中东部地区。如安徽省祁门县有53个自然保护区，其中51个为县级保护区。国家级自然保护区多分布于西部和东北地区。由于国家级保护区面积普遍较大，各区县拥有的国家级保护区数量最多为3个（如陕西省太白县）。

与数量相比，保护区的面积分布更不均衡。2018年，西藏自治区保护区面积最大，达到 4157 万平方千米。保护区面积较大的前 6 个省份（西藏、青海、新疆、内蒙古、甘肃、四川）总面积达到 11 260 万平方千米，超过全国自然保护区总面积的 3/4。西部地区拥有的国家级保护区的面积占比高达 90%，拥有的地方级保护区的面积占比也达到了 65%。从保护区面积占辖区陆地面积的比例来看，西藏自治区同样位列全国第一，达到 34%。

5. 水利风景区

水利风景区，是指以水域（水体）或水利工程为依托，具有一定规模和质量的风景资源与环境条件，可以开展观光、娱乐、休闲、度假或科学、文化教育活动的区域。国家级水利风景区，是指以水域（水体）或水利工程为依托，按照水利风景资源即水域（水体）及相关联的岸地、岛屿、林草、建筑等能对人产生吸引力的自然景观和人文景观的观赏、文化、科学价值和水资源生态环境保护质量及景区利用、管理条件分级，经水利部水利风景区评审委员会评定，由水利部公布的可以开展观光、娱乐、休闲、度假或科学、文化、教育活动的区域。国家级水利风景区有水库型、湿地型、自然河湖型、城市河湖型、灌区型、水土保持型等类型。20 世纪 80 年代初，一些单位尝试依托水利工程，发挥水土资源优势统筹开发、利用和保护水利风景资源，将文化、景观元素融入水利工程，积极发展水利旅游。2022 年，水利部印发《关于推动水利风景区高质量发展的指导意见》，提出到 2025 年，水利风景区总体布局进一步完善，新建 100 家以上国家水利风景区，推广 50 家高质量水利风景区典型案例。

水利风景区评价应包括风景资源评价、环境保护质量评价、开发利用条件评价和管理评价 4 部分。水利风景区的主体资源可以解读为物质资源、文化资源与精神资源三个层次，针对不同的资源层次，采取不同的开发形式，承担不同的功能。①水、水利工程和生态环境等物质形态资源，以气势恢宏的水利工程、优美的自然风光及浓郁的风土人情，通过视觉的感官效果吸引旅游者，是景区开发的基础。②在此基础上，挖掘物质资源的文化内涵，通过主题博物馆、主题度假区、湿地公园等娱乐、休闲、度假等参与型、体验型旅游产品的开发，展现水文化、科技文化和生态文化，提升景区的水平和层次，彰显和弘扬水利文化传承功能，满足旅游者的文化诉求，构成景区的骨架和核心吸引力。③许多水利工程深刻体现了中华民族的优良品质和人水和谐的治水理念，如安徽阜南王家坝水利风景区的蓄洪区居民"舍小家、保大家"的抗洪精神，河南林县红旗渠水利风景区孕育的"自力更生，艰苦创业，团结协作，无私奉献"的红旗渠精神，还有较多景区在治水用水方面体现的人水和谐精神，曾经在历史上产生了广泛而深远的影响，形成景区的精神内核，通过情感感召激荡和震撼旅游者。

6. 地质公园

地质公园是以具有特殊地质科学意义，拥有稀有的自然属性、较高的美学观赏价值，具有一定规模和分布范围的地质遗迹景观为主体，并融合其他自然景观与人文景观而构成的一种独特的自然区域。地质公园既为人们提供具有较高科学品位的观光旅游度假休闲、保健疗养、文化娱乐的场所，又是地质遗迹景观和生态环境的重点保护区、地质科学研究与普及的基地。建立地质公园的主要目的有三个：保护地质遗迹，普及地学知识，开展旅游促进地方经济发展。

按等级划分：根据批准政府机构的级别可分为世界地质公园、国家地质公园、省级地质公园、县（市）级地质公园4个等级。①世界地质公园（UNESCO Geopark）：必须由联合国教科文组织批准和颁发证书。②国家地质公园（National Geopark）：必须由所在国中央政府批准和颁发证书。③省级地质公园（State Geopark）：必须由省级政府（现为自然资源厅、局代表省级政府）批准和颁发证书。④县（市）级地质公园（County Geopark）：必须由县（市）级政府批准和颁发证书。到2020年7月，全球已经建立了161个世界地质公园，其中中国有41个，中国还分批建立了220个国家地质公园。

按园区面积划分：可分为特大型、大型、中型、小型四类地质公园。①特大型地质公园，园区面积大于100平方千米；②大型地质公园，园区面积50~100平方千米；③中型地质公园，园区面积10~50平方千米；④小型地质公园，园区面积小于10平方千米。

7. 主题公园

主题公园是根据某个特定的主题，采用现代科学技术和多层次活动设置方式，集诸多娱乐活动、休闲要素和服务接待设施于一体的现代旅游目的地。主题公园是为了满足游客多样化休闲娱乐需求和选择而建造的一种具有创意性活动方式的现代旅游场所。它是根据特定的主题创意，主要以文化复制、文化移植、文化陈列以及高新技术等手段，以虚拟环境塑造与园林环境为载体来迎合消费者好奇心、以主题情节贯穿整个游乐项目的休闲娱乐活动空间。

1955年，美国人沃尔特·迪士尼在美国创造了一个令人愉悦的世界——迪士尼乐园。迪士尼乐园开创了主题公园先河。从1989年第一家主题公园锦绣中华诞生，到后来的上海迪士尼乐园开业，中国主题公园建设从自创品牌到引进品牌，经过了30余年的发展。目前，我国建成的主题公园按照其主题内容可分为以下几种：以历史文化、民俗风情为主题，如清明上河园、宋城；以科幻、童话为主题；以生态环境、动植物观赏为主题；以文学、影视为主题，如北京大观园、无锡影视城。

主题公园的内容涉及面非常广泛，从农业到工业，从历史到未来，从现实到虚幻，从文学到体育，基本上涵盖了生活的方方面面。因此，主题公园根据不同的分类标准有不同的分类方式，这里针对表现主题的不同对其进行分类。

文化历史型：该类主题公园一般划分为两类，以某个特定历史时代场景为主题，或是以文学名著为主题，借助中华传统文化、古典名著、历史故事等，通过发挥想象力，使传统形象再现，如杭州宋城和北京的大观园。

微缩名胜型：微缩景观是主题公园最早、最常用的造园手法。这类主题公园将异国或异地的著名建筑、景观按照一定的比例缩小建设，使参观者可以"日行千里"，领略各具特色的文化。建于1950年的荷兰的马德罗丹，是世界上第一个小人国，园内建有以1∶25的比例微缩而成的荷兰著名建筑、城镇景观；而我国国内第一座大型主题公园"锦绣中华"是目前世界上面积最大、内容最丰富的微缩景观主题公园。

民俗风情型：民俗风情型主题公园利用野外博物馆的形式模拟民俗风情和生活场景，寓教于乐，具有较高的参与性，常常加入反映民俗民风的表演，使主题的表达更加生动。例如，表现中国多民族民俗文化的云南昆明民族村和深圳中国民俗文化村，以展示地方特色和民族风情为主题，使游客可以亲身体验中国各民族多姿多彩的文化艺术。

科技娱乐型：利用声、光、电等现代科学技术，表现未来、科幻、太空、海洋等主题，是青少年的乐园，如深圳的欢乐谷。以科学技术为主题的主题公园的设计与建造难度较大，但因其"寓教于乐"的特点，世界各地都有分布，如于1982年耗资15亿美元建成的迪士尼世界未来社区实验雏形、中国台湾地区的小叮当科学乐园等。农业科技也是这类主题公园常见的切入点，农业科技主题公园往往兼具观光和科研两项功能，如珠海的农科奇观。

影视娱乐型：美国的环球影城是最早的影视城主题公园，游客通过游览电影拍摄的场景而获得乐趣。主题公园的模拟景观本身与拍摄电影时使用的布景有类似之处，加之电影涉及的内容和场景颇为广泛，游客在影视城的游览体验更为丰富，视觉冲击更为强烈，如中国浙江横店影视城。

综合型：综合型的主题公园是主题公园发展到后期，整合若干发展比较成熟的不同类型主题公园，以一个整体品牌的形式展现在游客面前，并通过旅游整合，将旅游主题与其他产业完美结合，形成旅游产业的新亮点。如深圳的"华侨城"将四大主题公园联合经营，并将旅游主题与酒店、演艺、地产等进行组合。

8. 世界遗产

世界遗产保护，是一项由联合国发起、联合国教科文组织负责执行的国际公约建制，以保存对全世界人类都具有杰出普遍性价值的自然或文化处所为目的。

1972年，联合国教科文组织在世界文化遗产总部巴黎通过了《保护世界文化和自然遗产公约》，成立联合国教科文组织世界遗产委员会，其宗旨在于促进各国和各国人民之间的合作，为合理保护和恢复全人类共同的遗产做出积极的贡献。自中华人民共和国在1985年12月12日加入《保护世界文化与自然遗产公约》的缔约国行列以来，截至2021年7月，中国已有56项世界文化和自然遗产列入《世界遗产名录》，其中世界文化遗产38项、世界文化与自然双重遗产4项、世界自然遗产14项。进入21世纪第二个十年，中国在文化遗产、自然遗产、非物质文化遗产等领域都出现了社会参与度提高、领域应用日趋广泛的趋势。农业、工业、水利等行业开始从文化遗产视角来辨析自身发展历史和价值载体，衍生出"中国重要农业文化遗产""国家工业遗产""国家水利遗产""20世纪建筑遗产"等多种"轻遗产"。

世界遗产是指被联合国教科文组织和世界遗产委员会确认的人类罕见的、目前无法替代的财富，是全人类公认的具有突出意义和普遍价值的文物古迹及自然景观，是全人类共同的宝贵财富，具有很高的历史、艺术和科学价值。获得世界遗产殊荣的遗产项，其产生都经过了一系列科学的申报、认证过程。世界遗产主要代表了人及其生存环境对人类的三大贡献：第一，人类的创造。它包括世界遗产类别中的世界文化遗产、人类口头与非物质遗产。第二，大自然的创造。世界自然遗产记录的就是这样的一些天然造化。第三，人类与大自然的共同创造。世界遗产中文化与自然双重遗产，还有文化景观遗产，就是这一类的记录。

世界遗产有广义与狭义之分。狭义的世界遗产包括世界文化遗产、世界自然遗产、世界文化与自然双重遗产和文化景观四类。广义的世界遗产包括世界文化遗产、世界自然遗产、世界文化和自然双重遗产、记忆遗产、人类口述和非物质遗产（简称非物质文化遗产）、文化景观遗产等。

《保护世界文化和自然遗产公约》对文化遗产和自然遗产进行了明确定义。

文化遗产包括文物、建筑群、遗址。文物——从历史、艺术或科学角度看具有突出的普遍价值的建筑物、碑雕和碑画，具有考古性质成分或结构、铭文、窟洞以及联合体。建筑群——从历史、艺术或科学角度看，在建筑式样、分布均匀或与环境景色结合方面，具有突出的普遍价值的单立或连接的建筑群。遗址——从历史、审美、人种学或人类学角度看具有突出的普遍价值的人类工程或自然与人联合工程以及考古地址等地方。

自然遗产是指，从审美或科学角度看具有突出的普遍价值的由物质和生物结构或这类结构群组成的自然面貌；从科学或保护角度看具有突出的普遍价值的地质和自然地理结构以及明确划为受威胁的动物和植物生境区；从科学、保护或自然美角度看具有突出的普遍价值的天然名胜或明确划分的自然区域。

世界文化与自然双重遗产，简称"混合遗产""复合遗产"。世界遗产中，在历史、艺术或科学及审美、人种学、人类学方面有着世界意义的纪念文物、建筑物、遗迹等内涵的文化遗产，和在审美、科学、保存形态上特别具有世界价值的地形或生物包括景观在内的地域等内容的自然遗产融合起来，构成第三个类别的遗产，就是同时含有文化与自然两方面因素的文化与自然双重遗产。文化与自然合而为一的双重遗产意味的并不是文化遗产与自然遗产的简单叠加，在其深层寓意着人类从改造自然、运用自然到与自然和谐相处的观念的巨大变化。

文化景观这一概念是在1992年12月在美国圣菲召开的联合国教科文组织世界遗产委员会第16届会议上提出并纳入《世界遗产名录》的。文化景观遗产代表"自然与人类的共同作品"。一般来说，文化景观有以下类型：①由人类有意设计和建筑的景观。包括出于美学原因建造的园林和公园景观，它们经常（但并不总是）与宗教或其他纪念性建筑物或建筑群有联系。②有机进化的景观。它产生于最初始的一种社会、经济、行政以及宗教需要，并通过与周围自然环境的相联系或相适应而发展到目前的形式。它又包括两种类别：一是残遗物（或化石）景观，代表一种过去某段时间已经完结的进化过程，不管是突发的或是渐进的。它们之所以具有突出、普遍价值，还在于显著特点依然体现在实物上。二是持续性景观，它在当今与传统生活方式相联系的社会中，保持一种积极的社会作用，而且其自身演变过程仍在进行之中，同时又展示了历史上其演变发展的物证。③关联性文化景观。这类景观列入《世界遗产名录》，以与自然因素、强烈的宗教、艺术或文化相联系为特征，而不是以文化物证为特征。

非物质文化遗产又称口头遗产，是指经联合国教科文组织评选确定而列入《人类非物质文化遗产代表作名录》的遗产项目，被各群体、团体，有时为个人，视为其文化遗产的各种实践、表演、表现形式、知识和技能及其有关的工具、实物、工艺品和文化场所。它是相对于有形遗产，即可传承的物质遗产而言的概念。《保护非物质文化遗产国际公约》指出，非物质文化遗产概念中的非物质性的含义，是与满足人们物质生活基本需求的物质生产相对而言的，是指以满足人们的精神生活需求为目的的精神生产这层含义上的非物质性。所谓非物质性，并不是与物质绝缘，而是指其偏重于以非物质形态存在的精神领域的创造活动及其结晶。目前，中国有国家级非物质文化遗产名录，申报联合国非物质文化遗产代表作须先入国家级名录。2003年10月通过的《保护非物质文化遗产公约》，从概念框架上对其定义做了具体的说明，指出非物质文化遗产包括以下5个方面：①口头传说和表述，包括作为非物质文化遗产媒介的语言；②表演艺术；③社会风俗、礼仪、节庆；④有关自然界和宇宙的知识和实践；⑤传统的手工艺技能。

世界记忆遗产又称世界记忆工程或世界档案遗产，是联合国教科文组织于1992年启动的一个文献保护项目。记忆遗产分文字记忆遗产和非文字记忆遗产。《世界记忆名录》收录具有世界意义的文献遗产，是世界文化遗产项目的延伸。其目的是对世界范围内正在逐渐老化、损毁、消失的文献记录，通过国际合作，使用最佳技术手段进行抢救，从而使人类的记忆更加完整。《世界记忆名录》，由成立于1992年的世界记忆工程国际咨询委员会评定，有66个国家委员会参与，每两年评选一次，每个国家每两年可申报两部古籍文献。

记忆遗产的提名在经过国际咨询委员会评审讨论后,还须得到联合国教科文组织总干事的认可,才能被正式列入《世界记忆名录》。被列入《世界记忆名录》的文献档案将使用"世界记忆工程"的标志,用于各种宣传品,包括招贴画和旅游介绍上,以提高文献知名度,引起公众的关注。

9. 工业旅游与农业旅游地

工业旅游与农业旅游地,或称工业旅游与农业旅游示范点、基地。工业旅游地是指以工业生产过程、工厂风貌、工人工作生活场景为主要旅游吸引物的旅游点;农业旅游地是以农业生产过程、农村风貌、农民劳动生活场景为主要旅游吸引物的旅游点。

2002年10月国家旅游局局长办公会议审议通过《全国农业旅游示范点、全国工业旅游示范点检查标准(试行)》。林、牧、渔业旅游点,比照农业旅游点的标准检查计分。根据《国家工业旅游示范基地规范与评价》行业标准,经各省、区、市推荐和全国旅游资源规划开发质量评定委员会专家组评定,2004年,推出全国工业旅游示范点103个;2017年推出山东省烟台张裕葡萄酒文化旅游区、江苏省苏州隆力奇养生小镇等10个国家工业旅游示范基地;2022年推出北京市751园区、天津市长芦汉沽盐场等53个国家工业旅游示范基地。

休闲农业与乡村旅游作为一种新型产业形态和新型消费业态,在稳增长、调结构、惠民生方面具有重要的地位和作用,是促进农业提质增效、带动农民就业增收、拉动国内旅游消费的新产业,是农业农村经济新的增长点。2004年,第一批全国农业旅游示范点203个。国家旅游局、农业部从2010年起,联合开展全国休闲农业与乡村旅游示范县、示范点创建工作,通过自愿申报、地方主管部门审核和专家评审等程序,2012—2015年连续评定四批全国休闲农业与乡村旅游示范县,起到探索休闲农业与乡村旅游发展规律、引领全国休闲农业与乡村旅游持续健康发展的作用。

四、按旅游景区的质量等级划分

《旅游区(点)质量等级的划分与评定》(GB/T 17775—2003)是景区质量等级划分的依据,该标准将景区质量等级划分为五级,从高到低依次为AAAAA(5A)、AAAA(4A)、AAA(3A)、AA(2A)、A级旅游区(点)。

景区质量等级的标志、标牌、证书由国家旅游行政主管部门统一规定。国家旅游局于 2006 年 3 月下发了《关于开展 5A 级旅游景区创建试点工作有关事项的通知》，组织开展 5A 级旅游景区创建试点工作。随后，各试点单位在扎实有效创建工作的基础上，提出了申报国家 5A 级旅游景区的申请；经有关省、自治区、直辖市旅游景区质量等级评定委员会初评，全国旅游景区质量等级评定委员会组织现场评定小组验收并统一研究，2007 年，北京故宫博物院等 66 家试点景区被批准为国家 5A 级旅游景区。截至 2022 年，文化和旅游部共确定了 318 家国家 5A 级旅游景区。

五、依据景区规模进行分类

为加强对旅游景区的分类管理，促进我国旅游景区的合理开发、利用和资源保护，根据行业发展需要，中国旅游景区协会制定了《旅游景区分类》团体标准。该团体标准自 2019 年 12 月 1 日起正式实施。根据《旅游景区分类》团体标准，按照景区的面积或者是景区游览面积大小，可将景区划分为四类。特大型旅游景区：景区面积≥100 平方千米，但小于 1000 平方千米；景区游览面积≥20 平方千米，但不到 100 平方千米。大型旅游景区：景区面积≥50 平方千米，但不到 100 平方千米；景区游览面积≥10 平方千米，但不到 20 平方千米。中型旅游景区：景区面积≥10 平方千米，但不到 50 平方千米；景区游览面积≥3 平方千米，但不到 10 平方千米。小型旅游景区：景区面积在 10 平方千米以内，景区游览面积在 3 平方千米以内。

六、依据核心旅游吸引物进行分类

可将旅游景区分为自然景观类、人文景观类、乡村田园类、现代娱乐类、综合吸引类等。自然景观类景区：核心旅游吸引物以自然景观为主的景区，主要包括山岳型景区、森林型景区、湖泊型景区、河川型景区、海洋型景区、沙漠型景区、草原型景区、温泉型景区等。人文景观类景区：核心旅游吸引物以人文景观为主的景区，主要包括古迹遗址型景区、宗教型景区、非物质文化遗存型景区、工业型景区、科普型景区、纪念地型景区、文化园型景区、度假（村）型景区、小镇型景区等。乡村田园类景区：核心吸引物以乡村及农业景观为主的景区,主要包括村落型景区、农业景观型景区、生产地型景区、民宿型景区等。现代娱乐类景区:核心旅游吸引物以带有主题性的人造景观为主的景区,主要包括主题公园型景区、文化演艺型景区、购物娱乐型景区、文化场馆型景区、特色街区型景区等。综合吸引类景区:核心吸引物包括多种类型,且它们的重要程度难以区分的景区。

七、按景区运营主体及其目标进行分类

公益性旅游景区:由政府部门或社会团体代表国家行使管理权的旅游景区,承载着国民教育、美学传播、科学研究、生态保护等功能,在国民社会福利中扮演着重要角色。景区的管理和运营目标是使得公众能够无偿享有均等的机会,从而获得景区内的游览体验。准公益性的旅游景区:以社会福利为主,兼顾经济利益的景区,营利是保障景区能长期经营从而实现可持续发展的手段而不是目的。可以在政府规制下将这一类型的景区经营权转让给企业,由企业制定收费标准。商业性旅游景区:由各类不同的投资主体完全出于营利的目的而建造的旅游景区,以经济效益最大化为经营管理目标。

对旅游景区进行分类,有助于了解旅游景区的性质,提高旅游景区的管理效率和服务水平。目前,我国景区的种类结构呈现多样化的特征,这也反映了游客需求的多元化。需注意,景区的分类标准不是绝对的,还有许多别的方法,现有的这些景区类型,随着旅游业的发展和景区产品的不断改造和创新,其资源的属性和类别也将发生一定的变化。

任务三 旅游景区服务与管理认知

【引例】

智慧旅游、数字旅游、虚拟旅游这几年成为网络热搜。"游客,您好!这里禁止攀爬。""请注意排队秩序,文明礼让。"来到湖南省博物院参观的游

客惊喜地发现，入口几台样貌灵巧的安防巡逻机器人会及时上前对不文明现象进行语音提醒。它们认真严苛的作风，"大眼萌"的可爱外观，引得游人纷纷打卡合影。巡逻机器人，装置了聪明的 AI 大脑，24 小时活跃在景区，成为游客的科技新宠。乌镇景区，近年来也已经成为名副其实的"智慧小镇"。"刷脸"进景区、扫脸入住、智能布草、智能床垫、自助语音导览、智慧停车系统、Wi-Fi 全覆盖……丰富多样的智能设施设备，为广大游客带来更舒适、智慧、便捷的旅游体验。诸如此类，运用科技元素，提升服务质量，丰富服务内容，在各大景区已经成为普遍现象。

思考：科学技术在景区服务中的运用有哪些新的体现？

当今社会是一个服务型的社会。中国经过改革开放 40 余年的迅速发展，目前已经进入经济转型时期，以服务业为代表的第三产业在国民经济中占据越来越重要的比重，尤其是旅游业。旅游景区是旅游业的重要组成部分，景区的管理与升级对于旅游业的发展至关重要。如何在合理开发和利用旅游资源的前提下，更好地适应市场的需求并促进景区与旅游社区的和谐发展，需要景区管理者站在目的地营销和社区管理的角度来重新审视景区的管理。从这个意义上讲，我国的旅游景区已经进入了服务管理的时代，站在服务质量管理的角度来研究景区的规划、开发与管理，对于景区的全面升级具有不可估量的意义。

近年国务院确定了支持"互联网＋旅游"发展的三方面措施，其中明确提出，支持建设智慧旅游景区，普及电子地图、语音导览等服务，打造特色景区数字展览馆等，推动道路、旅游厕所等数字化建设。旅游业线上线下融合发展不断推进，取得积极成效。"互联网＋旅游"发展如火如荼，越来越多的景区开展智慧化升级建设，数字化服务让人们出游更加便捷舒适。景区智慧营销、智慧服务和智慧管理是景区发展新趋势。

一、景区服务的概念

服务是指不以实物形式而以提供活劳动的形式满足他人某种特殊需要的活动。"服务"用英语表达为"Service"。将这个单词拆开，将每个字母所代表的含义进行重组，可以诠释出服务的要求：S——Smile，微笑，即服务是对每一位宾客提供微笑服务；E——Excellent，出色，即服务提供者要将每一项细微的工作都做得很出色；R——Ready，准备好，即服务提供者要随时准备好为宾客服务；V——Viewing，看待，即服务提供者要把每一位顾客都看作需要提供特殊照顾的贵宾；I——Inviting，邀请，即服务提供者在每一次服务结束时，都要邀请宾客下次再次光临；C——Creating，创造，即服务提供者要精心创造出使宾客能享受其热情服务的气氛；E——Eye，眼光，即服务提供者始终要用热情好客的眼光关注宾客，预测宾客需求，并及时提供服务，使宾客时刻感受到被关注。

旅游景区服务是指景区凭借旅游设施、旅游资源等为游客提供服务的一种行为，是发生在景区服务者和游客之间的一种综合性服务，其中既包括人与人的互动关系，也包括人与物的相互作用。景区服务使游客获得了经历和感受，但游客并没有得到实体结果。

二、景区服务的特征

服务特征（Service Characteristics）是指服务区别于有形产品的特征。服务特征及其对服务营销的影响是服务营销研究的起点，也是研究贯穿始终的一条主线。景区产品具有一般服务产品的特点，如产品是不可储存的、不可转移的、生产与消费的同步性等。另外，作为旅游产品，景区产品又具有自己的独特性，如只向购买者提供共享使用权，消费者只享有产品的暂时使用权，产品具有季节波动性和脆弱性等。

景区服务主要有以下四个方面的特征。

（一）服务接触三步法

旅游景区服务是由服务接触来完成的，服务接触是指景区工作人员面向游客为其服务的环节，服务接触的质量高低决定了游客的满意程度。旅游景区服务接触的基本环节通常包含迎客、服务和送客三部分，因此把它称为旅游景区服务接触三步法。

迎客是指每位工作人员在看到游客时积极主动为其提供服务，并通过目光关注、微笑、语言问候来迎接客人。确定游客向自己走来或途中遇到游客应主动关注对方，迎客服务用语开首语可以为：您好；您好，欢迎光临；您好，欢迎光临×××景区。

服务是景区服务接触的核心，是为客人服务的环节。此时对工作人员的要求是服务语言亲切和蔼、服务仪态标准规范、服务态度积极主动、服务内容专业到位。

送客是服务接触的结束，是服务中的重要环节，是优质服务的品质收尾。一般要求服务人员在对客服务结束时配合肢体语言说：祝您游玩愉快；祝您一路顺风；欢迎下次光临。

（二）指示方向四明确

旅游景区内，游客对于园区的某个景点或公共服务设施不熟悉时，会咨询工作人员，因此每位员工都要对景区的概况非常熟悉，只有这样才能更好地为游客服务。工作人员在为游客指示方向时，不仅要自己非常清楚，还需要清晰地为游客指示到位，因此需要做到指示方向四明确，也就是方位明确、距离明确、标志明确、手势明确。

方位明确：为游客指示方向首先要让游客明确的是方位，指示方位时，少用东南西北等方位词，尽量使用向左、向右或向前、向后等方位词，让游客有大致的方位概念。

距离明确：除了需要方位，还需要向游客提供明确的距离概念，可以用里程距离或者时间距离。里程距离比如向前走大约100米；时间距离如向前走大约2分钟的路程。这样游客在寻找目的地时不会盲目地前进。

标志明确：为了让游客能更迅速和清晰地找到目的地，可以重点突出目的地周围凸显的建筑物或风景，如红色房子处。

手势明确：在为游客指示方向时必须要借助手势指引，手势礼仪中需要运用正确的手势，同时手势必须在游客明确之后方可落下。

（三）对客服务"五六七"

根据旅游景区接待服务的主要内容，服务接触的基本环节是相同的，但不同岗位的核心服务是不同的，各个岗位都有各自的核心服务。旅游景区对客服务的核心岗位有：旅游咨询服务岗、旅游售票服务岗、旅游检票服务岗、旅游讲解服务岗等，其中旅游讲解服务岗的服务内容较复杂，但服务环节与其他岗位是相同的。其他服务岗的服务流程设计如下。咨询服务五步骤：目

项目一　认识旅游景区

关注、笑相迎、礼相问、速办理、笑相送。售票服务工作六步骤：相迎、相问、解释、办理、核对、相送。验票服务工作七步骤：目关注、笑相迎、手招引、双手接、双手递、笑相送。

旅游景区服务场景不同、游客不同、设施设备不同，服务环节会发生变化，但是服务接触三步法是不变的。不同岗位的服务流程，依据场景等的不同可以灵活变动。服务流程的设计不会限制个性化服务的开展，因为个性化的服务一定是在规范服务的基础上呈现的。

（四）对客服务增强体验性

对于游客而言，景区产品就是一种体验。无论是有形的景观、设施，还是无形的服务，都是游客无法带走的，游客所能得到的只是一次旅游的经历和在景区获得的体验。决定游客体验的因素主要有：①产品的有形成分，包括游乐项目设施、商店、餐厅和景区的整洁等；②提供服务的因素，包括员工的仪容仪表、态度、行为和能力等；③顾客因素，包括顾客的期望、行为和态度等；④一些景区经营者和顾客都无法控制的因素，如某一特定时间内景区游客的构成、到景区时的交通状况以及天气情况等。

拓展阅读：自驾游越来越火，景区该做好哪些配套服务？

三、景区服务的内容

景区提供的产品有很强的综合性，由多种服务构成。不同类型的景区其服务也各具特色。这里所说的景区服务内容是一般性的，排除特殊情况。基于一般景区所提供的服务，将景区服务内容归纳如下。

（一）景区接待服务

景区接待服务工作主要包括票务服务、排队服务、咨询服务和投诉服务等。

1. 票务服务

票务是景区服务的第一窗口，主要是由售票和验票服务两部分构成。票务服务要求一线服务人员具备熟练回答客人对票价的询问、点票、收款找零、检票等技能。

2. 排队服务

排队服务是游客验票进入景区之前或参加某项活动时等候的环节，尤其是在旅游旺季，这是一个关键环节。主要是队形队列的设计安排和服务人员的引导性服务，重点是游客的疏导工作。

3. 咨询服务

游客尤其是散客往往通过咨询获取游览景区的详细信息，以便做出充分、正确的安排。游客咨询的方式多种多样，如电话咨询、网络平台咨询或面对面向景区服务人员咨询。

4. 投诉服务

游客在进行景区游览时，往往有预先期望值。而游客的期望是难以控制的，景区服务的任何一个环节都有可能出现不足，而导致游客的投诉。游客的投诉有可能是直接投诉，也有可能是事后投诉。不管是何种情况，作为管理和服务人员都应认真对待，慎重处理。

5. 其他接待服务

规模越大的景区提供产品的综合性越强，提供优质服务的景区，应把服务做到全面。如在食宿环节中，提供宴会、寄存、休憩等服务。

（二）景区引导服务

引导服务是让游客获得旅游体验、增强兴趣的关键性服务，也属于核心服务。引导服务包括解说服务和文明引导服务，也可以说是服务人员引导或标示引导，即向导式引导和自导式引导。不同景区的引导服务存在差别，采取的方式和设备也各不相同。如有的景区提供导游讲解服务，有的景区则是采用电子导游形式。

（三）景区的商业服务

包括接待设施服务、交通服务、商品服务、旅游纪念服务（摄像、照相设备）、生活服务（餐饮服务、零售服务）、游客设施设备维修服务等。

（四）景区的基础服务

基础服务包括景区的环境卫生服务、安全服务等。景区环境卫生服务，即保持景区环境卫生的整洁,设立足够的设施,配备足够的保洁人员。安全服务,确保一切设施如交通设施、娱乐设施的安全可靠,性能良好,维护景区治安,保证游客的人身和财产安全。

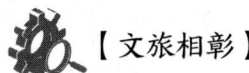

【文旅相彰】

景区从业人员文明用语

(1)您好,欢迎光临××景区。

(2)您好,请收好门票,景区内有××个景点需要验票。

(3)谢谢,欢迎下次光临。

(4)对不起,您的证件不符合免票规定,请到售票处补票,谢谢。

(5)请拿好票,往这边走,祝您玩得愉快!

(6)您好,需要帮忙吗?

(7)对不起,这个问题我现在无法回答,让我了解清楚再告诉您,请留下您的联系方式。

(8)对不起,请再重复一遍。

(9)您好,这是××景区咨询员为您服务。

(10)感谢您打电话给××景区,希望能继续得到您的关注,谢谢!

(11)请您坐下,慢慢说。

(12)非常抱歉让你遇到这样的麻烦……

(13)这是我们工作的疏漏,十分感谢您提出的批评。

景区从业人员服务忌语

(1)不知道。

(2)自己看。

(3)你是谁?

(4)牌子上写的有,你不会自己看?

(5)你可能不明白……

(6)我们不会……我们从没……我们不可能。

(7)你弄错了。

(8)这不可能。

（9）你别激动……你不要叫……你平静一点……

（10）我不是为你一个人服务的。

（11）没看到我们有多忙吗？你先等一下。

（12）你最好……之前给我们打电话，否则我们就下班了。

（13）你必须先排队后买票。

（14）你刚才说你是谁？

（15）禁止……；不准……；严禁……；不得……；违者罚款；严惩。

（16）这不是我们的责任。

思考：你能想到的景区文明用语还有哪些？

四、景区管理

景区管理在景区运营中极其重要。景区管理是指管理者和管理机构在了解市场的情况下，执行决策、组织、协调、指挥、控制、激励等职能，对景区的各种资源进行利用，达到对旅游资源的循环利用、对景区人力资源的优化管理、对游客服务的最优化状态以保证游客最优化的旅游体验，从而实现最大化的经济效益、社会效益和生态效益的活动过程。

（一）景区管理的主要依据——景区游客满意度

1965年，美国学者卡多索（Gardozo）首次将"满意度"概念引入营销领域，提出顾客满意可以带动顾客行为。20世纪80年代以来顾客满意度一直是营销领域和消费者行为领域的研究热点之一。而随着旅游业的快速发展，旅游市场竞争的不断加剧，"以游客为中心"的游客管理思想受到旅游行业的普遍认可和重视，由此游客满意度研究也受到越来越多学者和旅游从业人员的关注。

（二）景区管理的主要内容

景区的管理是为了使景区的运营更加高效有序地进行。景区是多部门综合而成的整体，各部门业务各不相同，景区的管理是一项复杂的系统工程。具体来讲，景区管理主要包括以下主要内容。

1. 安全管理

景区安全管理对于景区的发展有着重要的作用。忽视景区安全管理，会给景区带来致命的影响。可以说，没有安全就没有旅游，旅游安全事故不仅会给游客带来伤害，也会给旅游目的地、景区、旅游业带来损失，破坏景区形象。

景区应做好安全管理工作，主要包括：设置健全的安全管理机构，建立景区安全保障体系，培训各类安全员，培养员工安全意识，完善旅游安全标识，依法处理安全事故。做好安全防护工作，能有效减少安全事故发生。

2. 环境管理

景区的环境是吸引游客的卖点之一，景区环境管理的工作有：景区内部自然环境的管理和社会人文环境的管理。内部自然环境的管理包括景区环境容量的确定与实施，景区环境质量标准的确定，景区内部卫生管理、绿化管理、生物保护，以及处理环境压力与经济效益之间的矛盾等。社会人文环境管理内容主要指景区员工与当地居民的环保意识、服务意识等。

3. 服务质量管理

景区主要推出的是服务类产品，服务质量是决定景区营销效果和经济效益的最重要因素，是构成景区竞争力的关键。景区管理部门应根据景区服务的特点，采取有效措施，引入质量管理的标准和评价体系，对景区质量进行有效控制，提高顾客满意度，获得最佳效益。

【文旅相彰】

中国旅游业快速迅猛地发展，游客数量的急剧增长无疑给景区的管理带来巨大压力。游客文化品位不断提升，人们对旅游的内在需求逐渐变成了对精神文化享受的追求。但景区管理水平没有同步提高，导致游客满意度直线下降。如何提高游客满意度成为当今旅游业内全员考虑的问题。中国要想保证旅游业长期稳定发展，必须提高景区管理质量，要求景区管理人员在现实管理中要经常进行自我检查，提高职业素养，增强服务意识、大局意识，找出景区管理的不足并改正，以保证游客的真正满意，促进景区的长远发展。

（资料来源：新浪博客. 对GDP的个人分析. http://blog.sina.com.cii/s/blog_537c49410102ve7u.html.）

思考：在日益超载的景区，景区工作人员应如何提高服务质量？

4. 相关人员管理

景区内的相关人员包括三类：一是景区内的管理与服务人员，二是景区内的游客，三是景区内的社区居民。

（1）对于景区内的管理与服务人员，人力资源管理是景区管理的基本内容，应以人为本，管理内容包括：制定完善的员工管理制度；景区人力资源的配置、管理、培训；建立旅游服务质量管理与监督体系。管理的基本目的是"吸引、保留、激励与开发"景区所需要的人力资源，充分发挥景区员工积极性。

（2）游客是景区的上帝，但游客素质参差不齐，导致旅游资源、环境被破坏的情况屡屡发生。做好游客的服务与管理是景区的核心工作之一。游客管理主要包括：正确引导游客行为；加强与游客的沟通，建立良好的沟通机制；通过合理的管理方式和技术手段加强对游客的管理。

（3）景区内的社区居民是景区当之无愧的主人，他们常年生活在这里，对当地的状况十分了解。当地居民对旅游的态度和对游客的态度直接影响景区的发展。对当地居民的管理包括：处理好当地居民与外来游客的关系；处理好利益分配的关系；处理好景区管理者与当地居民的关系。

5. 营销管理

景区要完成既定目标，需要进行市场营销，即激发游客的旅游动机，吸引游客前来景区参观游览。在景区竞争日益激烈、游客日渐成熟的情况下，营销更是关系到景区的生存与发展。市场营销管理的主要任务是：在对旅游市场进行调研的基础上，确定景区的目标市场，进行有效的营销设计（产品设计、经营决策、营销组合策略、促销、信息反馈）。

（三）景区服务与管理新趋向

1. 景区大众服务的精准化

景区大众服务包括两方面的含义：一是面向进入景区的游客服务，二是面向未进入景区的公众服务。目前景区面向游客提供的服务媒介包括游客中心、宣传材料、广播系统、解说系统、导览系统、电子大屏、手机短信、公众微信、移动APP、二维码扫描等；面向公众的服务主要采用宣传材料、景区网站、媒体广告等方式。两个方面都存在形式凌乱、内容泛化、目标单一、效率低下等问题。随着智慧景区的进一步发展，景区大众服务走向精准化是必然的趋势。精准化服务的重点是针对特定对象、在特定时间与空间、运用特定形式、选择特定内容、提供特定的服务。其中既包含精准化营销的成分，又超越传统意义的营销，根本目标不是让更多的人到景区来，而是让更多的人认识到景区资源与环境的价值，实现景区科普教育和价值传播的功能。显然，实现景区大众服务的精准化必须依靠物联网和信息系统实时获取资源、环境、设施、人员等景区时空大数据，同时离不开大数据中心及云计算平台提供的实时数据分析——首先将进入景区的游客和未进入景区的公众进行类型划分，并根据相关大数据分析其偏好与需求；其次是匹配景区资源、环境、设施等教育科普内容与信息服务。

2. 景区业务管理的精细化

景区的业务管理涉及资源、环境、人力、资产、设施等各个方面，是景区资源保护与大众服务的中心环节。虽然不同景区的管理体制与模式有一定的差异，但是总体的管理职能与目标是一致的。随着智慧景区的建设，部分景区主要的业务管理系统业已运行，但现有业务管理体系存在条块分割、信息孤岛、协同不够、相对粗放等问题。未来智慧景区的深化发展中，业务管理的精细化是重要方向。业务管理的精细化涉及5个方面：管理单元的网格化（划定明确的网格空间单元）、管理对象的部件化（明确的部件与事件分类）、管理业务的协同化（明确的协作关系处理）、管理过程的流程化（建立明确的工作流程）和管理方式的智能化（制定明确的手段措施）。

显然，景区业务管理精细化的实现离不开对景区资源、环境、设施、人员大数据的实时采集、管理、处理、分析与应用。所以，景区物联网的功能不仅要满足对资源的监测，还需要监测景区的车流、人流、水电、交通、设施等。在景区大数据中心及云计算平台的支撑下，构建智慧业务管理信息系统非常重要，必须通过其体现管理的网格化、部件化、协同化、流程化和智能化。在智慧景区大数据时代，资源保护需要进一步深化发展，走向精细化。景区资源保护的精细化就是要充分发挥景区时空大数据的特点与优势，构建时空大数据获取、管理、处理、分析、应用的技术体系，特别是加强基于时空大数据的决策支持分析，识别景区资源的时空特征，以便在合适的时间和空间采取合理的保护行动，达到实时、快速、高效的资源保护目标。

拓展阅读：新景区 新业态 打开野三坡新未来

【知识与技能训练】

一、名词解释

旅游景区　旅游地　景区服务　景区管理

二、选择题

1. 旅游景区的构成要素有（　　　）。
   A. 旅游体验对象　　　　　　B. 旅游资源
   C. 旅游服务设施　　　　　　D. 解说系统
   E. 管理服务人员

2. 旅游服务设施包括（　　　）等类型。
   A. 通信设施　　　　　　　　B. 道路桥梁设施
   C. 水电煤气设施　　　　　　D. 饭店设施
   E. 娱乐设施

3. 旅游景区具有（　　　）特征。
   A. 地域性　　B. 体验性　　C. 吸引性　　D. 服务性

4. 下面（　　　）属于历史文化型主题公园。
   A. 杭州宋城　　B. 北京的大观园　　C. 锦绣中华　　D. 横店影视城

5. 下面世界遗产中属于世界文化景观的有（　　　）。
   A. 黄山　　B. 五台山　　C. 庐山　　D. 杭州西湖

三、判断题

1. 旅游景区就是有旅游吸引物的风景优美的区域。　　　　　　　（　　　）
2. 旅游景区的主要功能是满足游客的旅游体验的需求。　　　　　（　　　）
3. 主题公园起源于美国。　　　　　　　　　　　　　　　　　　（　　　）
4. 森林公园有县、市、省、国家四级体系。　　　　　　　　　　（　　　）
5. 世界遗产有自然遗产、文化遗产、文化景观三种类型。　　　　（　　　）

四、简答题

1. 按景区的旅游活动功能划分，可以分为哪7种类型？
2. 按景区的表现形式划分，可以分为哪9种类型？
3. 中国旅游景区发展经历了哪几个阶段？
4. 我国景区发展趋势体现在哪些方面？

5. 景区服务的内容包括哪些?

【综合实训】

实训项目:
旅游景区认知,景区现状调研。
实训目标:
通过实训,了解旅游景区管理的概念,会判断旅游景区发展趋势,培养学生在生活中注意观察、专业发展的能力。
实训项目(分小组调研):
1. 根据最近看到的关于景区的热点新闻,分析和思考目前景区在管理方面有哪些优缺点。
2. 根据你的景区游玩经历,调查、整理你遇到的景区最新设施设备。
实训要求:
1. 教师不直接提供问题的答案,引导学生结合本章教学内容和平时收集的信息对问题进行独立思考,自由发表见解。
2. 通过计算机网络收集目前国内外景区发展最新技术。
实训指导:
指导学生利用百度等搜索引擎和多款视频网站检索有关景区的资料。
指导学生使用办公软件编辑和处理文档。
实训评价:

考评人		被考评人	
考评内容		景区现状调研	
考评标准	具体内容	分值(分)	实际得分(分)
	方案撰写认真	35	
	团队贡献度	30	
	合作精神	20	
	文档操作熟练	15	
	合计	100	

项目二　旅游景区等级、产品与业态划分

学习目标

知识目标：
- 熟悉我国旅游景区等级评定的现状。
- 了解旅游景区等级评定的背景。
- 掌握旅游景区产品的类型和特点。
- 认识旅游景区新业态类型。

能力目标：
- 能够辨析不同旅游景区等级和产品。
- 能够辨析旅游业态类型。
- 能够探索旅游产品开发方向。

素质目标：
- 能够对不同等级景区进行比较分析。
- 能够动态分析旅游景区产品出现的新特点和发展趋势。
- 能够分析旅游景区业态新的特点和方向。

思政目标：
- 树立旅游景区从业人员职业自信心。
- 树立民族文化自豪感。
- 确立在景区领域就业、创业的自信心。

思 维 导 图

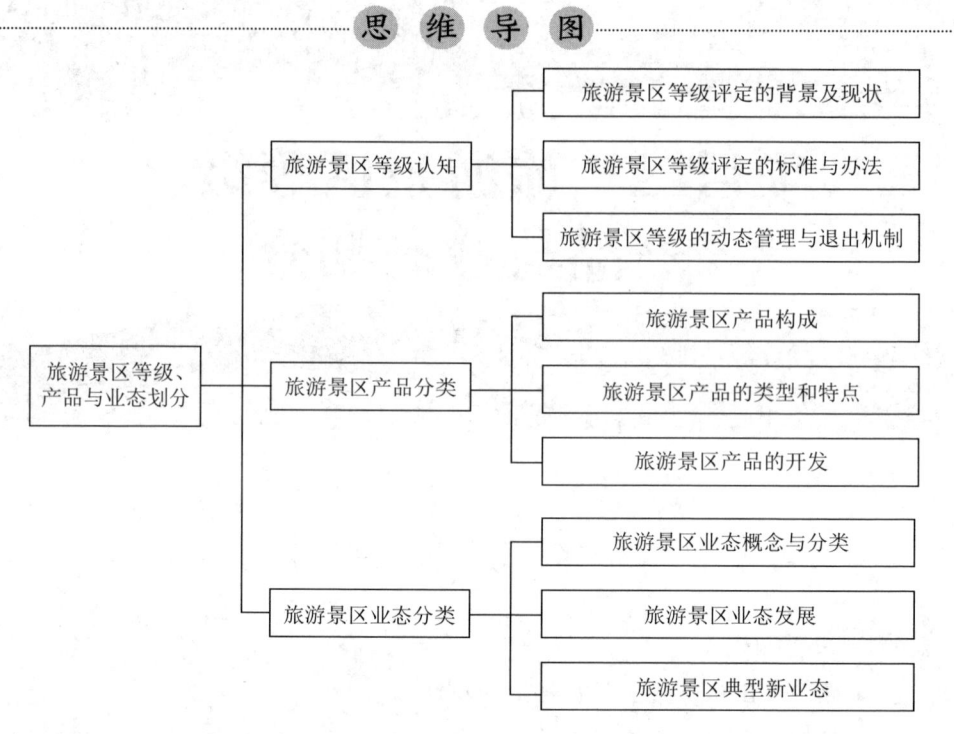

任务一　旅游景区等级认知

【引例】

淮安白马湖"向日葵的故事"景区

2021年12月13日,淮安市白马湖"向日葵的故事"景区正式获批成为国家4A级旅游景区。

从2019年7月景区试运营,到2021年12月13日景区正式获批国家4A级旅游景区,淮安市白马湖"向日葵的故事"景区始终秉持"绿水青山就是金山银山"的生态发展理念,秉承"生态为依托,彩色为亮点"的理念,凭借白马湖优良的生态基底和秀美的自然风光,打造集自然观光、科普研学、户外休闲于一体的生态型旅游景区。

在景区全体工作人员的不懈努力下，景区紧扣国家4A级旅游景区评定标准，按照全域旅游的理念和要求，不断丰富产品业态，提升文化内涵，优化过程服务，改善游览环境，创意宣传营销，规范景区管理，并积极开展旅游特色活动，实现了景区内涵的量质齐升。

而过去的园区改造也经历了漫长的艰辛历程。

几年前，该景区曾布满围网、汪塘和圩田养殖，生态环境遭受严重破坏，蚊虫肆虐，老百姓习惯叫它"白马大沟"。2010年，淮安市打响"兴水之战"，着力实施退圩（渔）还湖、清水入湖、清淤净湖、生态养湖"四湖工程"，风景秀美、碧波荡漾的生态之湖重现江淮大地。"向日葵的故事"景区所在处，也悄然发生着翻天覆地的变化。

2019年7月8日，"向日葵的故事"景区正式对外试运营。随着举办水陆音乐节、贯通白马湖旅游度假区公交车、召开南葵北菊旅游推介会等活动的顺利进行，10月15日，景区正式开园。10月19—20日，第一届向日葵星空露营节、首届"飞越白马湖、洪泽湖"热气球嘉年华在景区举行。

人潮涌动，景区迅速发展，2020年7月24日，淮安市文化广电和旅游局发布公告，白马湖"向日葵的故事"景区达到国家3A级旅游景区标准，获批国家3A级旅游景区。

从泥沙之地到生态美景，景区再接再厉，大力进行现场整改、服务培训和管理提升工作，在2021年12月31日获批国家4A级景区。

（资料来源：江苏省淮安市白马湖旅游度假区微信公众号，https://mp.weixin.qq.com/s/s9qJNDmIpPDCgjAv0IP4vQ.）

思考：旅游景区等级是如何评定的？该景区为何能被评为国家4A级景区？

旅游景区等级质量评定，是当今国内衡量各景区软硬件发展水平的最权威标准，是旅游景区综合实力的标志，是景区旅游环境和发展质量的整体体现。我国把旅游景区质量等级划分为五级，从高到低依次为5A级、4A级、3A级、2A级、A级旅游景区，五个等级的划分不仅仅体现在级别差异，更体现了一个景区的综合竞争力。了解旅游景区等级评定的背景及标准有助于促进不同旅游景区的更好发展。

一、旅游景区等级评定的背景及现状

（一）旅游景区等级评定的背景

旅游景区是旅游业发展的重要支撑。改革开放后特别是进入20世纪90年代，全国各地的旅游景区数量迅猛增加，对我国旅游业的大发展起到了越来越重要的作用。与此同时，旅游景区品质良莠不齐的情况也日趋突出。为规范景区发展，引导景区质量提升，国家旅游行政管理部门开始启动旅游景区质量等级划分评定国家标准的编制工作。

1. 旅游景区等级评定的必要性

随着旅游热潮，旅游景区已成为我国旅游业的重要生产力要素和创收创汇的主要来源，也是旅游者参观游览的主要场所。尤其是20世纪90年代后期实施新的节假日制度，人们的闲暇时间大大增加，旅游消费需求急速膨胀，使旅游市场日趋火爆。以假日旅游带动国民经济的迅速增长的时代趋势使全国各地出现旅游开发热潮，但由于旅游景区归口不一，行业管理滞后，经营管理、服务质量、设施要求没有统一的标准等，一些景区存在着管理水平低下、环境秩序混乱、服务质量低劣、旅游资源保护不力等问题。这些问题也成为旅游投诉的焦点问题，制约着我国旅游业的发展。

大力开展旅游景区的等级评定和管理工作，有利于规范旅游景区的旅游接待行为，提高旅游景区的管理和服务水平，改善旅游景区的服务设施条件，建设良好的旅游秩序，促进旅游景区的繁荣与发展。旅游景区进行质量等级管理的作用具体表现为以下几个方面。

（1）助推旅游景区的可持续发展

旅游景区对照国家《旅游区（点）质量等级的划分与评定》细则要求，逐项对旅游交通、游览、旅游安全、卫生、邮电服务、综合管理、资源和环境保护等八大部分进行检查，并逐一给予解决方案。同时，评级标准将旅游资源的合理开发和保护作为重要的评价项目，有利于旅游景区对自身资源的种类、等级、品位、组合特征、价值、分布等进行实事求是的评价，从而防止盲目开发、低层次开发和破坏性开发，促进资源的有序、合理利用。

该举措进一步推进了旅游景区的科学化管理，是挖掘景区核心内涵的内在动力,提升景区的吸引力、竞争力,从而使旅游景区走向环境可持续的发展道路。

(2) 有效地保障旅游者权益

在市场经济条件下,旅游景区的等级划分有利于旅游者权益的保障。旅游景区产品的特点之一就是生产与消费的同一性,旅游生产和消费必须同时产生。所以景区等级划分与评定对于旅游者的旅游体验而言可以起到预防的作用,在标准的执行过程中对旅游景区的资源和服务等级进行明示,旅游者可以有选择地进行购买和体验。并且景区标准的制定是从旅游者角度出发,对于环境、质量、秩序、安全等多要素进行评定,旅游景区根据标准进行改进提升的过程也是进一步满足旅游者体验需求的过程。

(3) 促进旅游地的综合发展

旅游景区等级的评定有助于提升旅游景区所在地的知名度,从而吸引更多的旅游者前往该地,吸引更多的投资商来投资兴业,吸引更多的政策支持,有利于形成人流、物流、资金流和信息流的聚集,为经济社会发展带来更多的政策机遇和商机。旅游景区等级评定的影响也是全方位的、循序渐进的,一步步潜移默化地改变区域旅游发展格局、提高区域品牌知名度、促进区域产业结构升级、促进区域城乡协调发展等。

2. 旅游景区等级评定标准制定的历程

1999年6月,为了规范和加强对景区的管理,国家质量监督检验检疫总局出台《旅游区(点)质量等级的划分与评定》(GB/T 17775—1999),该标准于1999年10月1日起施行。

经过3年的实践应用,国家旅游局于2002年底启动修订标准第2版,即《旅游区(点)质量等级的划分与评定》(GB/T 17775—2003),于2004年10月28日发布,2005年1月1日正式实施。2003版的标准修改如下:增加了5A级景区;增加了人性化服务标准要求;强化了以人为本的服务宗旨;细化了关于资源吸引力和市场影响力方面的划分条件。

为了加强旅游景区质量等级的评定和管理,2012年国家旅游局出台《旅游景区质量等级管理办法》。

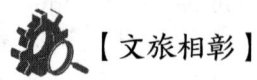【文旅相彰】

旅游景区乱象

受历史原因影响,在很长一段时期内,中国的 A 级景区尤其是 4A 级以上景区评定与当地政府的政绩挂钩,再加上旅游业相较于其他产业更容易出"政绩",由此带动了一大批景区的投资开发建设,各地 A 级景区层出不穷。

以 2015 年为节点往前倒推 4 年,从 2011 年 1 月到 2015 年 7 月,中国 5A 级景区从 76 家增至 201 家。然而从 2015 年至今,国内 5A 级景区数量仅评定了不到 60 家,早前迅猛的景区挂牌升级浪潮,在 2015 年被紧急降速。

至于个中缘由,即景区行业爆发式增长在促进旅游行业蓬勃发展的同时,其沉疴积弊也越来越多。以 2015 年的青岛大虾事件为标志性起点,从哈尔滨天价鱼到桂林天价鱼,从雪乡宰客到云南零负团,国内各地景区的弊病爆炸式出现,引发全民持续热议。而 2016 年末的丽江打人毁容事件,更是让整个社会舆论达到了高潮。

尽管市场监管已经在跟进,但改变并非突变式的,受文化部和国家旅游局合并的影响,从 2017 年底到 2018 年,旅游市场监管稍有放缓。随着 2019 年文旅部整合基本完成,其工作重心再次重回监管方面。以 A 级景区整治为监管重点,利用"暗访"等在内的众多有效手段,文旅部展开了一场力度、范围和持续性前所未有的整治行动。众多"忘形"的 A 级景区就此被打回原形。

(资料来源:闻旅观察,http://www.360doc.com/content/20/1204/18/72760306_949508945.shtml.)

思考:市场监管在景区发展过程中起着怎样的作用?

(二)旅游景区等级评定的现状

根据《旅游区(点)质量等级的划分与评定》规定,2006 年经有关省、自治区、直辖市旅游景区质量等级评定委员会推荐和辅导创建,由全国旅游景区质量等级评定委员会组织评定,66 家试点景区(见表 2-1)达到国家 5A 级旅游景区标准的要求,批准为国家 5A 级旅游景区。据文化和旅游部最新数据，截至 2022 年 6 月，全国 5A 级旅游景区已达 318 家。

表 2-1 第一批国家 5A 级景区名单（66 家）

北京（4）	故宫博物院、天坛公园、颐和园、八达岭长城
天津（2）	天津古文化街旅游区（津门故里）、天津盘山风景名胜区
河北（3）	秦皇岛市山海关景区、保定市安新白洋淀景区、承德避暑山庄及周围寺庙景区
山西（2）	大同市云冈石窟、忻州市五台山风景名胜区
辽宁（2）	沈阳市植物园、大连老虎滩海洋公园—海洋极地馆
吉林（2）	长春市伪满皇宫博物院、长白山景区
黑龙江（1）	哈尔滨市太阳岛公园
上海（2）	上海东方明珠广播电视塔、上海野生动物园
江苏（4）	南京市钟山风景名胜区（中山陵园风景区）、中央电视台无锡影视基地三国水浒景区、苏州市拙政园、苏州市周庄古镇景区
浙江（3）	杭州市西湖风景名胜区、温州市雁荡山风景名胜区、舟山市普陀山风景名胜区
安徽（2）	黄山市黄山风景区、池州市九华山风景区
福建（2）	厦门市鼓浪屿风景名胜区、南平市武夷山风景名胜区
江西（2）	九江市庐山风景旅游区、吉安市井冈山风景旅游区
山东（3）	烟台市蓬莱阁旅游区、济宁市曲阜明故城（三孔）旅游区、泰安市泰山景区
河南（3）	登封嵩山少林景区、洛阳市龙门石窟景区、焦作市云台山风景名胜区
湖南（2）	衡阳市南岳衡山旅游区、张家界武陵源旅游区
湖北（2）	武汉市黄鹤楼公园、宜昌市三峡大坝旅游区
广东（2）	广州市长隆旅游度假区、深圳华侨城旅游度假区
广西（2）	桂林市漓江景区、桂林市乐满地度假世界
海南（2）	三亚市南山文化旅游区、三亚市南山大小洞天旅游区
重庆（2）	重庆大足石刻景区、重庆巫山小三峡—小小三峡
四川（3）	成都市青城山—都江堰旅游景区、乐山市峨眉山景区、阿坝藏族羌族自治州九寨沟旅游景区
贵州（2）	安顺市黄果树大瀑布景区、安顺市龙宫景区
云南（2）	昆明市石林风景区、丽江市玉龙雪山景区
陕西（3）	西安市秦始皇兵马俑博物馆、西安市华清池景区、延安市黄帝陵景区
甘肃（2）	嘉峪关市嘉峪关文物景区、平凉市崆峒山风景名胜区
宁夏（2）	石嘴山市沙湖旅游景区、中卫市沙坡头旅游景区
新疆（3）	乌鲁木齐市天山天池风景名胜区、吐鲁番市葡萄沟风景区、阿勒泰地区喀纳斯景区

从数量上来看，全国A级旅游景区的数量，2012年是6042家，到2021年增加到14332家，增长了1.37倍。伴随着发展水平的跨越提升和人们生活需求的变化，旅游业快速发展，规模不断扩大，质量不断提升，A级景区的数量呈现出持续增长的显著趋势。

从现有5A级景区分布情况看，我国5A级旅游景区主要集中在东部沿海地区以及中部地区，其中以江浙一带为典型集中区域。相关研究结果也显示，无论是自然类还是人文类A级景区均分布在胡焕庸线以东地区，尤其以人口众多、经济发达地区为集聚分布区。

二、旅游景区等级评定的标准与办法

（一）旅游景区等级评定标准

据《旅游区（点）质量等级的划分与评定》（GB/T 17775—2003）国家标准，我国旅游景区质量等级划分为五级，质量等级标识为A，由高到低分别为5A、4A、3A、2A、1A。旅游景区质量等级的确定，依据"服务质量与环境质量评分细则""景观质量评分细则"的评价得分，并结合"游客意见评分细则"的得分综合进行评价。

（1）"服务质量与环境质量评分细则"包括旅游交通、游览、旅游安全、卫生、邮电、旅游购物、综合管理、资源和环境的保护等八个评价项目。

（2）"景观质量评价细则"包括资源要素价值与景观市场价值两大评价项目。由每一评价项目及子项目的相应得分确定其等级。

（3）"游客意见评分细则"是旅游景区质量等级评定的重要参考依据。它包括总体印象、外部交通、内部游览线路、观景设施、路标指示、景物介绍牌、宣传资料、导游讲解、服务质量、安全保障、环境卫生、厕所、邮电服务、商品购物、餐饮或食品、旅游秩序、景物保护等评价项目。每一评价项目分为很满意、满意、一般、不满意四个档次，并依此计算游客意见的分数。

图2-1　5A级景区标识

旅游景区质量等级实行动态管理，依据旅游景区质量状况进行升降。值得注意的是，在这个评价体系中，景观质量是旅游景区质量等级评定的内容之一，但并不占主导地位，这意味着旅游景区即使资源价值很高，但如果管理和服务水平低，也不能取得很高的质量等级。

（二）旅游景区等级管理办法

为进一步规范旅游景区评定程序，严格旅游景区质量要求，建立和完善旅游景区退出机制和社会监督体系，提高旅游景区管理、经营与服务水平，按照科学、合理、规范的原则，国家旅游局于2012年5月将2005年颁布的《旅游景区质量等级评定管理办法》修订为《旅游景区质量等级管理办法》，并就具体的等级管理办法做了说明。

1. 评定对象

根据规定，凡在中华人民共和国境内，正式开业从事旅游经营业务一年以上的旅游景区，包括风景区、文博院馆、寺庙观堂、旅游度假区、自然保护区、主题公园、森林公园、地质公园、游乐园、动物园、植物园，以及工业、农业、经贸、科教、军事、体育、文化艺术等方面的旅游景区，均可申请参加质量等级评定。但要注意的是："旅游景区质量等级评定，是指对具有独立管理和服务机构的旅游景区进行评定，对园中园、景中景等内部旅游点，不进行单独评定。"

2. 评定工作的组织

根据《旅游景区质量等级管理办法》的规定，国家旅游行政主管部门负责旅游景区质量等级评定标准、评定细则的编制和修订工作，负责对全国旅游景区质量等级评定标准的实施进行管理和监督。国家旅游行政主管部门组织设立全国旅游景区质量等级评定委员会，负责全国旅游景区质量等级评定工作的组织和管理。各省级旅游行政管理部门组织设立本地区旅游景区质量等级评定委员会，并报全国旅游景区质量等级评定委员会备案。

根据全国旅游景区质量等级评定委员会的委托，省级旅游景区质量等级评定委员会对本行政区域的旅游景区进行相应的质量等级评定工作的组织和实施。

3. 评定方法和程序

《旅游景区质量等级管理办法》规定，3A级、2A级、1A级旅游景区由全国旅游景区质量等级评定委员会委托各省级旅游景区质量等级评定委员会负责评定。省级旅游景区质量等级评定委员会可以向条件成熟的地市级旅游景区质量等级评定机构再行委托。具体流程如下：由申报旅游景区所在地评定机构逐级提交评定申请报告、《旅游景区质量等级评定报告书》和创建资料，创建资料包括景区创建工作汇报、服务质量和环境质量具体达标说明和图片、景区资源价值和市场价值具体达标说明和图片。省级或经授权的地市级旅游景区评定机构组织评定后，对达标景区直接对外公告，颁发证书和标牌，并报全国旅游景区质量等级评定委员会备案。

4A 级旅游景区由省级旅游景区质量等级评定委员会推荐，全国旅游景区质量等级评定委员会组织评定。由申报 4A 级的旅游景区所在地评定机构逐级提交申请报告、《旅游景区质量等级评定报告书》和创建资料，省级旅游景区评定机构组织初评。初评合格的景区，由省级旅游景区评定机构向全国旅游景区质量等级评定委员会提交推荐意见，全国旅游景区质量等级评定委员会通过明察、暗访等方式进行检查，对达标景区对外公告，颁发证书和标牌。

5A 级旅游景区从 4A 级旅游景区中产生，被公告为 4A 级旅游景区三年以上的方可申报 5A 级旅游景区。5A 级旅游景区由省级旅游景区质量等级评定委员会推荐，全国旅游景区质量等级评定委员会组织评定。由申报所在地旅游景区评定机构逐级提交申请报告、《旅游景区质量等级评定报告书》和创建资料（含电子版），省级旅游景区评定机构组织初评。初评合格的景区，由省级旅游景区评定机构向全国旅游景区质量等级评定委员会提交推荐意见。

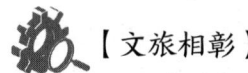
【文旅相彰】

南京无想山景区成功创建国家 3A 级旅游景区

2020 年 12 月，南京市旅游资源规划开发质量评定委员会根据中华人民共和国《旅游区（点）质量等级的划分与评定》国家标准与《旅游景区质量等级管理办法》，经旅游景区自检自查，经区文化和旅游局初审推荐和市旅资委组织现场评定、第三方暗访，南京无想山景区与南京河西南京眼旅游区、南京清凉山景区、金牛湖野生动物王国景区被批准为国家 3A 级旅游景区。

国家 3A 级旅游景区评定要求众多，不单要风景秀丽，而且在交通、游览、安全、卫生、管理、服务、消费、环境保护等方面都有很严格的要求。那么无想山景区凭借什么能够被评为国家 3A 级旅游景区？

1. 无想山景区不断推进景区项目建设，丰富游客游览体验

在景点打造方面，景区内建成了"天池雪霁""石梯观云""凤林摩崖""无想晨钟"4个打卡点（另外6个打卡点分布在无想山景区外围区域）。

在道路建设方面，完成了天池彩虹步道和百虎路延伸工程，实施了环湖路通电和路灯亮化项目，同时对天池夜景进行全面亮化。

在环境整治方面，景区重点整治乱堆乱放、污水排放、设施设备维护等工作；制定了无想山景区环境保护措施，合理布局功能设施，有效保护景区景观、文物、自然生态资源。

2. 无想山景区全力完善各项服务设施，推进旅游服务智能化

景区努力提升景区安全设施，设置安全监控点位200多个，全面更新无想山景区导游导览和休闲观光设施，投入近1000万元完成了无想山智慧旅游（一期）工程，景区信息化程度得到有效加强。

3. 无想山景区规范景区服务体系，不断扩大景区影响力

不断强化运营意识，景区开发完成无想山文创产品，购置2辆高性能电动观光车，招聘10多名景区服务人员，对天池区域先行试点封闭管理，有效落实景区"封闭运营""有效管理"要求。

规范提升服务体系，景区以游客基本服务及餐饮配套服务为主，提供游客咨询、寄存、医疗救助、手机自助充电、婴儿车自助租赁等服务，并提供母婴室、迷童中心、游客休息中心等设施。

4. 无想山景区依托资源禀赋打造景区特色项目，促进区域文旅产业融合发展

培育打造南京溧水国际山地半程马拉松赛、无想夜跑·夏日溧水无想生活节、无想山端午登山健身大会、无想诵读全民读书节等文体品牌；开展"溧水非遗进景区"活动，通过各种宣传媒体和宣传方式，不断扩大景区影响力。

（资料来源：南京市无想山景区微信公众号，https://mp.weixin.qq.com/s/5_2H62B8rexBt2TycHit8A. 有改动）

思考：南京无想山景区是如何满足旅游景区的评定标准和规范要求的？

三、旅游景区等级的动态管理与退出机制

旅游景区的等级评定并不是一成不变的,其遵循着"有进有出"的管理机制,通过自愿申报、分级评定、动态管理、以人为本、持续发展的原则开展。各旅游景区质量评定委员会对未评定的景区进行审核,同时对已挂牌景区进行监督管理,若已挂牌景区未能达到要求则取消其资质,退出质量等级体系。

1. 管理依据

依据《旅游景区质量等级管理办法》规定,各级旅游景区质量等级评定委员会要对已评定旅游景区进行监督检查和复核。监督检查采取重点抽查、定期检查和不定期暗访以及社会调查、听取游客意见反馈等方式进行,全面复核至少三年进行一次。等级复核工作主要由省级旅游景区质量等级评定委员会组织和实施,全国旅游景区质量等级评定委员会有计划、有重点进行复核。

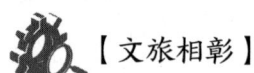【文旅相彰】

A 级旅游景区整改提质

2019 年 11 月 6 日,文化和旅游部在北京召开文化和旅游市场整治暨景区服务质量提升电视电话会议,通报了"体检式"暗访评估等有关情况,对持续推进文化和旅游市场整治,提升景区、旅游度假区服务质量工作进行了部署。

会议指出,2019 年以来,文化和旅游部分别部署开展了文化和旅游市场整治行动、A 级旅游景区整改提质行动,全国各级文化和旅游行政部门高度重视,精心谋划,扎实推进,取得了积极成效。市场整治行动开展期间,全国共出动执法人员 120 余万人次,检查经营单位 52 万余家,立案调查 8300 余件,罚没款 4100 余万元,责令停业整顿 715 家,吊销许可证 113 家;景区整改提质行动中,全国复核 A 级旅游景区 5000 多家,1186 家景区受到处理,其中 405 家受到取消等级处理。

会议对于国家 5A 级旅游景区复核检查和处理情况进行了通报,对山西省晋中市乔家大院景区予以取消质量等级处理,对辽宁省沈阳市沈阳植物园景

区、浙江省温州市雁荡山景区、河南省焦作市云台山景区、广东省梅州市雁南飞茶田景区、四川省乐山市峨眉山景区和云南省昆明市石林景区6家5A级旅游景区予以通报批评处理，限期3个月整改。

（资料来源：文化和旅游部政府门户网站，https://www.mct.gov.cn/whzx/whyw/201911/t20191111_848790.htm.）

思考：景区质量等级评定实行动态管理与退出机制，诸多5A级景区整改或被摘牌，对你有何启示？

2.退出情况

有以下情况之一者，视情节给予相应处理：

（1）复核不合格；

（2）发生重大安全事故；

（3）游客好评率低、社会反响差、游客进行重大投诉并经调查属实；

（4）未按时报送数据信息或填报虚假信息。

3.处理办法

经复核达不到要求的，或被游客进行重大投诉经调查情况属实的景区，按以下方法做出处理。

（1）相应质量等级评定委员会根据具体情况，做出签发警告通知书、通报批评、降低或取消等级的处理。对于取消或降低等级的景区，需由相应的评定机构对外公告。

（2）旅游景区接到警告通知书、通报批评、降低或取消等级的通知后，应认真整改，并在规定期限内将整改情况上报相应的等级评定机构。

（3）凡被降低或取消质量等级的旅游景区，自降低或取消等级之日起一年内，不得重新申请新的资质等级。

拓展阅读：乔家大院被"摘牌"，到底啥问题？

拓展阅读：5A级景区的撤牌复牌之路

任务二 旅游景区产品分类

【引例】

金陵小城：再现旷世风雅，梦回最美金陵

金陵小城·燕集里是金陵小城的先导区，集中诠释了"风雅金陵"一词。燕集里景区于2021年5月开启试运营后，长期居于南京游玩人气榜、网红拍照榜TOP1，与北京环球度假区、上海前滩太古里并列成为2021年国庆10大城市"新网红"。金陵小城4次登陆央视，2022年五一期间更是作为南京景区代表亮相《新闻联播》。

作为一个新的景点，金陵小城拥有梦幻的起点，可谓出道即巅峰。金陵小城·燕集里成功将金陵文化、历史底蕴与旅游度假生活方式相结合，以全新的方式激发了南京这座古都的文化气质，打造了一张新南京的文化形象新名片，一座中国文化旅游的新地标。

南京是一座文化气息浓郁的城市，古有承载千年文化荟萃的秦淮河、夫子庙、鸡鸣寺，近有代表民国文化底蕴的中山陵，千百年的沉淀，吟咏不尽的人文风采，南京的历史文脉穿越千年，南京的文化地标不胜枚举。

然而，南京的文化气质是什么？如何在新时代重新演绎？如何塑造不同以往的新南京印象？创作团队从厚重的历史，到山河形胜，到文化艺术，用近一年的时间去寻找、酝酿答案，形成100多个文件夹，近30万字的研究材料。最终化繁为简，将南京的文化气质浓缩到"古都之象、风雅之魂、艺术之美、山林之幽、沧桑之韵"这二十个字，并进一步提炼出"金陵风雅"四字点睛。

金陵小城成为承载南京极具东方浪漫色彩的"风雅文化"的载体，它集六朝古都、十朝都会的磅礴之气，风流名士、江南佳丽的风雅之魂，恬淡天真、古典时尚的艺术之美，创构出具有长期文化生命力和商业价值的文旅超级IP，成为延续城市记忆的重大文化工程，传承历史、融汇古今的文化新载体，功能完善、特色彰显的文旅新平台。

行走于金陵小城,一草一木,一笑一颦都是潇洒浪漫,一步一景,邂逅万千风华。随处让人想起曲有误周郎顾的周郎、捧着棋盘的谢安,三街七巷,从高门大户到家家捣衣声,让人恍然之间穿越千年,梦回古城。

金陵小城,以文旅融合的产品形态活化历史文脉传承,以风雅文化融入当代生活,体验生活方式、体悟生活美学,搭建个体的精神世界。多维度、深层次、立体化的文化旅游体验,打破了文旅小镇市场现状,堪称新时代"美好生活"的样板,中国文旅小镇的新典范。

(资料来源:搜狐网·中国旅游协会,https://www.163.com/dy/article/HIHNUVKT0514BTAB.html.)

思考:金陵小城景区如何展现"金陵风雅文化"?

旅游景区资源经过一定程度的加工利用便转化为旅游景区产品,旅游者可以通过购买旅游景区产品来获得旅游经历。旅游景区产品在一定程度上决定着旅游景区的经济收益,因此,了解旅游景区产品的构成、分辨旅游景区产品的多种类型及特点,对促进旅游景区产品的升级换代,推动景区的可持续发展具有重要意义。

一、旅游景区产品构成

(一)旅游景区产品的概念

旅游产品是指旅游经营者凭借一定的旅游资源和旅游设施向旅游者提供的满足其在旅游过程中综合需求的服务。"从需求角度来看,总体旅游产品就是旅游者从离家外出开始直至完成全程旅游活动并返回家中为止这一期间的全部旅行经历的总和","从供给角度来看,总体旅游产品是指旅游目的地为满足来访者而提供的各种旅游活动接待条件和相关服务的总和"。

从旅游者角度来看,旅游产品是指旅游者支出一定的金钱、时间和精力后所获得的满足其旅游需求的经历。在此经历中,旅游景区担当着主要角色。因为旅游景区是旅游六要素中核心需求"游"的物质载体,是旅游者产生旅游动机的原动力。所以,景区产品是旅游产品的主要构成部分,它具有旅游产品和服务产品的一般特点,也有其自身的特殊性。

在旅游者的旅游活动过程中，景区产品基本上涵盖了旅游活动中的吃、住、行、游、购、娱六大要素。景区旅游景观成为旅游者"游"的主要吸引物，而各类餐饮、住宿、购物商店、娱乐设施等则满足了旅游者的各种需求。因此，旅游景区产品也可以说是以满足目标旅游市场需求为目的的景区有形产品与无形产品的结合。

从旅游景区供给角度看，旅游景区产品是指由旅游景区经营者借助旅游景区资源和相关设施开发设计出来的，为迎合旅游者审美和愉悦的体验需求，通过市场途径为其提供消费的一切有形实物产品和无形服务的综合，其实质是旅游者在旅游景区以货币形式向经营者购买的一次旅游活动所消费的全部产品和服务。

其与旅游资源的差异之处在于，旅游景区产品并非先天客观的存在，而是蕴含了人类的劳动投入，经过人们后天主观开发与设计而成的产品。旅游景区产品的外延较为宽泛，作为主要吸引物的旅游项目及其相互之间的游线组织、作为服务支撑的各类旅游设施以及景区工作人员提供的各种现场服务都是其产品要素。

（二）旅游景区产品的构成

一个旅游景区产品由多个要素有机组合构成。景区产品至少由下列要素构成。

1. 旅游吸引物

它是指能对游客产生吸引力，满足游客旅游体验需求的各种要素，是吸引游客前往的根本。旅游吸引物可以是物质的，也可以是非物质的。旅游资源包括自然资源和人文资源，需要注意的是旅游吸引物是在旅游资源的基础上经过一定程度的开发建设后成为景区产品供游客进行消费的。如到上海世博会游玩，这个旅游活动中的旅游吸引物是世界博览会这一事件以及世博园内各种展馆设施和开展的各项活动，是物质和非物质的相结合。旅游吸引物是吸引游客前往某一景区的最根本因素，是游客旅游活动的直接指向。

2. 旅游服务设施

旅游服务设施是游客能够在景区开展旅游活动的媒介，是实现旅游活动的基本条件之一，也是景区存在的基础，通常包括基础设施和服务设施。旅游设施的规模、质量、风格对景区的经营产生深远影响。任何一个景区，只有旅游吸引物而没有良好的旅游设施，是无法开展安全有序的旅游经营活动的。同时，旅游设施和旅游吸引物在实际经营中并不能绝对分开，在某些情况下旅游服务设施同时也是旅游吸引物，如景区内的漂流竹筏，它既是旅游吸引物又是旅游服务设施，既具有设施功能又具有吸引物功能。

3. 管理和服务人员

景区和其他机构组织一样，必须配备一定的管理和服务人员，包括中高层管理人员、基层管理人员和一线服务人员。一线服务人员分为三类：技术人员，如设备维修人员工程师；服务人员，如售票员、讲解员；其他人员，如保安、医务人员。景区管理和服务人员凭借旅游吸引物和旅游服务设施为游客提供体验服务，树立良好的景区形象、服务形象，使景区更富吸引力。同时，优质高效的管理服务本身也可以成为景区的旅游吸引物。

二、旅游景区产品的类型和特点

（一）旅游景区产品的类型

辨别景区产品不同类型的基础是了解旅游景区资源的类型，依照不同的分类依据会产生不同类型的景区产品，本书仅列举几种典型的旅游景区产品分类。

1. 依据旅游产品的含义进行分类

按含义进行分类，旅游产品一般可以分为广义和狭义两种类型。

（1）广义的旅游景区产品

广义的旅游景区产品由景观（吸引物）、设施和服务三类要素构成。其中景观（吸引物）是指由自然实体和历史文化实体（包括文化氛围和传统吸引物）所组成的中心吸引物，它们是吸引潜在旅游者产生旅游动机的关键。设施包括基础设施和游乐设施，通常为一些现代建筑物。服务则是旅游者在体验景观和身处设施场所中感受到的物质或精神上的奢侈享受，它们通常是非物质形态的，是人为创造出来的。

通常情况下，只有景观才能构成吸引物，但这并不是说设施和服务不能构成吸引物。在特定条件下，设施和服务本身就能形成主要的旅游吸引物，如印象丽江等大型文艺演出，就是景区的主要吸引物。

（2）狭义的旅游景区产品

狭义的旅游景区产品仅指旅游景观（吸引物），不包含设施和服务。其忽略了设施和服务带给旅游者的感知，故本书采用广义上的旅游景区产品概念。

2.依据景区产品的功能进行分类

依据景区产品的功能分类，可将景区产品分为陈列式、表演式和参与式三个类型。

（1）陈列式

陈列式是景区产品的基础层次，以自然资源风光与人文历史遗迹为主要内容。陈列式景区产品属于最基础的景区产品形式，是旅游规模与特色的基础。

（2）表演式

表演式是景区产品的提高层次，以民俗风情与游乐为主要内容。表演式景区产品的功能在于满足游客由"静"到"动"的多样化心理需求，通过旅游文化内涵的动态展示，吸引游客消费向纵深发展。

（3）参与式

参与式是景区产品的发展层次，以亲身体验与游戏娱乐为主要内容。参与式景区产品的功能在于满足游客的自主选择、要求投身其中的个性选择，是形成旅游品牌特色与吸引游客持久重复消费的重要因素。

3.依据旅游产品的性质进行分类

依据旅游产品的性质分类，景区产品可分为观光产品、度假产品、专项产品三个主要类型。

（1）观光产品

主要供旅游者观赏、游览的旅游产品，是供旅游者购买的自然风光、文化内涵的展示品，是旅游产品的初级产品。在旅游的初步发展阶段大部分景区产品都属于观光产品。这类产品的特点是：参与性较低，游客停留时间较短、消费水平不高，回头客较少。

（2）度假产品

供给游客在一定时间内度假消费的旅游产品，景区地点一般选在风景优美、气候适宜的地方，游客对环境、设施、服务质量的要求较高，游客一般停留时间较长、消费能力较强。娱乐、健身、疗养等产品是度假产品的主要内容。

（3）专项产品

供给专门化、主题化、特种化的产品，它在现代旅游产品中所占的份额越来越大，其类型丰富多样，比如会议旅游、商务旅游、购物旅游、节庆旅游、体育旅游、特种旅游以及生态旅游等。

4.依据旅游产品的内部布局进行分类

依据旅游产品的内部布局，景区产品可以分为品牌产品、重要产品和配套产品三种类型。

（1）品牌产品

该类产品是旅游景区的导向性产品，即主打产品，对市场具有引导作用，是景区中最具竞争力的产品，代表着景区的旅游形象。

（2）重要产品

该类产品是整个产品布局体系的支撑，是品牌产品的外延和景区的主力产品。

（3）配套产品

该类产品不具备强大的市场吸引力，但可以丰富景区的产品结构，满足次要旅游者的需要。

5.依据景区产品发展的阶段进行分类

按景区产品发展的阶段，可以分为人文自然景观型、人造景观型和科技参与型。

（1）人文自然景观型

人文自然景观型主要借助本地资源特色，以名胜古迹、自然山水景观为载体，是早期景区产品的主要形式且生命力延续不衰。

（2）人造景观型

人造景观型主要借助大力投入产生轰动效应，是大部分资源缺乏地区以及进一步发展型景区主要采取的方式。

（3）科技参与型

科技参与型是在旅游中引入高科技的休闲娱乐项目，强调游客的高度参与，代表未来旅游景区的发展潮流。如当下极为盛行的VR、AR等智慧旅游形式。

（二）旅游景区产品的特点

旅游景区产品首先是一种可用于满足现实或潜在消费者需求的产品；其次是一种服务产品，具有无形性、不可标准化生产、生产消费同一性、不可储存性等特征；再次，景区产品是旅游产品的一种，具有季节性、脆弱性、共享性等特征；最后一点也是景区产品区别于其他一切产品的本质区别，即景区产品是一种体验和经历，其品质在很大程度上取决于设施的维护程度、员工的服务质量、游客的期望值甚至游览天气、交通状况等一系列因素。

1. 无形性

景区产品必须要游客在景区现场消费，不能提前使用，也不能带回家，如发生了任何问题无法以退换的方式解决。景区产品的无形性使得顾客在购买前看不到产品，这也意味着景区营销在景区管理中处于核心地位。

2. 不可标准化生产

景区产品是在顾客的直接参与下产生的，产品会不断地改变以适应不断改变的供需关系和产品资源关系。而且其会受到天气变化、交通状况、服务感知等不可控因素的影响，从而具有差异性。

3. 生产消费同一性

景区产品具有"生产是消费，消费是生产"的特点。顾客参与产品的生产过程，生产产品和向顾客提供产品的员工本身就是景区产品的一部分，消费者在消费现场才能感受到景区产品的质量，并且产品会在某种程度上按照顾客的具体要求来生产，且提供产品的地点既是生产场地也是消费场地。

4. 不可储存性

景区产品是无法储存的，即某一天的某一种体验没有售出，那就永远消失了，不可储存起来日后再售。游客消费之后，获得的是一种心理体验，他们不能把景区产品储存起来待日后观赏。

5. 季节性

景区产品是一种非消费必需品，与旅游者的空闲时间、可自由支配收入等因素密切相关，还与气候、季节、天气等因素密切相关，所以现在大部分旅游景区明显出现了淡旺季之分。在淡季可以说是门可罗雀，而旺季时则人声鼎沸。如何调节淡旺季景区人流量已成为景区利益相关者的重要任务。

6. 脆弱性

景区产品作为一种旅游产品，受多种因素的影响和制约，包括季节、气候等自然因素，也包括政治、经济、社会、文化等非自然因素。各种因素的变化都会引起旅游业的波动，如战争、瘟疫、疾病都会给旅游业带来致命的打击，旅游景区也不例外，景区管理者应采取必要防御措施，应用景区预警系统，采取危机管理等方法来抵制各种不利因素的影响。

7. 共享性

景区产品不同于其他产品，它是一种一对多的非实物产品。一个景区内的旅游者共同购买了一种景区产品，他们共同享受购买的旅游景区产品，不具有严格意义上的排他性。同时，购买者人数的多少也直接影响景区产品的质量。所以，旅游景区应做好环境容量的控制和调节，努力提高旅游者的旅游质量。

8. 旅游景区产品的本质是一种体验和经历

无论是景区有形的景观、设施，还是无形的服务，都是旅游者无法带走的，旅游者所得到的只是一次旅游的经历和在景区所获得的体验。景区的有形部分是游客获得体验的基础，景区内员工的仪容仪表、态度、行为和能力、游客的心理预期以及一些不可控因素都影响旅游者在景区的总体感受。

三、旅游景区产品的开发

景区的长远发展离不开旅游景区产品的开发、创新，了解旅游景区产品开发的需求和开发策略是促进景区产品发展的重要抓手。

（一）旅游景区产品开发需求

目前我国旅游市场上，从供给方来看，景区产品主要以资源依托型为主，对景区的开发停留在浅层次的开发层面，同质、同类现象比较普遍。各景区为追求自身利益和近期效益的最大化，景点重复建设多，产品单调、陈旧，知识含量不高，缺乏独创性。总体来看，景区旅游产品在开发过程中缺乏创新，也缺乏对游客心理行为的研究。是故从供给方来看，旅游景区产品的更新应注重产品内涵，在深度和广度上多做文章。

从需求方来看，现代社会已经步入了体验经济时代，体验经济时代消费者的消费观念和消费方式都发生了多方面的变化。从旅游消费结构变化可以看出，旅游者对情感服务的需求比重加大，旅游者在注意景区产品质量的同时，更加注重旅游活动中的情感愉悦和满足，其更加关注旅游产品与自身的密切程度；从旅游消费内容变化可以看出，旅游者对个性化产品和服务的需求越来越高，更倾向于新奇、有趣的旅游产品；从旅游者接受产品的方式变化来看，旅游者已经不满足于被动地接受景区的诱导和操纵，而是主动地参与产品的设计与制造。

（二）旅游景区产品开发策略

在景区产品开发中，根据景区现有资源的特点、目标市场情况、产品开发目标、产品开发途径和管理控制等因素，可以制定多种开发策略。经营者在产品开发过程中，应根据具体情况，选择切合实际的策略。

1. 长短结合策略

此即景区的近期产品和远期产品、长线产品和短线产品相结合的产品开发策略。要采取这一策略，景区应当有四类产品：一是当前正在生产和销售的产品；二是已经完成全部设计、等待适当时机投放市场的产品；三是产品基本内容已经确定，处于进一步完善中的产品；四是处于产品构思、创意阶段的产品。这一策略着眼于景区长期、稳定、持续的发展。

2. 主导产品策略

此即根据客源市场的需求，结合景区的资源特色，确定景区的主打产品，并在这一产品的设计、营销、创新上投入大量资源的产品开发策略。主导产品是景区的生命线，必须谨慎选择。主导产品选择的条件一般是产品品位要高，并且要具有一定的垄断性。

3. 高低结合策略

这是指高档产品与低档产品相结合，以满足不同消费层次需求的策略。运用这一策略时，需要注意明确景区的形象和定位，不要在目标市场上留下定位模糊的印象。

4. 创新策略

根据产品创新的程度，创新策略又可分为全部创新策略、拿来策略、模仿改进策略。选择哪种创新策略，需根据景区产品所处的生命周期、竞争情况、景区的成本负担能力等因素确定。

5.掌握开发时机策略

其具体包括紧跟开发策略、抢先开发策略和后发制人策略。值得注意的是，景区产品的核心要素是旅游体验。景区的经营管理者应了解如何提高旅游者的体验，并使之为企业创造效益。制造游览过程中的兴奋点是景区影响旅游者体验的主要方法。这种兴奋点可以是游乐园中惊险刺激的游乐项目，可以是定期举办的表演、游行或节庆活动，也可以是博物馆中的稀世珍宝或动物园中的珍稀动物等。将这些兴奋点安排在景区内的适当位置上，在制造旅游体验的同时，还能够达到调节旅游者的游览节奏、游览路线、消费行为、逗留时间等目的。

任务三　旅游景区业态分类

【引例】

文旅更融合，"旅游+"业态"新起来"

2021年，南京文旅融合不断深入，"旅游+"带来的各种新业态遍地开花，而玄武湖就是这一变化的缩影。

在玄武湖景区，"旅游+体育""旅游+文化""旅游+研学"等新业态层出不穷。2021年景区建成了文化新地标——玄武文化广场。经过两年多精心建设，明朝国家档案馆——明后湖黄册库遗址展馆于2022年元旦正式开馆，获得了社会各界的一致好评。春节"着汉服 做花灯"、端午"汉韵华裳 礼韵金陵"祭祀祈福活动、中秋游湖赏月等活动穿珠成线，"玄武湖生态探秘之旅""传承红船精神 争当红船少年""航天科普夏令营"等亲子研学活动近百场，不仅让游客享受了乐趣，"揽客"吸引力上升，收入增加，也让景区尝到了甜头。

以"旅游+体育"水上经济为例。自2019年与相关机构合作成立龙舟基地、赛艇基地以来，景区已承接30多场龙舟、赛艇比赛，相关训练活动600多场。仅户外活动方面，同比2019年，2020年、2021年分别增长了28%、

79%。除了本身的活动收入，还带来了众多客流，促进了园内的各项消费。

夜经济等新消费场景也在不断涌现。在景区内，24小时开放的环湖路人气很高，夏季夜间人流量甚至超过了日间人流量。如何让流量变成销量，拉动消费？2021年，景区以莲花广场喷泉晚场表演为依托，通过增加夜间亮化营造夜游气氛，同时将游船运营时间延长至夜间10点，推出夜间赏樱、游湖赏月、大船夜游等路线，让月光、灯光、湖光带来经济效益。数据显示，游船夏季的夜间收益占其全年收益的近10%。

（资料来源：南京文化产业协会微信公众号.https://mp.weixin.qq.com/s/N9esOiAMmCb68VJA06Rwww.）

思考：如何根据景区不同特点，通过"旅游+"形式，使景区业态活起来？

景区业态是指旅游景区为适应市场需求变化进行要素组合，提供特色旅游产品和服务而形成的景区经营形态。业态的发展对于旅游景区的发展具有促进作用，了解业态的概念及其分类，探索未来旅游业态新发展趋势对景区的可持续发展具有指导作用。

一、旅游景区业态概念与分类

（一）业态与旅游业态的概念

1. 业态的概念

"业态"（Type of Operation）一词来源于日本，产生于零售领域，主要指"对某一目标市场，体现经营者意向与决策的营业形态"（《新经济辞典》）。为介绍日本商业，我国从20世纪80年代开始引入"业态"一词，并逐渐在商业中推广应用。1998年6月5日，国家国内贸易局颁布了《零售业态分类规范意见（试行）》，表明该词得到了官方的认可。

虽然业态一词由日本人首先提出，但是美国人早在1939年就用"Types of Operation"表示零售业态在商业统计中的分类。自使用以来，该词在国内外引起了广泛的研究（见表2-2）。

表 2-2　国内外"业态"不同定义及对比

学者/机构名称	提出时间	定义简要介绍
Gist	1968	业态是零售商面对激烈的竞争向竞争对手学习并逐渐在产品、设施和价格等方面趋向一致组成一种新的零售业态
安土敏	1992	业态是定义为营业的形态，它是形态和效能的统一，是达成效能的手段
国家国内贸易局	1998	业态是指为满足不同的消费需求进行相应的要素组合而形成的不同经营业态
李飞	2003	零售业态是指为满足某一特定目标市场需求而形成的零售业态
萧桂森	2004	业态是指针对特定消费者的特定需求，按照一定的战略目标，有选择地运用商品经营结构、店铺位置、店铺规模、店铺形态、价格政策、销售方式、销售服务等经营手段提供销售和服务的类型化服务形态

（资料来源：由文献整理得出）

2.旅游业态的概念

随着旅游产业的深度发展和分工细化，行业和产业已难以全面描述旅游业的发展状态，因此，旅游学者将商业中的业态一词引入旅游业，称之为旅游业态。

对于旅游业态的概念定义，国内学者从不同的角度进行了总结。邹再进从经营角度分析，认为旅游业态是对旅游行（企）业组织经营方式的描述和对旅游产业的发展阶段、趋势以及业种范围的界定。许豫宏从消费需求角度分析，认为旅游业态是旅游行业根据游客需求，创造出能够满足游客心理、情感、审美享受的产品。张文建从狭义和广义两个方面进行分析，认为狭义的旅游业态专指旅游企业或集团的经营形态；广义的旅游业态除此之外，还包括旅游业的结构类型和组织形态，表现在产业层面就是众多业种和业状。总体来看，旅游业态即是指旅游企业的组织管理方式和经营方式呈现出的一定形态。

（二）旅游业态分类

1.旅游新业态的概念

随着体验经济时代的到来，人们需求的不断变化以及市场竞争的加剧，旅游业进入了一个转型升级的阶段。由此，传统旅游业态有了新的发展和突破，产生了旅游新业态。旅游业态可以简单地划分为传统旅游业态和旅游新业态两种类型。

旅游新业态在概念上就是相对于旅游主体产业有新突破、新发展，或者是超越传统的单一观光模式，具有可持续成长性，并能达到一定规模，形成较为稳定发展态势的业态。也有学者提出旅游新业态是为了满足消费者的新需求，实现旅游业和其他产业的融合，不断创新出具有特色的旅游产品。

总体来看，旅游新业态是旅游行（企）业及其相关行（产）业部门依据旅游消费者多元化需求，在组织管理方式、产品形态、经营形态等方面实现旅游产业的新的发展和突破，是对旅游产业的产品结构（业种）、旅游业当前发展阶段（业状）和未来发展趋势（业势）的一种综合性描述。

2. 旅游新业态的形成机制

旅游新业态的形成过程，也是旅游产业的创新过程。不少学者对旅游新业态的形成机制进行了探索。

汪燕等提出旅游新业态形成的动力机制主要由拉力、推力、保障力、辅助动力等构成（见图2-2）。其中，市场需求变化对新业态形成拉力。随着大众旅游时代的到来，旅游已经成为人们生活的一部分，尤其是节假日制度的日渐完善，更加迎合和刺激了人们的旅游消费需求。大众旅游时代的旅游者涵盖了不同层次的人群。由于旅游者层次的广泛性，不同层次的旅游者的旅游需求是不一样的，同时旅游者的需求也是一直处在不断变化的过程之中。进入21世纪，随着体验经济时代的到来，人们的需求又呈现出新的变化特点。首先，人们更加注重旅游过程中的体验性和参与性，不断追求刺激、新颖的旅游经历。旅游市场提供的传统型的观光游览旅游产品，已经不能够满足所有旅游者的消费需求了。因此许多注重旅游者体验和参与的旅游新业态应运而生，如一些娱乐性的主题公园、探险旅游等。其次，现代社会的城市生活、工作竞争压力不断增加，城市空间也逐渐拥挤起来，使得很多城市人迫切地想脱离这个空间，越来越多的人希望回归自然，放松身心。于是为了满足市场需求，又滋生出了另一些旅游新业态，如乡村旅游、生态旅游等。最后，旅游大众化带来了不同层次的消费者，相应地就产生了不同消费档次的需求。有追求高档、追求奢华、彰显身份的贵族式旅游者，也有属于工薪阶层的中档消费者，还有消费水平较低或经济上不能独立的农民和学生群体。为适应和满足他们的消费能力和水平，旅游市场出现了相适应的旅游新型业态，如主题酒店、度假酒店、自助游等。

市场竞争成为产品更新换代、转型升级的一个重要推动力。企业为了在竞争中取胜，获得持续的生命力，必然要在掌握市场需求特点的基础上对原有产品进行更新、改造，无论是从形式还是从内容上。旅游经营者不断创新，避免被其他新产品抢占市场，从而推动着旅游业态的更新换代。

科技进步是新业态形成的有力保障因素。随着社会的进步，科技的发展给人们的生活、学习、工作、休息等都带来了重大的变化，对经济运行和旅游运营方式产生了革命性的影响，尤其是网络技术在旅游业中的运用进一步保障了旅游业态的创新。

旅游业是一个综合性产业，产业链的延伸和相关产业的渗透为旅游新业态的产生提供了辅助动力。一方面，旅游业的发展内涵不断丰富，外延也在不断地扩大。旅游产业链出现了横向一体化和纵向一体化的发展。横向一体化主要采取的是推行连锁经营和特许经营，扩大同业的市场覆盖面，形成市场网络，组织更加广泛的客源，保证企业经营效益。纵向一体化是指为了满足消费者日益多样化的需求以及降低企业经营风险，在"食、住、行、游、购、娱"各行业全面拓展业务，使得企业经营业务范围在产业链向上向下无限延伸。这样一来，不仅提高了企业的服务能力、获利能力和经营能力，同时也催生出了新型的旅游业态。另一方面，在旅游产业的发展过程中，产业的转型升级也是必须面对的问题，它也进一步加速了旅游新业态的多样化发展。

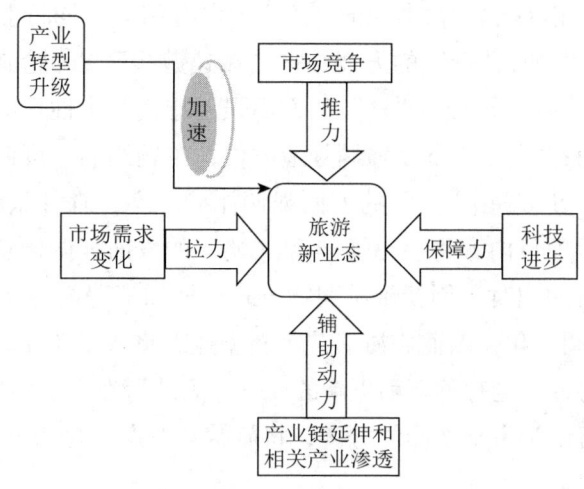

图2-2 旅游新业态形成的动力机制

〔资料来源：汪燕，李东和.旅游新业态的类型及其形成机制研究［J］.科技和产业，2011, 11（06）：9-12.〕

关于旅游新业态的形成机制，还有学者提出主要有两种动力促使了旅游新业态的产生、发展（见图2-3）。

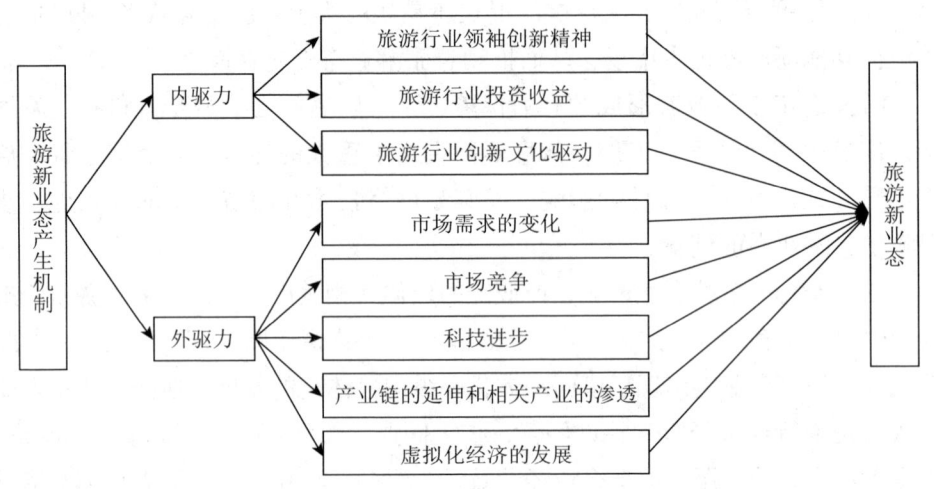

图2-3 旅游新业态的产生机制

〔资料来源：张瑞真，马晓冬.我国旅游新业态研究进展及展望［J］.旅游论坛，2013，6（04）：53-58.〕

3.旅游业态模式

按照旅游学的一般定义，旅游业包括食、住、行、游、购、娱六大要素。传统旅游业态从六要素的基本定义出发，涵盖了旅游业的方方面面。旅游新业态的"新"是相对于业态本身的"新"，也有相对于同行业、同产业其他业态的"新"。例如，"行"的方面强调"旅速游缓"，邮轮旅游、自驾旅游等发育成一种新的旅游业态；"食"的方面强调特色，个性化的私房菜成为一种新的发展方向；"住"的方面强调舒适方便，主题酒店、度假型酒店、高档精品酒店将进一步发展；"游"的方面强调体验生态，森林旅游、湿地旅游、滑雪旅游等旅游项目内容将会更加丰富；"购"的方面强调创意，所以旅游购物品在不断丰富的同时，创新旅游购物方式、增加消费内容变得越来越重要；"娱"的方面强调文化，因而旅游演艺等新型业态将备受关注。这些旅游新业态既有创新的内容，也有革新和更新的成分，表现形态丰富多样。

依据市场营销学中新产品的分类，将旅游新业态划分为全新型、改进型、换代型和仿制型。

（1）全新型旅游新业态

全新型旅游新业态是指应用科技新成果，运用新原理、新技术、新工艺和新材料开发的市场上前所未有的旅游业态。它一般是由于科技进步或为满足市场上出现的新的需求而开发出来的，该类业态具有明显的新特征和新性能，甚至能改变用户或消费者的生产方式或消费方式。全新型旅游新业态的

拓展阅读：沉浸式体验能否助力文旅产业破局？

旅游内容、形式、功能等都是前所未有的，不同于现有的任何业态的经营方式和经营内容。例如科技旅游、游轮旅游等。这类旅游业态是旅游市场需求不断变化催生的全新旅游模式，是社会进步、经济技术发展的产物，其特点是旅游内容和形式十分新颖，旅游产品能够体现出社会经济技术进步、消费者求新求异的需求变化特征。

（2）改进型旅游新业态

改进型旅游新业态是指对原有旅游业态在形式、内容、功能等方面进行改进，使其更加符合消费者的需求特点。该类旅游新业态只是在原来的业态模式的基础上进行改进或提升，因此在一定程度上降低了开发的风险性，缩短了市场推广普及的时间。其改进方式主要有两种：第一种是其他产业向旅游业渗透或是结合而形成的新型旅游业态。第二种是将原有业态的某一环节或某一项目独立出来做强、做大，注重差别，突出特色，细化服务，从而创立出异质化的业态模式。例如，将传统农业的功能转变成乡村度假、农业休闲、农业观光等功能。

拓展阅读：成都"夜游锦江"项目

（3）换代型旅游新业态

换代型旅游业态是指在原有旅游业态的基础上，部分加入了新技术、新元素、新思想而开发出来的旅游产品，这些旅游产品可能在功能、形式等方面有一定提高。换代型旅游新业态开发相对容易，只需投入较少的资金，耗时不长，能快速取得好的收益，同时有利于满足消费者日益增长和变化的需要。这类新型业态产生的前提是发现了原有旅游业态存在一定的缺陷，在此基础上产生的。例如，在传统酒店业态模式中注入新的功能而形成的经济型酒店、主题酒店等。

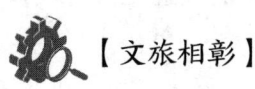
【文旅相彰】

韶山市韶峰景区改造升级

韶山风景名胜区共有 7 大景区 82 个景点。景区主打红色旅游市场，原以

公费消费为主，但由此造成市场单一、产品单一、业态单一、产品结构不合理、景区游览内容较少、参与性项目不足、配套设施不完善等种种问题，客观上制约了韶山旅游产业的发展。

在充分调研的基础上，景区实施了如下重点改造举措。

（1）挖掘韶乐文化，在山顶处设置韶乐殿堂，将韶乐的故事、传说通过印象系列表现出来，以自然山体为背景，结合灯光艺术，通过演员的表演一幕幕地展示韶乐的神奇传说，使游客更加直观地体会韶乐文化。

（2）融合现代科技，增强体验性、参与性。规划中的诗词碑林二期突破传统的诗词碑林表现形式，加入现代前沿的科技元素，通过数字化、场景演绎、走迷宫、拼木块、二维码识别等多种途径展现毛泽东诗词，增加景点的趣味性和活跃性。

（3）依据生态复绿的技术手段增强特色。利用现有五龙朝圣的山体形状，在原有的植被基础上混植不同类型、随季节变化的植物，以形象的五龙朝圣，凸显韶峰的气势与特色。

（4）打造智慧景区。韶峰景区从安防系统、内部控制管理、门禁系统、车辆管理、平台信息发布等方面融入智能系统，打造数字化智慧景区，既便于景区管理，又便于游客及时掌握景区信息。

（资料来源：中国游乐，https://www.163.com/dy/article/F8FMN44U0524R06B.html，有改动）

思考：韶山风景名胜区是如何让科技、文化元素赋能景区发展的？

（4）仿制型旅游新业态

拓展阅读：主题公园引入中国现状

仿制型旅游新业态是指参照市场上已有的某种旅游业态模式来创建同类型的旅游模式，如主题公园、农家乐等。这类旅游业态在其他的国家或是地区早已有之，并且发展现状和前景良好，仍然具有很大的市场潜力，所以仿制这类产品，可以一定程度上减少开发的风险性，同时对于本土市场也是一种挑战和机遇。

4. 传统旅游业态与旅游新业态的特点

旅游新业态是旅游产品发展的结果，是社会经济发展的自我完善的过程。在旅游新业态不断产生的过程中，传统旅游业态仍然存在，仍有市场，构成新老交替的格局。这些传统旅游业态与旅游新业态有着显著的区别,各具特色(见表 2-3)。

表 2-3 传统旅游业态与旅游新业态区别对比表

项目	传统旅游业态	旅游新业态
旅游方式	以团队为主(如旅行社组团、单位组织)	散客、自助游、团队等形式(如组拼团、自驾等)并存
旅游资源	实体资源(以山水、湖泊、寺庙等有形的自然与文化景观为主)	创新(意)资源(工农业、动漫游戏等转化为旅游资源)
旅游目的	以观光为主	多样化旅游诉求(观光、休闲、度假、购物、养生、探险等)
产品特征	淡旺季明显,满足大众旅游需求	个性化、定制型旅游(医疗、探险、公务、研学、会展旅游等)
经营形态	传统的商业营销方式(景区和旅行社的广告宣传、价格刺激)	旅游目的地经营(联合经营、网络营销、媒体宣传、事件营销、虚拟化经营、服务外包等)
组织形态	单个旅游企业为主(旅行社、酒店、景区等)	战略联盟、链条型集团、平台企业等(如如家连锁酒店、携程网等)
竞争手段	广告、价格竞争(报纸、电视宣传、促销等)	创新、品牌、科技竞争(创意旅游、"CCTV 中国品牌"7 天连锁酒店集团、实景演艺)
产业技术	信息化程度较低(旅行社报团、电话预订)	数字娱乐、旅游电子商务等
产业关联	产业关联度较低,产业边界相对清晰(旅游业与其他服务业、工农业关联性不强)	旅游业与三次产业的关联度较高,产业边界模糊(如旅游房地产、创意旅游、工业旅游等)
产业空间形态	以景点为依托,分布相对分散(旅行社、景区、酒店相分离,购物、娱乐点分散)	以集聚区为依托集群分布(如 798 创意产业园、上海"8 号桥创意工业园区"、品牌购物 shopping mall)
产业导向	以资源导向型为主(用景区知名度吸引旅游者)	市场导向型(旅游者的养生休闲需求刺激新型/新兴产品形成)
产业目标	以经济效益为主,兼顾生态效益	生态效益、社会效益和经济效益的统一

〔资料来源:张瑞真,马晓冬.我国旅游新业态研究进展及展望[J].旅游论坛,2013,6(04):53-58.〕

二、旅游景区业态发展

（一）景区业态现状分析

目前来看，旅游景区新业态虽然处于迅速发展阶段，全国范围内仍以传统业态为主，结构相对单一，存在诸多问题。

1. 景区业态类型不够多元化

我国景区有多种类型，不同类型的景区业态有较大的差异性。传统资源型景区，主要依靠山川河流、天象气候、森林植被、珍稀动物等自然景观以及古建筑、古寺庙、名人故居等文化古迹为依托开展观光、科考类旅游，景区旅游收入主要来源为门票，而非门票性业态收入较少。大型游乐园、影视基地、仿古村、微缩景观等主题公园，其门票收入相对于传统资源型景区来说，重要性有所降低，但总体而言，目前国内还很少有景区免门票经营，这从侧面反映了景区业态类型不够多元化，盈利模式较为传统和单一。

2. 业态结构不够合理化

业态结构不合理主要体现在业态要素发展不协调和业态要素内部部分业态布局不合理上。旅游景区相对成熟，但景区内多存在旅游商品、旅游饮食、旅游娱乐发展缓慢、特色不突出的问题，且旅游交通亦是硬伤。六要素内部部分业态布局过于集中，例如高星级酒店过多集中于某一地区、旅游购物场所主要集中于景区外围等。

3. 业态结构不够高度化

当前景区业态的发展，未深度把握旅游者需求，对新兴技术不敏感，缺乏创新创意，缺乏特色，业态结构缺乏高度。如景区主要以观光型景区为主，休闲度假型景区较少，创意型景区更是少之又少，景区产品同质化现象严重，竞争激烈。

（二）旅游景区业态发展主要影响因素

1. 受到科技发展的影响

科技元素促进了景区业态向科技化、智慧化方向发展。互联网、数字化技术、VR、AR、物联网、机器人、元宇宙等科学技术的发展，不仅使得景区旅游的体验更加深度化，而且能够提供新颖高效的传播渠道，精准捕捉游客消费需求，并为景区业态创新提供技术支撑。首先，科技元素推动了景区旅游产品的创新性开发和商业模式的创新，推动景区旅游新产品、新形式、新模式的出现。立体成像、全息投影、三维建模等新技术和多业态体验装置在旅游业上的应用催生"文化＋科技＋旅游"的 VR 主题公园、VR 旅游演艺等旅游新业态，使游客在现有实景和真人展演的基础上进一步强化了临场感受。其次，互联网、电子商务、大数据技术的发展，改变了景区营销模式。传统的 4P 景区营销模式，逐渐演化为大数据营销、智慧营销、电商营销。

2. 受到景区营利模式的影响

景区在发展不同阶段，因类型不同，其营利模式各有差异，景区的营利模式主要有三种形式。

（1）门票营利模式

这种营利模式是在天然资源的基础上，附以配套的基础设施，向游客收取缆车、门票等费用，是简单的门票经济模式。这种形式依赖旅游资源，是传统资源型景区的主要营利模式。

（2）综合收益营利模式

这种模式在门票之外，增加餐饮、住宿、交通、娱乐、购物、景区物业等增收途径。单一的门票经济难以适应游客的需求，收益也难有突破，基于旅游核心要素的扩展是最容易延伸的发展模式。

（3）产业融合营利模式

"旅游＋""＋旅游"，景区已经从传统单一资源开发型，发展到旅游业与林业、畜牧业、养殖业、制造业、信息产业、景观房产业、演艺业、新闻传播业等深度融合，景区利用旅游与相关产业的联动获得更大的收益。

3. 受到消费趋势的影响

（1）目的地选择健康化

基于对健康生活的追求，大众更倾向走进大自然。区别于以往，如今的旅行者对于自然风光目的地，拥有了更多出行目标与方式，欣赏风物、练习摄影、研习自然知识等，成为吸引旅行者们探索自然的重要因素，徒步、露营、乡村民宿成为大受欢迎的亲近自然的新方式。乡村旅游景区快速发展，这种类型景区大多以综合收益盈利、旅游＋模式进行运营。

（2）景区体验场景化

文化属性正为旅游产业带来不可忽视的影响，随着传统文化日益被年轻人青睐，旅游产业开发出越来越多以历史文化为根基的文旅产品并颇受欢迎，文创产品、沉浸式演艺成了博物馆、景区、目的地的热门产品。

（3）旅购渠道的线上化

传统旅游预订模式正在向旅游电商、自媒体销售等方向转化。小红书、抖音社区平台、携程旅游、去哪儿、飞猪等电商平台成为景区消费预订的主渠道。

三、旅游景区典型新业态

（一）乡村旅游景区典型业态

随着乡村旅游的发展，乡村旅游出现了多种新业态。根据总体环境、住宿设施、餐饮设施、基础设施、安全要求、服务要求、社会贡献要求8个方面，可以概括9种全新乡村旅游业态，分别是国际驿站、采摘篱园、乡村酒店、养生山吧、休闲农庄、生态渔村、山水人家、民族风苑、亲子农场。

国际驿站：是指以家庭（户）为基本旅游接待单位，并形成一定规模的经营主体。它所接待的群体以国际游客为主，游客居住国际驿站可亲身体验当地人的日常生产、生活过程，可参与中国传统或当地传统节日及其他特色活动，参与人们日常休闲及娱乐活动，可观赏独具中国或地方特色的自然和人文景观等，获得物质和精神上的纯中国乡土旅游体验。

采摘篱园：是指能提供观赏和采摘特色蔬菜、果品或其他特色农作物等休闲活动的高新农业实验基地或种植基地。有观赏、采摘、学习和科普等综合功能。

乡村酒店：是指具有休闲、娱乐、求知、教育功能的综合性旅游住宿单位，是将农业景观、生态景观、田园景观与住宿、餐饮设施进行结合，能够为游客提供乡村休闲体验的经营主体。例如，北京昌平区的乡村酒店聚集区，东起小汤山温泉大道，西至流村绿色走廊的百里山前暖带，分为温泉康复疗养型、特色餐饮型、体验农事型、餐饮会议型、采摘休闲型、田园风格型、拓展登山型、特殊风格建筑型等，典型代表有金利牡丹园、雪雅小庄、鲜果乐园等。

养生山吧：是指依托山地资源，以绿色健康、修身养性为经营理念，从事颐养身心、健康休闲、舒适度假活动的场所。它将绿色、养生理念融入乡村旅游发展，以自然生态、环境保护为出发点，旨在调整乡村旅游的经营理念和管理模式，提供符合人体安全、健康的宜憩、颐养、健康的产品，并引导社会公众形成节约和环保意识，推动北京乡村旅游接待设施建设。

休闲农庄：是指占地100亩（约6.7万平方米）以上，以农业生产和乡村生活为依托，以农耕文化为核心，利用田园景观为游客提供乡村生产生活休闲体验以及住宿、餐饮等基本服务设施的经营主体。休闲农庄将传统的农耕文化与现代休闲体验巧妙结合，在提升乡村旅游产品品质、创新乡村旅游业态的基础上，较好地满足了游客的体验需求。

生态渔村：指依托乡村良好的自然生态、村容风貌和渔业特色产业，以"鱼、渔"和水体景观为主题旅游吸引物，可提供特色餐饮、观光游览、休闲娱乐等服务的乡村旅游接待场所。

山水人家：是指具有一定规模，以自然山水景观为资源实质，以游山玩水为代表活动，能够为游客提供集观光、娱乐、住宿、餐饮、购物等多功能于一体的山水环境度假场所。

民族风苑：是指以少数民族建筑、服饰、风俗、生活形式和宗教信仰与生产方式等为依托，集中展示少数民族风情，以提供少数民族风情体验为特色的旅游休闲娱乐综合接待场所。民族风苑以乡村旅游地特有的民族风情为核心吸引物，突出对民族特色的挖掘和展现，将民族文化与旅游有效地结合起来，能很好地满足游客对民族文化体验的需求。依托民族风苑，北京怀柔每年都举办满族文化风情节等节庆活动。

亲子农场：是综合型的农场，相类似的概念有家庭农场、休闲农场、生态农场、乡村农场、开心农场、观光农场、农业观光园、农业生态园、农业科技园、农乐园等。亲子农场和它们相比，更符合时代的特征，更突出亲子关系。亲子农场应该满足以下条件，它是新型城镇化建设的产物，位于城市近郊，由就地就业的农民经营和管理，可以让父母子女接触大自然，住农家屋，尝农家菜，感受当地传统民俗活动，学习农作物科普知识，体验采摘、种植、养殖等农活，既让孩子获取知识，磨炼意志，得到农业体验，又让父母摆脱烦琐工作，享受田园生活，回归儿时岁月，得到身心放松。

（二）城市旅游景区典型业态

城市旅游综合体：围绕"空间"和"产业"两大属性，可以对城市旅游综合体的概念进行建构，即城市旅游综合体是城市发展过程中各种产业要素的集聚组织模式，表现为在城市特定地理空间上，以具有旅游、休闲、娱乐等功能的产业形态为主导，不断通过与上下游产业的有机融合，实现产业规模扩大和地域空间扩张，从而提高城市资源集约化利用水平和城市资本利用效率的一种资源配置手段，其目标在于追求城市发展过程中以旅游产业为核心的特定地域空间内部协调性与外部经济性的统一。

城市休闲商业街区（RBD）：对于RBD的定义，不同学者存在不同见解。张晶等将RBD定义为"建立在与旅游观赏景区相联系的基础上，由各类纪念品商店、旅游吸引物、餐馆、小吃摊档等集中组成，吸引了大量旅游者的特定商业服务区（点）"。张杉认为RBD是代表城市历史文化特点的著名旅游景点或各街区，拥有足够商业聚集度，可以产生旺盛的消费需求和高档次消费供给的场所。丁蕾等认为，RBD是以满足旅游者和本地居民的游憩需求为主，以旅游吸引物为核心，拥有良好的交通条件，集中布置各种商业服务设施而形成的特定系统空间。虽然关于RBD的具体定义尚未统一，但通过总结不同学者的观点，并提取有共性的部分后，一般认为，RBD是依托于一定的游憩吸引物，形成的具有休闲、零售、餐饮、娱乐等功能，并有一定的文化内涵，服务于本地居民和外来游客的城市商业地段。

城市公园：城市公园是随着人类社会经济发展、民主思想进步而逐步产生、发展、成熟起来的一种城市园林形式，主要由政府或相关组织或团体经营建设，以休闲游憩和改善城市生态环境为主要功能。它的存在能够消化吸收"城市化问题"带来的"城市病"；缓解城市建设中的负面困扰，带来正面的生态、健康效益；又能够兼具科教展示、健身娱乐、艺术文化、防灾避难等功能，具有较完善的公用基础设施和良好的景观绿化环境。它是城市中向公众开放的以游憩为主要功能，存在一定的游憩设施和服务设施，同时兼有健全生态、美化景观、防灾减灾等综合作用的绿化用地。它包括综合公园、社区公园、专类公园、带状公园和街旁绿地。除了传统意义上的公园，还包括各种特色公园：动物园、植物园、儿童公园、主题公园、历史纪念公园、带状休憩绿地、街头小游园、绿化广场、居住区公园等。

历史文化街区：根据2008年颁布的《历史文化名城名镇名村保护条例》，"历史文化街区"指"经省、自治区、直辖市人民政府核定公布的保存文物特别丰富、历史建筑集中成片、能够较完整和真实地体现传统格局和历史风貌，并具有一定规模的区域"。可见，"历史文化街区"是"历史文化保护区"概念分化之后形成的适用于城市范围的概念。

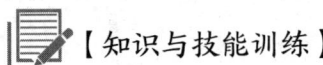

【知识与技能训练】

一、名词解释

旅游景区等级质量评定　　旅游景区产品　　景区业态　　休闲农庄　　城市公园

二、选择题

1.《旅游景区质量等级管理办法》规定，(　　)旅游景区由全国旅游景区质量等级评定委员会委托各省级旅游景区质量等级评定委员会负责评定。

A. 1A　　　　　B. 2A　　　　　C. 3A　　　　　D. 4A

E. 5A

2. 凡被降低或取消质量等级的旅游景区，自降低或取消等级之日起(　　)，不得重新申请新的资质等级。

A. 一年内　　　B. 两年内　　　C. 三年内　　　D. 五年内

3. 广义的旅游景区产品由景观（吸引物）、设施和(　　)三类要素构成。

A. 资源　　　　B. 游客中心　　C. 旅游交通　　D. 服务

4. (　　)是景区产品的发展层次，以亲身体验与游戏娱乐为主要内容。

A. 陈列式　　　B. 表演式　　　C. 参与式　　　D. 观赏式

5. 按照景区发展阶段，当下极为盛行的VR、AR等智慧旅游形式属于(　　)。

A. 自然景观型　B. 人文景观型　C. 人造景观型　D. 科技参与型

三、判断题

1. 旅游景区质量等级实行动态管理，依据旅游景区质量状况进行升降。

(　　)

2. 广义的景区产品是指景观、设施和服务构成的集合体，它带有较强烈的物质产品特点，涉及旅游景区、交通通信、旅游住宿、餐饮、购物设施、

服务等内容。 （ ）

3. 旅游新业态是旅游产品发展的结果，旅游传统业态已经过时了。
（ ）

4. 对旅游景区里的园中园、景中景等内部旅游点，可以进行单独评定。
（ ）

5. 景区产品的核心要素是旅游体验。 （ ）

四、简答题

1. 旅游景区进行质量等级管理的作用具体表现为哪几个方面？
2. 旅游景区产品主要由哪些要素构成？
3. 旅游景区产品有哪些开发策略？
4. 如何理解全新型旅游新业态？
5. 请列举乡村旅游景区典型业态。

【综合实训】

实训项目：

调研学校所在地的旅游景区，按照景区等级和产品类型进行分类。

实训目标：

通过实训，了解旅游景区产品分类的方法，能够辨析不同旅游景区等级和产品，能够探索旅游产品开发方向。

实训项目（分小组调研）：

1. 分小组，每个小组对应一个区域做调研。
2. 汇总各小组调研内容，生成所在地景区和产品分类体系。

实训要求：

1. 教师引导各组学生结合本章教学内容和平时收集的信息，设计调研方案。
2. 绘制所在地旅游景区和产品体系。

实训指导：

1. 指导学生利用实地调研、搜索引擎、官方网站、文献资料等方式获取调研对象的资料。
2. 指导学生使用办公软件编辑和处理文档。

实训评价：

考评人		被考评人	
考评内容		景区等级、产品类型	
考评标准	具体内容	分值（分）	实际得分（分）
	方案撰写认真	35	
	团队贡献度	30	
	合作精神	20	
	文档操作熟练	15	
合计		100	

项目三　旅游景区接待服务

学习目标

知识目标：
- 掌握景区服务特点及优质服务的标准、要求。
- 熟悉旅游景区接待服务的工作流程和服务标准。
- 掌握景区订票渠道及验票流程、门票服务的工作难点。
- 掌握景区咨询服务，熟悉景区游客中心的功能。
- 熟悉旅游景区游客投诉的原因及处理方法。
- 掌握智慧景区建设内容与意义。

能力目标：
- 掌握旅游景区接待服务的基本规律和技能方法。
- 能处理旅游景区接待服务实务中出现的各类问题。
- 能根据实际，妥善处理游客投诉。

素质目标：
- 提升职业素养，培养待人接物的基本礼仪。
- 不断提升学生的接待服务观念，锻炼学生在旅游景区接待服务中的基本能力。
- 培养服务中的团队协作精神。

思政目标：
- 提高旅游景区从业人员文明服务素养。
- 在景区服务中传播中华文化，弘扬中华美德。
- 体会智慧景区服务中的科技力量，培养科技报国思想。

思 维 导 图

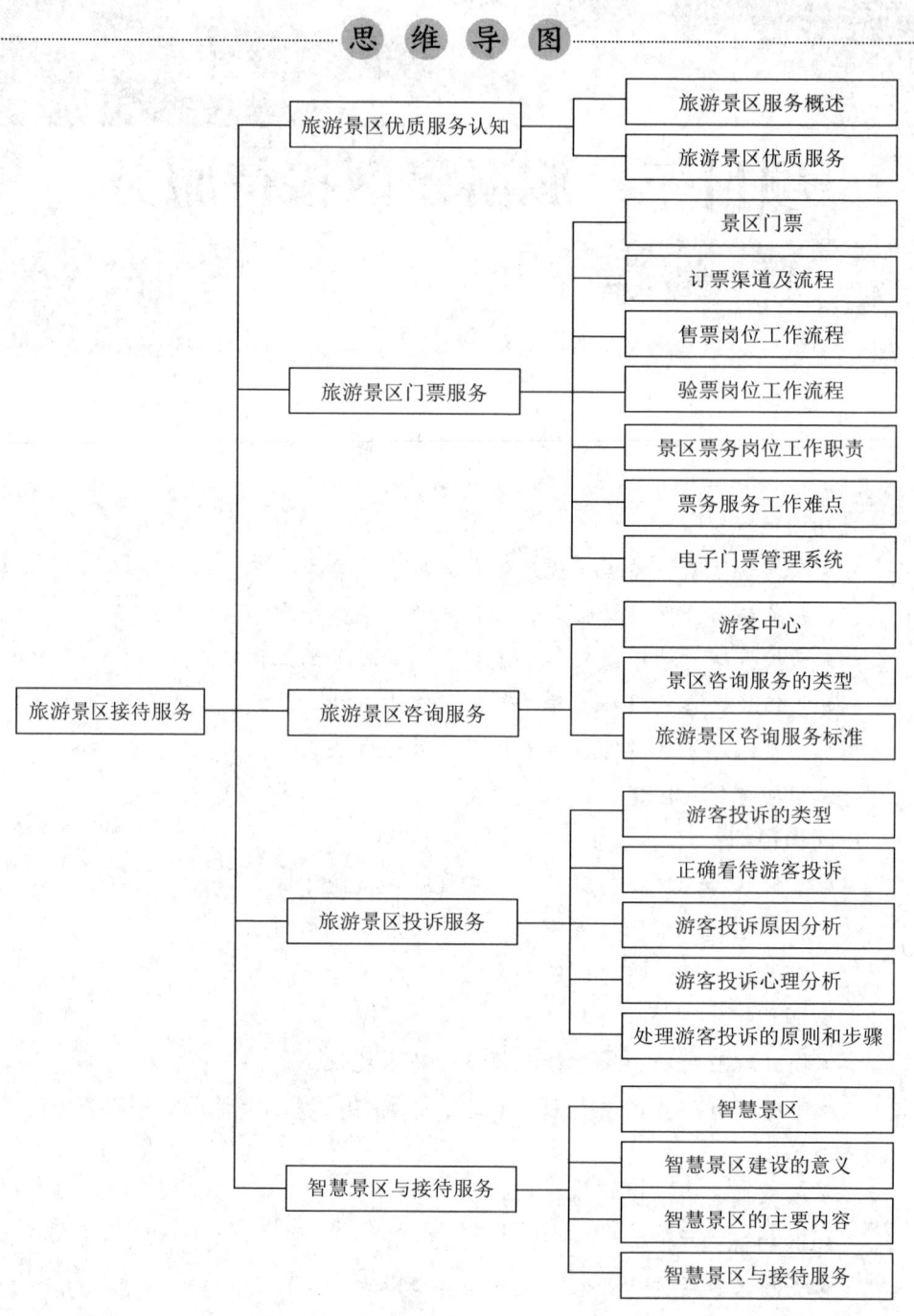

任务一 旅游景区优质服务认知

【引例】

欢乐谷主题公园倡导"六心"服务

深圳欢乐谷主题公园根据长期实践,将游客分成6种类型,并有针对性地提出"精心、专心、热心、细心、全心、耐心"等"六心"服务。

第一,对 VIP 游客要"精心"服务。因为贵宾对服务的要求和对专业技能的要求会相对高一些,因此,要在平时的服务平台上更上一层楼,提供更高水平的优质服务。

第二,对特殊游客要"专心"服务。在接待特殊游客时,要问清楚他有什么需求,在自己的能力范围内,尽量满足游客的要求。

第三,对反常游客要"热心"服务。如果游客是带着满脸怒气而来的,那我们在语气方面就要更加亲切一些,多与他们沟通,平息他们的怒气。

第四,对有困难的游客要"细心"服务。应及时了解游客有什么需要帮忙的,并主动提供帮助。

第五,对普通游客要"全心"服务。对一般游客,我们要提供全员服务,让他们有宾至如归的感觉。

第六,对挑剔的游客要"耐心"服务。接待这样的游客,要做到在保证公司利益不受损害的情况下百问不厌。

识别游客,是提供优质服务的前提,满足游客,是提供优质服务的延伸。深圳欢乐谷主题公园要求售票服务员在接待工作中做到"六心"服务,是对优质服务的保证和延伸。

思考:旅游景区服务包括哪些内容?可以从哪些方面来提升景区服务品质?

一、旅游景区服务概述

（一）服务

服务涉及的范围极为广泛，是一种非常复杂的社会现象，它不仅包括传统意义上的服务业为满足顾客需求而提供的服务，也包括非服务业向顾客提供的各种支持服务和隐性服务。从20世纪60年代开始，学者们就提出了许多不同的有关服务的概念，综合比较这些服务的概念，可以概括出服务的以下几个特点。

1. 非实物性

服务区别于传统的货品交易，其交易的不是实物，而是非实物形式。服务一般是单独销售的，如住宿服务，也有的服务同产品连在一起进行销售，如餐饮服务。

2. 无形性

产品销售的是看得见摸得着的货物，是有形的。对提供方而言，服务是一种活动；对需求方而言，服务是一种需求的满足和感觉；对供求双方来说，服务的测度都是较难统一规范起来的，也是无形的。

3. 是一系列过程或活动

服务是由一系列具有无形性的活动所构成的一种过程。例如，酒店提供的住宿服务就是由入住登记、行李服务、客房服务、餐饮服务、康乐服务等一系列的活动构成。

4. 不涉及所有权的转移

对于参与服务的设施设备及其他，消费者只是一段时间内拥有服务设施的使用权，而不能带走，因此服务不会造成所有权的转移，这也是服务区别于有形产品的主要特征。

5. 存在互动现象

服务是在消费者与员工的互动关系中进行的，而参与服务的有形产品或有形系统，是为解决顾客问题而提供给顾客的。

（二）景区服务

景区服务是旅行活动中的服务类型之一。我们可以把景区向旅游者提供的与游览或娱乐相关的服务综合起来，称之为景区服务。景区服务是景区内一系列服务的综合。在一个景区游览或娱乐的过程中，旅游者接受的服务一般包括接待、游览、解说、运输、购物等方面。

游览服务是整个景区服务的中心环节，是核心服务。其他环节都是围绕中心环节而产生的辅助环节，辅助服务一般包括接待服务、解说服务、运输服务和购物服务。对于不同的景区而言，辅助性服务环节的数量是有很大的差别的。例如博物馆一般没有娱乐服务、住宿服务，有些小型景区没有交通服务。

景区涉及的服务种类众多，包括接待、解说、购物、娱乐等主要服务，还包括住宿、餐饮、交通、医疗救助、邮电通信等辅助服务。在景区运营和发展过程中，主要服务和辅助服务所起的作用存在一定差异，但对于旅游者而言，无论是主要服务还是辅助服务，任何服务质量的欠缺都会影响旅游者的整体感受和体验，作为景区，除关注主要服务，更要对辅助性服务给予重视，景区服务投诉有很大比例都是由辅助性服务体验不好而引起的。

（三）旅游景区接待服务

景区接待服务是众多景区服务中的类型之一，贯穿景区服务的全过程。

1. 景区接待服务的特点

（1）接待服务涵盖范围广

从时间上来讲，从游客购票开始直到离开景区为止，接待服务贯穿始终；从服务内容上来讲，从售票、验票、导游服务，到游客咨询，再到游客意见反馈机制，还有游客投诉渠道及处理等，都属于景区接待服务的范畴。由此可见，景区接待服务的范围非常广。

（2）接待服务过程的关联性

景区接待服务不是彼此独立的，而是相互关联的过程。只有在服务时序和内容上更好地衔接和连贯起来，才能提供给旅游者完整的接待服务，任何一个环节出现问题，都将影响旅游者对整个景区服务的整体印象和满意度。例如，在游客购票进入景区后，接着便是景区游览的导游服务，在游览过程中,游客随时可能需要咨询服务;游客意见要及时得到反馈;游客有不满时,投诉要及时处理;等等。

(3)接待服务方式的多样性

接待服务的方式不是一成不变的,根据景区的具体情况要采取不同的服务方式,灵活应对。对景区门票服务而言,门票可以是通票式的,也可以是部分项目,甚至是单个项目的。比如,体验型的主题公园,可以一票包含所有的体验游玩项目,也可以设置单个项目票目服务,方便游客根据需要自行决定体验游玩项目,入景区后再单个项目购票。对于景区的导游服务而言,可以是导游员讲解,可以是电子设备讲解,也可以使用图纸讲解,游客可根据自身需要选择。

(4)接待服务过程的复杂性

景区接待服务的对象是人,他们既是消费者又是服务质量的最终评判者,这就使接待服务过程变得异常复杂。接待服务主要受以下几个方面因素的影响。

游客层次:游客包含了社会各阶层人士,无论是年龄、职业、家庭背景、教育程度,还是个性、偏好,都千差万别,要让游客满意是一件非常复杂和艰巨的工程。

意外情况:景区接待服务过程中,随时可能发生意外情况。例如,游船事故、索道故障、食物中毒等都会威胁到游客身心健康乃至生命安全。这些意外情况或事故,虽然不是直接的接待服务,但如果处理不当,会导致整个接待过程的中断。因此,景区接待必须考虑有可能发生的各种意外情况,做好预警、预防措施,同时要具备及时处理不良情况的条件和能力。

2.景区接待服务的原则

(1)以游客满意为中心

市场竞争的加剧使得游客满意成为景区保持竞争力的重要因素。在对服务感知的基础上,游客会用自己的感受对景区的服务进行投票,服务质量不高、客户满意度低的景区,接待的旅游者数量必然会逐渐减少。因此,从发展战略的角度考虑,景区应该将旅游者需求放在管理决策的重要位置,理解游客当前的和未来的需求并把它转化为具体的对景区服务的要求。

(2)推动全员参与

景区产品以服务为主,人又是服务中的能动性主体。因此,对于景区而言，每一个员工都是景区服务的参与者和组织者，只有全体员工充分参与，才能发挥他们的才干，为景区带来最大的收益。因此，景区应尽量培养职员的服务意识、职业道德意识和游客第一意识，并激发他们的积极性和责任感。

（3）促进服务的持续改进

景区服务的改进是指景区服务过程和服务体系有效性和效率的提升。景区服务的改进要在识别当前状态的基础上，根据市场需求建立持续改进的目标，通过服务改进方案的选择和实施来推动景区服务的提升。

二、旅游景区优质服务

（一）景区优质服务的背景

（1）旅游业进入高质量增长阶段

随着经济发展水平的跨越提升，旅游业快速发展扩大，旅游产品提质升级，旅游业成为带动消费增长的重要支柱产业。传统观光旅游模式加速消退，休闲度假旅游、主题品质旅游、专项定制旅游等市场快速发展。人民群众对旅游消费的需求经历了从"有没有"向"好不好"的转变，从低层次向高品质、多样化的转变，从注重观光向兼顾观光与休闲度假的转变。

（2）旅游业成为战略性支柱产业

伴随着发展水平的跨越提升和人们生活需求的变化，旅游业快速发展，规模不断扩大，质量也在不断提升，旅游已经成为生活水平提高的一个重要指标，成为小康社会生活的重要方式，旅游业作为国民经济战略性支柱产业的地位也更加巩固。2012年以来，国内旅游收入年均增长10.6%左右，2019年总收入达到6.63万亿元，旅游及相关产业增加值为4.5万亿元，占GDP的比重为4.56%左右。之后两年多，尽管遭受到新冠疫情的严重冲击，旅游出现了很大的波动，但总体来说，在国民经济结构中，旅游的支柱性地位并没有发生改变。

（3）旅游优质服务上升到事关国民幸福的战略高度

旅游、文化、体育、健康、养老是"五大幸福产业"。旅游业是五大幸福产业之首，近年来旅游已经成为"小康生活标配、美好生活必备"。坚持以人民为中心，围绕游客需求，旅游业不断优化产品供给，提升服务品质，加快文旅融合，朝着满足人民对美好生活向往的目标进发。

一方面，旅游业与中国式现代化有着极高的契合度；另一方面，在中国式现代化新征程中，旅游业应体现更大的担当和作为。

（二）景区优质服务的标准

人们投入金钱和时间到景区来旅游，就是要通过体验景区设施设备、优美的环境，以及温馨、舒适的服务，得到消除疲劳、净化心灵、陶冶情操、激发激情等精神的产出，以便更好地投入新的生活。因而，景区接待人员要以自己规范的劳动提供优质服务，这也是满足游客需求的一种方式。

（1）服务态度

优质的服务态度，可以概括为"主动、热情、耐心、周到"。

主动服务：是指面对游客，服务人员要积极主动地提供服务，遇事不分内外，均认真热情对待，发现问题及时予以解决，不拖拉。

热情服务：表现在对游客要热情友好，秉持宾客至上原则，面带微笑，自然适度。既要文明礼貌，使用敬语称呼，亲切和蔼，又要稳重端庄，落落大方，不卑不亢。把游客放在首位，一切为游客着想，努力满足游客合理和正当的要求，避免冷淡、粗暴、懒散态度，以及傲慢自大、盲目崇拜、厚此薄彼、低三下四等不良行为。

耐心服务：是指在繁忙的接待工作中，始终不急不躁，不怕麻烦，对事情不推诿，在发生矛盾时善于克制，对游客在游览中遇到的问题给予认真答复和解决。

周到服务：对各种游客，不论其国籍、肤色、职业、年龄、性别等，都礼貌友好，一视同仁，热情服务，无论大事小事，都尽职尽责给予关心和帮助。

（2）服务语言

服务语言包括书面语言、口头语言和形体语言三种。在接待游客的过程中，更多的是应用口头语言和形体语言。因此，景区对员工的口头语言和形体语言应严格要求。

口头语言：首先，应用口头语言，在语气语调上要做到亲切柔和，热情而不浮躁，语速要不急不缓，音量要适中，要以交谈对象可清楚听见为准。其次，用语要规范，要适时使用礼貌用语，使用敬语，切忌使用粗俗口头语，不要谈论他人隐私，不要随便评论他人。最后，语言要准确、恰当，讲话要讲究语言艺术，说话力求语言完整，语句连贯流畅，讲话要注意场合，语言得体。服务人员与游客对话时，应礼貌文雅，当游客在思考问题或与别人讲话时，要在游客允许的情况下，才能与之讲话，不能随意打断别人的讲话。讲话吐字要清楚，声音要悦耳，给人以亲切感。与游客讲话时，语言、表情和动作要协调一致，要注意面向游客，笑容可掬，要正视谈话对象，目光不可游移不定。

形体语言：即形体的动作，直接影响服务的质量。形体语言主要表现在站立、就座、行走、手势、服务操作等方面。对于形体语言，要求做到：站立时身体挺直，双脚稍微分开，双手自然下垂，不可倚靠他物，应保持随时向客人提供服务的状态；坐时要端正，不可斜躺、靠椅背、跷二郎腿等；行走时脚步要轻、稳，面带笑容，不应三五成群，勾肩搭背，不得跑步，超过行人时要转身向被超越者致意道歉；在为游客指引方向时，手臂要基本伸直，指向目标，上身稍向前倾，以示尊重，谈话时手势不宜过多，幅度不宜过大；在进行服务操作时，形体动作要伸展大方，符合规范。另外，在与游客接触时，禁止在游客面前打喷嚏、抠东西、修指甲等。

（3）礼节礼貌

礼节礼貌是优质服务的重要体现，景区服务人员要有较高的礼貌修养。礼貌建立在互相尊重的基础上，礼貌不是虚伪的客套，而是发自内心的。因此，景区服务人员要热爱本职，热心助人，方便游客，要精神饱满、乐观，具有全心全意为游客服务的思想境界，以便更好地礼貌服务。

（4）精神状态

对每一位景区服务人员来说，为游客服务是职责所在，必须全身心投入到对游客的服务中去。但是为游客服务需要"情感劳动"，它会像体力劳动一样消耗你的精力，也会让你觉得疲惫、无精打采，甚至变得没有耐心。因此，要提供优质服务必须克服这种情况，要在服务中显得精神饱满，并想方设法使自己精力充沛。

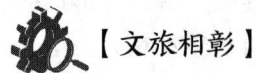【文旅相彰】

新时代文明实践：志愿服务进景区　文明旅游添新景

为营造良好的文明旅游氛围，各地依托旅游景区组建了新时代文明实践旅游志愿服务队，服务队人员来自不同岗位，他们利用周末及法定假日时间到景区进行旅游志愿服务。

在节假日期间，志愿服务队开展文明引导、公益性讲解、秩序维护、特殊游客帮扶等工作，通过志愿活动满足了游客多方面需求，提升了旅游服务质量，为游客创造了良好的文明旅游环境，提升了景区的吸引力和影响力，受到游客的一致好评。

志愿服务队还以文艺为载体，以舞蹈为媒介，在景区内表演特色文艺节目，提倡树文明新风，在大力培育和践行社会主义核心价值观的同时，引导和促进广大游客文明行为的养成。

新时代文明实践旅游志愿服务活动，丰富了景区的文化内涵，培育了文化浸润、文明旅游的良好环境，用行动传播文明，让文明言行成为景区的亮丽风景。

思考：旅游志愿服务是景区一道亮丽的风景线吗？如何打造？

（三）景区优质服务的实现路径

做好景区优质服务，需要注意三大方面。

首先，树立正确的服务观。服务观的核心理念就是为客户服务的理念。正确的服务观要求树立全心全意为客户服务的意识，保持干一行、爱一行、钻一行的热情，才能为客户提供好的服务，景区在为客户提供服务的同时，也为自身带来了发展和效益。

其次，保持良好的服务态度。景区服务要实现由单一服务向全方位服务的转变，由一般服务向特色服务的转变，由被动服务向主动服务的转变。那种认为处理好业务就等于干好了工作的思想，把服务与工作相分离，直接导致服务难以提高水平、难以上更高台阶。只有树立了服务就是工作的思想，才能为客户全方位、高质量地服务，才能恰如其分地把握服务的尺度，既坚持原则，又有理有节，从而使真正意义的优质服务深入人心。

最后，景区要积极拓宽优质服务的途径。一是服务方式主动热情，在服务实践中，对客户要以诚相待，用真诚换真心。不让客户为难，尽自己所能为客户提供真诚服务，让客户感到亲切的同时，产生信任感和归属感。二是熟悉业务，景区开展服务与营销工作，要全面把握景区产品的特点，以便提供服务时达到简明扼要、事半功倍的效果，切实提高服务质量和效率。三是了解客户是景区开展服务与营销工作的重点对象，工作中要注重研究客户心理，根据客户的年龄、性别、文化层次、工作性质去把握服务用语和形式，为客户提供知识服务、细微化服务、超前服务、超值服务和个性化服务，这样不仅充实和丰富了服务工作内涵，更加巩固和提高了客户的信任度和满足度。四是注重收集客户信息资料，面对不断壮大的客户群，要做到熟悉客户群体，按照"分类管理，差别服务"的原则进行服务，对待优质客户，要坚持定期回访，及时了解和把握客户的需求变化，有针对性地为客户调整旅游服务方案，帮助客户设计最佳旅游方案，实现客户旅游价值最大化。

总而言之，优质的景区服务是旅游景区的窗口，也是每个景区的形象"代言人"。在追求提质增效、高质量发展的今天，文明优质的服务对景区来说尤为重要，只有良好、优质的服务才能赢得客户的长期信赖，从而永葆活力，实现景区全面、可持续的发展。

拓展阅读：微笑是沟通的桥梁

任务二　旅游景区门票服务

【引例】

如何预订香港迪士尼乐园门票

网上预订门票：在香港迪士尼乐园的网站购买门票，然后于到访当天前往香港迪士尼乐园正门入口处取票。网上购票服务不收取服务费。

酒店宾客优先预订迪士尼乐园门票：香港迪士尼乐园酒店或迪士尼好莱

坞酒店的宾客，将于住宿期间享有迪士尼乐园门票供应的保证。可致电 852-1830-830 或电邮至 reservations®hongkongdisneyland.com，向订房中心查询。

通过旅行社预订门票：旅行社所提供的香港迪士尼乐园旅游套餐中，已包括迪士尼乐园门票。请向您所报名的旅行社查询有关详情。

团体订票：团体宾客若订购 25 张或以上的门票（如作商务会议或家庭聚会等用途），可致电 852-1830-830，联络香港迪士尼乐园团体销售部。

在香港迪士尼乐园正门入口购买门票：宾客可于到访迪士尼乐园当天，在香港迪士尼乐园正门入口售票处购买门票。门票供应量将视预订情况而定。可在到访迪士尼乐园前一天浏览香港迪士尼乐园网站，或致电 852-1830-830 查询迪士尼乐园门票的销售情况。

（资料来源：香港迪士尼乐园网，http:// www.hongkongdisneyland.com.）

思考：作为消费者，你可以通过哪些渠道来购买景区门票？

一、景区门票

门票，通常是由商业活动的主办方或者旅游景点的管理方负责发行制作、销售并监管使用的一种有价票证。门票一般是一次性的，而且需要花钱购买，有时被称为入场券。

（一）门票类型

景区门票种类繁多，可以按门票性质划分，也可以按门票的材质等划分，具体包括以下几种类型。

1. 按门票性质分类

（1）单张门票

单张门票既有纸质的，也有塑料的。一个景点使用一种单张票，票面完整，自成一体，我国绝大部分公园使用这种门票。如黄果树瀑布参观票、故宫博物院参观票、孙中山故居参观票等。

（2）联票

联票是在单张票的基础上发展起来的。这种门票借鉴邮票的设计方法，几张单张门票联成一体，组成一幅完整的画面。票与票之间以虚线分开，每一张又自成一体，形成独立画面。每张都有单独价格，购买时，既可购买联票，也可以于虚线处撕开购买单张票。

（3）套票

指材料统一、规格一致、与景点相关的两枚以上的门票。这种套票又分为两种：一种指某个活动或景点比较完善的门票。如全国运动会从开幕式到每天观看竞赛活动，直至闭幕式，全部门票一套数张。二是多景点套票和一景点套票。多景点套票就是由同一地区的景点统一设计的几种门票，承德避暑山庄套票就属于这种类型。一景点套票，就是一个景点统一设计几种门票，交替使用，如无锡寄畅园门票，由该园春、夏、秋、冬四季景色为主体而设计的门票。

（4）多用票

指一张门票可以游览多处景点。由于现在各景点经济单独核算，这种门票大多已不适用。

（5）综合票

指一张门票具有两种以上用途，这种门票目前比较稀少。

（6）儿童票

这种门票是针对儿童而言，每个景区的儿童票的规定是不同的，大多景区的儿童票价格是成人票的一半，也有一些景区有特别的规定，如某儿童乐园，平时成人票价格为295元，儿童（3至11岁）票为210元，星期六、日及特别日子，成人票价格为350元，儿童为250元。

（7）年票

年票是一些旅游景区针对那些长期入园游玩的游客或与景区建立长期关系的顾客群体设立的一种门票。如深圳欢乐谷设有单人行、亲子游、合家欢三种主要的年票，另外有针对喜爱极限运动的人而设立的极限运动VIP年票。

（8）优惠票

深圳欢乐谷经常会推出一些优惠政策，如入住一些酒店就赠送5元的优惠券，凭这张优惠券购买门票可以免5元，或凭年票购买门票也可以优惠，还有凭一些全球通、龙卡等购买也可以优惠，这些都是优惠票。

2. 按门票材质分类

（1）代用票

此种门票是用竹签、塑料圈、硬纸片等材料作为准入凭证。这种门票盛行于20世纪三四十年代，适应于当时的经济条件和生产力水平。由于只具有实用价值，缺少艺术审美价值，这种门票已逐步被淘汰，现在几乎看不到。

（2）纸质门票

此种门票比较普遍，使用比较广泛，是我国各园林景点的主要门票。

纸质门票分简易型门票和华贵型门票。简易型门票比较简单，大小规格不一，纸的颜色各异。因其缺乏美感，现逐步被华贵型门票所代替。

华贵型门票，不但注意了实用需要，更讲究艺术审美需要。其门票设计巧妙，工艺考究，印制复杂，票面精美，深受门票收藏者的青睐。随着我国生产力水平的提高、科学技术的广泛应用、旅游事业的发展和人们审美观念的增强，绝大多数的公园、纪念馆、展览馆等都使用这种门票。

（3）塑料门票

这种门票使用塑料材料，采取特殊工艺印制而成。目前，比较常见的有两种：一种是简易型塑料门票。如上海不少公园现在仍在使用的塑料门票，形状如五分硬币，正面书写"上海市·公园门票"字样，背面有简单的图案；一种是华贵型塑料门票。其优点是结实耐用，不怕水湿、污染、虫蛀和霉烂，便于存放和使用；缺点是票面色彩不如纸质门票华丽，印制比较粗糙，票面图案易于磨损，受热易变形。

（4）工艺门票

采用现代工艺美术技艺制作。这种门票制作复杂，图案精美，立体感比较强，成为门票收藏者追逐的珍品。但这种门票材料昂贵，成本较高，目前仅有少量出售，成为收藏者的抢手货。如"黄山天都峰"门票、北京颐和园"德和园"门票等。

3. 按门票品种分类

随着时代的进步，旅游门票制作水平、科技含量不断提高，并逐渐形成潮流，这在旅游门票千余年的发展史上是绝无仅有的。

除常规的纸质的、塑料的门票，还包括纪念币门票、磁卡门票、明信片门票、防伪门票、指纹门票、隐形门票、二维码门票。

深圳锦绣中华、西藏扎什伦布寺用的是小如名片的光盘门票；张家界用的是指纹门票，技术含量业界领先；颐和园用的隐形门票，交钱后在手上盖上沾有隐形液的图章即可入园，24小时后自动消失，对人体无害。

（二）景区售检票系统

目前，景区售检票系统的多渠道售票管理和智能闸机检票功能开发，从票务端减轻了景区压力。一般来说，售检票系统可以支持6种门票核销方式。

纸质门票，景区可以使用纸质门票作为门票核销，游客预订后需要在窗口或者自助取票机换取门票，入园时出示门票进入景区游玩。可对门票做创意设计，游客做游玩收藏。

指纹门票，景区可以使用指纹作为门票核销，游客到达景区后，使用指纹在闸机上核销后进入景区游玩。

电子二维码门票，景区可以使用电子二维码作为门票核销，游客到达景区使用电子二维码在闸机上进行核销，之后进入景区游玩。

电子一卡通，景区可以使用一卡通作为门票核销，游客预订后需要在窗口或者自助机进行充值换取一卡通，入园时出示一卡通进入景区游玩。

身份证，景区可以使用身份证作为门票核销，游客到达景区出示身份证在闸机上进行核销，然后进入景区游玩。

人脸识别，用摄像机或摄像头采集含有人脸的图像或视频流，并自动在图像中检测和跟踪人脸，进而对检测到的人脸进行脸部识别，帮助景区完成入园验证等。

二、订票渠道及流程

订票工作是景区实现收入的预先环节，预订景区门票已经被各地景区纳入票务服务管理的范畴。景区门票预售也将成为一种趋势，对景区游客接待准备、景区环境管理各方面都有较好的支持作用。

（一）网上订票

国内首家旅游咨询网站出现于1999年，时至今日，中国旅游网站发展势头依旧迅猛，出现了许多专业的网上订票网站，各景区也纷纷开设网上预订业务。

一般需要提前一天或数天以上，进行预订。网上预订一般流程可以分为以下步骤。

首先，填写个人信息，以便及时确认订单。

其次，提供有效证件号码，预订人的有效证件指的是身份证、学生证、老年证、士兵证、护照等，有效证件号码是预订人到达景点购买门票的唯一凭证。

最后，预订人到达景点售票处后，告知景点售票人员自己是通过何种订票机构预订门票的，就可以购买到相应门票。

网上预订门票的票价视各订票机构而定，有些是全价票，有些是优惠折扣票。

有些网站收取订票费用，有些网站不收取任何费用。

（二）电话订票

电话订票是各景区常使用的订票方式。办公电话可以设置在售票处，但一般由游客中心咨询处受理电话订票事务。电话订票一般不接受少量票的预订，例如香港迪士尼乐园有专门的订票热线，但只是针对100名以上的大宗游客团体服务。

电话预订程序和网上预订程序相似，一般流程为电话询问，预订需要填写预订人信息，需要有效证件作为取票凭证，并确定和落实取票方式和地点。

（三）代理点订票

在各大城市中，代理点订票也是较为普遍的订票方式。它迎合了散客越来越多的旅游趋势。

旅行社代理点。游客可以通过客源地的当地旅行社或者目的地旅行社了解景区景点的相关信息，并实现预订功能。

酒店代理点。不少景区景点与其所在城市的各大酒店合作，游客可以通过其住宿的酒店，在其住宿期间预订景点门票。

商场代理点。在城市最繁华的商场密集群和大型超市集中地带，往往设有景区景点的门票预订代售窗口。

（四）APP订票

随着移动互联网的普及，景区售票的渠道出现更多选择。

景区微信公众号售票：目前大多数景区有自己的微信公众号，发布一些景区动态信息。游客可以通过景区的微信公众号进行购票、查询。一些景区做了会员管理，游客可通过微信公众号进行积分查询。

短视频平台售票：随着短视频平台的火爆，不少景区纷纷开始做视频运营，有的景区积累了粉丝，就开通了抖音小黄车等开始售票。

三、售票岗位工作流程

售票工作是景区实现收入的直接环节，职责重大，虽然工作相对单调，但容不得马虎，一旦出现差错，对景区和员工个人都不利。因此，售票人员必须有良好的职业道德和极强的工作责任心，并掌握一定的会计、出纳知识和相应的服务技巧。

（一）售票前的准备工作

（1）参加班前会，按规定着装，佩戴工作牌，仪容整齐，妆容得体。比如：不佩戴手镯、耳环、戒指等首饰，不吃生葱、大蒜等异味食品。

（2）查看票房门窗、保险柜、验钞机、话筒等设备是否正常。

（3）做好票房内及售票窗外的清洁卫生工作。

（4）若当日由于特殊原因票价有变，应及时挂出价格牌及变动原因。

（5）根据前日票房门票的结余数量及当日游客的预测量填写"门票申领表"，到财务部票库领取当日所需的各种门票，票种、数量清点无误后领出门票。

（6）根据需要到财务部兑换钱币，保证每日所需的零钞。

（二）售票

（1）客人走近窗口，售票员向客人礼貌问候"欢迎光临"，并向客人询问需要购买的票数。

（2）售票员根据《门票价格及优惠办法》向客人出售门票，主动向客人解释优惠票价的享受条件，售票时做到热情礼貌，做到唱收唱付。

举例：

您好，收您 100 元，每张 30 元，共 60 元，找您 40 元，请收好。

您好，门票 50 元一张，您买两张，100 元正好，请收好门票，景区里还有两个景点需要验票。

（3）售票结束时，售票员向客人说"谢谢"或"欢迎下次光临"等用语。

（4）向闭园前一小时内购票的游客提醒景区的闭园时间及景区内仍有的主要活动。

（5）游客购错票或多购票，在售票处办理退票手续，售票员根据实际情况办理，并填写"退票通知单"，以便清点时核对。

（6）根据游客需要，实事求是地为客人开具售后发票。

（7）交接班认真核对票、款数量，核对门票编号。

（8）售票过程中，票、款出现差错的，及时向上一级领导反映，长款上交，短款自补。

（9）热情待客，耐心回答客人的提问，游客出现冲动或失礼时，应保持克制态度，不能恶语相向。

（10）耐心听取游客批评，注意收集游客建议，及时向上一级领导反映。

（11）发现窗口有炒卖门票的现象要及时制止，并报告安保部门。

（三）交款及统计

（1）做好每日每月盘点工作，保证账、票、款相符，做到准确无误，并认真填写相应的"售票日报表"。

（2）结束营业后，将当日"售票日报表"及钱款交给景区财务部门。

（3）记好工作日记，做好卫生，关闭门窗、保险箱等，切断电源，下班。

四、验票岗位工作流程

验票工作关系着景区经济效益能否真正实现，同时，它也担负着维持景区良好秩序的重要职责。随着信息化、智能化的发展，越来越多的景区使用电子检票系统，但仍需要有工作人员提供服务。

验票服务的工作流程与售票服务一样，有工作前、工作中、工作后三个阶段。一些基本的要求，如参加班前会，按规定着装，佩戴工作牌，妆容整齐，妆容得体等不再赘述，下面择其要点加以说明。

（一）验票前的准备工作

（1）保持工作场所清洁，擦拭机器，确保验票机器正常工作。

（2）向主管确认开放的检票通道的数量。

（3）准备物料，包括打孔器、计数器、印章、小蜜蜂、对讲机、团队登记表、二次入园登记表、标杆尺、导游图等。

（4）将各类型检票口水牌放置在检票口。

（5）临近开园，所有检票口工作人员到岗，面带微笑，以最佳的服务站姿面向游客。

（二）验票流程

（1）保持站立、迎视服务，站姿规范，表情自然大方，面带微笑。

（2）检票时，首先向游客点头示意，并说"您好"，礼貌地进行验证后，应说"谢谢，祝您旅游愉快"，同时将票券递至游客手中。

（3）对持团体票券的游客，要按所标人数，认真核对。

（4）对持内部免费优惠券的游客，同样要礼貌对待，并认真核对人数。

（5）游客问询时，应礼貌解答，在工作繁忙暂无暇回答时，应向游客道声"对不起，请您稍等"，一有闲暇，立即给予解答。

（6）验票准确、迅速。

（7）保持安全通道畅通。

（8）下班前填写工作日志。

（三）验票注意要点

（1）开园前做好入园闸口周围的卫生工作，备好导游图，做好开园准备。

（2）开园后工作人员站在检票位，精神饱满，面带微笑，用标准普通话热情礼貌地回答游客询问，掌握票价、景区名称、礼貌用语等简单的英语对话。

（3）游客入闸时，验票员应要求客人人手一票，并认真查验。设有自动检票机的景区，验票员应监督、帮助游客通过电子检票系统检票，当自动检票机出现故障时，进行人工检票。不得出现漏票、逃票、无票放人现象，并向游客用"欢迎光临"等礼貌用语。

如：您好，欢迎光临！

请拿好票，往这边走，祝您玩得愉快！

（4）控制人流量，维持出入口秩序，避免出现混乱现象。对持无效门票入园的游客，说明无效原因，要求客人重新购票。

（5）熟悉《门票价格及优惠办法》，并按要求查验。

（6）熟悉旅行团导游、领队带团入园的查验方法及相应的免票入园规定。团队入园参观时，需登记游客人数、来自国家（地区）、旅行社名称等信息。

（7）残疾人或老人入园时应予以协助。

（8）始终保持闸口的有序和卫生。

（9）如遇闹事滋事者，应及时礼貌制止、耐心说服，如无法制止，立即报告安保主管。切忌在众多游客面前与游客发生争执，应引到一边进行处理。

五、景区票务岗位工作职责

（1）负责门票的领取、出售：按规定从财务领取有效票据，并负责保管和出售，不得出售无效票据，保证钱票当面退清。根据不同游客的特点，采用多种方式按时保质保量地完成售票任务，出售门票要按公司规定的价格售票，不得随意调整价格，成人票、儿童票、老人票等要仔细确认。对持优惠票的游客或者免票游客，验票人员必须严格检查证件或者相关手续、批示等。

（2）负责票房卫生，每天上班后必须对票房进行一次清扫，物品摆放要整齐，遵守售票纪律，严禁无关人员进入售票室。

（3）熟练掌握售票工具和设备性能及操作技术、爱护设备、用具、定期保修，保持售票室、设备、工作台和工具的清洁卫生，负责填写售票日报表，填写内容要真实、准确，字迹工整，并按规定上报。

（4）负责解答游客提出的问题，热情服务。客人进入服务区域，使用"您好！欢迎光临"等问候语言向客人问好，与客人交谈均使用普通话。对客人询问要耐心解答，并使用标准文明用语。不得流露出厌烦、冷淡、生硬表情，不得讲粗话，不得以任何形式顶撞、讽刺、挖苦客人。

（5）负责完成部门领导交办的其他工作。

（6）服从公司各项管理制度，遵守劳动纪律。

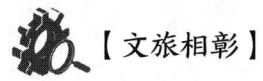【文旅相彰】

父母的钞票也要查验!

某景区售票处,实习生小王正在值班。这时一对夫妇来到售票处交钱买票准备进景区游玩。实习生小王把收到的大钞放在验钞机下认真地一张一张验看。那对夫妇实在忍不住了:"孩子,连你爸妈的钞票也要验吗?"原来,这两位客人是实习生小王的父母,难怪,看自己女儿细查自己的钱,觉得心里不是滋味。小王笑着回答:"爸,妈,这是制度。我相信你们,但钱不一定是真的。对自己爸妈的钱,也要把好关,咱们不能让景区受损失,我要对景区负责呀!你们说对吗?"一席话说得小王的父母不住点头,赞许地说:"你做得对,我们支持你,你认真验钞吧!"小王把票交给爸妈,掩饰不住内心的欢喜:"爸,妈,你们来看我,我真高兴!"原来,小王的父母因孩子第一次出远门,放心不下,特地赶来看望女儿,顺便到女儿实习的景区游览一番。于是,实习生小王验父母钞票一事在景区传为佳话。

分析提示:在售票处工作,看起来很轻松,无非每天售售票、收收款、做做账;其实,售票工作远非这么简单,需要售票员具有高度的责任感、严谨的工作态度及高水平的职业道德意识。众所周知,售票员每天都要接触大量现金,所以查验钞票是售票员工作中相当重要的环节,稍一疏忽就会给景区和自己造成不必要的经济损失。由于售票员要对数以万计的大钞进行查验,不仅工作量大且有技术难度。因此,每位售票员只有以高度的责任感,掌握看、摸、弹、听等基本的辨认技巧,才能做得到准确无误、万无一失。

实习生小王的父母来看望孩子,小王见到父母抑制不住满心欢喜。但是,在惊喜之余,头脑十分冷静,仍坚持按景区的规章制度办事,一丝不苟地按服务程序接待了自己的父母。她没有因为接待的客人是自己的父母而简化手续,马虎办理,而是当着自己父母的面认真仔细地查验父母交来的钞票。这体现了实习生小王坚持原则、公私分明的工作态度。凭着这种忠于职守的专业精神,小王定能出色地做好服务工作。

在景区做服务工作,处在第一线,直接接触客人,也常常会遇到自己的朋友或亲人。有的服务员自我约束力差,因私人感情而放弃原则,做出违反景区规章制度、损害企业利益的事来，导致自己犯错误，甚至被辞退。这样的教训是多见的，应引以为鉴。

思考：你从小王的案例中，得到哪些启示呢？

六、票务服务工作难点

（一）假钞问题

在售票工作中，很容易收到假钞。假钞和其他假货一样在现实生活中大量存在，售票人员一旦收到假钞，按规定需由当班人员进行赔偿；有时售票人员在找补过程中也会和游客为钞票的真伪进行争执，弄得双方都不愉快。所以，售票人员应具备一定的鉴别货币真伪的知识，以避免收到假钞。

景区如有条件，应为每一个售票岗位购置功能齐全、准确的验钞机。景区为提高售票人员服务质量和工作效率，增强员工人民币、新型票据真伪的鉴别能力，减少工作差错的发生，应有计划地请专业人员来为有关员工进行防伪钞培训，让员工掌握辨认假钞的能力。一般来说，可以用"一看、二摸、三听、四测"的方法辨认假钞。

一看。仔细查看钱币的颜色、图案、花纹、安全线、水印等，感受它的清晰度、层次感。真钞印刷精良，颜色协调，水印具有立体感；假钞颜色模糊，色彩不协调，水印只有一边或无立体感，纸张较差，防伪金属线或纤维线容易抽出。

二摸。用食指触摸钱币正面的中国人民银行、人物头像、盲文标记、国徽，背面的人民大会堂等水印，感受它的凹凸有致。真钞手感较好，水印、盲文立体感强；假钞较绵软或很光滑，盲文不明显。

三听。用力抖动钱币，真币声音清脆响亮，假钞抖动时发出的声响太清脆或无声响。

四测。借用科技手段，使用紫光灯、验钞机等查验真伪。

收款时，最好不要当着游客的面，把钞票一张一张地拿到灯光下去看，这样做让人很不舒服，缺乏信任感。这也要求售票人员掌握较娴熟、自然的方法有效地鉴别货币的真伪。如发现有问题的钞票，应与游客礼貌协商，请其重新换一张，找补后请游客自己验证。

（二）钱在人在，交接清楚

在售票工作当中，必须要保管好自己的钱箱。钱一定要当面点清，一转身，出现差错，就无法说清了。但在实际的工作过程中，特别是旅游旺季游客众多的时候，难免会发生顶替上岗或请人代换零钞等情况，这个时候有些工作人员可能会因为嫌麻烦或面子问题（担心当面点钱是对对方的不尊重和不信任）而省略了当面交接这一程序，事后一旦发生差错往往会后悔莫及、有口难辩。所以，每一位售票工作人员都应树立这样的观念，即"钱在人在，交接清楚"。这不仅是保护自身利益、减少事后麻烦，同时也是尊重对方、保护对方利益的表现。

（三）优惠票之争

长期以来，国内旅游业以身高作为未成年人优惠票标准的现象较为普遍，其合理性、合法性等一直存在争议。根据《未成年人保护法》规定，我国对未成年人的定义一直以年龄作为标准，国际上在落实未成年人福利权益方面，也均是按照年龄划分。从国际上看，大部分游乐场所通行做法是按照年龄标准划分未成年人。但国内很多景区、公园等一直沿用身高标准，并且标准上限设置普遍偏低（大部分在1.4米以下，少数提高到1.5米）。

一般景区都会对不同人群实行差别定价，如小孩身高在1.1米至1.4米的只需买半票，而在1.1米以下的则免票。虽然在售票窗口和验票处都有测量身高的刻度，但每个售票人员可能都有过与游客争论高矮的经历。有部分工作人员因不愿与游客发生争论，便选择听之任之的方法，把球踢给了验票口。殊不知，这样做至少会带来三个后果：一是给验票人员的工作增加难度，影响景区闸口的畅通与效率；二是使其他游客心里产生不平衡的感觉，甚至也会提出享受同等待遇的要求，导致其他游客对景区产生不良的印象；三是如果这些游客再回来补票，不仅增加售票的工作量，也会延长其他游客的购票等候时间。

拓展阅读：如何协调处理优惠票

因此，遇到类似的情况，景区售票人员应掌握以下原则：

不要与游客发生争执，应热情、礼貌地向游客说明门票价格优惠制度，争取游客的理解。向游客解释时，应注意说话的方式，尽量站在游客的立场上进行表达。比如适当赞美游客的小孩，并善意提醒家长孩子自己知道他有多高，不要在孩子心里留下阴影。遇到个别特别固执的游客，也可以灵活处理。比如干脆请他做一次质量监督员，对景区服务的各个方面提意见作为回报，他可以免票入园。这样做皆大欢喜，游客心理得到了极大的满足，景区也得到了关于服务质量的一手资料。

除了上面讲到的儿童优惠票以外，景区还有团体票、假日票，甚至导游票等。售票人员应灵活机动，具体问题具体分析。

七、电子门票管理系统

旅游景区电子门票系统，是以当代数据技术与通信技术为基础，以智能卡与身份识别技术作为主要手段的高科技信息化综合处理系统。景区采用先进的电子门票系统，管理更加方便快捷，使整个景区实现售票电脑化、验票自动化、数据网络化、管理信息化的高科技管理体制。该系统包括门票生成管理系统、电子门票初始化系统、售票系统、验票系统、信息统计及查询系统。可扩充和完善到公众信息查询、全景区电子实时监控、电子导游系统等，甚至延伸到安全、保护、防火等系统。

（一）电子门票的优点

电子门票系统代替传统的人工售票、人工检票模式，具有无可比拟的优越性。

人工售检票须由人工统计财务报表，速度慢，财务漏洞多，出错率高，劳动强度大。采用计算机控制和管理，极大地提高了工作效率和管理水平，有效地杜绝了财务上的漏洞，确保了企业的经济效益。

在各旅游景点发售的门票信息可以很快反映在管理中心的电脑上，而且管理系统可以每天打印出各种所需的报表，根据报表和查询、统计可及时发现存在的问题，从而改进工作，加强管理，来实现最佳服务，以此达到最佳经济效益和社会效益。

通过计算机统计报表处理，可得出每一阶段的游客流量分布情况，实时、准确查询和统计门票发行的数量、销售额、类别、时间及流量，并可打印日、周、月、季、年报表，便于审核及科学化决策管理。

旅游旺季和淡季，游客人数相差很大。若根据旺季配备售检票人员，到了淡季将造成人力资源浪费；若根据淡季配备售检票人员，旺季将造成售检票人员严重不足。电子门票系统非常适用于客流量大的景区，可以全天候地值守。

纸质门票容易被伪造，而电子门票具有极强的防伪能力。系统对每张门票进行加密处理，由门禁系统自动识别门票，这样就杜绝了假票和人为因素。

系统具有开放式结构及模块化功能设计，系统可大可小，门禁通道可多可少，功能可增可减，因此具有很强的系统适应性。

由于电子门票系统的网络化技术，系统便于集中管理，许多命令能及时下达到各进出口，这是人工售检票模式无法做到的。

电子门票系统不仅方便了游客及管理者，而且为旅行生活增添了一个时尚的亮点，树立了景区在行业中别具一格的文化形象。

（二）电子门票系统工作流程

电子门票系统由中央控制系统、售票系统、验票系统三大部分组成。电子门票最常见的有条形码电子门票及二维码型电子门票。而识别系统主要分为数字指纹技术、射频识别技术及条码识别技术。通道控制系统可分为自动控制三杆机通道、人工扫描识别通道等。

（1）游客

到售票窗口买票—到入口通道处插入门票—绿灯亮后推动三角爪走过通道—取走里端门票，留作纪念。

（2）售票员

准备售票，输入自己工号—选择游客所需票类—收款，售出门票。

（3）售票处主任

设置售票员、窗口、通道、票类—统计以往售出票类情况—统计游客人数—查看以往的当日密码—检测有争议的电子门票。

（4）财务

统计各售票员售票数量—统计票类数量—统计天、周、月、季、年票类销售状况。

（5）经理室

查看当日各窗口情况—查看以往售票记录—设置当日密码—查看财务信息。

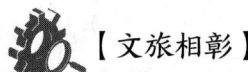【文旅相彰】

智慧景区，乌镇"有数"

今年是世界互联网大会乌镇峰会的第十年。作为乌镇峰会永久举办地，近年来，乌镇已成为名副其实的"智慧小镇"。

"刷脸"进景区、扫脸入住、智能布草、智能床垫、自助语音导览、智慧停车系统、Wi-Fi全覆盖……丰富多样的智能设施设备，为广大游客带来更舒适、智慧、便捷的旅游体验，也为乌镇峰会的"十年之约"献礼。

早在2016年，乌镇景区就利用人脸识别技术，成为国内第一家成功实现"刷脸"进的景区。入住景区的客人办理人脸识别后，每次只要"刷脸"就可以自由出入景区。

手机扫码叫车功能，让景区出行更便捷。客人只需在游览车站点扫码输入乘客信息，车船智慧调度平台就能立刻调动附近车辆接送，大大缩短了客人的等候时间。

景区生态停车场的智慧停车场系统则备受自驾游客好评。智慧停车系统位于乌镇西栅景区东门口，入口的电子屏可显示剩余车位，通过停车场电梯间的反向寻车系统自助服务终端机则可以找到车辆的停放位置。

在乌镇入住酒店，游客可人脸识别入住，刷脸进入餐厅；上电梯时，系统也可根据人脸识别信息自动点亮入住楼层键；到达入住层，凭人脸直接开启客房门。住宿期间，游客还可享受机器人送房服务。为保护客人隐私，客房楼层对非住宿宾客不开放，退房时，可凭人脸一键退房。

（资料来源：李汶键.智慧景区，乌镇"有数"［EB/OL］.光明网，［2023-11-09］. https://politics.gmw.cn/2023-11/09/content_36954518.htm. 有变动）

思考：景区应如何运用科技赋能？

任务三　旅游景区咨询服务

【引例】

"十一"黄金周马上要来了,忙碌了几个月的小张,想要找个旅游景区休闲放松一下。于是他拨打了一个景区的服务电话,优美的音乐过后,传来了服务人员甜美的声音:"您好,这里是 A 旅游景区,很高兴为您服务。"

"您好,我是上海的一名游客,想在黄金周期间去你们景区游玩,请问你们黄金周期间推出了哪些特殊的优惠活动?"

服务人员回答:"对不起,我们这里黄金周期间没有优惠活动。但是黄金周期间我们景区增添了许多新的活动项目会对游客开放,晚上有歌舞联谊会,门票价格不会上涨。"

"是吗?那住宿紧不紧张?"

"有些紧张,请问您打算几号来?"

"这有什么不同吗?"小张问。

"如果您是 3 号来,我们的接待住宿中心还有一个标间,如果是 2 号之前就没有房间。"

"是这样啊。我 3 号来也没关系的。"小张想了想说。

"那我帮您把 3 号的房间定下来吧。"

"好的,谢谢!"

"请您把您的联系方式告诉我,如果您改变了主意,也请提前打电话告诉我,好吗?"

"好的,没问题。"小张愉快地把联系方式告诉了对方。

思考:小张为什么能愉快地把联系方式告诉对方?

一、游客中心

向游客提供咨询服务是景区每一个员工应尽的职责,但主要由游客中心来完成。游客中心又称游人中心,或访客中心,一般位于景区的入口,是景区对外形象展示的主要窗口。

(一)游客中心功能

1. 问询功能

游客中心为旅游者免费提供有关旅游景区主要旅游资源、旅游产品、交通线路信息、旅馆、饭店及餐饮场所的介绍、旅游行业政策法规查询等服务。例如景区的基本情况、景点分布情况、最佳旅游线路、特殊景观、需要保护的动植物、当天的天气、各个景点游人数量预报、拥挤程度、食宿设施可利用情况等。

2. 展示功能

服务站内设有展示架、电子触摸屏、电视录像等展示设备,为旅游者免费提供景区内各景点的介绍,旅游新产品、新线路、新景点介绍材料,餐饮娱乐设施的介绍材料,旅游纪念品展示等。

3. 代理服务功能

游客中心代理酒店、旅馆、旅行社部分相关业务,代理飞机、火车、旅游专线车票业务,提供旅游纪念品代销等服务。

4. 接待服务功能

游客中心向游客提供接待、导览、咨询、失物招领、免费寄存物品、婴儿车出租、医疗救护、电子触摸查询系统服务,提供放映厅、展览厅、咖啡厅、旅游纪念品展示和销售等。

5. 接受游客投诉功能

游客中心接待旅游者对景区各类旅游活动或事件的投诉。

(二)游客中心的服务内容

游客中心的服务设施主要包括电子触摸屏、影视介绍系统、游客休息设施、旅游景区导览宣传资料,提供咨询服务、游程线路图介绍服务、景区活动节目预告、导游服务、饮料及纪念品服务等。

(三)游客中心专职提供咨询服务的员工的职责

(1)准时上岗,按规定着装,妆容得体,参加班前会。

（2）做好咨询台周边的卫生工作，以饱满的精神状态准备迎接游客的到来。

（3）阅读工作日志，了解前一天游客咨询的主要内容。

（4）接受游客咨询。接受游客咨询时应注意如下内容：

双目平视对方，全神贯注，集中精力，以示尊重与诚意，专心倾听，不可三心二意。咨询服务人员，应有较高的旅游综合知识，对游客关于本地及周边区域景区情况的询问，要提供耐心、详细的答复和游览指导。答复游客的问询，要做到有问必答，用词得当，简洁明了，不能说"也许""大概"之类没有把握、含混不清的话。自己能回答的要随问随答，决不推诿，对不清楚的事，不要不懂装懂，随意回。"对不起，这个问题我现在无法回答，让我了解清楚再告诉您"。如果多人同时问询，应先问先答，急问急答，注意客人情绪，避免急慢，使问询不同内容的游客都能得到适当的接待和满意的答复。在咨询工作中遇到疑难问题，应灵活应变，事后应积极寻找答案，积累经验。接待游客时应谈吐得体，不得随意探询游客隐私，言谈不可偏激，避免夸张论调。工作时不要与他人闲聊或大声说话，遇急事不要奔跑，以免造成游客紧张。不要和一位游客谈话太久，而忽略了其他需要服务的游客。对游客不能以貌取人，应一视同仁、热情接待。

（5）及时了解本景区的动态信息，包括景区内开展活动的内容、时间和参加办法等，以便及时向游客提供游览景点的路线、购物和休息等有关信息，为游客在本景区旅游做好参谋。

（6）对于游客提出的意见和建议，应该认真记录并及时向有关部门反映。

（7）对游客关于本地及周边区域景区情况的询问提供耐心、详细的答复和游览指导。不能故意贬低周边竞争景区，应客观地向游客做介绍。

（8）接听电话问询时，应注意热情、亲切、耐心、礼貌并使用敬语。接听时要做好记录，需要别的部门协调完成的应及时沟通。

二、景区咨询服务的类型

（一）当面咨询

一般景区会在入口处设置游客中心，为刚进景区的游客提供咨询。但是

拓展阅读：武汉市打造全景开放式旅游信息咨询平台

在景区内部现场还会碰到游客的各种问题，因此，一个景区内除了要有专门的景区咨询服务人员，所有员工同样都是兼职的咨询服务人员，也就是每位员工都有可能成为游客咨询的对象。

景区内所有工作人员在上班期间面对游客的当面咨询，必须注意以下几点要求。

主动问候。在岗的工作人员遇到满脸疑问、迷茫或正准备走向自己的游客时，应该主动迎上前去问询："您好，请问有什么需要我帮忙吗？"或："您好，我可以为您做些什么？"这样会给处在困难中的游客温暖的感觉，并给他们留下亲切、热情的好印象。

专心倾听。对于游客提出的问题应该认真倾听。首先，应双目平视对方，全神贯注，集中精力，以示尊重与诚意；对于提问的问题应该以点头或"嗯"等形式有所反馈，让对方知道你听明白了他的阐述。其次，要有优雅的姿态。在游客提问的时候不可以三心二意，不可以左顾右盼、手指绕来绕去。要始终保持优雅的站姿、正确的坐姿和优美的步态，以及适当的手势。

有问必答。对于游客的问询，要做到有问必答，用词得当，简洁明了，不能说"也许""大概"之类没有把握、含混不清的话。

愉快地道别，对待游客的咨询服务，应当直到其满意为止。当游客满意地准备离开时应主动地向游客道别，并祝其玩得愉快。可以说："再见，祝您玩得愉快！"

（二）电话咨询

电话是现代生活中的必备品和非常重要的通信工具。人人都在用电话，但不见得人人都用得好。尤其是咨询服务人员，经常通过电话接触游客，如果没有掌握电话使用艺术，很有可能会影响工作的效率和景区在游客心目中的形象。下面简要阐述电话使用艺术。

1. 随时准备处理来电并迅速作答

电话旁要常备记录用的办公用品，如纸和笔，确保在自己的工作区域内能够很方便地使用电话。在电话铃响两声之内接听电话能体现出效率及乐意提供服务的意愿。

2. 直截了当报上名字或部门的名称

无论是接听电话还是打电话，尽快亮明自己的身份是良好礼仪的表现。

注意不要称呼自己为女士、先生或加上头衔，这样会让人听起来有妄自尊大的感觉。

3. 谈话得体又有效

说话时语气要柔和。如果你没听清楚对方的名字，不要张口就问"你是谁？"，应该有礼貌地问："对不起，我没听清您的名字，先生（女士），您能再重复一遍吗？"

应使谈话围绕对方提出的问题或其关心的事情。如果你不能提供直接帮助，也不要只是把问题丢回去，而应该表达你很愿意为其服务的态度。

4. 说话清楚、明白

表达和吐字要清楚，话与话之间要有短暂的停顿。即使你一天要说上百次这样的话，也不要说话懒洋洋的，或用机械的、不友好的态度重复问候语。记住，即使你已经说了许多次，但对方是第一次听到，所以你的问候要给人以清新而真诚的感觉。

5. 声音自然而愉快

带着笑容的通话效果最佳，就好像对朋友打电话那样，要语气友好，应答自然。即使你没有天生的专业播音员的嗓音，你仍可以让你的声音引起听者的兴趣，关键是声音要有变化。

6. 不要出现"冷场"

始终用语言表示你已听到了对方的话，不要对对方发表的意见没有反应。如果你要找资料或看材料，务必告诉对方你在做什么，可能需要他等几分钟，让他有个心理准备。如果要等较长时间，你也可以建议对方先挂，过会儿再打回去。总之，千万不要把对方晾在那里。

7. 愉快而准确地记录留言

要积极帮别人留言，把记下的信息读一遍给对方听，确保信息的准确性，并向对方保证把留言传到。

8. 让谈话有一个愉快的结束

"谢谢"在人际关系中是最有力的措辞，因而要不失时机地表达感激之情。有些景区甚至把它作为一句问候语："谢谢你打电话给某某景区。"谈话结束时一句"感谢您打电话来"也可强有力地提高对方的满意度。它使对方再次感到你很愿意为其服务。

在结束谈话前要总结谈话内容，并适当称赞对方，如"跟您谈话很愉快"等。

9. 礼貌收线

通话完毕，互道再见后，一般由打电话者先收线；电话挂断以前要确认对方已经把话说完了。

10. 不能随意透露单位领导或同事的私人电话号码

必要时可以记下对方的电话号码，由你转告领导或同事，再与其联系。这也是一个基本的礼仪规范。

（三）网络咨询

网络咨询是指以网络为媒介，建立良好的咨询关系，让咨询人员熟悉、了解自己的疑惑、问题；被咨询人员或者平台帮助来询者发现问题、发掘资源，并以建设性方式解决问题，从而有效满足其需要的过程。

1. 网络咨询服务岗位职责

（1）通过在线平台、即时沟通工具等，负责网络咨询者的售前沟通、售中跟进、售后服务，解答客人疑问，为客人排疑解难，进而促成交易。

（2）根据客户需求，为网络咨询客户推荐合适的旅游景区景点、线路、报价及其他建设性意见，及时回复网络咨询，协助指导客户完成下单，跟进未成单客户，推进销售。

（3）接受网络订单，完成订单录入、票务预订相关工作，在客户出行前提醒客户出行中需要注意的问题，解决客户行程中出现的问题。

（4）负责客户疑难订单的跟踪，处理评价、投诉等，及时与运营沟通产品需要调整的地方，包括产品、班期、页面描述等。

（5）在与客户沟通中，收集客户的需要，并及时通知运营进行产品调整。

2. 网络咨询员基本要求

（1）良好的职业心态。网络咨询需要倒班，甚至上通宵班，没有良好的职业心态和吃苦耐劳的精神很难做好网络咨询工作。

（2）良好的专业知识。可以通过背诵、资料阅读、景区现场观摩、景区培训等方式来获取专业知识。良好的专业知识是网络咨询员的基础条件。

（3）有较强的沟通能力，富有责任心，同理心，具备较强的销售意识、服务意识。

（4）专业的咨询技巧。目前对咨询技巧的总结比较多，主要通过网络沟通话术完成对游客的咨询服务。

（5）良好的跟踪技巧。跟踪技巧性、跟踪的话术，决定了游客跟踪到景区的成功率。

三、旅游景区咨询服务标准

（一）当面咨询

（1）先给游客让座，态度和蔼，礼貌热情。

（2）接受游客咨询时，应面带微笑，双目平视对方，专心倾听，不可三心二意，以示尊重与诚意。

（3）对游客提出的本景区或周边景区的问题，都要提供耐心、详细的答复和游览指导。

（4）答复游客的问询时，应做到有问必答，百问不厌。

（5）接待游客时应谈吐得体，不得敷衍了事，言谈不可偏激，避免有夸张论调。

（二）电话咨询

（1）如果游客电话咨询，接听电话者动作要迅速，不让电话铃响超过三声，问候对方并表明自己的身份（所在的部门或岗位），不可用"喂喂喂……"等话语。

（2）回答电话咨询时要热情、亲切、耐心、礼貌，要使用敬语。

（3）暂时无法解答的问题，应向游客说明，并表示歉意，不能简单地说"我不知道"之类的用语。向相关部门咨询后及时告知游客。

（4）终止电话时，要使用结束语："除了这些，还有什么事需要帮忙吗？"确认对方挂断之后再轻轻放下听筒，不可"砰"的一声猛然挂断。

【文旅相彰】

尚湖风景区游客接待部荣膺"全国巾帼文明岗"

虞山尚湖风景区作为常熟"山、水、城"城市格局的重要组成部分，一直以"养生态、聚要素、打品牌"为目标。在日益壮大的员工队伍中,女性员工占了绝大多数,而作为景区对外服务"形象窗口"的游客接待部,更是女性员工甚多。一直以来,她们用自己的言行举止带动着景区其他岗位员工的共同成长。

景区积极营造浓郁的巾帼服务氛围,从游客中心到沿路,制作富有文明岗创建特色的标识及温馨提示牌40余个;在官方网站,专门开辟创建工作专题网页;在景区重要节点设立"学雷锋"文明旅游志愿者服务站、党员(巾帼)流动服务车、四景小院妇女之家等,确保服务载体多样化,使巾帼建功理念深入每位女职工心中。

景区注重培养女职工的素质,通过广泛开展业务培训、技能竞赛等,发现并树立一大批女性标兵,让她们在日常工作中发挥自身的独特作用与聪明才智,积极探索旅游服务新模式;让她们立足社会,开展贫困帮扶、巾帼志愿活动。同时组建"巾帼先锋服务队",深入常熟各大社区,为孤寡老人带去一片欢笑;关心关爱留守儿童,开展手牵手、节日慰问等活动,大力弘扬文明新风尚。

思考:你还能列出其他景区类似的巾帼文明岗吗?

拓展阅读:MOT

拓展阅读:竭尽所能地为您服务是我们的宗旨

任务四　旅游景区投诉服务

【引例】

服务质量问题引发景区投诉

旅游者王先生一家3口人,预约10月22日上午9点30分游玩某景区(4A

级景区），线上预订门票及游湖大船票，提前到达景区后等待9点10分检票。但直到9点30分，景区工作人员告知需等旅游团同乘大船，旅游团队抵达后因游船超员，工作人员又让游客等待下一个团队同乘游船，且工作人员无法确定准确时间。王先生一家在现场等待了30分钟左右，耽误了既定的行程，王先生认为景区安排不合理，因此投诉到有关部门，希望相关部门核实整改并赔偿其损失。

接到投诉后，投诉受理机构工作人员立即联系景区了解核实情况，景区因值旅游淡季，游船发船时间为一日两班（早上9点30分、下午14点）。因当天散客仅有3人，工作人员为节约成本，要求散客与团队同乘游船，但对团队实际人数未掌握清楚，第一个团队到达时人数已达到最大船舶承载力，工作人员让团队先行，要求游客继续等待第二个团队，又无法准确预估时间，游客在景区等待许久，要求退门票及船票，景区当场完成了退票。

游客认为，他们专程来玩，由于景区原因导致行程耽误，要求景区退还20元停车费，赔偿其前一天晚上入住酒店费用。

景区工作人员向游客真诚道歉，退还了停车费20元，但酒店费用并非在景区实际消费产生，景区无法赔偿。经投诉受理机构工作人员充分的沟通协调，投诉人最终表示谅解，不予追究赔偿责任，并对处理结果表示非常满意。

从该投诉中，可以看出景区对工作人员的管理力度不够，工作人员制度执行随意，未严格按公示时间发船，对于游客未能做到换位思考、热情服务，与游客沟通态度消极，直接影响了游客体验及景区口碑。

思考：景区被投诉的原因有哪些？

一、游客投诉的类型

游客投诉的类型，是游客投诉的表现形式。其分类方法通常有两种：一种是按投诉方式分类，另一种是按投诉者情绪分类。

（一）按投诉方式分类

游客投诉按照投诉方式可以分为直接投诉型、信函投诉型和突发事件型三种。

直接投诉型是指游客直接找上门，当场使用口头语言进行投诉；信函投诉型是指游客采用信函、电话等方式反映景区的某件事或提建议等的投诉；突发事件型是指景区服务人员与游客发生矛盾和冲突，出现争吵或打人事件。

（二）按投诉者情绪分类

游客投诉按照投诉者情绪可以分为理智型游客投诉、失望型游客投诉和发怒型游客投诉三种。

理智型游客投诉，是指理智型游客在景区受到冷遇或受到不礼貌的服务，产生不满、生气因而投诉，但他们投诉时不会激动，更不会因此而发怒。理智型游客多数受过良好的高等教育，既通情达理，又会在发生问题时保持冷静和理智。因此，他们很容易打交道和处理问题，只要服务人员和管理人员对他们表示同情，并立即采取必要的改进措施，他们便会发出感谢之语。

失望型游客投诉，是指游客事先预订了景区的服务项目，因景区某部门的粗心服务而被忘却，失约了，游客因而失望、不满甚至发火的一种投诉。一般从这类游客的高声语言和手势动作，便可以知道是景区的某部门耽误了他的活动进程。

发怒型游客投诉，是指游客在受到冷遇服务或不周到服务，或碰到个别服务人员言行粗鲁时，就愤怒地发出较大的声音，不停地打手势并快速移动脚步及身躯，同时要求讲道理，评理由，要求景区承认过失等。

二、正确看待游客投诉

（一）投诉是游客对景区信赖的象征

中国有句古话："良药苦口利于病，忠言逆耳利于行。"游客的抱怨或投诉就是忠言中的一种。遇到游客抱怨和投诉，说明该景区在他们看来还值得信赖。因为游客对景区产品和服务有着很高的期待，因此，他们有权提出最强烈的抱怨。所以，抱怨即信赖。若没有游客的埋怨，事情可能就不对劲了，这表示，游客认为与其浪费时间和精力来抱怨，不如下次再也不来了，甚至将其不满倾诉给他的亲戚和朋友。据美国华盛顿特区的技术援助研究项目的统计数据，每一个不满意的游客将至少告诉 15 个人，这是人类的天性。

（二）将游客投诉视为建立忠诚的契机

有研究发现，提出抱怨的顾客，如果问题获得圆满解决，其忠诚度会比从来没有提出问题和抱怨的顾客高。景区解决问题的热忱，会让游客更加信赖该景区，为未来的业务奠定基础。李维特的《哈佛商业评论》一书里列举了麦肯锡公司所做的统计数字：

（1）有大问题但没有提出抱怨的顾客，有再来惠顾意愿的占9%；

（2）提出抱怨，不管结果如何，愿意再度惠顾的占19%；

（3）提出抱怨并获圆满解决，有再度惠顾意愿的则占54%；

（4）提出抱怨并且问题迅速得到解决的顾客，愿意再度惠顾的占82%。

注意：会提出抱怨的顾客比不提出抱怨的顾客，购买意愿高了一倍；对能迅速处理不满的公司，游客重复购买其产品的意愿也大大提高。

因此，景区每一位员工都应该树立这样的理念：游客的投诉是景区发展的机遇，因为它为景区指出了改进的方向。

三、游客投诉原因分析

（一）对景区人员服务的投诉

这一类投诉，是由于景区服务人员素质不高、服务水平低下、服务观念存在问题而产生的，它占景区投诉量的绝大多数。具体包括以下方面。

1. 服务态度太差

（1）不回答游客的询问，或回答时不耐烦、敷衍了事、出言不逊；

（2）服务动作粗鲁，反应迟钝；

（3）不注重个人卫生，手放入杯中或盘中，点完钞票的手又去拿食品；

（4）漠视游客的意见，游客提出要求后久久不来；

（5）服务语言使用不当。

2. 服务技能有待提高

（1）工作秩序混乱，效率低下；

（2）账单金额错误，记错账单；

（3）上菜、上酒与所点菜单不一致；

（4）寄放物品遗失或调错；

（5）不征求游客的意见，强迫游客与不相识的人同坐或坐不愿意坐的位子，住不愿意住的房间，乘不愿意乘的车；

（6）漏点或错点游客人数。

（二）对景区服务产品的投诉

（1）价格投诉，如景区门票太高，特别是园中园重复购票，商品价格或服务项目收费过高，随意宰客；

（2）饭菜质量太差，口味、卫生不能令游客满意；

（3）游客所买商品、酒水与样品不一致；

（4）最佳观景点被承包经营者占据，拍照得付额外的费用；

（5）寄存物品、租车、乘船等不方便，结账方式落后。

（三）对景区硬件及环境的投诉

（1）没有或缺乏卫生设施，或卫生设施条件太差，如厕所有异味等；

（2）住宿条件简陋，桌面、椅子、毛巾、地毯、窗帘、碗筷等破损、不干净；

（3）没有与景区配套的娱乐项目，没有歌舞表演，缺少儿童娱乐或活动项目；

（4）发生安全事故、意外事件，治安状况太差，缺乏安全感；

（5）旅游气氛太差，小贩穿梭其间，追客强行兜售；

（6）交通混乱，车辆摆放无指定地点。

四、游客投诉心理分析

虽然引起游客投诉的原因千奇百怪，但游客进行投诉的心理不外乎以下几种，了解和认识游客的投诉心理有助于我们正确处理游客投诉。

（一）求尊重的心理

游客求尊重的心理每时每刻都是存在的。当游客受到怠慢时就可能引起投诉，投诉的目的就是找回尊严。游客在投诉之后，都希望别人认为他们的投诉是对的,是有道理的,他们希望得到同情、尊重,希望有关人员、有关部门高度重视他们的意见,向他们表示歉意,并立即采取相应的处理措施。

(二)求平衡的心理

游客在碰到令他们感到烦恼的事之后,感到心理不平衡,觉得窝火,认为自己受了不公正的待遇。因此,他们可能就会找到景区有关部门,通过投诉的方式把心里的怨气发泄出来,以求得心理上的平衡。人在遭到心理挫折后有三种主要的心理补救措施:心理补偿、寻求合理解释而得到安慰、宣泄不愉快的情绪。俗话说:"水不平则流,人不平则语。"这是正常人寻求心理平衡、保持心理健康的正常方式。

游客之所以投诉,还源于游客对人的主体性和社会角色的认知。旅游者花钱是为了寻求愉快美好的经历,如果他得到的是不平、烦恼,这种强烈的反差会促使他选择投诉来找回他作为旅游者的权利。

(三)求补偿的心理

在景区服务过程中,如果由于服务员的职务性行为或景区未能履行合同、兑现承诺,给游客造成物质上的损失或精神上的伤害,他们就可能通过投诉的方式来要求有关部门给予他们物质上的补偿,这也是一种正常的、普遍的心理现象。由于职务性行为所带来的某些精神伤害,在法律上,旅游者也有权利要求物质赔偿。

(四)求解决心理

由于规章制度的原因造成服务或质量的问题,游客进行投诉(告状),是期望通过投诉解决出现的问题。

(五)求兑现的心理

景区的承诺没有兑现,游客不服气,希望景区给出合理解释,并兑现承诺。

拓展阅读:从顾客的心理谈处理投诉的艺术

五、处理游客投诉的原则和步骤

（一）把握正确的处理原则

1. 真心诚意解决问题

以"换位思考"的方式去理解投诉游客的心情和处境，满怀诚意地帮助客人解决问题，只有这样，才能赢得客人的信任，才有助于问题的解决。

2. 不可与客人争辩

在客人情绪比较激动时，投诉接待者更要注意礼仪礼貌，要给客人讲话申诉或解释的机会，控制住局面，而不能争强好胜、与客人争辩。

3. 维护景区利益不受损害

投诉接待者在处理游客投诉意见时，要注意尊重事实，既不能推卸责任，又不能贬低他人或其他部门，避免出现矛盾。否则，客人会更加反感。

（二）受理投诉的步骤

不管游客是粗鲁、沮丧、糊涂还是发怒，尽量不要使矛盾升级。要学会使用以下四个步骤来处理游客投诉。

1. 让游客发泄

当游客不满时，他一定是心烦意乱的。这时他只想做两件事：第一，表达他的感情；第二，使他的问题得以解决。

游客发泄怒气可能会强烈到碰上谁就向谁发泄的程度。只有在游客发泄完后，他才会听你要说的话。从心理学上讲，这是所谓"心理净化"的一种现象。只要把自己心中的不满或委屈全盘地吐露出来，通常当事人都会有松了一口气或者得到满足感的心理出现。

面对带有问题的游客发泄怒气时，最好的办法是保持沉默而不是打断游客的情绪发泄使事情变得更糟。但也得让游客知道你正在听他们说，当他们发泄时，应该做到以下三点：不断地点头；不时地说"嗯、啊"；保持与其眼神的交流。

2. 充分道歉

说声对不起。当你面对一位心情不佳的游客时，一句道歉就可能平息他心中的怒火。即使错误不是你造成的，你也应该道歉，因为这个游客与你有关，而你所代表的就是景区的形象，道歉并不是主动承认错误。比方说，你正在跟一位患病的朋友交谈，你很可能会说你是如何的遗憾。虽然你们都知道这病并不是你的错，但对于你的朋友遭受这么一段不幸的经历你仍然感到很难过。道歉可以让游客知道你很在意给他带来的麻烦，并且想尽快解决。

要对客人表示安慰和同情。前来投诉的客人一般总是觉得自己受到了伤害，是带着一颗"受伤的心"把接待者当作救世主，来要求主持公道的。如果去触碰"受伤的心"，一定会遇到强烈的反应。这时，接待投诉者必须对客人表示安抚和同情，比如可以说"我对您感到气愤和委屈的情绪非常理解，如果我是您，我也会有和您相同的感受"。对投诉的客人做出一些同情和理解的表示，是抚慰其已经受伤的心灵的最好办法，也是把他的注意力引向解决问题而不是拘泥于令人烦恼的细节和令人沮丧的情绪的唯一途径。

3. 收集信息

只体谅痛苦而不采取任何行动并不是真正倾听游客的意见。道歉只是体谅某人的感情，可能听到道歉后，游客的感觉会好一点，但仅有道歉而没有解决办法只是一个空礼品盒。投诉的游客不仅需要你理解他，更需要你解决他的问题。

用你自己的话重复游客所遇到的问题，这一点是让游客知道你已经了解了他的问题和要求。要使游客获得满意，你对问题的理解就一定要和游客相符。但是心烦意乱的游客很少能在一种平静的氛围下讲述完他们经历的事情，因此你必须确保已经正确地理解了他们所讲的一切，即根据你自己的理解对游客的话做一个总结，然后反馈给他们，而且最好能让游客知道你已将问题记录在案。这样做能让游客充分感受到你对他的重视，既有利于问题的圆满解决，也有利于事后存档总结。

适当提问。你可以通过提问的方式，收集足够的信息，以便帮助对方解决问题。问问题有以下三个好处。

首先，对方有时会省略一些重要的信息，因为他们认为这不重要，或忘了告诉你，所以提问可以帮助你更全面地了解问题。

其次，很多时候我们所理解的和游客所表达的未必是一回事，即"所听非所言"，因此你需要通过提问题来确认。

最后，当你注意到话题转移时，可向对方提一些问题，使跳跃式的对话回到原来的轨道。

4. 给出一个解决的方法

在你明确了游客的问题之后，很显然，下一步是要解决它，你需要拿出一个双方均可接受的解决问题的方案。

（三）处理游客投诉的方法

无论什么原因，只要游客对服务质量产生抱怨，旅游景区就必须马上进行快速、主动的服务补救。若无法挽回，则必须对游客的投诉进行及时处理，因为这是游客预期的最后环节。

1. 服务补救

服务补救概念最早由 Hart 等于 1990 年提出。不同的学者对服务补救的概念有不同的表述。Tax 和 Brown 将服务补救定义为：服务补救是一种管理过程，它首先要发现服务失误，分析失误原因，然后在定量分析的基础上，对服务失误进行评估并采取恰当的管理措施予以解决。而有的学者则认为，服务补救是服务性企业在对顾客提供服务出现失败和错误的情况下，对顾客的不满和抱怨当即做出的补救性反应，其目的是通过这种反应，重新建立顾客满意和顾客忠诚。

韦福祥（2002）在"服务补救"原有概念的基础上提出了新的观点，认为"服务补救"是服务企业在出现服务失误时所做出的一种即时性和主动性的反应。其目的是通过这种反应，将服务失误对顾客感知服务质量、顾客满意和员工满意的负面影响减小到最低限度。这概念强调的四个方面的内容是服务补救的实时性、主动性、全过程性和全员性。

从旅游景区服务产品的特性来说，实行服务补救的重要性是不言而喻的，而且有些细节上的服务补救也是可行的。如游客参与某一项游乐项目时，因工作人员的疏忽没能让游客享受到应有的服务内容，工作人员应该让游客重新参加。

（1）做好旅游景区服务补救工作的要点

预备补救措施。为了反映补救措施的实时性，旅游景区管理者应该事先对可能出现的各种服务失误进行分析与估计，并预备各种补救方案，以便能快速做出反应。

向服务人员授权。服务补救是对服务失误进行的补偿性服务,在服务运作系统中不能拘泥于原有的操作程序,这要求服务人员有一定的决定权,以便能快速、灵活地对问题做出处理。

强调主动性。服务补救是在游客抱怨以前进行的,它与产生抱怨以后进行的服务补偿性质不同。前者是一种主动性的、带有歉意的对服务失误的弥补;后者可以理解为游客抱怨(实质上是投诉)以后的被动性的补偿措施。二者对游客满意度产生的影响截然不同。

把握最佳补救时机。补救服务的时间性十分重要,一般要求在服务失误的现场进行。补救越及时,补救成本越低,效果越好。否则,会引起更大的不满。

服务补救的系统性。有些服务失误确实无法挽回,特别是由不可控随机因素引起的服务失误,游客没有享受到某一特定的服务内容,旅游景区可以考虑用其他的服务形式进行弥补。一个有效的服务补救系统由四个部分构成:避免失误(或者说第一次就做对),及时发现服务失误,有效解决服务失误,从服务补救中学习。

(2)服务补救的方法

打折。如景区的酒店可以因为游客对服务有不满而在住宿价格上给游客打折。

送赠品。送赠品包括送礼物、商品或服务。如因为景区的员工与游客争吵,所以送给游客赠票。

个人交往。当给游客造成不便时,打电话向他表示歉意,当游客感受到你诚挚的关心时,这种私人交往会重建景区在他心目中的形象和信誉。

拓展阅读:补偿性服务

2. 调解

调解,是指旅游投诉管理机关主持旅游投诉者和被投诉者双方通过和解解决纠纷,达成协议的行为。

旅游投诉所涉及的大部分是民事纠纷,所以旅游投诉受理机构应尽量调解。这样做,既可以保护旅游者的合法权益,又可以避免矛盾激化。不过,调解不是"和稀泥",而要以事实为基础,以法律为准绳,使有错方承认错误,受损方得到补偿。必须在双方完全自愿的基础上进行调解,使双方心悦诚服地达到调解的目的。

3. 处理决定

属于投诉者自身的过错,旅游投诉管理机构可以决定撤销立案,通知投诉者并说明理由。

属于投诉者与被投诉者共同过错的,旅游投诉管理机构可以决定由双方各自承担相应责任。双方各自承担责任的方式,可以由双方当事人自行协商确定,也可以由投诉管理机关决定。

属于被投诉者的过错,旅游投诉管理机构可以决定由被投诉者承担责任。可以责令被投诉者赔礼道歉,或者依据法律承担赔偿责任。

属于其他部门的过错,可以转送有关部门处理。

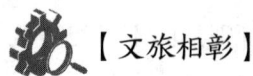

【文旅相彰】

应对顾客投诉的一些常用句式

(1)"像您这样地位的人……"这暗示了对方的社会地位很高,所从事的工作很重要。因为大家都喜欢听到好话和美言。

(2)"如果您可以……我会很感激的。"此话意在征得顾客许可,暗示顾客有很大的权力表示接受或者拒绝。

(3)"您真的在……方面帮我一个忙。"此话暗示,顾客在处理投诉的整个过程中不但地位重要,而且可以让顾客感受到扮演一种"父母兄长般"的长者角色。

(4)"也许您可以在……方面给我一些建议。"这样可以让顾客感到他充满思想和智慧。

(5)"请您……因为您在这方面有专业知识。您是这方面的专家。"这话暗示了一种很高的专业技术水准,把对方看成富有智慧的人。

(6)"像您这样有成就的人……"这句话暗示顾客是一位成功人士。

(7)"您说的……(内容)完全正确。"这不仅会起到一种很有效的停顿作用,也可以借此认同顾客提出的观点,从而使顾客在协商问题时愿意做出让步。

(8)"像您这样的大忙人……"这话可以暗示顾客作为"生活要员"的地位,同时也表明问题会很快得到解决。

(9)"如果……我会感激不尽。"这话可使人感到轻松愉快,并对知道感恩的人做出让步。

值得注意的是：上述说法中，有些话语以"我"开头。在面对顾客时，应尽可能避免使用这一辞令。但如果对话不带有任何挑战意味时，是完全可以使用的；如果情形出现了某种对立，或准备采取某种"挑战性"态度时，则话语最好以"您"来开头。

（资料来源：PAUlR.TIMM.对客服务艺术：成功源自顾客的满意［M］.肖洪根，李洪波，曾武英，译.北京：旅游教育出版社，2002.）

拓展阅读：
《旅游投诉处理办法》

思考：在景区日常工作中如何提升对客服务的艺术？

任务五　智慧景区与接待服务

【引例】

黄果树景区打造智慧景区标杆

"这是我第二次游玩黄果树景区，上一次还是十年前，当时门口买票的人排起大长龙，我站得腿都快发软了，景区内也很拥挤。今年我提前在黄果树景区的微信公众号上办好预约，直接按时间进入园区，完全不拥堵。"外地游客小张说，"现在还可以避开人流高峰节约时间，科技真是改变生活啊！"

黄果树景区的智慧化进程，一步一步稳稳推进。2013年，黄果树景区建成了早期的智能可视化监控调度系统，但仅具备安全监控能力；2014年，黄果树景区完成了线上业务与国内所有主流OTA运营商的无缝对接，实现景区门票的电子化，在智慧景区建设进程中迈出重要一步，为景区后续实行游客实名分时预约购票和景区容量疏导奠定基础；2017年，黄果树景区开始实行分时预约售票的探索；2020年，黄果树景区已建成"一个中心，四个平台"的智慧旅游应用体系，即大数据中心、指挥调度平台、运营管理平台、智慧营销平台和智慧服务平台，全面支撑景区的发展决策、指挥调度、运营管理、精准营销和智慧服务。

入园检票刷脸即可，省去了游客排队时间；观光车按照客流量多寡灵活调度，游客可先去人少的景点；一边游玩一边扫码，马上可以收听景区导览，所有典故全知道……通过"一个中心，四个平台"的应用和运营管理，景区内以往人挤人的拥堵情形不见了，游客体验也更好了，实现了从"排队1小时观景3分钟"到"优哉游哉静心赏景"的蜕变。

经过多年的智慧景区建设，黄果树景区动静结合的智慧化客流管理体系被确定为文化和旅游部2021年智慧旅游典型案例。从2013年到2022年，黄果树旅游集团公司累计投入7000余万元用于智慧化景区的建设，通过智慧化发展提升旅游全链条中的客户体验，取得巨大的成功。

（资料来源：王蕾.华为云携手黄果树 打造省内智慧景区标［EB/OL］.［2022-11-15］http://www.cbdio.com/BigData/2022-11-15/content_6171036.htm. 有改动）

思考：智慧景区如何助力景区接待服务？

一、智慧景区

智慧景区是指通过智能网络，对景区地理事物、自然资源、旅游者行为、景区工作人员行迹、景区基础设施和服务设施进行全面、透彻、及时的感知；对游客、景区工作人员实现可视化管理；同旅游产业上下游企业形成战略联盟；实现景区环境、社会和经济的全面、协调和可持续发展。

广义的"智慧景区"是指科学管理理论同现代信息技术高度集成，实现人与自然和谐发展的低碳智能运营景区。能够更有效地保护生态环境，为游客提供更优质的服务，为社会创造更大的价值。狭义的"智慧景区"是"数字景区"的完善和升级，指能够实现可视化管理和智能化运营，能对环境、社会、经济三大方面进行更透彻的感知，拥有更广泛的互联互通和更深入的智能化特征的景区。狭义的"智慧景区"强调技术因素，广义的"智慧景区"不仅强调技术因素，还强调管理因素。

在国家加快智慧旅游的政策引导下，越来越多的景区开始触网，寻求新的发展路径，开辟APP、网上预订及微信营销等渠道，并主动寻求与OTA（在线旅游服务商）的开放合作。

二、智慧景区建设的意义

智慧旅游以融合的通信与信息技术为基础，以游客互动体验为中心，以一体化的行业信息管理为保障，以激励产业创新、促进产业结构升级为特色，其核心是游客为本、网络支撑、感知互动和高效服务，旨在通过信息技术与旅游服务、旅游管理、旅游营销的融合，使旅游资源和社会资源得到系统化整合和深度开发应用，服务于政府、企业、游客等的旅游发展形态，并结合社会公共服务和现代企业管理理念，注重游客体验、提升企业经营能力和政府公共服务能力，促使生态、文化、社会和经济的综合价值最大化，实现旅游产业的可持续发展。

智慧旅游系统作为信息时代和互联网时代的产物，是深入贯彻落实科学发展观的重要体现。旅游景区的智慧化建设更是智慧旅游健康发展的第一原动力。无论是自然资源丰富的景区还是历史文化厚重的景区，抑或是现代主题鲜明的园区，对资源经营、接待能力提升、安全监控以及游览服务辅助的技术应用一直都是智慧景区力求完善的主旨。因此，建设智慧景区对于推进智慧旅游整体建设，推进信息技术与旅游业的融合，加快旅游业管理现代化和国际化进程，对于实现整个旅游产业更好更快的发展，都具有重要意义。

（一）有助于推动景区管理机构服务职能转变

建设智慧景区可以借助技术手段，促使景区资源的合理安排、整合协调、动态监管，发挥其对旅游信息公众化服务、行业规范性指导，通过准确地掌握游客的旅游活动信息和旅游企业的经营信息，实现旅游行业监管从传统的被动处理、事后管理向过程管理和实时管理转变，促进旅游管理机构的服务职能进一步由被动处理向主动服务转变。

（二）有助于促进景区旅游产业的跨越式发展

随着旅游电子商务平台、旅游公共服务平台、旅游营销宣传平台、手机移动服务平台等一批项目的建设投入，全方位的旅游资讯和动态服务，将充分吸引游客对景区旅游产品推介、旅游生活体验的关注，促使游客由线上体验到线下消费的现实转变，特别是散客资源。旅游景区作为旅游产业链中的核心组成部分，旅游景区的智能化设施和智慧化管理也提升了旅游业态对游客的吸附和消化能力。

（三）促使旅游企业实现旅游经营增长和管理成本优化的双重丰收

旅游景区管理机构作为满足游客体验需求、吸引游客体验消费的服务主体，具有商业盈利和服务规范的双重诉求。信息技术的应用和智能设施的投入，从服务数量上扩容了旅游景区对游客快速增长的接待能力和服务能力。另外，也可以通过量化分析和判断营销渠道，优化长期合作的营销渠道。从服务质量上，提升了旅游企业对游客日益增长的多方式、多途径信息获取诉求的响应能力。

三、智慧景区的主要内容

"智慧景区"建设是一个复杂的系统工程，既需要利用现代信息技术，又需要将信息技术同科学的管理理论集成。"智慧景区"的建设是对景区硬实力和软实力的全面提升，有助于培养景区企业的核心竞争力。

智慧景区建设中信息化建设为重中之重，它主要由以下部分组成。

（一）信息基础设施

主要指各种传感设备（射频传感器、位置传感器、能耗传感器、速度传感器、热敏传感器、湿敏传感器、气敏传感器、生物传感器等），这些设备嵌入景区的物体和各种设施中，并与互联网连接。

（二）数据中心

数据中心是景区信息资源数据库的存储中心、管理服务中心和数据交换中心。

（三）信息管理平台

景区信息管理平台是最重要的核心平台，要能实现资源监测、运营管理、游客服务、产业整合等功能。它包括：

（1）地理信息系统（GIS），同时将多媒体技术、数字图像处理、网络远程传输、卫星定位导航技术和遥感技术有机地整合到一个平台上。

（2）旅游电子商务平台和电子门禁系统。

（3）景区门户网站和办公自动化系统。

（4）高峰期游客分流系统。高峰期游客分流系统可以均衡游客分布，缓解交通拥堵，减少环境压力，确保游客的游览质量。景区可以通过预订分流、门禁分流和交通工具分流实现三级分流，其中要采用RFID、全球定位、北斗导航等技术时时感知游客的分布、交通工具的位置和各景点游客容量，并借助分流调度模型对游客进行实时分流。

（5）其他配套系统：包括规划管理系统、资源管理系统、环境监测系统、智能监控系统、LED信息发布系统、多媒体展示系统、网络营销系统和微机管理系统等。

（四）综合决策平台

为实现管理和服务深度智能化，景区需要搭建综合决策平台。该平台建立在信息管理平台和众多业务系统之上。能够覆盖数据管理、共享、分析和预测等信息处理环节，为景区管理层进行重大决策提供服务。该平台还应将物联网与互联网充分整合起来，使景区管理高层可以在指挥中心、办公室或通过3G智能手机全面、及时、多维度地掌握景区实时情况，并能及时发号施令，以实现景区可视化、智能化管理。

四、智慧景区与接待服务

智慧景区是基于智慧景区服务平台应用而建设，智慧景区服务平台是基于物联网、云技术、定位及监控技术，实现信息的传递与实时交换，让游客的旅游过程更加顺畅，提升旅游的舒适度与满意度，给游客带来更好的旅游安全保障与旅游品质保障。通过智慧景区服务平台，游客可获得更好服务体验，助力景区接待服务。智慧景区服务平台可实现以下功能：

（一）门票预订，自助核销入园

游客在线上预订门票，使用二维码快速扫码入园，门票自助核销免排队。对景区来讲，门票线上预约过程中沉淀的游客数据，不仅有利于景区帮助客户拓宽销售渠道、加强管理，还能在旅游服务方面提供更好的服务体验。

（二）智慧导览，把导游装进手机里

基于景区导览地图的智慧游园服务，在地图上标注各类服务设施，提供 POI 介绍或讲解、导航、推荐路线等服务。从一键查找停车场、一键景点定位、一键洗手间查找等一键智慧游功能，就能够让游客全方位掌握景区信息，提前获取线上服务，打通游客和景区之间的最后一站距离。

（三）语音讲解，自动播报，随走随听

景区内提供实时语音导航功能，让游客全方位尽情玩耍，同时在每个重要景点处，都有以二维码形式提供的特色人声讲解服务，想静就静，想听就听，体验更个性化。

（四）智慧餐饮，提前预订好便捷

智慧景区整合景区内的特色餐饮、美食活动，对游客来说，利用它可线上提前预约餐厅，到店点餐，餐后一机买单；对于景区商家，它拥有简餐及中餐模式／分单打印／自定义斤数、会员管理系统等功能，不仅能提升线上平台餐饮业的曝光度和销量，还能升级旅游体验，提升服务效率。

（五）旅游信息发布，信息及时更新

智慧景区服务平台能够及时更新景区旅游信息，包括景区旅游攻略、宣传视频、旅游资源、精品线路的充实等内容的及时更新。还可以利用内容运营平台对景区的文化特色活动、夜游活动、游船活动等相关活动进行宣传和传播，增加景区曝光度。

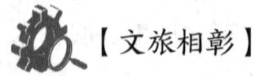
【文旅相彰】

科技点亮新旅途　智慧景区更留客

在首钢工业遗址感受虚拟现实博物馆，在云端体验"全景故宫"真实场景，分时预约，共享导游，数字藏品……随着互联网技术的发展和应用，旅游过程也变得更加"智慧"。近日，由光明日报社、文化和旅游部资源开发司

指导，光明网主办的"2022智慧旅游创新企业和项目推选与宣传活动"结果揭晓，10家智慧旅游企业和20项智慧旅游项目脱颖而出。这份名单既包括北京慕田峪长城、江苏恐龙园、广东华侨城欢乐谷等智慧旅游景区和企业，也包括一系列独具创新创意的智慧旅游项目，充分反映了近年来智慧旅游发展的最新实践成果，为发展智慧旅游提供了示范标杆。

在北京慕田峪长城景区的可视化大数据分析平台上，景区实时预约数据、客源地分析、智慧停车场实时剩余车位等数据一目了然。"我们不仅可以实时掌握游客预约订票情况，及时调整服务接待工作，还可以监测环境、天气等指标，保证景区安全运行。"北京市慕田峪长城旅游服务有限公司有关负责人说道。

贵州华旅推出分时预约方案，根据黄果树景区重要堵点、易发生拥堵的节点，智慧控制实时入园游客数量，使景区人群拥挤、排队太久的问题得到了改善。在天山天池智慧旅游景区，AR数字导览系统实现了在地图上查看景点实时画面、景点讲解等功能，已向游客提供上万次服务。还有景区通过数字化手段提供更好的适老化服务，如泰山"无证明智慧景区"以数据核验替代实体证明证件，针对老年游客推出"老年关怀版"网络购票服务。

北京第二外国语学院旅游科学学院旅游营销与电子商务系教授钟栎娜表示，此次评选的项目对于加快推进大数据、云计算、物联网、区块链等新技术在旅游领域的应用普及，发挥智慧旅游推动旅游业数字化转型升级起到了重要示范引领作用。

在此次入选的智慧旅游创新项目中，有不少体验类项目备受关注。如洛阳的无上龙门沉浸体验馆，打造裸眼5D的逼真效果，为人们呈现了不一样的龙门石窟；故宫博物院的"全景故宫"，运用全景摄影技术把故宫搬到了云端，在故宫全景场景中融入故宫文化知识，上线以来累计观众访问量超1400万人次；首钢1号高炉工业遗址公园打造了超大虚拟现实体验中心，让游客体验到虚拟现实博物馆、沉浸式剧场、全息酒吧等数十款沉浸式体验项目。

AR、VR、裸眼3D、全息投影……一系列数字技术在旅游领域的应用，催生了更加多样化的旅游新业态。博物馆的文物"活起来"，景区游览更具交互性，线上线下旅游相互结合，让游客的体验更加丰富立体。智慧旅游的发展为游客提供了更优质、更智能化、更个性化

拓展阅读：智慧景区建设给游客带来新体验

的旅游服务和体验，丰富了旅游产品供给，促进了旅游产业消费升级。

〔资料来源：鲁元珍.科技点亮新旅途 智慧景区更留客［N/OL］.光明日报，2022-12-27（10）.〕

思考：智慧景区如何融入文化元素？

【知识与技能训练】

知识与技能训练答案

一、名词解释

景区门票　网络咨询　服务补救　景区电子门票系统　智慧景区

二、选择题

1. 服务一般具有以下（　　　）的特点。

A. 非实物性　　　　　　　　B. 无形性

C. 是一系列过程或活动　　　D. 不涉及所有权的转让

E. 存在互动现象

2. 游客中心功能包括（　　　）。

A. 问询功能　　　　　　　　B. 展示功能

C. 代理服务功能　　　　　　D. 投诉接待功能

3. 游客投诉心理包括（　　　）。

A. 求尊重的心理　　　　　　B. 求平衡的心理

C. 求补偿的心理　　　　　　D. 引起关注，吸引流量

4. （　　　）是整个景区服务的中心环节，是核心服务。

A. 游览服务　　B. 接待服务　　C. 解说服务　　D. 购物服务

5. 景区优质服务的表现是多方面的，但在接待过程中比较重要的是（　　　）。

A. 服务态度　　B. 服务语言　　C. 礼节礼貌　　D. 精神状态

三、判断题

1. 就景区涉及的服务种类而言，包括接待、解说、娱乐、购物等主要服务，还包括住宿、交通、餐饮、医疗救助、邮电通信等辅助服务。（　　　）

2. 优质服务的表现是多方面的，但在接待过程中比较重要的就是服务态度、服务语言、服务的礼节礼貌和精神状态等。（　　　）

3. 掌握辨认假钞的能力,一般来说,可以用"一看、二摸、三听、四测"的方法辨认假钞。（　　）

4. 由于规章制度的原因,造成了服务或质量的问题,进行投诉,期望通过投诉来解决出现的问题,这是顾客为求补偿的心理进行的投诉。（　　）

5. 对于电话咨询,接听电话者动作要迅速,不让电话铃响超过三声,暂时无法解答的问题,可据实向游客表明"我不知晓此事"并建议游客向相关部门了解情况。（　　）

四、简答题

1. 景区服务有哪些特点?
2. 景区提供优质服务的背景有哪些?
3. 景区接待服务有哪些特点?
4. 景区优质服务的实现路径有哪些?
5. 游客中心的功能有哪些?

【综合实训】

实训项目:
景区接待服务模拟训练。
实训目标:
通过实训,使学生具有在不同的环境下能够成功接待不同客户的能力,能用标准的客户接待流程接待客户。培养学生具有敬业、乐于吃苦和奉献的精神;培养学生诚实守信、尊重他人,严于律己,宽以待人,热情谦和、攻坚克难等德育素质。
实训项目:(分小组模拟)
1. 以小组为单位,进行角色模拟,完成景区接待服务、咨询服务、投诉处理等场景下的标准服务流程。
2. 各小组互换角色,仔细揣摩服务语言,形成文字稿,各小组之间互评并提出改进措施。
实训要求:
1. 教师引导学生结合本章教学内容和平时收集的信息对问题进行独立思考,各组自由选择角色并发表见解。

2. 充分利用计算机网络收集景区服务标准用语。

实训指导：

指导学生利用搜索引擎、官方网站、文献资料等渠道获取相关资料。

指导学生使用办公软件编辑和处理文档。

实训评价：

考评人		被考评人	
考评内容		景区接待服务模拟训练	
考评标准	具体内容	分值（分）	实际得分（分）
	仪容仪表	35	
	服务流程	30	
	服务用语	20	
	文档制作	15	
合计		100	

项目四　旅游景区商业服务

学习目标

知识目标：
- 了解旅游景区餐饮服务的特点和要求。
- 了解旅游景区住宿服务的特点和基本要求。
- 掌握旅游景区交通服务的要求。
- 了解旅游景区不同娱乐项目及服务要求。
- 掌握游客购物的心理和行为特点。

能力目标：
- 能够运用景区餐饮、住宿、交通、娱乐、购物服务与管理技术技能。
- 能够针对不同类型的旅游景区做好商业形态设计。
- 能够对具体的商业形态做好运营管理。

素质目标：
- 能够依据本项目所介绍的知识，对不同类型景区的商业服务和特点进行比较分析。
- 能够结合景区商业现状，对其未来商业趋势进行预判。

思政目标：
- 从旅游景区服务先进人物和事迹中感受无私奉献、艰苦奋斗的美德。
- 在景区服务中弘扬社会主义核心价值观。
- 从景区服务中品中华优秀文化。

思维导图

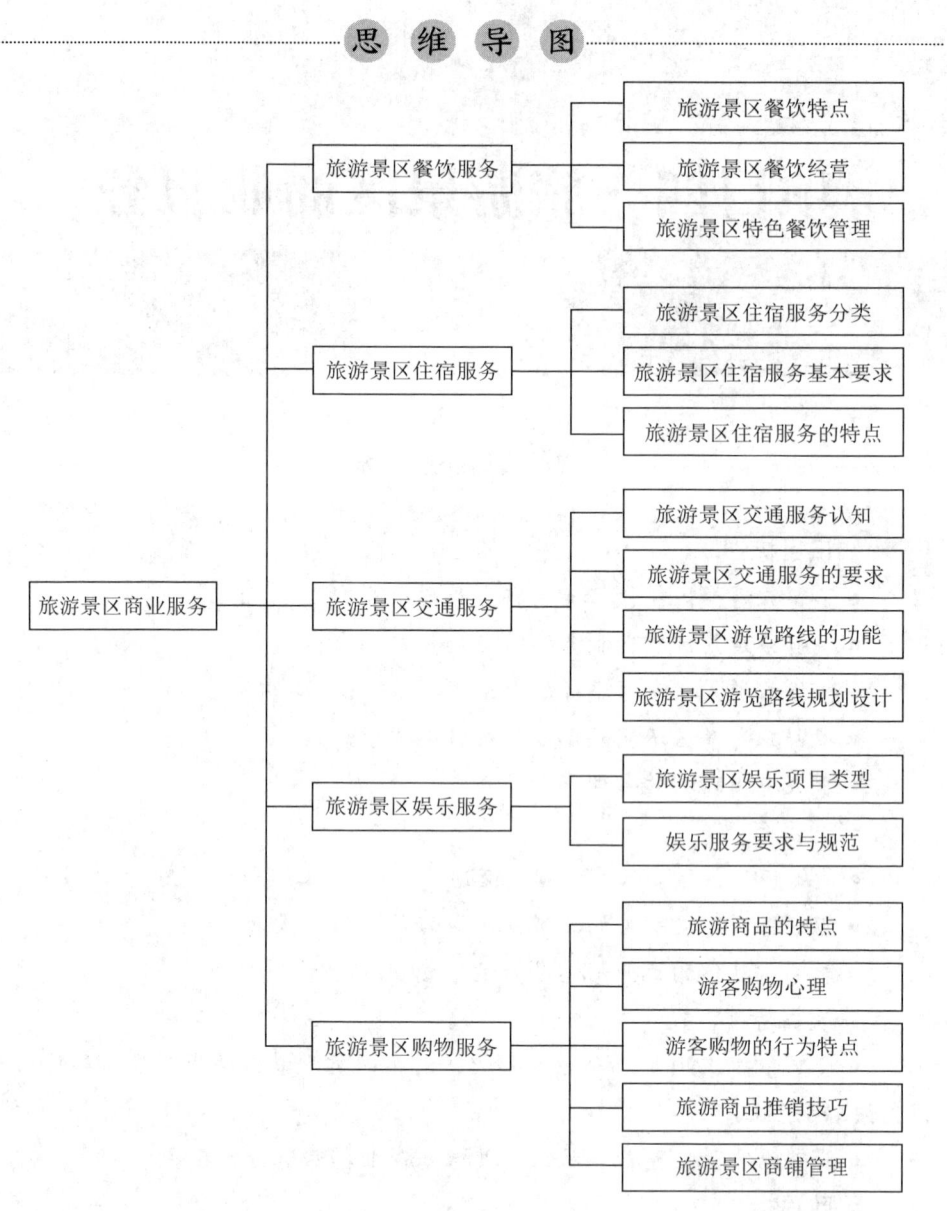

任务一 旅游景区餐饮服务

【引例】

南京夫子庙景区桃叶渡餐厅设计中场所精神的营建

南京夫子庙位于南京老城南秦淮风光带,是南京本地居民集体记忆的焦点。南京桃叶渡餐厅位于夫子庙入口处,是夫子庙景区的特色美食餐厅之一。桃叶渡名称来源于秦淮河的一个古渡"桃叶渡",餐厅旨在弘扬秦淮传统民间美食,还原市井民俗生活景象,让游客感知此地的文化氛围、民风民情。在桃叶渡餐厅设计中,设计者提取夫子庙景区的建筑风貌和装饰风格中的物质元素,将它们组合运用于景区餐饮空间,在空间组织、空间结构造型、材料色彩等物质元素上构建空间的方向感,使餐饮空间延续景区地域特征。

在空间组织上,桃叶渡餐厅由船宴区、休息亭、散座区、卡座区、包间区组成,充分考虑不同客人的需求,借鉴夫子庙景区传统园林式布局手法,首先通过对餐厅功能的划分与转换来构建空间不同区域之间、空间区域与空间整体之间的联系,使各功能空间与景区环境、餐厅内部各空间既相互独立又联结成一个整体。

在空间造型上,夫子庙景区房屋依水而建,空间小巧精致,秦淮河畔的马头墙,有着独特的韵律美感,沿岸的长廊丰富了空间层次。在桃叶渡餐厅中,运用夫子庙景区建筑中青砖小瓦马头墙、刻有吉祥纹样的洞门、有借景功能的漏窗,在不同功能的就餐区域中以不同的组合达到不同的立面效果,从立面上区分每个区域独特的造型特点。餐厅入口处的屋顶采用夫子庙民居建筑中高高翘起的翼角造型,玲珑精致,与周围建筑风格融合统一。门厅处圆形洞门和雕刻铜钱造型的镂空墙面,通过"框景"的手法,使餐厅内外的景观渗透相融、虚实相映,吸引路过的游客进入就餐。

〔资料来源:王亚楠、肖旺群、李梁.景区餐饮空间设计中场所精神的营建:以南京夫子庙景区桃叶渡餐厅设计为例[J].工业设计,2020(170):116-118.有改动〕

思考:旅游景区怎样通过餐厅设计来体现场所精神?

一、旅游景区餐饮特点

民以食为天，在旅游六要素中，"食"是影响游客获得感和满意度的非常重要的一环。

景区餐饮是旅游景区的重要组成部分，对旅游景区餐饮的有效管理，不仅有利于提高旅游景区游客满意度，提升景区整体形象，而且作为旅游景区的重要配套设施，景区餐饮还可直接作用于景区的盈利模式。与社会餐饮相比，旅游景区在客源构成、市场营销等方面具有显著的独特性，因此，要立足景区餐饮特点，做好景区餐饮的规划管理，使其成为景区发展的重要增长极。

（一）旅游景区餐饮分类

旅游景区的餐饮类型，往往跟景区的规模、特色、经营方式有关。对于不提供住宿服务的景区，景区内餐饮类型通常以方便、快捷的中西式快餐为主，例如馄饨店、面条店、水饺店、中式快餐店、汉堡店、小吃店、当地风味快餐店、饮料店等。而对于经营住宿服务的景区而言，餐饮的类型更趋多样化，通常会有中餐厅、西餐厅、风味餐厅、小吃店、快餐厅、酒吧、饮料店等多种类型。

（1）按消费内容分类，大致可分为中餐、西餐、日本料理、快餐店及异国风味餐厅等。

（2）按消费方式分类，可分为豪华餐厅、主题餐厅、家庭式餐厅、自助式餐厅等。

（3）按经营方式分类，可分为独资经营、合伙经营、连锁经营等。

（4）按服务方式分类，分为餐桌服务方式的餐厅（中餐厅、西餐厅、咖啡厅等）、柜台服务方式的餐厅（快餐厅等）和自助餐厅。

（5）按经营方向分类，一般可以分为餐馆、小吃店和饮料店。

餐馆：凡从事中西各式餐饮供应，领有营业执照的餐厅、饭馆、食堂等均属此类。餐馆又可具体分为一般餐厅和快餐厅，一般餐厅有中式餐厅、西式餐厅、日式餐厅等，快餐厅有中式快餐、西式快餐、日式快餐等。

小吃店：领有营业执照并且从事便餐、面食、点心等供应的店铺都属于小吃店，其中包括火锅店、豆浆店、包子店、茶楼、野味饮食店、饺子店、点心店等。

饮料店：凡以饮料、饮品、水果供应顾客而领有营业执照的都属于此类范畴。

拓展阅读：金陵小吃——鸭血粉丝汤

（二）景区餐饮服务的基本要求

1. 卫生

无论是日常用餐还是在景区用餐，卫生始终是用餐游客考虑的第一要素。游客关注就餐的卫生条件，是社会文明程度高度发展的必然结果，反映出游客有关安全的基本需求。客人对餐厅卫生的要求体现在环境、餐具和食物几个方面。餐厅环境要整洁雅静、空气清新、温度适宜，没有蚊蝇滋扰；餐具要经过严格消毒，放置在消毒柜中，或者提供一次性餐具；食材要新鲜、卫生。

2. 效率

旅游景区的餐厅，往往就餐时间非常集中，特别是节假日，这对于餐厅的接待能力是很大的考验。到旅游景区的游客，特别是一日游游客，往往不太希望在就餐时浪费太多时间，所以，餐厅服务要快速、高效。餐厅可以采用以下策略。

（1）采用扫码点餐和结账，节约时间。

（2）备有快餐食品，为那些急于就餐者提供迅速服务。

（3）游客较多时，给等待游客提供免费小吃等。

（4）开放外卖窗口，作为堂食的有效补充。

3. 公道

游客在旅游的过程中，通常能接受自己日常消费水准之上一定程度的溢价，但是如果价格涨幅过高，或者客人认为价格远超价值之上，他们就会因此心理失衡，进而否定这个景区的接待服务。旅游景区对于自己辖区内的餐饮企业，要做好监管，以免出现宰客行为。游客在旅途中，对于公道合理的餐食消费，通常会持肯定态度，在口味上不会过于挑剔。

4. 环境

就餐环境包括硬环境和软环境。硬环境主要是餐厅的周边环境、内部环境；软环境是餐厅的对客服务态度。

拓展阅读：南京"云几"印象——初识"云几人文茶馆"

餐厅周边环境整洁典雅，餐厅内部装潢有特色，不仅能够吸引游客进门就餐，而且能够调动游客的就餐情绪,甚至有可能吸引游客在社交网站上分享餐厅用餐照片,让餐厅成为网红打卡地。

对客服务态度体现在游客用餐服务的各个环节,如微笑迎送游客、恰当领座、尊重游客的饮食习俗、对于携老带幼游客的特别关照,等等。温情的服务,往往比餐食质量本身更能让客人铭记在心。

(三)旅游景区餐饮特点

从以上案例可以知道,餐饮在景区不但能够帮助游客解决就餐问题,其本身也可以进行商业化开发,成为既满足游客的物质体验需求,又具有饮食文化观赏价值的旅游吸引物,与旅游景区相得益彰,形成景区特有的饮食文化产品。

景区餐饮通常具有以下特点。

1. 淡旺季差异大

景区餐饮受旅游淡旺季的影响,客源不稳定,旺季、节假日、周末、大型娱乐活动期间客人多,其他时间客人少,有些淡旺季差异特别明显的景区,甚至在淡季会关闭部分接待设施。因此旅游景区饮食供应要重点考虑景区的客流量规律,做好物资和人员的安排。

2. 餐饮类型丰富

景区的餐饮类型丰富,对于大部分景区,考虑到游客就餐时间和空间的集中性,以及游览效率,餐饮以快餐式为主;而对于特色街区、古城古镇类景区,通常会结合景区特点,形成一定的餐饮特色。

例如无锡灵山胜景的梵宫提供素斋,有"灵山斋"和"净素自助餐"两种选择。这里的套餐名字都起得很特别:有"一味真""二炉川""三秋实""四春华"等;菜品的名字也是禅意满满,比如"无尽意菜""蓬莱仙会""功德罗汉""口福禅衣""佛光普照",与景区的意境相合。

3. 经营成本高

景区餐饮服务的经营成本高有很多原因:一是很多景区淡旺季差异明显,全年的房租、人工、设备折旧等成本要在几个月的营业时间段内消化掉;二是很多景区位置特殊,运输成本高,原料成本高于普通社会餐饮;三是景区对餐饮服务的特殊要求,也间接抬高了景区餐饮服务的经营成本;四是有些景区需要餐饮店缴纳一定的承包费用。

4. 管理难度大

景区餐饮服务因其经营方式灵活，缺乏有效的管理制度，所以管理难度很大。有些旅游景区的小餐饮店多数为家庭作坊，产品粗糙，环境卫生得不到保证，质量控制随意性强，从而使很多游客望而却步。管理制度不健全就会造成管理混乱，使食品加工、贮存和运送食品的工具卫生得不到保障。旅游景区餐饮行业存在的低值高价、偷工减料、以次充好等问题，会使游客消费时缺少安全感，进而影响旅游景区的形象。

拓展阅读：食在南京——老门东

二、旅游景区餐饮经营

旅游景区内餐饮服务单位在选址、设计、经营及服务质量等方面需要注意以下内容。

（一）景区餐饮的选址

景区是游客游玩体验的地方，优美和谐的环境是吸引游客的主要因素。首先，餐馆的选址和建设不能破坏景区景观的美感，避开景观优美、环境脆弱的地方，其建筑物的风格不能与周围环境发生冲突。其次，要考虑到游客的游览时间、空间特点、内部交通的可达性，景区的餐饮点应设在人流相对集中、适于游客休憩并且环境不敏感的地方，根据不同的区域设置不同的餐饮单位。最后，餐饮单位的规模和数量应该受到一定的限制。

（二）景区餐饮服务的经营方式

景区餐饮服务的经营方式主要有自主经营、承包经营、特许经营三种。

1. 自主经营

即景区拥有餐饮单位的所有权和经营权。这种方式有利于景区的统一管理和控制，有利于实现风格的统一，形成品牌，但是增加了景区运营的经济成本和管理成本。

2. 承包经营

即将经营权转让给个人、公司或者其他经济实体，双方签订相关契约，由经营者向所有者（景区管理单位）缴纳一定比例的费用后自负盈亏。这种方式灵活，有利于服务质量的提高和技术的改进，但是景区对其管理较弱，因而对经营者的社会、环境责任感要求高，否则，经营者容易做出追求短期利益的行为，破坏景区形象，甚至危害景区环境。

3. 特许经营

景区的服务包括餐饮可以采用特许经营的方式，这样既可以减轻景区管理部门的经营负担，又可以有效地对经营者进行监督管理，避免不良后果的产生。

三、旅游景区特色餐饮管理

（一）体现乡土田园风格

突出"乡土性"，食材的选用要展现乡野特色，采用生态自然材料，尽量选用城市游客不易吃到的野菜、粗粮、鲜鱼、山货等。

例如到浙江千岛湖的游客，最不会错过的美食就是千岛湖鱼头了。千岛湖的鱼头烹调方法多样，可炖、可煮，甚至还有一鱼两吃三吃，特别是鱼头熬出来的汤，爽滑可口，油润滑嫩，配料丰富，清香四溢，是到了千岛湖的必点菜肴之一。

（二）注重就餐环境的营造

抓好星级酒店、餐馆周边外部环境的绿化、美化和环卫工程；对内，注重装饰设计的特色化和文化性，尽可能体现一定的地方性文化内涵，注重餐厅氛围的营造。

同时，对于农家餐饮，环境营造应以农家生活为主题，在餐厅内部的布置上应尽量运用农业及乡村文化特性来塑造气氛，如墙上挂上几串红辣椒、玉米棒子，在餐厅一角展示传统的锄头、牛车、斗笠、蓑衣等农耕器具，甚至连餐厅使用的桌椅餐具，也要尽量选用具有农家风味的板凳和碗筷。另外待客用的餐具和器皿也可以使用地方特色餐具，如农家使用的碗、盆要尽量粗一些、"土"一些，土钵陶盆才能体现出浓郁的乡土气息。

（三）给游客良好的体验

游客到景区游玩，"吃"不仅是为了填饱肚子，更是为了获得一种特殊的体验，品尝到平时吃不到的东西。因此，求新、求奇、求异的心理动机在这里仍然适用。这就要求景区餐饮在做到卫生、可口的前提下，还要体现其特色。

特色餐饮不仅体现在食物本身，也体现在用餐的氛围、环境等整体饮食文化上。如无锡三国水浒景区的三国宴特色餐饮，由八卦豆腐、草船借箭、舌战群儒、火烧赤壁、三顾茅庐、长坂坡、关公刀豆、苦肉计、子龙救孤、桃园结义、貂蝉玉饺、反间计、三国归晋等菜品组成。三国水浒景区还推出了"湖上冷餐"，游客乘水浒官船，观太湖夕阳，尝太湖湖鲜，别有一番风味。又如武夷茶宴，是利用现代烹饪技术制作，烹制方法繁多，蒸、爆、炒、炖等都能派上用场，或利用茶汁，或利用青叶、片叶生炸，研末烹汤，切叶混炒，或以茶为主料或配料，不一而足。

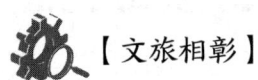
【文旅相彰】

"袁家村"——沉浸式美食体验地

陕西关中平原的"袁家村"就是这样一个餐饮品牌，它被誉为乡村旅游的"教科书"，是少数在景区中以餐饮业闻名全国的一条小吃街。其诞生之初，并非奔着树立"景点"而去，原本只是为了分流农家乐客流而建立，却意外地火了起来。

走在袁家村的街上，你会经过200多家关中特色小吃店，却会发现无任何一店重样。因为它们全部由村委会慎重筛选而出，包括凉皮、粉汤羊血、驴蹄子面、生氽丸子汤、biangbiang面、饸饹、臊子面等经典关中美食；也有油糕、涮锅油饼、酸辣粉、捞凉粉、蜂蜜粽子、豆腐脑、搅团、肉夹馍、醪糟等特色关中小吃。

数据显示，在这种"一店一味"的差异化经营下，袁家村小吃街中的粉汤羊血店年利润达300万元，酸奶铺的单日营业额最高达29万元。"一日吃遍关中美食"成了这里的铁打招牌。但不少游客表示"根本吃不完"，因此该景点的重游率一直较高。

值得注意的是，袁家村这种沉浸式的美食体验，并不是商业操盘的生搬硬套，而是其本身很大程度上即农民日常生活的一部分。

如今，经过两年多积淀，"袁家村"已经不复当初那个传统村落，而是一家在西安开了19家门店的全国餐饮连锁品牌。据报道，"袁家村"IP将继续在青海、河南、山西等省落地，衍生更多对外合作的项目。

（资料来源：辣笔小新.景区另类内卷，"餐饮+"成文旅营销下一站？［EB/OL］.［2021-07-07］.https://www.traveldaily.cn/article/146551.）

思考：特色餐饮如何助力乡村经济振兴、文化振兴？

拓展阅读：沉浸式体验餐厅，重新定义旅游餐饮

拓展阅读：景区另类内卷，"餐饮+"成文旅营销下一站？

任务二　旅游景区住宿服务

【引例】

万宁石梅湾威斯汀度假酒店

万宁石梅湾威斯汀度假酒店地处迷人的石梅湾旅游度假区核心地带，毗邻珍贵的国家青皮林自然保护区。

酒店是由万豪国际酒店集团旗下的威斯汀酒店及度假村运营管理，整个酒店以"梦回青皮林"为设计主题，打造现代感与自然活力兼具的休闲空间。

酒店拥有300余间舒适典雅别具一格的客房及21间套房、20栋别墅，在这些房间均可饱览青翠繁茂的热带珍稀青皮林或波澜壮阔的海洋景观及迷人的6千米的纯净海滩，让人感受无与伦比的热带自然海岛风光。

酒店拥有6间餐厅与酒吧，分别为知味标志餐厅、品味餐厅、中国元素中餐厅、海岸线烧烤餐厅、大堂吧、星空吧，为游客提供环球美味及威斯汀特色的活力美食盛宴。

超过2600平方米的多功能宴会空间,包括1100平方米无柱大宴会厅,1个多功能厅、1个董事会议室、1个贵宾接待厅和6个会议室;还有4000平方米的户外草坪,可满足商务会议、婚礼宴会等各类需求。此外,酒店拥有20余米高的全开放式的酒店大堂,通透式的结构设计将自然阳光、清新空气引入室内,令人倍感惬意。开阔的室内常温泳池紧邻酒店健身中心,设有淋浴体验区,为游客带来独特的舒畅体验。威斯汀六大健康元素(舒畅身心、高效工作、活力运动、营养美味、酣然好梦和妙趣玩乐)为游客带来舒适、充满活力的度假体验。

(资料来源:酒店官方网站介绍)

思考:度假型酒店的主要特征有哪些?

随着人们出游兴趣方向的转变,休闲度假成为旅游新趋势,休闲度假区发展演变成一种旅游景区类型,如温泉度假区、海滨度假区、山地度假区和生态农庄度假区等。这些类型的景区以休闲度假为主要特色,住宿服务就成为景区服务的主要项目。对于水乡古镇、特色街区、乡村田园综合体类旅游景区,住宿服务的类型相对多样。

规模大的景区都设有相应规模的住宿部门,其位置可能设在景区内,也可能设在景区外,经营管理方式一般为景区直接经营,也有租赁经营、委托饭店集团经营等方式,不论采用何种方式,都应将它们视为景区的一个组成部门进行管理。

一、旅游景区住宿服务分类

旅游景区游客类型多样,消费偏好也有差异,因此大多数旅游景区的住宿服务追求休闲前提下的多样化,以满足游客不同需求。目前主要的旅游景区住宿服务有以下6种类型。

(一)标准酒店类

按照国家星级饭店标准建设,并执行标准化服务,可以使旅游者获得较为舒适的旅行生活,是所有旅游景区住宿接待系统中档次较高的类型。例如海南三亚亚龙湾、海棠湾有众多国际连锁酒店集团旗下的高端酒店。

（二）经济酒店类

住宿接待设施和环境质量以及服务标准较星级饭店稍弱的住宿提供单位。例如，当前较为盛行的汽车旅馆、青年旅馆等都属于此类。

（三）民居与家庭旅馆类

住宿接待设施在为旅游者提供住宿空间、设施和简单服务的同时，可以帮助旅游者节省开支，体验当地生活，还可以弥补旺季酒店床位不足的缺陷。

（四）特色民宿类

早期的民宿是农民利用自身空闲住房，结合当地自然景观和特色人文资源提供给游客的住宿处所。它能让人体验异地风情，感受如家一般自在的服务，体验不一样的生活方式。随着民宿逐渐成为一种专业住宿接待方式，越来越多的民宿已经不是农民的家，而是专门投资建造的乡村风格的接待酒店，这些民宿除提供自然景观、供游客体验农村生活，很多还有配套的观光农业园，或有独特的文化艺术空间。

（五）特色小屋类

如吊脚楼、小竹屋、小木屋、小石屋、星空屋等。该类住宿接待系统在为旅游者提供住宿服务的同时，也构成了景区中极具特色的风景，让旅游者感受景区内特有的自然和文化氛围。

（六）房车和露营类

露营式住宿接待系统就是开辟一块专用营地作为旅游者露营休息的场所，旅游者自带露营设施，如露营车、帐篷或租用景区的露营设施，以实现住宿。

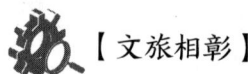
【文旅相彰】

莫干山民宿——中国最成功的乡村改造

中国乡村别墅民宿做得最成功的，无疑是德清莫干山，有媒体报道，2014年，德清民宿共接待游客23.4万人，实现直接营业收入2.36亿元，每张床铺的年产值达到 1.5 万元。仅仅两年时间，莫干山民宿所带来的巨大成功效应，就让各地政府纷纷效仿，中国的乡村别墅民宿市场开始进入一个新的高速增长期。

德清民宿的精髓在莫干山，莫干山民宿是一个统称，并非指某一个民宿。以 104 国道为界，以莫干山风景区为制高点，莫干山镇、筏头乡和武康镇的上柏、城西、对河口、三桥等区域，统称为德清的西部，是生态环境保护区，也被称作环莫干山旅游休闲观光区。就是在这里，汇集着大量名声在外的民宿。

莫干山的自然资源并不独特，举目全国，有很多这样的山水。莫干山的民宿设计也谈不上个性十足，如果你走访 20 个分布全国的其他有异质的民宿，你会改变对莫干山民宿建筑设计的看法。

那么，到底是什么促成了莫干山民宿的名气和人气？第一，区位优势明显，心灵归属地触手可及。第二，自然资源丰富，是依托又是民宿构成部分。第三，人文历史深厚。第四，建筑遗存众多，建筑本身就是风景。第五，乡村旅游推动，越是大城市越先逆势而动。第六，深挖文化资源，创意赋予新的灵魂。第七，塑造新品类，独树一帜，想不记住都难。第八，有故事，自然耐人寻味。第九，形式多样，规模效应凸显。第十，当地政府大力扶持。

〔资料来源：莫干山：中国最成功的乡村改造［EB/OL］.［2017-09-27］（2023-10-25）. https://www.sohu.com/a/194988326_528922. 有改动〕

思考：小民宿，大产业，如何助力农民致富？

二、旅游景区住宿服务基本要求

（一）整洁卫生

客房清洁卫生是客人最基础的需求。服务人员清理客房应该遵循酒店的操作规程。近年，很多对酒店的信任危机都来源于客房清洁程序的不规范。客房服务人员在清理客房时，必须保证客房及各种设施、用具的卫生，做到客房内外清洁整齐，使客人产生信赖感、安全感，能够放心使用。即使是空房间，也要做好日常保洁，准备迎接客人。

酒店也可以采取一些措施来增加客人的信任感。例如：房间里配备小型消毒柜，客人可以选择再次消毒杯具；洗手间配备一次性酒精消毒棉片；房间提供足够的瓶装饮用水；提供一次性水杯等。

（二）环境安静

拓展阅读：五星级酒店卫生门：这会是最后一次丑闻吗？

景区的酒店，大多是满足客人休闲度假的需求。现代都市生活节奏快，压力大，客人去景区酒店希望获得更好的休息，酒店周边和客房环境的宁静是保证这一功能实现的重要因素。

景区酒店的选址要关注周边环境，选择有天然景观且安静的区位。

保持客房宁静也就是要防止和消除噪声，酒店选择设备的一个标准就是它产生的噪声要小。做好硬件的隔音，把设备层放在远离客房的位置。

员工也要做到"三轻"——走路轻、说话轻、操作轻。"三轻"不仅能减少噪声，而且能使客人感到服务人员文雅和亲切。同时，服务人员还要以自己的言行去影响那些爱大声说笑的客人，用说服、暗示等方式引导客人自我克制，放轻脚步，小声说笑。

（三）安全可靠

根据马斯洛的需要层次论，生存和安全感的需要是人的基本需要，当然也是游客的需求。景区酒店是游客的居住场所，要做好游客的人身和财物安全管理。

酒店要做好客房的隐私管理，公共区域如停车场、大堂、走廊等区域做好安全监控，配备消防、安保等设施设备，做好客人入住和访客登记工作。

服务人员因工作进入客房要征得客人允许，工作完成后即刻离开，不随意翻动游客的物品。有可疑情况要及时跟主管汇报。特殊情况需要进入游客房间，要有两名以上工作人员在场。

（四）态度友善

游客入住酒店，体验感一方面来自酒店的硬件环境，另一方面来自酒店员工的服务态度和技能。硬件环境，游客一般在预订酒店前就有心理预期。而员工服务如果做得好，往往能给游客创造超额的惊喜。服务人员亲切的服务态度，能够最大限度地消除游客的陌生感、距离感等不安情绪，缩短游客与服务人员之间情感上的距离，增进彼此的信赖感。

游客住店期间，如果处处感受到服务人员真诚而热情的服务，就能真正体验到"宾至如归"的感觉，酒店也能收获好的口碑。

（五）不断创新

创新也是景区制胜的关键因素之一。游客需求日益多样化，要赢得游客，保住市场，必须不断创新。例如给游客提供款式别致、口感好的欢迎饮品和果盘，给游客提供独特的纪念日房间装饰，给带孩子的游客提供儿童用品等。景区住宿服务的创新也会带给游客全新体验，会给游客留下美好记忆。

三、旅游景区住宿服务的特点

景区住宿服务的客源集中在到景区观光、游览、度假、参加会议的客人身上，客源相对较为单一，并且易受景区旅游淡旺季的影响。下面探讨几类主要景区酒店的服务特点。

（一）温泉酒店住宿服务特点

1. 以生态养生为特色

温泉酒店依附于温泉资源，是集度假、休闲、娱乐、保健、养生等于一身的主题度假酒店，以"生态养生"为最大特色，提供各种综合性服务与多元化设施，是度假功能相对独立和完善的旅行目的地。

2. 功能日趋多样化

近年来，温泉主题酒店的范围和深度不断扩大，发展至今已不单单是洗浴和食宿这些比较传统的功能，为了满足市场需求，顺应旅游市场的发展，温泉主题酒店已升级成为包含内容更为丰富、更加多元化和国际化的度假旅行中心。温泉主题酒店一般建在温泉度假区内或风景区附近，位于离城市中心不远的周边环城度假带上，其应起到引导游客的作用，使游客充分体验温泉沐浴文化，感受温泉魅力。

3. 注重强化安全服务

多在醒目位置设置提示牌，特别提示游客注意泡温泉的安全问题。如果沐浴温泉时间过长，有些人群可能会因为水温和矿物质的刺激，出现心跳加速、血液循环加快、胸闷、头晕、虚脱等不适。因此，要求服务人员必须高度关注游客，做好浴巾和茶水服务，提醒游客注意每泡 15 分钟就应休息一会儿。关注老人、儿童等重点人群的安全。

在水区设计有防滑地面或者防滑垫、鹅卵石等，有效防止顾客摔倒，客房内配有防潮设备，避免潮湿。

4. 注重客户体验

突出温泉产品的主题文化和产品的差异化创新，挖掘温泉文化内涵，充分利用和发挥自然生态空间的优势，开发具有创意的差异化产品。

拓展阅读：汤山紫清湖，世界著名温泉小镇皇冠上的明珠

结合泡温泉、戏水、按摩等参与性项目，温泉酒店设计应积极为人们创造具有可达性、参与性的空间场所，同时，在温泉酒店的产品供应中还应为消费者提供多层次、多元化的游憩活动和游憩体验，延长滞留时间，增加消费机会，创造更多的经济效益。

（二）海滨度假区住宿服务特点

海滨度假酒店是位于海边、以水为主要环境景观和主题的度假酒店。它的整个规划和设计都是围绕着大海进行的。

1. 注重海洋景观

海滨度假酒店在规划和空间设计时需考虑如何使游客在尽可能多的客房以及公共空间欣赏到海景，突出景观特色。例如我国著名的海滨度假胜地三亚亚龙湾的酒店，大多数沿海滩建造，注重对海滩资源的合理利用。酒店注重为游客提供观景享受，不仅酒店内部采用庭院式布局，种植了大量的热带植物，还在海滨设置躺椅、凉亭，供游客观海和休憩。

2. 建筑造型多样

海滨度假酒店建筑类型多样，造型各异，建筑与造型体现酒店的文化特色。海滨度假酒店大多为多层建筑或是全别墅的度假村，在装修上也倾向于使用柔和的色彩和实木家具，来打造与大自然天人合一的感觉。

3. 配套服务全面

海滨度假酒店为了延长游客住宿时间，在满足酒店本身所被赋予的基本功能需要之外，更加注重气候的适应性、水上休闲运动的主题和全方位配套服务。酒店通常拥有私家海滩，提供海滩观景、游憩、游泳、冲浪、沙滩排球、骑摩托艇等多种服务。由于服务对象和酒店性质的不同,更注重客房的舒适性和服务的人性化,以期为游客带来极致的体验。

随着经济的发展、观念的转变,海滨度假酒店的发展趋向多样性。

(三)山地度假区住宿服务特点

山地度假旅游追求的是健康、放松和享受,以及由此带来的心理愉悦。在各种地貌形态中,山地和丘陵较多地保持着自然的本来面目,能够提供宁静、优美的自然环境,已经成为人们度假旅游的首选。

1. 酒店与环境相融

山地度假区要充分发挥周边的景观环境资源,通过对舒适性要求和建筑功能用途的调整,达到构建高质量生态及园林建筑艺术的目的。充分利用现有的地形、地貌、植被,结合新建的建筑设计,实现生态、人文环境、地域自然特色融合的设计理念。酒店要依山形、高程落差设计高低起伏、错落有致的建筑,努力做到山地风光与环境保护相结合,使山地度假区酒店成为一道令人惊艳的人文景观。

2. 以低层建筑为主

按照建筑形式和管理模式,山地度假区酒店通常被分为集中式酒店、别墅式酒店,以低层建筑形式为主,设有相配套的康体娱乐设施等,有会议、娱乐、健身等功能,在大多数客房可看到湖面景色和山地风光,以满足游客度假休闲、商务会议等多种需求,与山水零距离接触。

3. 注重与环境相关的细节

山地度假区酒店的淡旺季差异很大,夏季到山上避暑的游客较多,因此,特别需要加强管理,减少差错和事故。总体而言,这类酒店的客房湿度较大,要注意通风,防止物品发霉,可视情况配备除湿机;山上蚊虫较多,酒店在蚊虫处理上也需要格外细致,并对外出客人做好提醒;有些山地度假区水资源比较匮乏,所以要保障客房的热水供应,并注意节约用水及水的循环利用;在雨季要提醒外出客人带好雨具、注意安全、防止突发的山洪。

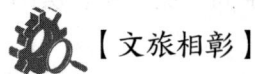【文旅相彰】

开启隐秘之门——松赞然乌来古山居

松赞然乌来古山居位于西藏自治区昌都市八宿县然乌镇来古村,海拔4200米,整座酒店镶嵌在悬崖上。雪山冰川、森林湖泊、牧场草甸、寺庙白塔、山村经幡以及田园牛羊,在这里构成一幅高原牧歌风景画。

来古山居的房间包括16间豪华房与4间高级套房,4间高级套房分布在一头一尾,分别面对两座冰川。酒店内设有书吧和餐厅两部分功能区域,书吧和餐厅也分别朝向两座冰川,书吧最多容纳16人,餐厅有50个餐位,最多容纳60人。在酒店外部高低、面积不同的两个露台,可以欣赏到冰川雪山风景以及夜间璀璨的星空。

然乌湖是西藏东部最大的湖泊,往西是世界三大冰川之一的来古冰川。来古村是一个只有十几户人家的原始村落,如世外秘境一般,掩映在四周延绵起伏的雪山群和苍穹之下。山居筹划之初,通过对滇藏线整体布局的考虑,然乌至少需要二十间客房,加上餐厅、书吧、员工宿舍和后勤区域。山居的建筑功能虽然不多,但这样的体量对于这一片原始的场地已经是一种巨大的侵入。

因而在处理建筑和这片原始场地的时候,建筑师将整座酒店镶嵌在悬崖上。利用原始地形,将近一半的建筑藏于山体内部。这样从村子远远望去,只会看到小小的一个建筑顶部,与原始村落自由的体量、肌理形成了极为协调的关系。

(资料来源:http://qiarchitects.net/designinfo.php?id=151.)

思考:高原地区的酒店建筑,如何处理建筑和环境的融合,传承地方文化?

(四)生态农庄住宿服务特点

生态农庄既具有生产功能,又具有旅游功能,是二者的有机结合。它一方面能为人们提供物质产品;另一方面又能以其独特的田园风光、民俗风情,让人们充分享受到回归自然、返璞归真的乐趣。生态农庄虽然拥有田园风光特色，但比较单调和乏味，所以一般都会因地制宜，结合所在地的地形、地貌条件进行适当的规划和改造，添加旅游项目，发挥其旅游功能，使自然风光和人工环境更好地融合在一起。在生态农庄的开发过程中，要注重挖掘其潜在的农业文化内涵，提升住宿服务品质。

农庄住宿在特色、内涵、文化上，要注意通过乡村怡人的田园风光、民俗风情，体现原汁原味的农家特色。要引导游客在田园乐土上制造快乐，在知识性、趣味性、参与性等文化内涵和文化品位方面下功夫，打造成游客喜爱的既温馨又浪漫的家。

1. 营造特色主题

休闲农庄的设计，首先要有富有特色的主题。以鲜明特色展现规划区域风貌，使之与周边旅游风景资源有明显异质性，利用原有的人文、自然资源创造独特的景观形象和游赏魅力。主题是表达规划设计中心思想的名片，主题的确定，要突出特色，营造具有吸引力的氛围。整个休闲农庄的规划设计要时刻呼应主题，体现主题，突出具有特色的内涵思想。

生态农庄的客房设计也要围绕生态农庄的主题，除了突出农庄的生态性、地域特色，还应根据主题打造客房的功能特点，着重营造温馨舒适的客房空间。一般通过空间布局、界面设计、色彩设计、照明设计等表现手法营造出精神上的意境美。

2. 展示乡土文化

休闲农庄的住宿业开发，要注重对当地农耕文化、民族文化和宗教民俗文化内涵的挖掘，以文化来支撑整个农庄的旅游脉络。住宿的主题必须与地域乡土文化密切相连。从建筑的外观、内部的格局、公共区域和客房的布置、装饰物的设计等各个方面体现乡土文化。很多生态农庄的住宿都以小木屋的形式存在。

3. 突出绿色和生态

目前的农村生态环境问题较为突出，乡村景观园林环境恶化现象日趋严重，许多近郊农庄也难闻鸟语蛙鸣。因此，生态农庄住宿，要进行生态环保设计，生产绿色食品，让游客能吃到安全地道的农家菜，这样才能对游客有长久的吸引力。

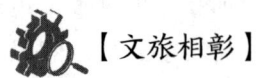【文旅相彰】

携程度假农庄安徽金寨大湾店

携程度假农庄安徽金寨大湾店位于国家革命老区、有"红军的摇篮,将军的故乡"之称的安徽省六安市金寨县。农庄在建设过程中基于生态保护理念,避免继续大规模开挖,强调人居空间与生态环境和谐共生,以尊重现状开挖场地与大部分存留原地形地貌为设计出发点:将山体开挖断面作为陡峭的崖壁景观,植入悬崖主题餐厅与无边际泳池,形成山顶主题商业区;将场地平整的地块作为亲子社群与主题活动场地,丰富酒店社群化经营互动拓展区域;沿溪边形成天然野奢主题酒店院落布局;原生保留山体辅以半山酒店布局设计。

携程度假农庄金寨大湾店周边有国家级自然保护区马鬃岭和国家级森林公园天堂寨。这里拥有众多的奇峰、异石、云景,同时是天然的氧吧,让游客在观赏游玩的同时,享受天然纯净的空气。整个农庄共计12个仓体,10间独栋独院的房间(7间景观亲子类型房,3间景观大床房),每间房间都设计了大落地窗,可以让游客在睡醒打开窗帘的那一刻,欣赏到山景、水景。

携程度假农庄金寨大湾店作为一家高端民宿,围绕客人到店前、在店时、离店后、第二次来店4个大节点配置了管家式服务、一站式服务。从客人预订就主动联系客人询问到店时间及告知客人当日天气、注意事项,并添加客人微信,拉近与客人的关系,为客人解决到店前的所有咨询;在店内客人可以通过管家微信、前台电话24小时寻求服务。一站式服务即客人到达后,为客人提供游玩攻略及景点门票。

携程度假农庄金寨大湾店作为携程乡村振兴发展的第一个项目,秉承着"民族要复兴,乡村必振兴"的这一战略发展目标努力奋斗,联系农户提供农家蔬菜、家禽,同时会向客人推荐农家菜的采购,帮助农户将农产品销售出去,未来会搭建网络销售平台;农庄的运营团队定期组织,帮助当地农家乐、民宿搭建网络销售平台,进行OTA的运营培训,让其走出传统的客户自动上门模式,采用互联网模式将产品销售出去。与此同时还推出房+景、房+餐模式,为周边吃、住、行、娱、购做线上宣传。

携程农庄是乡村振兴的新产品,有着带动性、公益性。它们不仅是一个个民宿，而且是一个个带动乡村振兴的综合商业体。

〔资料来源：携程度假农庄安徽金寨大湾店：不仅是民宿，还是带动乡村振兴的综合商业体〔EB/OL〕.〔2021-10-31〕.https://www.163.com/dy/article/GNJQQU8B0514BTAB.html. 此文为中国旅游协会2021"中国服务"·旅游产品创意案例之一〕

思考：如何因地制宜，让农庄助力农民奔小康？

（五）汽车露营地住宿服务特点

汽车露营地是指在交通发达、风景优美之地开设的，专门为自驾车爱好者提供自助或半自助服务的健身休闲度假区。主要服务包括住宿、露营、餐饮、娱乐、拓展、汽车保养及维护等，是满足现代休闲、运动需求的体育运动和休闲度假的基地。汽车露营地提供的大多是参与性较强的活动，满足了人们在紧张工作之余远离喧嚣、返璞归真、放松身心的需求。

1. 功能分区明显

一个完善的汽车露营地通常包括营地服务区、住宿区、游乐体验区。

营地服务区包括停车场、管理中心、冲凉房、超市、餐厅、酒吧等，主要承担基本的服务功能，为游客在野外的活动提供便利。

住宿区通常包括营地房车、自驾车房车、生态木屋、帐篷等居住形式。它以营位为单位，组建起一个个相对封闭的活动空间。它通常位于营舍区面阳、背风、安静区域，露营者可以在这里休憩、交流。

游乐体验区是公共娱乐活动区域，区域内各类游乐体验项目的设计既要体现营地的特色，又要兼顾不同类型游客的需求。例如针对儿童游客可以设置植物观光区、动物养殖体验区、果蔬采摘区；针对成年游客可以设置驾车越野、游泳戏水、球类游戏；还可以设计一些营地的特色项目例如帆船、帆板、骑射等。营地项目的设计不要贪大求全，而要根据自己营地的客源特点精心设计，让项目成为营地的亮点。

2. 选址注重便利性和生态环境

营地选址通常位于交通干道沿线周边，以城市近郊景区周边为优，距离中心城市车程不宜超过2小时。场地开阔，能够停放足够车辆且能搭建帐篷，配备给水、排水、电源、通信、道路等生活基础设施。

生态环境上宜选择地域开阔、生态环境良好、日照充沛的自然地带，远离滑坡、泥石流、洪水等自然灾害频发和生长有害动植物的场所。

3. 设计上考虑野外生存的细节

露营地设计应与自然环境相融合、配套，综合利用自然资源和环保能源，合理设计，节制开发；应统筹考虑环境、设备、管理、安全、使用、应急避险等问题；应设置供儿童、年长者、残障人士活动的便利条件与空间；应设置供露营者生活住宿、休闲娱乐的必要设施；应设置聚会活动和避难场所；营区四周应有自然或人工围栏设施，各营位应用灌木或植栽划分。

拓展阅读：南京老山森林汽车公园

拓展阅读：林芝网红打卡地"小白屋"——华侨城南山国际汽车营地

任务三　旅游景区交通服务

【引例】

南京钟山风景区和杭州西湖风景区的交通优化

南京钟山风景区位于南京市区与城郊的交会处，景区总面积达 45 平方千米，年接待游客超 2 000 万人次，高峰日游客量超 40 万人次。南京钟山风景区针对旅游旺季采取的交通优化措施主要包括：构建环钟山风景区外围环路，分流过境交通；外围节流（限制小汽车直接进入景区），抑制停车需求，同时利用价格杠杆控制进入景区小汽车的交通量，鼓励游客将私家车停靠于周边枢纽换乘公共交通进入景区；周围建设 7 个交通换乘枢纽，景区的机动车停车场连通至外围交通枢纽，同时景区内部停车场数量由 18 个缩减为 13 个；优化内部交通组织，景区内部构建独立的景区巴士、观光小火车、游览电瓶车、公共自行车等内部交通系统。

杭州西湖风景区位于杭州市内，景区总面积达49平方千米，其中，湖面6.5平方千米，年接待游客超3 000万人次，高峰日游客量超80万人次。针对旅游旺季，杭州西湖风景区采取多种交通优化措施，主要包括：保证公交优先，设置临时公交专用道；景区周边设置停车换乘场，开通换乘公交车，鼓励外部停车换乘进入景区；核心区域采取限制性交通管理，包括区域单双号限行、单向交通组织等。

〔资料来源：杜先汉.大型景区交通组织优化探讨：以武汉东湖绿道为例[J].交通企业管理，2019，34（06）：46-48.〕

思考：你去过的旅游景区还有哪些有效的交通优化措施？

一、旅游景区交通服务认知

在旅游方式向深度体验游转变的背景下，游客对目的地的综合体验感受需求日益提高，基于身、心、灵层次的认知与收获体验，成为游客评价旅游目的地的主要标准。从旅游活动发生的过程而言，旅游交通是前提条件，贯穿了整个旅游活动的始终，对旅游活动体验具有重要的影响。

旅游交通是指游客在旅游过程中从空间上某一点位移到另一点需要借助的技术手段和途径。景区交通属于旅游交通的一部分，可分为外部交通和内部交通。

景区的外部交通属于景区所在地的公共交通的一部分，景区在规划设计时就应当考虑外部交通的便捷性，选择在交通便利的区域进行开发建设。若景区资源位于偏僻地区，景区可以争取当地政府的支持，由政府出资修建通往景区的直通公路，开通公交车或旅游专线车。外部交通的便捷与安全是大部分旅游者考虑旅游活动的首要条件，便捷与否将影响旅游活动是否能够发生。

景区内部交通是景区借助交通设施为游客在景区内实现空间位移以及满足游客在位移过程中的享受而提供的服务，具体指道路、工具、站点、引导等方面的服务。景区内部交通不但能够帮助游客实现空间位移，完成旅游活动，交通工具、道路、桥梁、站点本身也可以进行景观化开发，成为既满足游客的物质体验需求，又具有精神文化观赏价值的旅游吸引物，形成景区交通旅游产品。内部交通的趣味性、高效性也直接影响游客对旅游项目的体验评价。

本书所指景区交通服务主要指景区内部交通。

首先，旅游交通是旅游六大要素的必要条件。从六大要素来说，餐饮、住宿、交通、游览、购物、娱乐中，交通是前提，也是体验的第一个环节。从实际行动过程来说，旅游交通，是旅游活动发生的第一个环节，即一次旅游计划体验的初步体验环节，从旅游的边际效应规律角度来说，将直接影响游客后面环节的体验心态。

其次，旅游交通本身以及它所处的环境资源，是旅游体验的资源。旅游区交通本身及其所处环境包括交通基础设施、交通道路及交通路线的周围景观环境。旅游区内的沿山体蜿蜒曲折的小路、盘旋于半山的车行道路、景观码头、站点亭廊、特色文化铺装、主题文化游船等，因本身具有优美价值、文化价值、地域特征，能够给旅游者带来舒适的感受，从而成为体验内容。同时，游客在行进过程中看到的山水、建筑、风土人情，以及从不同角度看到的景色，都能给游客带来愉悦的体验感受。

最后，景区交通服务对景区旅游活动的开展有着至关重要的影响。景区交通服务能够让游客在景区进得来，散得开，出得去。这只是景区交通服务的功能之一——帮助游客实现空间位移。随着旅游活动从初级的以观景为主、时间紧凑的观光游，向较高级的休闲、娱乐与游览相结合的休闲游、度假游等方向转化，越来越多的旅游交通工具和设施，逐渐发展成为既能满足游客的物质体验需求，又具有视觉观赏价值的旅游吸引物，具有旅游资源化的特征，可以被开发成交通旅游产品，成为景区吸引游客的亮点。

二、旅游景区交通服务的要求

（一）安全至上

安全性是游客出行最关注的要素。游客出门旅游是为了获得非惯常环境下的体验和享受，而不希望发生任何意外。因此，游客往往会充分考虑景区交通的安全性，如道路的安全程度、交通工具的安全程度以及途经区域的安全程度等。

此外，景区交通的安全性与景区的可进入性息息相关，并且对景区的形象也有一定的影响，如果经常发生交通事故会动摇游客到景区游玩的决心。因此，景区开发者和项目经营者必须十分重视景区交通的安全性。

（二）高效快捷

高效快捷是指景区交通项目建成后使用频率高，通行效果好。交通项目在景区开发建设中属于基础设施项目建设，资金投入较多。因此，景区交通的使用效率直接关系到资金回报问题。交通项目的设计要在充分的市场调研基础上进行合理的规划和配置，保持交通设施较高的使用频率，以获得较快的资金回报。还应当提高通行速度和通行舒适度，以获得较好的通行效果。

（三）舒适有趣

交通本身具有体验性的特征，游客在交通方面更注重交通过程的舒适性和趣味性。因此，在进行景区交通项目设计时，要充分考虑交通道路、交通工具的形式和等级以及交通服务质量标准等方面的舒适性和趣味性要求，使之更加符合游客的需要。

（四）兼顾游憩功能

在规划景区交通时，除了要突出其传统的交通运输功能，还要兼顾游客的游憩需求。景区的交通道路、工具、站点等要规划建设成氛围轻松、游憩设施完备、景观视线优美的休闲、观光、游憩场所，引导标志也要进行景观化设计。

（五）突出特色

景区交通规划与设计要突出景区自身的个性和特色，充分考虑景区的自然和人文环境特征，宜采用本地特有的材质建设道路，选用本地特有的交通工具，按照本地特有的社会文化风情设计沿线景观，使交通与景区个性文化融为一体。

三、旅游景区游览路线的功能

（一）分割和联结景点、服务点

由于景点与服务点是分散布局的，各点之间存在一定的空间范围和距离，因而游览路线既起到分割景区空间、区分旅游功能的作用，又能够将不同的景点与服务点联结起来，形成一个有机的整体。

（二）导引游览过程

游客初到景区，并不了解景区的整体布局，游览路线是显而易见的实物，并且路旁多有标志和指示牌，游客借此到达想去之处。此外，游览的过程会经历开始、展开、高潮、结束等不同阶段，游览路线能够将这些不同的阶段进行有机组合，引导一个完美的情景交融的游览体验过程。

（三）限定游客与景物的距离

不论自然景观还是人文景观，有些景物需要保护，不能近距离接触，还有一些景物要间隔适当距离观赏才有最佳效果，游览路线可以限定游客与景物间的距离，以达到最佳的体验。

（四）构成景区吸引物

游览路线随景区自然地形布设，因地制宜，与景区自然风光和谐相融，如在绝壁上人工开凿，成为令人惊叹的人工景观，构成景区吸引力的一部分。景区道路可采用不同的材质建造，形成多种形式的道路景观。

四、旅游景区游览路线规划设计

（一）全面考察景区资源

景区游览路线规划设计的目的在于将游客与旅游体验对象联系起来，使旅游活动能够方便、顺畅地开展，并且富有吸引力。在进行游览路线规划设计之前，要对景区进行全面、细致的考察，把所有富有吸引力的自然、人文景观和服务设施标注在地图上，对这些景观和服务设施进行分类，确定主景与次景，确定主要旅游活动地和休憩地。之后进行实地考察，测量记录路线的长度、可达性以及铺设道路的可能性，并构想不同的道路形式，以增强道路本身的观赏性和体验性。

（二）构筑点、线、网

游览路线中的"点"，是指景区内具有吸引力的自然和人文景观，即景点，以及游览休憩的服务设施集中区，如餐饮区、娱乐区等；"线"，是指连接各"点"的交通道路；"网"，是指多条"线"构筑而成的环形、交叉、复合的道路系统。在不破坏、不干扰自然风貌的前提下，通过科学合理的游路设计，将景区内景点、服务设施连成"线"，多条游线构筑成"网"，使游客能够全方位欣赏景区内有价值的旅游景观，享受景区的服务设施，并且可以根据各自的时间和体力选择游览路线。

（三）引导"情"与"境"

游客在景区内或旅游路线中的体验过程是一个程序化的心理活动过程，因此在进行游览线路组织时，应该有意识地强调某种文化主题，使游历过程成为一种"情"与"境"的体验过程。一条成功设计的游览线路可以起到"无声导游"的作用，成为旅游活动的重要导引，充分体现景区的特色。组织合理的游览线路，可以使游客在旅游过程中始终沉浸在景区特有的氛围中。设计者要充分理解景区的文化特点和内部各景点之间的主次关系，游览路线要引导游客从非主要景点出发，通过各种构景方式进行心理铺垫，逐渐引领游客进入品味景区文化所需要的特有情境中，最后通向主要景点或最为惊险的项目，使游客得到最佳的游览体验。

游路的情境设计还应与植物配置相结合，通过植物渲染、烘托气氛，并尽可能结合声景要素，把"安静空间"和"热闹空间"合理分区，并充分考虑其间的"缓冲空间"，使游客各取所需。

（四）设置交通引导标志

交通引导标志是景区文化的构成部分之一。设计交通标志，除了起到常规的警告、禁令、指路、指示作用，还要明白无误地传递路线信息，在道路的起点以及所有的分岔路口，都应该设立明确的指示牌。交通引导标志的形状、材质应当体现景区特色，与景区的自然和文化特征相协调。此外，交通标志还应传递景区导游信息。标志也被称为

拓展阅读：湖南张家界天门山景区的交通设施

"导游小品",除了对景点、服务点的简单指向,还可以设置景区导游图,标明游客所在的位置,游客可以根据指示牌,自我规划游览路线,合理安排旅游时间。

任务四　旅游景区娱乐服务

【引例】

南京华昌龙之谷占地30多万平方米,是一座大型综合室内乐园。龙之谷包括大型水陆主题乐园、蜂巢酒店等配套设施,是一个集休闲游乐、酒店、会议中心、商业于一体的高端度假胜地。

乐园包括龙谷小镇、奇幻未来、雨林秘境、风暴水世界、龙藏山谷、洞天仙境、珍宝博物馆等区域。

龙谷小镇叙述着混沌时空中金陵神龙的种种传说,游客可在此展开一场"寻龙之旅",尽享游玩之乐。

奇幻未来:场馆分为室内室外,功能主要布置在地面一层,分为时空隧道、太空基地以及地心探奇三个主题空间,设有9台游乐设备、主题广场以及相应的服务配套用房。

雨林秘境:是以热带雨林为主题的嘉年华游乐场馆,植入各种植被与花卉,充分与室内融为一体。这部分主要分为图腾广场、勇者奇营、绿洲遗迹以及神秘部落四个主题空间。

龙藏山谷:龙藏山谷位于园区中心区域,以金陵秦淮风格主题打造文化商业街,其中包含珍宝馆、瑶池蟠桃园、溶洞漂流、水幕演艺秀等区域。

溶洞馆:溶洞利用实际山体的高差,从园区龙藏山谷入口左侧直接进入溶洞大厅,区域以中国古典四大名著西游记为故事基础打造游览动线,其中故事线中包含刺激的水上冲浪项目寻龙之旅(激流勇进),垂直冲浪轨道高达20米,游船由炼丹炉内飞扑深渊,使人感受到惊险与刺激的愉悦。

珍宝馆:珍宝博物馆位于龙藏山谷中心位置,展馆分为景泰蓝、金镶玉、木雕、宗教文化、茶文化、猛犸文化、瓷文化、古典文化及家具文化九大区域，展品数量一千余件，集艺术、休闲、文化于一体。

（资料来源：南京华昌龙之谷官网）

思考：主题乐园类景区如何让游客拥有持续的新鲜感？

一、旅游景区娱乐项目类型

旅游景区娱乐项目是借助景区工作人员和景区活动设施向游客提供的表演欣赏和参与性活动，可使游客得到视觉及身心的愉悦。它按场地可以分为舞台类、广场类、村寨类、街头类、流动类（如吉卜赛大篷车歌舞）及特有类（滑翔基地等）；按活动规模和提供频率可以分为小型常规娱乐和大型主题娱乐。下面就后一种分类进行详细叙述。

（一）小型常规娱乐

小型常规娱乐是指旅游景区长期提供的娱乐设施及活动，占用员工较少，因而规模小，游客每次得到的娱乐时间也不长。下面具体介绍一些景区常见的项目。

1. 过山车

过山车是一种轨道车，它的车厢相对固定在钢制轨道上，游人坐在车中，随着车厢上下翻飞，快速运动，能体验到快速前进、失重、倒向悬吊、离心力等方面的刺激，使人感到有惊无险、回味无穷。

过山车的轨道蜿蜒起伏、落差很大，上坡时靠铰链带动缓慢上行，下坡时靠惯性以使人产生失重感觉的速度极快地滑行，瞬时最高速度可达每分钟5000米以上。各个游乐场的过山车轨道长度不尽相同，一般在500~1500米。一条轨道长约600米的过山车，每次运行时间约为2分钟。

2. 观光摩天轮

它的主要功能是把游客带到高空，并不停地缓慢运动，以使游客饱览四周的美好景色，轻松愉快、悠然自得地度过一段美好时光。摩天轮观光仓由金属骨架和有机玻璃构成，坐在里面的人可以透过有机玻璃向四周观看。观光摩天轮的转动速度较慢，每转一周需要10~15分钟，这种速度可以使游客在不停的运转中从容自如地从底部出入观光仓。

位于英国伦敦泰晤士河南岸的"伦敦眼"是目前最大的观光摩天轮,它重1500吨,高135米,比伦敦圣保罗大教堂及美国纽约自由女神像还高,坐在上面可以将整个伦敦城的景色尽收眼底。

3. 飞荡转椅

飞荡转椅是通过不同的旋转和飘荡产生的离心力来刺激人的感官,使人产生旋转不定、迷离恍惚的感觉,从而"忘却天下烦心事,不知身前身后名",达到放松身心、解除疲劳的目的。

飞荡转椅的运行规律就像天文学中卫星与行星之间的关系,卫星在自转的同时围绕行星转动。飞荡转椅的悬椅围绕悬轴自转,同时悬轴在悬臂的支撑下围绕主轴旋转。

4. 碰碰船

碰碰船是通过圆形船体无规律地撞击、震荡、颠簸来刺激人的感官,使人飘荡不定,难以驾驭,常常产生出乎意料、可笑的相撞情况,使人们在笑声中忘掉疲劳和烦恼,达到放松身心的目的。

驾驶碰碰船的人很难使船按照指定的方向行进,因而令人捧腹大笑的情景频频发生,乘坐者能够在这种欢乐中消除疲劳和烦恼。

5. 自由落体

这种设备的主体是一座高达7米、直径1米多的金属塔。在塔顶四周悬挂吊椅,游客坐好之后,挂钩就将吊椅沿轨道吊至塔顶,然后快速松开,椅子一下子顺轨道垂直滑落下来,在滑到离地面还剩1/4距离时,下滑速度被控制住,由快速、加速下滑变为缓慢下滑、着地,虽然整个过程不到30秒钟,但坐在吊椅内的人,几乎完全处于失重状态。这种项目带给人的刺激是强烈的。

6. 旋转木马

旋转木马或回转木马是旅游景区游乐场机动游戏的一种,即旋转大平台上有装饰成木马且上下移动的座位供游客乘坐。最早记录的旋转木马出现于拜占庭帝国时期。约1860年欧洲出现第一个以蒸汽推动的旋转木马。如今在很多旅游景区都有各式旋转木马。

7. 动感电影

动感电影起源于美国飞行员训练学校,为节省培养经费,科研人员运用仿真手段研制出飞行模拟器。将飞机座舱放在地面上,用宽银幕演示飞机起飞、降落、白天、黑夜、打雷、下雨情景和各种紧急情况，许多娱乐公司受到启发，开发了动感电影。

动感电影的座椅由液压系统控制，能够随着情节需要产生相应的摇动和震动。声音由六路立体声信号组合而成，比普通电影逼真。

继开发出三维电影后，人们又对其增加了喷发气味的功能，将电影的功能拓展为四维。这种电影随着影片故事情节的发展，运用高科技手段来直接刺激观众的视觉、听觉、触觉和嗅觉，从而使观众身临其境的感受更加真实。

（二）大型主题娱乐

大型主题娱乐是旅游景区经过精心筹划组织、动用大量员工和设备推出的大型娱乐活动，是景区小型娱乐基础上的点睛之作，一般在推出前会进行较高频率的广告宣传，用心营造特定氛围，掀起游客入园新高潮。"欧洲之夜"与"中华百艺盛会"即属此类。它按活动方式可以分为三种类型。

1. 舞台豪华型

以深圳世界之窗每晚在"世界广场"推出的大型晚会为代表，一般采用最先进的舞台灯光技术，用氢气球、秋千、声控模型、鸽子等占据多维空间，并施放焰火、礼炮配合舞台演出。在舞台表演中，服饰强调彩衣华服、夸张怪诞，节目强调时代感与快节奏，集杂技、小品、歌舞、哑剧、服饰表演、游戏娱乐于一体，淡化艺术属性中的教育性、审美性和知识性，极其强调娱乐性，以新、奇、乐取悦观众。

2. 花会队列型

以深圳中国民俗文化村的"民族大游行"为代表，是一种行进式队列舞蹈、服饰、彩车、人物表演，一般与节庆相结合，在广场或景区内街道上进行，有的以民族民俗为主题，有的以传统神话为主题，有的以童话传说为主题，音响热烈，喧闹喜庆，服饰夸张怪诞，娱乐性强。百艺盛会的游行队列汇集了高跷、秧歌、旱船、威风锣鼓、四大美女等民间文化娱乐形式，世界之窗的大游行则汇集了皇家马队、扑克方阵、典礼仪仗、文化彩车等异国文化风情。

3. 分散荟萃型

是以一定的节庆为契机，围绕一定主题，在旅游景区多处同时推出众多小型表演型活动或参与型娱乐活动，从而共同形成一个大型主题娱乐活动。

如中国民俗文化村推出的以学跳民族舞为主题的迎新春系列活动、世界之窗在8万平方米的欧风街范围内于"欧洲之夜"期间同时推出的诸多活动，等等。

目前大型主题娱乐呈现出以上三种类型交叉趋势，并大量运用声、光、电等高科技手段，使活动更为丰富、更为热烈、更为精彩纷呈。

【文旅相彰】

"党建＋非遗"擦出创新火花！全国首家红色主题非遗核雕馆在番禺开馆

近几年全国各地兴起了非遗与旅游、非遗与文化传承、非遗与党建融合的热潮。在中国共产党成立102周年之际，2023年7月1日，广州番禺区大岭红色文化核雕馆开馆仪式暨"番禺区统一战线爱国主义教育基地""大岭村党建文化教育基地"挂牌仪式在石楼镇大岭村举行，以党建引领非遗核雕技艺创新传承，为乡村振兴注入新活力。大岭红色核雕馆是将中华优秀传统文化创新性发展与爱国爱党紧密结合在一起的全新实践，是很好的非遗文化保护示范载体。

（资料来源：番禺区融媒体中心官方账号"番禺台"）

思考：非遗保护传承中，如何突出红色基因？

二、娱乐服务要求与规范

（一）总体要求

现代景区娱乐项目众多，而且更新周期快，工作环节多，程序也比较复杂。因此，服务人员要特别认真仔细地进行服务，尤其是要重视游客的安全。

1. 保证各种娱乐设施、设备的完好

服务人员每天上岗前要认真仔细检查设施、设备，加强对设施、设备的定期维护和保养，使其处于良好的使用状态，保障游客康体健身的需要。

2. 注重娱乐服务人员的素质培养

娱乐服务人员应具备良好的职业道德、文明素质、娴熟的技能技术和良好的心理素质。由于娱乐项目某些岗位工作时间较长,工作内容较为单一,容易使服务人员产生厌倦与烦躁感,同时还要接受一切来自游客的要求,忍受一定的委屈,这就要求服务人员要具备很强的心理承受能力。

3. 做好娱乐项目的配套服务工作

某些娱乐项目在运行时,需要一些配套服务,如观看四维电影时需佩戴专用眼镜、玩激流勇进时需穿雨披和鞋套,等等。服务人员应耐心细致地提供并帮助游客使用这些用具,尤其是一些激烈、刺激的娱乐项目,应事先提醒游客注意安全。

总之,良好的服务态度,会使游客产生亲切感、宾至如归感;娴熟的服务技能会给游客带来精神和物质享受;敏捷快速的服务效率节约了游客的时间;众多的服务项目可以满足游客的多方面需求;设备、设施的良好运转保证了游客的舒适和安全;清洁卫生的环境使游客心情愉快。这些都从不同角度构成了优质娱乐服务的内容。

(二)服务程序和规范

为了保证娱乐项目的正常运行和较好的服务质量,必须制定一套规章制度,以约束全体服务人员的行为,为服务行为提供规范和依据。由于不同的娱乐项目有不同的运行规律,所以不能套用一种服务模式。下面就以机械型游乐项目和戏水项目水滑梯岗为例介绍相关的服务程序和要求。

1. 机械型游乐项目服务程序及规范

(1)服务员应比规定的时间提前到岗,换好工作服后在考勤登记册上签到。

(2)做好游乐项目所在场地的卫生和设备卫生,打扫场地,擦拭设备。

(3)检查所负责项目的设备情况,对电源部分、动力部分、传动部分、出入口等部位进行逐一检查,确认设备情况完全正常后方可转入下一工作程序。

(4)营业时间一到,打开围栏门。当游客来消费时服务员应主动问好并请游客出示票券,在票券上打上印记后请游客进入。

(5)需要游客坐下的设备,服务员应引导入座,然后提示游客系好安全带,服务员要再检查一遍,确认游客的安全带系好后再关上舱门并别好门闩。不要求游客坐下的项目,如蹦极等应帮助游客系好保险绳等安全设备,经检查确认无问题后进入下一程序。

（6）服务员离开即将运行的设备后，控制人员启动设备。

（7）设备开始运行后，服务员应注意观察，一方面观察设备运行情况，另一方面观察游客反应。如有异常，应立即按动紧急制动钮。如果有游客出现明显的不适应，如剧烈呕吐、休克等现象，应该主动搀扶游客，并送到医务室诊治。

（8）设备运行结束后，服务员应主动为游客打开舱门，解下安全装备，引导游客离开项目活动场地。

（9）游客临走时，服务员应主动与游客告别。

（10）营业结束时，应再次清理卫生并检查和保养设备，为下一日的营业做好准备。

2. 水滑梯项目服务程序及规范

（1）服务员提前10分钟上滑梯岗，打扫地面、滑梯口的卫生，清洁沙滩椅，保持水滑梯的清洁，做到每周不少于两次检查水滑梯有无损坏，并及时去除水锈及污物。

（2）检查水温、室温，要保持水温在26℃~28℃，室温要保持在28℃~30℃。

（3）备好救生圈等用具。

（4）指导客人按顺序排队，间隔15秒放一人滑下。

（5）提醒客人不要佩戴眼镜（除水镜外）滑，不要头朝下或两人以上一起滑。

（6）随时注意观察游客的动向，一旦出现游客呛水、抽筋等危急情况时要及时协助救生员进行救助。

（7）客人有疑难时，主动帮助客人解决。客人如对规定不理解，要耐心说明违反规定的后果。如有解决不了的问题，应及时上报主管或领班。

（8）场间休息时，将波波球（一种漂浮在水面上的塑料球，可增加戏水情趣）捡回池中。

（9）游客临走时，服务员应主动与游客告别。

（10）营业结束时，应再次清理卫生并检查和保养设备，为下一日的营业做好准备。

3. 景区演艺项目服务程序及规范

（1）应加强演艺活动的安全检查，加强对演艺场所观众容量的控制。

（2）户外山水实景演出，布置场景或营造效果时应注重生态环境和文物古迹保护。

（3）服务人员应着装统一、仪表仪容整洁，并佩戴能够明显辨识的工牌或工卡。

（4）应在观众席配备充足的现场服务人员，演出开始前应提供引导服务，及时、主动地将观众引导入座，合理控制入场流量和流向，保持良好秩序。

（5）应提供热情主动的咨询服务，关注老弱病残特殊群体的服务需求。

（6）演出前，应维持秩序，倡导观众不向演出区域抛、投杂物。

（7）演出过程中，根据剧情，可提供节目讲解服务，应吐字清晰、言辞简要。

（8）室内演出中，游客离场时，应及时提供照明和引导服务。

（9）因设备故障、安全隐患等突发事件导致演出终止或暂时中断，应第一时间安抚观众，并引导有序离场或耐心等候。

（10）演出结束后，应引导观众有序离场，避免发生拥挤踩踏。

（11）观众全部离开后，应检查、清理观众席设施，发现损坏及安全隐患的应及时上报，发现观众遗留物品应及时上交。

任务五 旅游景区购物服务

【引例】

桂林市重点打造"桂林有礼·旅游商品"品牌

近年来，桂林市重点打造"桂林有礼·旅游商品"品牌，丰富旅游商品市场，不断引导旅游购物市场良性发展。"桂林有礼·旅游商品"品牌渗透了桂林城市印象、旅游商品市场规范、桂林历史文化传承、城市品牌宣传、助力乡村振兴、文创产业发展等内涵，是桂林建设世界旅游城市重点培育的旅游商品精品品牌。

从 2017 年起，桂林市启动"桂林有礼·旅游商品"品牌建设工作，连续两年举办"桂林有礼"旅游商品创意设计大赛。2020 年 8 月，首个"桂林有礼"会客厅对公众开放。

在 2022 年 9 月中国—东盟博览会旅游展上，"桂林有礼"城市市集第一次亮相，非遗、美食文创、桂林特产等 15 个品类参展。市集里非遗产品团扇、石画，传统小吃马蹄糕、糖画，罗汉果、桂花茶、桂花糕等产品深受游客青睐，还有不少游客亲手体验了蜡染、草编等非遗手作。"桂林有礼"城市市集还获得了 2022 中国—东盟博览会旅游展最佳组展奖。

（资料来源：中华人民共和国文化和旅游部网站，有改动）

思考：你如何看待"桂林有礼·旅游商品"品牌的推广作用？

旅游购物是旅游产业"食、住、行、游、购、娱"六大要素之一。购物收入在旅游活动中不属于必须消费收入，不随着旅游者的人次变化而变化，而是随着购物资源的开发程度而变化，它在旅游收入总量中的比重，反映了旅游业发展的深度以及整体发展的状况。

我国旅游购物收入占旅游总收入的比重不到 40%，与旅游发达国家购物收入占旅游总收入的 60%~70% 相比存在很大差距。旅游购物多年来一直是我国旅游业的一块软肋。这一方面说明我国旅游商品潜力巨大，另一方面也反映出旅游商品开发不力的问题。

旅游景区要使旅游购物兴旺发达，就必须了解旅游商品的现状，研究旅游购物心理，从实用、新颖、具有特色以及销售方法等方面着手，吸引并满足游客的需求。

一、旅游商品的特点

旅游商品是指游客在游览过程中所购的物品。旅游商品是景区经营的重要内容，也是景区经营收入的重要组成部分。旅游者在旅游过程中，由于生活、旅行和纪念等需要，自然要购买许多商品，这些商品有的在旅游过程中被使用或消费掉，有的则被带回作为赠送礼品或收藏品。总的来说，旅游商品具有以下特点：

（一）实用性

实用性是指商品具有一定的使用价值。旅游者在旅游过程中所购买的纪念品可以是一件有一定使用价值的生活日用品，也可以是其他有特殊用途的物品，如一件印有景区标志的文化衫、一块有特殊图案的地毯等。这些物品既有实用功能，又有因其特定的产地和特殊的工艺、图案或设计而具有的纪念意义。

（二）艺术性

在很多情况下，旅游者购买旅游商品是为了作为礼品送人或作为纪念品、收藏品珍藏，因此，旅游商品应具有较高的艺术性。旅游商品只有具备了艺术美，才能具有特殊的欣赏价值和收藏价值，才能有市场。实用性、艺术性是旅游商品的本质属性。旅游商品如果没有实用性，就失去了作为商品的价值；如果没有艺术性，也就不能区别于一般商品。

（三）纪念性

一次旅游就是一次经历。对于旅游者来说，这种经历是难忘的、具有纪念意义的。这种纪念意义既体现在其日后的记忆中，也体现在其旅游时所购的各种纪念物中。在旅游地购买的饰物、挂件、明信片，甚至在旅游地采集的一片树叶，都可能作为该次旅游的纪念品而被永远珍藏。

旅游商品的纪念性价值，主要来自商品的民族特色或地方特色。例如，许多外国女性旅游者常常购买旗袍、直襟衣服、布鞋等商品，她们看中的是中国的民族特色。

（四）时代性

旅游是人们追求精神和物质享受的一种消费活动，具有鲜明的时代气息，旅游商品必须适应人们的这种消费活动特点而具有时代性。特别是随着社会的发展，高科技已渗透到生产和生活的方方面面，许多商品体现了高科技的时代特点，并不断更新换代。例如我国像景泰蓝这样的传统工艺品已经渗透到诸如钥匙扣、指甲刀、圆珠笔、放大镜、吉祥物等各种日用品上，这就是时代性的反映。

实用性、艺术性、纪念性和时代性是旅游商品的四大属性，也是旅游商品产销的四大原则。除此之外，根据旅游活动的特点，对旅游商品的礼品性（适合作为礼品赠人）、轻便性（方便携带）等特点，在旅游商品的开发和组织过程中都应予以注意。

二、游客购物心理

总的来讲，游客的购物心理主要有以下几种：

（一）求实心理

即追求商品的使用价值。游客购买商品，看中的是实用、实惠，对商品的外观并不十分注意。尤其是中低收入阶层的游客，在旅游过程中购买所需要的用品时，特别注意商品的质量和用途，要求商品经济实惠、经久耐用、实用方便。

（二）求名心理

即追求名牌和有名望的商品。优质名牌商品、具有纪念意义的商品、可显露身份的商品，都会使这类消费者爱不释手。对于有求名动机的消费者来讲，他们往往不太注意商品的效用和价格，而是注重商品的名望、象征意义和纪念意义，并在感情冲动中做出购买决定。

这类游客希望在景区购买到具有纪念意义的工艺美术品、古董复制品、旅游纪念品等旅游商品。一方面是为了留作纪念，因为很多旅游者都喜欢把在旅游点买的纪念品连同他们在旅行中拍的照片保存起来，留待日后据此回忆他们难忘的旅行生活；另一方面是为了带回去馈赠亲友，并以此提高自己的声望和社会地位。

（三）求美心理

即重视商品的艺术欣赏价值。俗话说，"爱美之心，人皆有之"。爱美是人的本性。对游客来讲，离开自己的居住地参加旅游活动，不仅希望欣赏到美的风景，同时也希望能购买到一些富有美感的旅游商品。他们往往重视商品的款式、包装，以及对环境的装饰作用。

（四）求新心理

即追求商品的新颖、奇特、时尚。在游客购物的过程中，好奇心起到一种导向作用。游客大多喜欢新奇、新颖的商品，这些新的颜色、新的款式、新的质量、新的材质、新的情趣，可以满足人们求新的心理，调节枯燥、单调、烦闷的生活。因此，人们在旅游地看到一些平时在家看不到的东西时，就产生好奇感和购买欲望。在西安旅游，游客喜欢购买兵马俑复制品；在南京旅游，游客喜欢购买雨花石；在乡村旅游，游客喜欢购买竹质品、藤质品等。

（五）求廉心理

即消费者对商品的价格特别敏感，他们追求价格低廉、经济实惠的商品。怀有这些动机的游客在购物时，注意力主要放在价格上，他们希望购买同等价值的商品时能少花钱，喜欢买简单的商品甚至不包装的商品。这样，既不影响使用，又节约开支。当然，旅游活动本身是一种高级的、高消费的享受活动，游客通常不会像普通消费者那样过分追求廉价。

（六）求趣心理

对于游客来讲，由于生活经历、宗教信仰、受教育程度、家庭背景等方面的不同，其兴趣、爱好也各不相同。在旅游的过程中，他们一般只购买与自己兴趣、爱好有关的商品。

（七）求知心理

这种心理的特点是通过购物获得某种知识。有些游客特别喜欢售货员和导游能介绍有关商品的特色、制作过程，字画的年代、其作者的逸闻趣事以及鉴别商品优劣的知识，等等。这类游客对当场作画或刻制的旅游商品及有关资料说明比较感兴趣。

（八）求尊重心理

这种心理是游客在购物过程中的共同心理需要。这种需要表现在很多方面，如希望售货员能热情回答提出的问题；希望售货员任其挑选商品，不怕麻烦；希望售货员彬彬有礼，尊重他们的爱好、习俗、生活习惯等。

游客的购物动机基本上包含以上八种，其中求新、求美、求名、求知、求尊重是主要的。这就要求景区在开发旅游商品时，要考虑游客心理的多样性和层次性。另外，值得注意的是，游客的购物动机一般是多种并存的，也就是说，要重视多功能旅游商品的设计和生产。

三、游客购物的行为特点

（一）旅游购物行为的随意性

旅游购物是非基本旅游消费，但如果旅游景区商品品种丰富且有特色，购物环境好，旅游者也往往会因为即时的兴趣而有所突破，产生购物行为。

（二）旅游购物的仓促性

受到旅游行程安排的限制和旅游活动动态性的影响，一般旅游者来不及也无法对产品仔细鉴别，同时，旅游者对该类产品的知识相对缺乏。因此，旅游购物具有仓促性。

（三）旅游购物的从众性

旅游者大多数是结伴而行，往往团队中少数人购买旅游商品的行为，可以调动他人的购物欲望，引发集体购物行为。

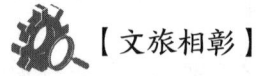【文旅相彰】

首届"非遗购物节"述评

2020年6月，央视新闻新媒体中心与文化和旅游部非遗司，共同推出了"把非遗带回家"专场带货直播节目，吸引了1000多万网友在线观看，售出超过1260万元的非遗产品。其中，湖北非遗项目"扬子江传统糕点制作技艺"的"老字号"产品扬子江绿豆冰糕40 000份秒光，国家级非遗项目徐州香包被直播网友强烈要求加单1000份。

首届"非遗购物节"是让广大非遗人拥抱电商的"总动员"，也是提高非遗传承人电商能力的"大练兵"。搭上电商平台，插上现代传播的翅膀，传统的非遗让更多人看见，非遗之美被更多人欣赏。电商，成为非遗产品销售的新平台。

首届"非遗购物节"相关数据显示：最受消费者欢迎的非遗传统技艺中，与"吃"相关的前五位是酿酒技艺、制茶技艺、火腿制作技艺、粽子制作技艺和传统面食制作技艺；"穿"的前四位是手工制鞋技艺、扎染技艺、蜡染技艺、香云纱技艺；"用"的前四位是陶器烧制技艺、宣纸制作技艺、琉璃烧制技艺、张小泉剪刀锻制技艺。

购买非遗产品的人群中，80后和90后占比达三分之二；而在非遗的跨界货品中，购买人群更显年轻化，90后和00后占比达71%。为非遗下单，为非遗点赞，这不仅是年轻人对一款款非遗产品的认可，更是对中华优秀传统文化的礼敬之心，对劳动创造的尊崇之心。非遗传承进入年轻人的生活圈，体现出新时代非遗牵手青年人的时代特点。

（资料来源：张玉玲.搭上电商，非遗飞入百姓家［N］.光明日报，2020-06-16.有改动）

四、旅游商品推销技巧

（一）拉近与游客之间的距离

在旅游景区商品销售中，除了产品自身的吸引力，销售人员自身也是一张名片，要注意自己的仪表和仪态，微笑真诚待客，先不要着急谈销售的问题，可以先从顾客感兴趣的话题谈起。比如在店里养一些颜色鲜艳的花，顾客来到店里后首先会被这些花吸引，然后导购员就从养花开始找到与顾客的共同话题，解除顾客的戒备心理，与他在一种轻松的氛围下进行交流；或者根据季节时令，在店里张贴一些温馨的话语，比如"天气变化，请预防感冒"等，体现店内的温馨感。

（二）展示商品的技巧

展示旅游商品时，以语言为主、手势为辅，要灵活运用，如果有条件，拿出样品让顾客亲眼看到、摸到，从而对产品产生信任感和购买欲。如果不是不能随便品尝的昂贵的药品和食品,可以请顾客亲自试用一下。此外,还可以设法让顾客看到商品的使用价值以及实际使用功能,使其获得更直观的感觉。

(三)推荐商品的技巧

推荐商品前,应认真了解客户的基本情况,了解客户的需求点和问题点,然后根据客户需求,有重点地介绍产品,这样才能事半功倍。最关键的是要对顾客实谈价格、实谈功能,不能欺诈、哄骗顾客,不能哄抬价格。

(四)提供热情细致的销售服务

1. 善于接触旅游者

在通常情况下,旅游者进入旅游购物商店,或者是想购买商品,或者是想了解商品的行情,或者是要游览参观购物商店,没有明确的计划。因此,服务人员要有敏锐的观察力和判断力,善于通过旅游者的衣着打扮和言行举止,判断旅游者的心理状态,发现旅游者的潜在需求,并把这种潜在的需求变为实际的购买行为。

2. 准确推荐商品

在把握旅游者需求的基础上,服务人员要有针对性地为旅游者提供个性化的商品销售服务。一方面,针对不同心理特征的旅游者提供不同的商品销售服务,如针对老年旅游者,要根据其保守、固执的心理特点,推荐一些物美价廉的旅游商品;针对青年旅游者,根据其求新求奇的心理特点,推荐一些时尚、科技含量较高的旅游商品。另一方面,服务人员要准确地做好商品推荐工作,如提供咨询、推荐商品,介绍商品的性能、特点等。

3. 帮助旅游者决策

旅游者在景区购物的过程中,对旅游商品的了解有限,且考察和决策的时间较短,具有非经验性。因此服务人员要通过对旅游商品的详尽介绍和对旅游者需求的准确判断,帮助旅游者了解他们真正需要什么,推动他们做出购买决策。

(五)完善旅游购物的售后服务

在旅游类消费投诉中,关于旅游商品的质量和售后服务方面的投诉很多,因此要实现旅游景区购物的可持续发展，就必须完善旅游购物的售后服务，通过建立完善的售后服务体系，降低旅游者的购买风险，增强旅游者的购买信心。

旅游购物商店应提供售后服务。旅游购物商店提供的售后服务主要包括：大件商品的邮寄、托运，回访旅游者对所购商品的满意度，回答旅游者对商品问题的咨询等。另外，旅游者在旅行社安排的购物场所购买到假冒伪劣商品或失效、变质商品时，应当有权通过旅行社向旅游景区购物场所追偿。

旅游景区主管部门应及时处理旅游者的购物投诉。旅游景区的行政主管部门应当建立健全旅游投诉制度，依法受理和及时处理旅游者的购物投诉，对不属于本部门职责范围内的投诉，应当自收到投诉之日起几日内移交相关部门并告知投诉者。另外，旅游景区的行政主管部门还应加强对旅游景区购物商店的指导和监督。

五、旅游景区商铺管理

（一）景区商铺经营的主要特征

1. 顾客流量大

景区进出人员复杂，不受管制，客流量大，易发生意外，安全保卫工作非常重要。有些零售商品易燃易爆，因此消防安全不得有半点松懈。同时景区在发生突发事件时，疏散相对较慢，安全管理应特别慎重。

2. 服务要求高

景区商铺管理服务面向商铺置业人员和游客，向他们负责，一切为他们着想。促进商业物业保值、增值；同时为使用人和顾客营造一个安全、舒适、便捷、优美的经营和购物环境，这是商铺管理服务的根本原则。

3. 管理点分散

出入口多、分散，需要的保洁、保安人员相对较多，管理点分散、管理难度较大，是景区商铺管理的特点。

4. 营业时间性强

顾客到商铺购物的时间，大多集中在节假日、双休日和下班后及晚间，而平时和白天顾客相对少一些。统一店铺的开张及关门时间有利于商铺的整体形象塑造。开张、关门时间不统一会造成整体商铺经营的凌乱感，给顾客无序经营的印象，对顾客产生不良的心理影响。

（二）景区商铺布局的要求

旅游商铺的布局，要充分考虑游客的旅游动线、消费习惯。游客一般购买纪念品会选择在当日旅游活动快要结束时，避免旅游过程中要携带购买的物品。所以，大多纪念品商铺会设置在景区出口处，商铺规模与景区规模大小成正比。

而消费品商铺，为满足游客在旅游过程中的需求而设置，通常要考虑游客的活动节点。大型旅游景区往往会设置若干个消费品商铺聚集区。例如，中心餐饮区，会选择游客相对集中的区域布局；依托水世界类资源而设置的游泳圈、水枪、挖沙工具、轻食类店铺，通常会紧邻水资源区；饮料售卖机、电子售货亭等无人值守类售货机，通常会沿着旅游者的游览路线分布，作为景区商铺的重要补充。

旅游景区商铺的建筑造型、色彩、材质要与景观环境相协调，不能破坏景区内的主要景观，也不能影响和阻碍游客的游览。

综上所述，景区商业服务是指满足游客吃、住、购、娱等方面需求的服务。餐饮和住宿是游客的基本需求，而娱乐和购物则是游客更进一步的需求。景区商业服务内容丰富、形式多样，是增强游客旅游体验、提高景区经济效益的重要手段。为了规范景区经营管理秩序和加强景区精神文明建设，紧紧围绕景区的建设、经营和管理，全面构建和谐景区，学生务必熟悉景区商业服务的主要特点，掌握景区内商业服务的技能，培养景区商业服务所需的业务素质和职业素养。

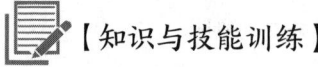【知识与技能训练】

知识与技能训练答案

一、名词解释

生态农庄　汽车露营地　旅游交通　旅游景区娱乐项目

二、选择题

1.景区餐饮通常具有（　　）的特点。

A.淡旺季差异大　　　　　　B.餐饮类型丰富

C. 经营成本高　　　　　　　　D. 管理难度大

2. 景区住宿服务基本要求有（　　）。

A. 整洁卫生　　B. 环境安静　　C. 安全可靠　　D. 态度友善

E. 不断创新

3. 以生态养生为特色的景区酒店类型为（　　）。

A. 温泉酒店　　B. 商务酒店　　C. 快捷酒店　　D. 会议酒店

4. 生态农庄的特点有（　　）。

A. 营造特色主题　　　　　　B. 展示乡土文化

C. 突出绿色和生态　　　　　D. 考虑野外生存细节

5. 以下属于小型景区常规娱乐活动的有（　　）。

A. 摩天轮　　B. 过山车　　C. 旋转木马　　D. 花车巡游

三、判断题

1. 旅游景区的餐饮类型，往往跟景区的规模、特色、经营方式没有太大关联。（　　）

2. 景区餐饮的淡旺季差异通常比较大。（　　）

3. 汽车露营地的住宿区通常位于营舍区面阳、背风、安静区域，露营者可以在这里休憩、交流。（　　）

4. 景区内交通要选用本地特有的交通工具，按照本地特有的社会文化风情设计沿线景观，使交通与景区个性文化融为一体。（　　）

5. 景区酒店要以展现都市文化风情为主要特色。（　　）

四、简答题

1. 景区餐厅如何提升服务效率？
2. 温泉酒店住宿服务的特点有哪些？
3. 旅游商品应具有哪些特点？
4. 如何做好景区游览线路的规划设计？
5. 景区商铺的布局有哪些要求？

【综合实训】

实训项目：

景区商业服务项目调研。

实训目标：

通过实训，了解旅游景区商业服务的现状，树立以人为本和可持续发展理念，培养学生在调研中深入思考的能力。

实训项目：（分小组调研）

调研所在地某一景区内的住宿、餐饮、娱乐、购物、交通设置现状，列出优点和不足，提出优化策略。

实训要求：

1.教师引导学生结合本章教学内容和平时收集的信息对问题进行独立思考。

2.通过计算机网络收集国内成功景区的商业服务案例。

实训指导：

1.指导学生利用线上、线下等多渠道获取调研对象的资料，并对资料进行筛选。

2.指导学生使用办公软件编辑和处理各类信息资料。

实训评价：

考评人		被考评人	
考评内容		景区商业服务项目调研	
考评标准	具体内容	分值（分）	实际得分（分）
	方案撰写认真	35	
	团队贡献度	30	
	合作精神	20	
	文档操作熟练	15	
合计		100	

项目五　旅游景区解说服务

学 习 目 标

知识目标：
- 掌握旅游景区解说服务的含义和类型。
- 熟悉旅游景区讲解员的工作流程和工作要求。
- 掌握常用的旅游景区讲解方法。
- 熟悉不同类型自助式解说服务的特点和应用情况。

能力目标：
- 能够对旅游解说服务进行正确分类。
- 能够使用恰当的讲解方法开展景区讲解。
- 能够独立撰写旅游景区解说词。

素质目标：
- 提高学生的交流沟通能力。
- 培养学生资料收集和分析运用的能力。
- 培养学生的团队协作精神。

思政目标：
- 增强职业认同，树立旅游景区讲解员职业自信心。
- 通过讲解，传播中华优秀文化，弘扬民族精神。
- 强化职业道德，增强法治意识。

思维导图

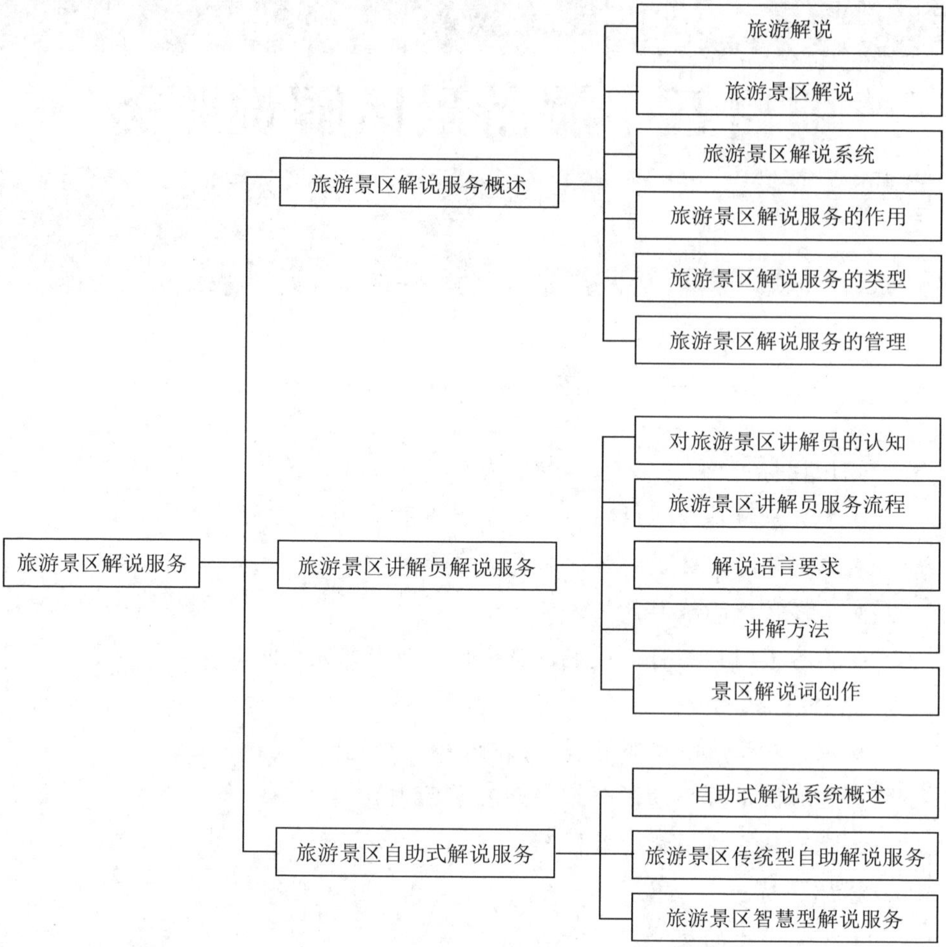

```
旅游景区解说服务
├── 旅游景区解说服务概述
│   ├── 旅游解说
│   ├── 旅游景区解说
│   ├── 旅游景区解说系统
│   ├── 旅游景区解说服务的作用
│   ├── 旅游景区解说服务的类型
│   └── 旅游景区解说服务的管理
├── 旅游景区讲解员解说服务
│   ├── 对旅游景区讲解员的认知
│   ├── 旅游景区讲解员服务流程
│   ├── 解说语言要求
│   ├── 讲解方法
│   └── 景区解说词创作
└── 旅游景区自助式解说服务
    ├── 自助式解说系统概述
    ├── 旅游景区传统型自助解说服务
    └── 旅游景区智慧型解说服务
```

任务一　旅游景区解说服务概述

【引例】

龙泉公园象山景区文化场馆推出优质讲解服务

2021年3月30日起至6月30日，周六9时30分至11时，龙泉公园象山景区文化场馆（荆门印象馆、陆九渊纪念馆、张自忠纪念馆及老莱子山庄纪念馆等）免费提供讲解服务，一个月开展两次，有需要的市民提前预约即可。

近年来，荆门市城市公园管理处着力争创国家4A级景区，努力打造市民最喜爱的公园，通过加强讲解员队伍建设，宣传展示管护范围内公园优秀历史文化和红色文化。管理处多次开展讲解员培训及讲解员大赛，邀请对荆门历史文化和讲解接待工作颇有研究的专家，从仪容仪表、语言表达、讲解节奏等方面，对相关人员进行培训；对场馆的讲解词进行多轮修改和完善，向游客充分展示场馆的文化内涵。

荆门市城市公园管理处以即将到来的清明节为活动契机，在市龙泉公园组织开展最美志愿者讲解服务活动，目前已为省纪委、浙江台州规划局、荆门市消防救援支队、东宝区子陵镇铺中心小学等单位14批次约400人，提供了优质讲解服务。

（资料来源：胡娟娟.龙泉公园象山景区文化场馆推出优质讲解服务［EB/OL］.荆门新闻网，［2021-3-30］.https://www.jmnews.cn/news/2021/03/308566.shtml.）

思考：什么是景区讲解？旅游景区可采取哪些措施提高讲解服务水平？

旅游景区解说服务是引导游客游览，让游客认识景区、了解景区的一个重要手段，是景区产品的核心组成部分，是传播景区文化的重要渠道。优质的解说服务能增加游客的游览兴趣，提高游览效率，有效提升游客的满意度，强化和加深游客在景区的体验。

一、旅游解说

解说，顾名思义，有解释、说明之意，即为了使人们认识和了解某种事物或现象而进行的解释性说明工作。

旅游解说是应用于旅游活动中的解说，主要目的是帮助游客获得相关的旅游信息并加深对旅游景观的理解。随着大众旅游的普及，旅游解说也得到了极大的发展。

在学术界和实际工作中，因研究角度和采取的标准不同可将旅游解说划分为不同的类型。依照旅游解说资源的不同可将旅游解说分为区域环境解说、旅游吸引物解说、旅游设施解说和旅游管理解说；从解说形态的角度可将旅游解说分为物质解说与虚拟解说；依照为游客提供信息服务的方式可将旅游解说分为人员解说和非人员解说；按照为游客提供解说服务的时间顺序可分为游览前解说、游览中解说、游览后解说；按照为游客提供解说服务的场合可将旅游解说分为景点景区解说、沿途解说等。

二、旅游景区解说

旅游景区解说是指为方便游客在景区的游览，加深游客对景区资源价值的理解，提高游客的鉴赏能力以及资源保护意识，旅游景区通过各种媒介进行的信息传播行为。传播媒介包括讲解员、标牌、视听资料、书面材料、电子设备等。通过这些媒介将景区相关信息视觉化和听觉化，使特定信息传播并到达信息接收者即游客，帮助游客了解相关事物的性质和特点，以便强化和规范游客在景区内的行为活动，同时提高景区的文化品位，促进游客对自然的认知和对文化的体验，使游客获得满意的旅游经历。

三、旅游景区解说系统

（一）旅游景区解说系统的概念

根据世界旅游组织的阐释，解说系统是旅游目的地诸要素中十分重要的组成部分，是旅游目的地教育功能、服务功能、使用功能得以发挥的必要基础，是旅游目的地管理者管理游客的手段之一。

旅游景区解说系统是由讲解员、解说设施、解说受众、解说信息、景区解说管理等要素构成的一个相互作用、相辅相成的有机整体。旅游景区解说系统以增强游客体验和满意度为目标，综合运用各种科学的解说媒介和解说方式向游客传递景区的相关信息，帮助游客了解旅游资源和景区设施的属性及价值并对游客的游览行为和意识加以引导，以达到教育、启迪与管理的作用，从而促进旅游景区的可持续发展。

(二)旅游景区解说系统的构成要素

旅游景区解说系统是一个由多要素构成的特定系统,它包括讲解员、解说设施、解说信息、景区解说管理和解说受众等要素,这些要素相互作用、相互影响,构成了一个不可分割的系统整体。解说信息是整个解说系统的基石,游客通过获取解说信息加深对景区的了解;解说员、解说设施则是连接解说信息和解说受众的桥梁和纽带,是解说系统的核心和本质;解说信息通过解说员、解说设施等传递给解说受众;解说受众针对解说信息提供反馈评估,但无论是信息的传递还是反馈评估,都离不开景区解说管理。

(三)旅游景区解说系统的构建原则

旅游景区解说系统的构建是旅游景区管理的重要组成部分,完善的解说系统可以为游客提供人性化的服务,引导游客的正确行为,加强对旅游景区资源和生态环境的保护,提高旅游景区的管理效率。旅游景区解说系统的构建主要应遵循以下原则。

1. 以游客为中心

旅游景区解说系统的主要服务对象是游客,在构建时要坚持以游客为中心的原则,深入研究游客的心理和行为,充分考虑游客的感受,处处为游客着想,事事以游客为重,通过采取恰当的服务措施,满足游客对知识和休闲娱乐的需求。要丰富解说的内容,加深游客对旅游资源价值的理解,促进旅游资源的保护;要注重解说设施的实用性,便于游客使用,提高游客的体验感;要针对不同类型游客的需求特点进行设计,尤其是在一些特殊情况下,如特殊的天气、特殊的时期、面对特殊的游客等,更要确保旅游解说信息的可靠性和易获得性。

2. 和谐原则

旅游解说系统是连接景区内人与物、物与物、人与人的纽带,其构建应遵循与周围环境相和谐的原则,积极创造良好的旅游环境。不同类型的旅游景区主体风貌各不相同,即便同一旅游景区的不同区域,景观的类别和风貌也会有所差异。构建旅游景区解说系统时要充分考虑解说设施设备的材质以及外观、字体、色彩等,必须与周围的景观相协调,必须尊重当地的民族文化传统。景观的表述和刻画应具有鲜明的地域特色,能展现该地区的地方形象。

3. 以双赢为目的

构建旅游景区解说系统应兼顾游客和景区双方的利益，以达到"双赢"的目的。一方面，游客借助旅游解说系统能更好地安排游览活动，更好地欣赏旅游景观，提升游览体验；另一方面，旅游景区通过解说系统可以将景区的管理目标、管理措施等相关信息传达给游客，加深游客对旅游资源价值的认识，引导游客以合理有序的游览行为配合景区的管理和保护工作，促进旅游景区管理目标的实现。

4. 以景观本体性为准

不同类型旅游景区的解说系统在确定解说内容的重点、解说设施的材料选用、解说方法的选择等方面应有所区别，要能充分体现景区主要景观的本体性特征。应注意将景观表层与景观意向由浅入深、由外在到内涵地全面展开。例如，在以人文景观为主的景区，解说内容的重点应侧重于景观的人文、历史价值等方面，解说设施可选用金属、塑料等现代材料制作；而在以自然景观为主的景区，解说内容的重点应包括景观成因、科学价值等科普知识，相关解说设施可选用木材或石材等自然材质。

四、旅游景区解说服务的作用

我国景区发展建设初期，大部分景区普遍缺乏规范的解说服务，存在着景区解说形式单一化、信息内容不充分、主题不突出、标识不明确、形式呆板、艺术性不足、语言文字表达不正确、翻译不当或错误、各种信息图形符号不符合国际规范、导游讲解不规范等问题。为了使游客尽可能地以景区管理人员所预想的或景区内各种消费元素所客观要求的方式进行消费，提高游客对景区的评价，推动旅游景区长远的可持续发展，首先必须正确认识景区解说服务所发挥的功能作用，改善、提高景区解说服务和管理水平。

（一）引导参观游览

旅游景区解说以便捷、多样的方式（如入口游览导游图、标志牌等）给旅游者提供有关旅游景区的基本概况、各景点分布位置、游览注意事项等信息，使旅游者能随时获取相关信息，并通过景区解说提供的指引服务科学合理地安排游程、方便快捷地找到各个游览目标，顺利开展旅游活动。

（二）介绍景区资源

每个景区，无论是自然类景区还是人文类景区或综合性质的景区，都有自己独特的自然和文化价值。通过景区解说可以充分展示旅游资源的价值，突出景区的资源魅力，提高景区文化品位和旅游吸引力。通过景区解说，游客能更好地认识和欣赏景区资源，提高鉴赏、理解力，更深入地了解旅游景区，从而满足精神需求、获得更高的旅游价值。

（三）提高游客体验

生动有趣的解说服务可以降低游客游览的单调枯燥感，使游客在轻松的氛围中增加对景区资源科学价值和艺术价值的理解，能最大限度地提升游客满意度。同时，一些景区开展的活动如登山、滑翔等都需要游客掌握一定的技能技巧才能参加，解说服务能帮助游客安全顺利地参与到各项活动中，增强了景区和游客的互动，保障了游客的安全性，提高了游客的参与性，丰富了游客的体验度。

（四）促进资源保护

有效的景区解说系统能发挥基本的环境教育和资源保护功能。通过旅游景区解说，向游客传播有关资源保护的信息，通过对游客的教育、引导，影响游客对于环境的态度和价值观念，强化游客的环保意识，使游客在接触和享受景区资源的同时，有效减少对景区资源的破坏或过度利用，保障旅游资源的安全，实现旅游地的可持续发展。

（五）辅助景区管理

通过解说服务可以引导和鼓励游客适当地参与景区的管理、建设、再造等活动。旅游景区解说服务为游客、社区居民、旅游管理者提供了一种对话途径，有助于促进景区和外界的相互交流，以达成相互的理解和支持，提高景区的经营管理水平，实现景区的良好运行。

需要注意的是，不同类型旅游景区的解说服务所发挥作用的重点有所差别。例如，自然类旅游景区的解说服务重点强调对旅游资源的保护和对资源价值的挖掘；历史人文类景区解说服务重点在于文化价值的展示或教育功能的发挥；主题公园类景区的解说服务重点在于吸引旅游者参与，等等。总体来说，旅游景区解说服务是景区为游客提供的获取和体验景区各种资源信息的一种重要途径，是景区对外服务的"窗口"，是提高景区服务水平和管理水平、满足游客旅游体验要求、增强游客满意度的重要手段。

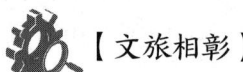【文旅相彰】

最美讲解员周川海：讲好洞天故事，情暖八方游客

旅游，是三亚的一张亮丽的名片，而讲解员则是景区的形象大使，也是展示给世界各地游客的一道风景线。

周川海是三亚大小洞天景区讲解组的主管。他用微笑温暖游客，用服务赢得信赖，用故事浇灌心灵，曾获"优秀共青团委员""优秀支教教师"等荣誉。

用"保姆式"服务，情暖游客。"不同的游客有不同的要求，得根据他们的喜好有侧重点地讲。"服务游客上，周川海有自己的方法，每次所面对的游客，都是不同的群体，在讲解过程中，他都力求用生动、幽默的语言让游客留下深刻印象。除了讲解景区文化，周川海还为客人提供"保姆"式服务，只要游客有困难或者需要，他都毅然站出来为游客排忧解难，因此赢得许多游客的赞许。"在游览的休息时间，他经常跟游客聊天谈心，从聊天中总结经验，至今还有游客常用微信跟他联系，咨询一些有关旅游的问题。"在同事眼中，周川海就是做好游客服务的最好教材。

用微笑，传播文明风尚。微笑有一种力量，它可以温暖他人也可以温暖自己，而一群人的微笑就可以装点整个景区的风景。刚开始带团的时候，周川海每天要带好几个团，每个团往返至少两小时，但在给游客讲解的过程中，周川海始终面带微笑，与游客道别时，得到游客的一致好评。周川海说："用微笑服务'点亮'景区文明窗口，以真诚的服务为文明景区添彩。"

文明防疫，守护游客。"请戴好口罩，保持一米线……"在景区门口，周川海向游客们宣传疫情防控政策，他从讲解员摇身一变成为"文明防疫大使"。疫情过后，大小洞天严格落实限流、错峰、测温、扫地点码、戴口罩、一米线、检查双码等措施保障游客安全，防控现场，不时看到周川海忙碌的

身影，他说："疫情防控常态化，严防严控不松懈，才能确保游客的安全。"

三亚大小洞天旅游区位于三亚市以西40千米处的鳌山，是国家5A级景区，被誉为"琼崖八百年山水名胜，南溟三千里海山奇观"。景区早在2007年便被评为首批全国5A级旅游景区之一。能够成为5A级景区，靠的不仅仅是秀丽的景色，更是景区员工们精湛的服务意识。多年以来，大小洞天坚持着以游客为中心的服务理念，成为三亚旅游的一条亮丽风景线。

（资料来源：大小洞天旅游区微信公众号，2022-05-14）

思考：如何在景区解说服务中弘扬中华优秀文化，提供温暖服务？

五、旅游景区解说服务的类型

旅游景区解说服务形式多样、内容丰富，根据不同的标准，可以将旅游景区解说划分为不同的类型。

（一）按功能划分

景区解说按功能作用可分为说明型解说、引导型解说、警示型解说三大类。

游客到景区景点游览，需要对游览对象有总体的了解和认知。说明型解说就是对景区及其重要景观的概况及特点进行介绍和说明，使游客能够更好地了解和认识景区或该景观的价值。

引导型解说主要是从游客的角度出发，为游客指引景区内各个景点的位置和路线。引导型解说不仅能够让游客顺利完成景区观赏及游玩等活动，同时也方便了景区的管理。如景区内设置的游览全景图、导览图、中外文指路标志牌等。

景区提供的警示型解说是为保障游客安全及维持景区环境与空间秩序，对游客进行的提醒和告诫。例如景区设置的包含有"禁止""注意"等具体警示内容的标牌，比如禁止戏水、严禁攀登等。

（二）按解说的内容划分

旅游景区解说服务按解说内容可分为历史古迹类解说服务、自然生态类解说服务、民俗风情类解说服务、科普类解说服务、游艺类解说服务等。有关景区内容的讲解，景区一般都会有一致的总体要求。解说内容不同，采用的讲解方法也会有所区别。

（三）按解说对象划分

旅游景区解说服务按解说对象可以分为旅游团队解说服务、散客解说服务、贵宾解说服务等。景区应根据解说对象的不同需要选择适应的讲解器材。

（四）按解说场所划分

旅游景区解说服务按解说场所的性质类别可分为风景区解说、自然保护区解说、文物景点解说、主题公园解说、现代工农业景点解说、博物馆解说等。

（五）按提供服务的方式划分

按提供服务的方式可将旅游景区解说分为人员现场解说和自助式解说两类。

人员现场解说（Personal Interpretation）主要是由景区讲解员（也称景区导游员）在现场向游客所做的语言讲解，是一种主动的、面对面的信息传播。其特点在于解说弹性比较大，可根据游客的需要进行有针对性的解说，而且在解说的过程中，游客和解说人员之间可以实现有效的互动。

拓展阅读：北京世界文化遗产景区实行讲解员管理制度

自助式解说服务（Self-guided Interpretation）与人员现场解说服务不同，它是通过各种印刷品、旅游宣传品、音像制品、多媒体设施等向游客传播旅游信息，提供解说服务。其优点在于受众范围更广，但是不能实现动态的现场交流，而且服务是被动的。散客多采用自助式解说服务。本书即针对这种分类方式进行阐述。

六、旅游景区解说服务的管理

旅游景区解说服务是实现景区社会价值和经济价值的主要途径，具有一定规模和条件的旅游景区，应建立完善相应的旅游景区讲解管理体系，成立专门负责具体工作的讲解管理部门或小组，统筹管理景区的讲解工作。

首先,要根据本景区已经评定(或努力争取)的旅游景区质量等级,依照《旅游景区质量等级的划分和评定》的相关规定完善相应条件,建立景区的游览讲解制度。

其次,完善景区讲解人员的配置。为景区选拔优秀讲解员,做好讲解员的培训和进修安排;关心讲解人员的职业诉求,制定合理的讲解员薪酬制度;组织好讲解工作的考核与绩效评估,积极发挥激励管理的能动效应。通过对讲解人员的科学管理保证讲解工作的顺利进行。

最后,根据景区的规模、游览的内容、游客的需求等购置和准备讲解工作需要的器材和资料;管理好讲解的有关器材和资料;根据实际情况更新讲解的器材和设备。

任务二　旅游景区讲解员解说服务

【引例】

小七孔景区讲解员:景区最美代言人

高质量发展离不开高质量人才,为推进旅游业转型升级,加快旅游产业化高质量发展进程,在县委、县政府的大力支持下,小七孔景区广纳各地优秀人才,组建了一支素质过硬、专业性强的优秀导游队伍。景区通过岗位培训、业务技能评比、专业讲师讲解、年度考核和星级考核评定等方式提升讲解员讲解技能,让前来的游客不仅感受到小七孔景区自然风光的魅力,更感受到景区独特的人文魅力。

小七孔景区面积82.6平方千米,单线游览距离18千米,讲解员每天跟车讲解时长四个半小时左右,节假日工作量翻倍,意味着她们从早上7点半到下午6点,除了喝口水和吃几口饭的间隙,其余时间几乎一直奔走在讲解的路上,进行长时间的站立、讲解,酷热天气下,汗水沁透衣服,可他们依然保持着春风般的笑容。他们凭借热情的工作态度、良好的职业道德、精湛的讲解水平和全面的知识储备,为游客进行专业、生动的讲解,给游客留下了难忘的回忆。

为推动脱贫攻坚与乡村振兴有效衔接，提升全域旅游从业人员素质，小七孔景区以景区导服中心为核心，成立小七孔景区导游工匠工作室，辐射实施"锄头导游"计划，以导游范本为教材，对返乡农民工、留守妇女、农村待业青年进行培训，培养了一支能讲、会讲、敢讲且富有地方特色的"锄头导游"队伍。截至当前，导游工匠工作室已开展了四期锄头导游培训，参与培训人员达200余人。这是一支有活力的队伍，他们富有朝气、敬业爱岗，在迎来送往中，始终保持着热情和专业，他们是小七孔景区的最美代言人。

（资料来源：小七孔景区微信公众号，2021-08-07，内容有改动）

思考：景区讲解员的素质高低对景区的发展有何影响？

一、对旅游景区讲解员的认知

（一）景区讲解员的作用

景区讲解员又称为景区导游，是受旅游景区的委派或安排，在景区内从事讲解、翻译和向导等服务的专职人员和兼职人员。随着我国旅游景区服务水平的不断提高，景区讲解员的队伍也不断扩大，讲解员服务已成为大多数景区不可或缺的重要业务内容。

景区讲解员承担着景点讲解、景点宣传、商品导购、游客管理等综合性职能，他们是景区的形象大使，是推销员、安全员甚至保洁员，他们对于游客、对于景区的发展都发挥着重要的功能作用。

1. 能更好地激发游客游览兴趣

当游客面对一个陌生的旅游环境而要获得较好的体验效果时，是需要引导和管理的，讲解员可以通过巧妙运用语言艺术、情感互动、讲解技巧激发游客的参观游览兴趣，从而使游客以愉快的心情和投入的心态去欣赏自然和人文美，获得体验的快乐。

2. 应对灵活多变的现场需要

游客在景区游览的现场情况是复杂多变的。在讲解员讲解过程中，游客游览状态各不相同。有的游客会专心致志地听讲解，有的游客可能会随意走动；有的游客会提出各种意想不到的问题，有的游客可能会对讲解员的解说持怀疑反对的态度，这就需要景区讲解员沉着应对、妥善处理。在不降低服务质量标准的前提下，一方面满足那些确实想了解参观游览地景物知识的游客的需求，另一方面要想方设法调动那些对参观游览地不感兴趣的游客的游兴，以活跃整个游览氛围。此外，如果游览过程中出现游客受伤等一些意外突发事故，也需要景区讲解员立即采取紧急措施进行有效处理，确保游客的人身安全。

3. 提高景区的效益

景区讲解员可以通过自己的优质服务加深游客的游览感受，有效地延长游客在景区的游览时间，从而刺激游客在景区娱乐、购物、餐饮、住宿等方面的二次消费，增加景区的收入。此外，讲解员在提供导览和讲解的服务过程中可以适时地向游客推介景区特色商品，发挥导购作用，提高景区的经济效益。同时，高质量的讲解服务能使游客对景区的满意度增加，会使景区形成良好的口碑，从而为景区带来更多的客源。因此，优秀的讲解员能切实提高景区的综合效益。

4. 增加和游客的情感交流

通过讲解员的介绍和讲解，游客不仅可以了解景区的文化，增长知识、陶冶情操，而且通过接触，讲解员和游客之间会自然而然地产生良好的情感交流，这也促进了不同国度、地域、民族之间的相互了解和友谊。

可见，建立一支训练有素、解说经验丰富的景区讲解员队伍可以极大地提升景区的服务品质和形象。

（二）讲解员解说服务工作特点

旅游景区讲解员解说是景区解说服务的重要组成部分。这是一种综合性和灵活性都较强的服务工作，主要具有以下特点。

1. 独立性强

讲解员独自带领游客在景区参观游览，游客在现场的大部分需求都由讲解员独立处理。特别是在解说服务中，讲解员可以根据游客不同的文化层次、审美情趣和兴趣爱好，调整自己的讲解内容和讲解方法，以满足不同游客的需要。可见，讲解员在提供解说服务时自主权比较大、独立性很强，可以充分地发挥自己的解说能力及组织协调能力。

2. 脑力、体力高度结合

景区讲解员在提供解说服务过程中，不仅要引导、陪同游客游览景区的景点，还要解说景区景点的相关内容以及回答游客的各类问询。所以，景区解说服务是一种脑力和体力劳动高度结合的工作。

3. 复杂性

旅游景区解说的服务对象是来自不同国家和地区，有着不同文化背景，具有不同兴趣爱好的游客，他们的需求多种多样，导致现场参观游览的情况是复杂多变的，发生任何问题、游客提出任何要求也都需要有人及时处理，因此景区讲解员的解说服务充满了复杂性。

4. 个性化

和能提供解说服务的机器设备不同，景区讲解员可以因人而异提供个性化服务。讲解贵在灵活，妙在变化。景区讲解员在与游客的接触和交谈中，通过了解不同游客的想法和出游目的以及游客对旅游景点的了解程度和喜好情况，在对参观游览的景物进行介绍时，就可以根据游客的不同需求，有针对性、有重点地选择讲解方法和内容，大大提高游客满意度。

（三）旅游景区讲解员基本素质要求

为更好地为游客提供满意的服务，景区讲解员必须要从自身的形态、举止、语言等多方面严格要求自己，提高基本素质。

1. 思想品德

旅游景区讲解员是文化行业的从事者，其行为不仅影响到一个部门，而且会影响到整个景区乃至景区所在地区及国家的形象，所以讲解员必须具备以下良好的思想品德：要有热爱祖国、热爱讲解工作的情感品质；要时时注意维护国家和民族尊严；要严格遵守国家和地方的相关法律法规；要遵守社会公德，爱护公共财物；要尊重游客的风俗习惯和宗教信仰；对待游客要谦虚有礼、热情友好，对老幼病残孕等弱势群体要注意加强关照，要努力维护游客的合法权益；要不断增强服务意识，不断努力提高自己的业务能力。

2. 从业能力

（1）硬件要求

普通话标准，获得景区讲解资格，涉外较多的景区讲解员应具备相应语种的讲解能力，能完成景区涉外语种的讲解任务。

（2）个人条件

要求口齿清楚，发音准确，语言表达能力强。五官端正，身体健康，无传染性疾病，性格开朗。

（3）知识素养

具有丰富的历史知识、地理知识、文学知识和一定的科学知识，特别要具备与景区讲解有关的专业知识。具有相应的文化素养和较为广博的知识，并努力学习和把握与讲解内容有关的政治、经济、历史、地理、法律法规、政策，熟悉相关的自然和人文知识及风土习俗。

（4）业务能力

旅游景区讲解员要有良好的组织能力，在带游客参观游览过程中，应保证在计划的时间内顺利完成工作任务。要使旅游者能充分地游览、观赏，做到讲解与引导游览相结合，适当集中与分散相结合，劳逸适度。景区讲解员要熟悉讲解业务，有较强的现场讲解和组织能力，能熟练开展讲解工作，讲解内容繁简适度，讲解语言生动，富有表达力。要具有相应的应变能力，能灵活处理各类突发事件，能有效保障游客的安全，保证游览活动的顺利开展。

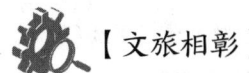【文旅相彰】

雅丹景区讲解员，她们是炎炎烈日下最美的风景

在雅丹景区里有一群人，她们在景区留下美丽的身影，因为对工作的热爱，对工作的执着，她们更愿意用声音为雅丹代言，讲述雅丹最美的风景和最有趣的故事，同时，也用热情、优质的服务展示着雅丹景区的良好形象，她们就是雅丹景区接待部的讲解员们。

自进入8月，雅丹景区持续高温，气温一度飙升至40℃，地表温度超过60℃，在这种高温天气正常人在室外待几分钟就是一身汗，而讲解员们每天都要在高温酷暑下接受"烤验"。她们在讲解过程中，不但要以饱满的热情服务游客，还要留心照顾游客，"请你注意脚下，小心跌倒"，这样的一句温馨提示语，常常要说上百次。

雅丹景区游览线路全程25.6千米，讲解员每天人均跟车讲解4~5车次，单次讲解时长一个半小时左右，如遇到节假日工作量翻倍时，就意味着从早上6点钟上班到晚上10点钟，除了喝口水和吃几口饭的间隙，她们几乎一直

奔走在讲解的路上。

旅游高峰期间,她们放弃了节假日休息,全身心投入讲解工作,甚至带病坚持工作,她们当中都是90后、00后,年龄在20岁左右,正是花样的年龄,但她们不怕苦、不怕累,展现了当代新青年应有的责任和担当。

作为景区一线员工,烈日晒黑了她们的皮肤,风沙吹裂了她们的双手,但无论严寒酷暑还是漫天黄沙,她们始终坚守工作岗位,毫不退缩,每天乐此不疲地接待着来自海内外的游客。一句"黑是黑、放光辉"已经成为讲解员队伍的座右铭。

同时,她们还模拟讲解实景,进一步熟悉各个景点的讲解和互动内容,通过相互提问,提升彼此的综合讲解能力、加深对雅丹景区的了解程度。她们还不断地根据游客反馈改善着自己的讲解风格,学习相关行业知识,关注敦煌的大事小情,只为将最美的敦煌展现给更多的游客,传播敦煌更深厚、更悠久的文化。

雅丹景区讲解员代表的是一种拼搏向上的精神,她们付出、她们奉献,她们热爱、她们收获,她们以自身的汗水传递着爱岗敬业的使命感,她们就是雅丹景区最美的风景。

(资料来源:雅丹景区讲解员,她们是炎炎烈日下最美的风景[EB/OL].[2019-08-09].https://www.163.com/dy/article/EM4lEVDE0518EFCO.html.)

思考:旅游景区讲解员应具备哪些素质要求?雅丹景区讲解员的精神给我们什么启示?

二、旅游景区讲解员服务流程

景区讲解员的服务工作有着自身的规律和规范,应严格遵守。景区讲解员服务流程可分为四个阶段:上岗前的准备、迎接游客、带领游客在景区中游览并进行讲解、送别游客。在不同的阶段有不同的工作内容和要求。

拓展阅读:努力培养景区讲解员的三种职业情感

(一)准备阶段

好的准备和计划是影响讲解员解说服务的关键因素,在组织游览活动时,应注意以下几点。

1. 做好自身准备

包括身体的准备、精神和情绪准备、心理准备。有的景区面积范围较大，讲解员每天要走很多路；有的景区是山地景观，讲解员每天要多次上下山；有的景区游客量大，讲解员每天要讲解很多批次……这都要求景区讲解员要具备较好的体能。此外，从事服务行业的工作难免受到委屈，要正确看待工作性质，保持良好的情绪状态，提高心理承受能力，在遭到误解时能够坦然面对，并且保证顺利完成工作任务。

2. 做好知识准备

景区讲解员所需要具备的知识应该是"专而广"。"专"指的是景区讲解员必须对自己所在的景区有全面、深入的了解，讲解员必须是本景区的知识专家。基于景区的差异，可分别包括自然科学知识、历史和文化遗产知识、建筑与园林艺术知识、宗教知识、文学、美术、音乐、戏曲、舞蹈知识等。要深入了解相关知识，讲解员可以通过景区提供的导游词熟悉景区概况，树立感性认识；还应该阅读与本景区旅游资源有关的学术性书籍，深入系统地了解所在景区的背景知识；应学会比较国内外同类景区的特色，丰富自己对景区的理性认识；要不断地系统学习和研究景区所涉及的相关学科知识。优秀的景区讲解员应能提出令人信服的个人见解，达到专家或准专家水平。"广"指的是景区讲解员必须具备渊博的知识、宽广的知识面。广博的文化基础知识是景区导游的基本功。由于所面对的是来自不同行业、不同地区、不同身份、不同层次的游客，他们在讲解过程中会提出各种各样的问题，有些可能是与景区无关的问题，这就需要景区讲解员不仅要具备与本景区有关的知识储备，还要持续不断地学习史地文化知识以及经济学、社会学、心理学、美学、时事政治以及政策法规知识等各方面知识。只有不断地充实自己，与时俱进，才能做好讲解工作，成为"专而广"的"问不倒"的讲解员。

3. 了解服务对象

景区讲解的服务对象可以分为两种，一种是提前预约或通知的团队及贵宾，另一种是来到景区之后临时约请的团队或散客。

对于提前预约的团队及贵宾，在接待游客前，讲解员要认真查阅核实所接待团队或贵宾的接待计划及相关资料，熟悉该群体或个体的总体情况，如停留时间、游程安排、有无特殊要求等诸多细节。如果是旅行社组织的团队，景区讲解员要尽快与团队的导游联系，明确旅游团的性质、游客人数、身份、相关要求等，要预先了解游客所在地区或国家的宗教信仰、风俗习惯，了解客人的禁忌，根据旅游团的情况，有的放矢地做好游览接待计划。

对于临时约请的团队或散客，景区讲解员则应通过观察、问询和简单的接触，迅速了解该游客群体的基本情况，比如游客的职业、文化程度以及其停留时间、游程安排、有无特殊要求等，以便使自己的讲解更能符合游客的需要。

4. 做好物质准备

要准备的物质主要包括讲解员胸卡或工作证、话筒、扩音器、红外笔、接待团队时所需的票证、需要发放的相关资料以及相关礼品（如果有）等。

（二）迎接阶段

1. 致欢迎词

在开始讲解之前，讲解员要向游客致欢迎词，为游客在景区的游览以及讲解员与游客之间进一步的交流奠定基础。欢迎词内容主要包括代表本景区向游客表示欢迎、介绍本人姓名及所属单位、介绍景区概况或背景性知识、交代游览注意事项、表达景区对提供服务的诚挚意愿、表达希望游客对讲解工作给予支持配合的意愿、预祝游客旅游愉快等。致欢迎词的地点一般选择在景区大门，时间是讲解员第一次与全体游客见面时。

向游客表示欢迎时注意称呼要正确得体，态度要热情友好。如果是团队，可以总称为"各位尊敬的游客朋友"或"各位嘉宾"；如果是散客，要特别注意称谓。通常情况下，称男子为"先生"，称女子为"夫人"、"太太"、"女士"和"小姐"。一般称谓前可冠以"姓"，如张先生；或冠以"职务"，如院长先生；或冠以"衔称"，如博士先生等；或冠以"职业"，如法官先生等；或"职业"加上"姓"，如李教授、孙律师等；对军人，要称其"军衔"，如上校先生等。讲解员应重视称谓并正确运用，若能在短时间内记住游客的姓名，了解他们的身份，并能在游览过程中正确地称呼他们，会拉近和游客的距离，给游客留下良好的印象。

有的景区对讲解员是否做自我介绍没有要求。如果要做自我介绍，须口齿清楚，语言简洁明了，如能语言幽默有趣则更好。

欢迎词示例：各位游客朋友，大家好！欢迎来到"天下第一赏梅胜地"梅花山参观游览！我是今天的讲解员×××，希望我的讲解能让您对我们景区留下美好的印象。

2. 交代景区游览路线和注意事项

在欢迎词之后，要交代景区游览路线和注意事项。地点可以选择在景区大门处的景区总导览图前。

要明确告诉游客景区的构成部分、游客在本景区游览的主要路线和所需时间、景区游览注意事项，等等。讲解线路和注意事项应简明扼要，尽可能让每一位游客听清楚，以免游客在景区走失。

不同类型的景区需要提醒游客注意的内容不同，常见的景区注意事项如下。

（1）安全。提示游客不要走散；摄影拍照时注意脚下安全；景区旺季游客多，在乘车、进午餐和观赏景点时，要注意秩序，以免发生拥挤踩踏事件；森林景区要提醒注意防火；水边游玩提醒游客防止落水，等等。

（2）环境卫生。提醒游客要维护好风景区内的环境卫生，不破坏景观资源，不随意丢弃垃圾。

（3）民族习俗。提醒游客尊重景区内少数民族的民风及习俗，给游客讲清相关的禁忌和注意事项。

（4）游乐设施注意事项。提醒游客选择乘坐游乐设备前认真阅读游客须知，按规定要求乘坐，听从管理人员的指挥。孕妇、酗酒者或者患有心脑血管、高血压、颈部、背部疾病者或者身体不适者，身高或年龄未符合标准者，不要乘坐游乐设施。乘坐游乐设备时，不要吸烟或者携带、食用任何食物或者饮料。天气不佳（如强风、暴雨、闪电或打雷）时，不要乘坐室外游乐设备。不要随意翻越栏杆或穿越警戒线，特别要注意看护好自己的孩子。游乐设施未完全停止前，不要上下游乐设备。

（5）纪念馆相关注意事项。提醒游客不要携带易燃易爆等危险物品入馆。在纪念馆内参观时，不要大声喧哗，上下台阶时注意安全。馆内有展品展示时，提示游客要爱护公物，不要触摸展件，也不要跨入扶栏内。提醒游客严禁吸烟，且不要乱扔杂物。如果遇到下雨天，提示游客不要带湿的雨具进入馆内，尽可能放在纪念馆大厅的工具桶内或套上清洁袋。如果游览当天纪念馆有重大活动，提示游客服从馆内工作人员的安排。

3. 介绍景区概况

地点一般选择在景区大门导览图前或能俯瞰景区全景的观景台、游客中心，也可与交代景区游览路线和注意事项同步进行。讲解内容包括介绍景区名称的由来、景区的历史沿革、景区的主要特色、景区的品位和主要景点概况，目的是激起游客对游览景区的兴趣。

（三）游览阶段

1. 景观讲解服务

迎接游客之后，讲解员要带领游客进行游览，并进行景观讲解。景观类别多样，景观讲解要有内在的机理，不同类型与特质的景观需要采取不同的表述方法，不同的游客也需要不同的讲解内容。从传递信息的角度，讲解员首先要"讲清"景观特征才能让游客感兴趣。接下来要"讲透"景观，在讲解时，通过增加景点的信息量来丰富景观的内涵，帮助游客升华意识、活跃思维，增添景点对游客的吸引力。最后要"讲活"景观，要求讲解动人，增强内容的可亲度。

一般来说，讲解员需要讲解的内容具体如下。

①历史背景或成因：景区景点是何年所建，当时的历史背景是什么样的？如果是自然景观则需要说明其自然的成因。

②景区景点用途：对于人文景观，要介绍清楚建造原因或建造目的。

③景区景点的特色：该景观有何独特之处；景观的观赏点的分布；建筑结构布局有何特点；观赏意义何在，美学价值如何。

④景区景点的地位：该景区景点在世界、全国、省内、市内处于何种地位。

⑤景区景点的价值：包括历史价值、文物价值、学术价值、旅游价值、美学价值、教育功能等。

⑥相关名人逸事：介绍相关的名人逸事、诗词歌赋或传说典故。

讲解员在讲解时要灵活运用各种讲解方法，使用生动、形象、富有表达力的讲解语言。

2. 乘车或乘船游览的讲解服务

景区讲解如果是在乘车或乘船游览时进行，讲解员首先要协助司机或船员安排游客入座；在游客上下车或上下船时提醒游客有关安全事项，提醒游客清点好自己的行李物品；要对老幼病残孕和其他弱势群体给予特别关照；乘车或乘船游览时的讲解要注意保持讲解内容与行车或行船的节奏一致，并且讲解声音应设法让游客都能听见。

3. 购物讲解服务

游客如有购物需求，讲解员应如实向游客介绍本地区、本景区的商品内容与特色，应带领游客进出合法经营的购物场所，不得强迫或变相强迫游客购物。

4. 观看景区演出时的讲解服务

旅游景区内如有演出节目，讲解员应如实向游客介绍本景区演出的节目内容与特色；当游客在景区内观看节目演出时，应按时组织旅游者入场，维持好现场秩序；在游客观看节目过程中，讲解员应自始至终坚守岗位；如个别客人因特殊原因需要中途退场，讲解员应设法给予妥善安排；此外，必须注意，讲解员不得强迫或变相强迫游客增加需要另行付费的演出项目。

（四）结束阶段

1. 送别游客

送别是讲解员接待工作的尾声，具体内容包括：了解每位游客的反映和要求，诚恳征询游客对景区服务，特别是本次讲解服务的意见和建议；赠送宣传资料或小纪念品。与游客告别时，可赠送一些景区的宣传资料或小纪念品，给他们留下更美好而深刻的印象；致欢送词，游客游览完景区即将离开时，景区讲解员应致欢送词，热情地向游客道别。

如果说"欢迎词"给游客留下的美好的第一印象是重要的，那么在送别时致好"欢送词"，给游客留下的最后的印象将是深刻的、持久的。欢送词的基本内容包括：回顾景区内的游览活动，给游客一种归纳、总结之感，帮助游客将感官认识上升到理性认识，提高游览满意度；感谢游客给予的支持、合作、帮助、谅解；向游客征求意见和建议，告诉游客景区愿意持续改进和提升服务质量，经大家帮助，下一次接待会更好；向游客表达友情和惜别之情，激发游客重游之情。

例如：今天南京梅花山景区的游览到这里就全部结束了，感谢大家对我工作的配合，欢迎大家给我的工作提出宝贵意见。今天与各位共同度过的这段时光虽然短暂，但是非常愉快。如有机会，欢迎大家再次光临梅花山景区，我非常乐意再次为大家服务。祝大家一路顺风！

2. 总结与反馈

在游客离开景区后，或当天工作结束前，讲解员应按照本景点管理部门的要求，及时认真地填写《工作日志》或本单位规定的有关工作记录，回顾总结自己在接待过程中的优点和不足，记录游客对景区景点景观及建设情况的感受和建议。针对游客提出的问题和建议，思考改进、提高的措施，并做好信息反馈工作。如有特殊情况，及时向景区有关方面如实反映。若发生重大问题，须另附专题报告。

三、解说语言要求

为有效地传播景区景点相关知识，增加游客游览的兴致，景区讲解员解说语言应满足以下几点要求。

（一）准确性

在景点解说中，准确性主要表现在三个方面。

1. 知识要准

在讲解过程中，无论是对自然景观的描述，或是对人文景观的解说，还是对历史事件的叙述及评价，都应以客观事实为依据，尊重事实，反映事实，传递的知识应准确无误。切不可信口开河，凭空臆造。

2. 道理要明

道理，即理由、事物的成因。在景点讲解过程中，必须透过景点各类事物的现象看本质，透过表象把握引起事物产生、发展、变化的根本原因，把道理讲明、讲透。

3. 条理要清

在讲解中，不仅知识要准、道理要明，还应注意讲解时要条理清晰、层次分明，只有这样才能让游客的思绪跟上讲解员的节奏，让游客易于听懂；反之，若讲解员的讲解杂乱无章、颠三倒四，只会让游客如堕云里雾中、不知所云，讲解也就失去了意义。

（二）鲜明性

在景区讲解中，鲜明性有两层含义。

1. 讲解主题的鲜明性

与每一个景点相关的知识信息量都很大，讲解员在讲解时，先要明确自己要表达的主题是什么，要达到一个什么目的或要表述什么思想。有了明确的主题、主旨，就可以围绕主题去组织材料展开叙述，要突出重点，分清主次。对重点内容要多讲、深讲、讲透，使主题更加鲜明。

2. 讲解中对所涉及人物、事件的态度、观点的鲜明性

在讲解过程中，不可避免地会涉及不同的人物、事件及方针、政策等方面的话题。此时，讲解员的态度、观点要鲜明，要有明确的是非观念和爱憎分明的情感。对待历史人物要予以客观公正的评价，对英雄人物、伟人、名人、有高尚品德的人要予以赞扬，而对奸佞之人则予以贬斥。对待历史事件，要予以正确的评说。对待有关国家的方针、政策，必须旗帜鲜明地表明我们正确的态度，不允许含糊其词。

（三）生动性

在景区讲解中，要使讲解生动、有活力，除了语言上的活泼、风趣、幽默之外，还应注意三个方面内容。

1. 在讲解中必须倾注自己的感情

讲解的过程是一个与游客情感交流的过程，只有倾注自己的感情，动之以情，才能打动游客。要熟悉讲解的内容，并结合自己的体验和感情，做到融会贯通，巧妙组合，使之主次分明、层次清晰、富于变化。

2. 善于利用名言名句、典故传说及趣事逸闻等

恰到好处地使用一些名言名句或典故传说等，有时会起到画龙点睛、事半功倍的效果。善于运用不同的讲解方法和技巧，也会使讲解更加精彩。

3. 要敢于创新

不拘泥于现有的讲解词和讲解方法，勇于不断创新，使自己的讲解始终充满新鲜感。

（四）多样性

多样性是指讲解方式、方法与技巧上的多样性。在不同的时间，面对不同的游客，提供的讲解服务应是不一样的。每一次讲解都应该随游客需求的差异、景物的不同、时空条件的改变等而调整变化。因此，在讲解方式、方

法与技巧上可因人、因时、因地、因景、因物而异，灵活采用多种形式和方法进行讲解。

四、讲解方法

讲解方法有很多种，包括分段讲解法、突出重点法、触景生情法、虚实结合法、类比法、问答法等，要根据具体的时空条件和游客的情况进行选择。

（一）分段讲解法

对于面积和规模较大、内容繁多的景点，需要将一处大景点分为前后衔接的若干部分来分段讲解。一般都是按照游览的先后顺序进行讲解，这样内容便于区分、层次比较清楚，游客能听得明白、易于理解。

（二）突出重点法

在讲解时要避免面面俱到，而应选择某些重点景观或突出某些重要的内容进行讲解，做到详略得当、疏密有致。景观方面一般是选择有自己鲜明特色的、有一定代表性、象征性的景观重点介绍，比如故宫的三大殿、天坛的祈年殿等。内容方面一般是选择游客感兴趣的内容重点介绍。如同样是介绍故宫，游客如果对历史感兴趣，就应重点介绍故宫在我国历史上的重要地位以及在故宫中发生的重大历史事件；游客如果对建筑感兴趣，就应该重点介绍我国的宫殿建筑特点和规范要求。一般来说，使用突出重点法，可注意突出以下三个方面内容。

1. 突出景区（点）的特色

无论是自然景观还是人文古迹，每一个景区（点）都有它自己的特色，哪怕是同一类型的景区（点），也会有自己的个性特色。讲解员在讲解时尤其应注意发现和把握其个性特色，将其作为讲解的重点，这样，不仅能使讲解鲜明、富有特色，使游客充分领略景观的独特之美，也更能吸引游客。

2. 突出景区（点）的重点

规模大的景区（点）中往往有众多景观，讲解员不可能也没有必要对其一一进行详细讲解，而应做好周密的计划，选择其中具有代表性的景观进行重点介绍。这些景观要既有自己的特征，又能概括全貌。在景区（点）游览时，讲解员的讲解重心应该是景区（点）内的重点景观。如果讲解员讲解模糊，没有突出重点，游览结束后，肯定不会给游客留下深刻的印象。

3. 突出景区（点）的文化内涵

文化是旅游的灵魂，没有文化的景区（点）是缺乏生命力的景区（点）。景观之灵魂应是其长期积淀、蕴藏于内、表露于外的文化内涵。中国的名胜古迹所蕴含的是中国传统文化的精髓，景区（点）的景观文化是中国人为之自豪的。旅游景区讲解员是文化的传播者，要改变书本式的背诵讲解，要突出景区文化内涵以及时代意义，要通过自己的解说讲述好中国故事，做好民族文化的代言人，向各方游客展现中国文化的独特魅力。

（三）触景生情法

触景生情法是一种见物生情、借题发挥的讲解方法。讲解员进行讲解时不能就事论事地介绍景物，而是应根据眼前所见景物进行联想和拓展讲解，或者是将讲解的内容和所参观游览的景物巧妙融合，情景交融，使得游客感到景中有情、情中有景，加深游客的理解，引发游客共情。

例如：

导游带领着游客来到江西龙潭边一片山谷时这样讲解："1935年方志敏部700余人就是在这里被国民党军队围困，弹尽粮绝，饥寒交迫，大部分人阵亡，尸骨遍野血流成河。这个平平常常的山谷，没有高耸云天的纪念碑，没有烈士们顶天立地的雕塑，只有些古树静静站着，只有些不知名的野花静静绽放。当历史离我们如此接近的时候，那份感动、那种震撼竟然是那么的强烈，让人犹如被一道闪电击中，不能自已。"

触景生情法贵在发挥，要自然、正确、切题地发挥，引导旅游者进入审美对象的特定意境，从而使他们获得更多的知识和美的享受。

（四）虚实结合法

指在讲解中将典故、传说与景物介绍有机结合以丰富情节和内容的讲解方法。在讲解词中适当加入故事情节以求产生艺术感染力，能有效避免平淡乏味，吸引游客注意力，提高游客游览兴致。注意，传说故事要和讲解的景物紧密相关，且不能胡编乱造。

（五）类比法

类比法是用游客熟悉的事物与眼前景观景点比较，便于游客理解和加深印象，达到触类旁通的讲解手法。由于地理的、历史的、民族的、文化的差异性，有些讲解内容对于一些游客可能不容易理解，使用类比法，也就是以熟喻生，能帮助游客更好地理解。使用类比法既可以做同类相似类比，也可以做同类相异类比。

例如：

西柏坡的讲解员很多时候会通过类比的方法来进行解说。比如，美国人到西柏坡参观，讲到土地改革，如果只说西柏坡的土地改革让老百姓获得了土地，他可能理解不了。但是如果将西柏坡土改时颁布的《土地法大纲》与美国的《黑奴解放宣言》进行类比，美国人就懂了。讲解员对美国人说："为什么南北战争时北方战胜了南方？就是因为解放了黑奴。而西柏坡时期，因为中国共产党把土地分给了农民，得到了亿万人民群众的支持，人民拥护共产党，跟着共产党走，所以共产党有了坚实的群众基础。"真诚的讲解赢得了外宾的称赞。

（六）问答法

问答法就是在讲解过程中讲解员向游客提出问题或启发游客提出问题的讲解方法。使用问答法可以活跃游览气氛，激发游客主动思考，使游客获得参与感及成就感。问答法形式多样，包括自问自答法、我问客答法、客问我答法。自问自答法即讲解员提出问题，并作适当停顿，让游客思考或猜测，目的不是要游客回答，主要是引起他们的注意力和兴趣，然后由讲解员自行解答。我问客答法是讲解员提问，请游客回答。问题难度适中，不论游客回答正确与否，都要给予鼓励，最后由讲解员深入讲解，引出更多、更广的话题。客问我答法是讲解员为调动游客的积极性，引导游客提问，讲解员回答。对于游客的提问，讲解员要认真倾听和回答，但要注意不要让游客的提问冲击、打乱自己的讲解和安排。

五、景区解说词创作

解说词是景区讲解员引导游客观光游览时同游客交流思想，向游客传播文化的重要工具。很多景区忽视了解说词的重要作用，有些景区的解说词没有经过精心编排，或者是讲解员仅仅是死记硬背，没有发挥主观能动性，导致解说词千篇一律，缺乏针对性和有效性。一份优秀的讲解词，是景区对市场的"敲门砖"。必须要加强景区讲解词的撰写与规范表达，讲好中国故事。

解说词从形式上分为书面解说词和口语解说词。书面解说词是根据一定的游览线路、模拟游览活动而创作的。它是口语解说词的基础与脚本，掌握了书面解说词的基本内容，根据游客的实际情况，再临场加以发挥，即成为口语解说词。

（一）解说词的特点

这里所说的解说词主要是指书面解说词，即用文字形式书写出来的解说词。创作解说词时要严谨、重科学、强调知识性，要讲究生动性、突出趣味性，要讲究口语化、尽可能通俗易懂，要注重创新、突出特色。特别要注意解说词的以下几个特点。

1. 科学性

讲解员是文化传播者，在游客心目中，讲解员是相关领域的专家，介绍的内容具有权威性。因此，在创作解说词时一定要认真对待，解说内容必须真实、科学，要有理有据，不能胡编乱造。应严格区分史实和传说故事，做到正确传播信息、不误导游客。

2. 现场感

书面解说词是模拟现场带领游客参观游览的场景，因此，创作解说词时要设想自己正带领游客游览。解说内容要按照游览线路依次展开。为增加现场感，多以第一人称的方式进行写作。在修辞方面，多用设问、反问等手法，造成强烈的临场效果，方便实际讲解时和游客增加互动。

3. 综合性

由于讲解员进行解说的主要目的是传播文化，因此解说词涉及的知识十分广泛。一篇优秀的解说词往往综合了多学科门类的知识，多角度多层面地对景点加以叙述。在一篇解说词中，可能会用到自然科学知识，如地质成因、地貌分析、动植物知识等；可能会涉及历史知识，如朝代更迭、重大事件中的历史人物等；也可能会涉及中外文学知识、哲学、美学知识等。因此，解说词具有综合性的特点。

（二）解说词写作程序

1. 甄别考证、收集创作素材

创作旅游景区解说词首先要收集、整理和景点相关的资料，要广泛搜集资料并做深入研究。要从诸多资料中筛选出最适合有用的信息资料作为素材。同时要确保解说词信息资料的来源真实可靠，并且要进行仔细核实。

2. 确定主题、构思提纲、进行撰写

要有明确的主题，否则内容会庞杂无序。鲜明的主题更容易吸引游客的注意力。要注意结构合理、层次清楚。要根据游览路线或时间等将各部分内容有序串联起来。一般来说，解说词分为标题和内容两大部分。标题要突出主题。内容部分可附有表、图等说明。

3. 修改完善

当完成了解说词撰写后，要认真检查并进行修改完善。要检查解说词的总体结构是否合理、解说词的语法结构是否正确、单个词的拼写是否正确。此外，还要对内容进行完善。可以从游客的角度进行阅读，分析内容是否生动有趣，是否具有一定的深度，具有学习价值。

拓展阅读：景区优秀讲解词——张家界黄龙洞景区

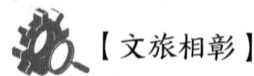【文旅相彰】

包公祠解说词——包公祠与包拯廉政思想

合肥包公祠，位于安徽省合肥市包河区芜湖路72号，是包公园的主体古建筑群。明弘治元年（1488年），庐州知府宋鉴在此修建包公书院，后易名为包公祠。这个高地又有"香花墩"的雅号。包公祠是纪念宋龙图阁直学士、礼部侍郎、开封府尹包拯的公祠。

包拯（999年—1062年7月3日），字希仁，庐州合肥（今安徽合肥肥东）人，北宋名臣。包拯廉洁公正、立朝刚毅，不附权贵，铁面无私，且英明决断,敢于替百姓申不平,故有"包青天"及"包公"之名,京师有"关节不到,有阎罗包老"之语。后世将他奉为神明崇拜,认为他是奎星转世,由于民间传其黑面形象,亦被称为"包青天"。

包拯的廉政思想主要内容包括:第一,对个人从政品质的要求。包拯十分重视培养自己的从政操守和品质,自言"生于草茅,早从宦学,尽信前书之载,窃慕古人之为,知事君行己之方,有竭忠死义之分,确然素守,期以勉循"。他的廉政思想首先就体现在其对自我的严格要求上,主要表现在以下三大方面:一、廉洁奉公。包拯不贪不占的为官之风,在当时贪腐成风的官场很是独树一帜。在包拯任端州知州时,对历届知州都大肆搜刮的端州特产——一种十分名贵的砚台,在进行上贡收缴工作时"令砚工们只按定额交纳贡砚,额外不妄取一方"。此外,包拯即使对其家族亲人也是公正无私,因丧子返乡时,"有从舅犯法,希仁挞之,自是亲旧皆屏息",不因亲属关系而加以纵容。二、勤政爱民。包拯对于自己的职责所在向来尽心尽力。当其官属御史,责在监察时,他曾经七弹王逵,六弹国戚张尧佐,不将贪官污吏的罪行彻底昭告于天下不罢休。不仅如此,包拯为官十分重视百姓的切实利益,心系民间疾苦。包拯奏议集中,有多封奏章都可见其对百姓的体恤。当百姓遭遇天灾人祸无法保证自己的生存权利时,包拯往往多次上奏乞求能够使百姓获得休养生息的政策。面对由于大旱而导致的"即日米价甚高,民食不足。若不速令救济,必致流亡",包拯即刻上议乞求"即令画时将义仓米速行贩济,以济贫民"。三、求真务实。包拯的廉政思想非常注重实效和实干,讲究实际行政效率和行政效果。而包拯本人也是按照这一标准努力践行。面对保州的军人叛乱,他临危不乱,提出在当时实际情况下最具可行性的平乱措施;针对国用不足、军备松弛的问题,他提出灵活有效的经济措施加以缓解;面对敌方少数民族政权的发难,他能够以其机智谨慎的外交才华加以巧妙化解。以上种种,都展现出了包拯的卓绝才干。

第二,对他人廉洁为官的希冀。对朝廷官员提出其应当达到的理想从政标准,也是包拯廉政思想的另一大方面。首先,包拯廉政思想中要求为官者应当才德兼备。他指出"享纯一之性,有端方之节,危言笃论,可以正阔遗,博学远识,可以备顾问",也就是说,在包拯看来,才德兼备是为官的必备条件,只有类似这样秉性纯良、才能突出的官员方有资格得到包拯的青睐和举荐。其次,包拯要求官员们应该做到职能相称。包拯认为对于官员的任用,除了必须遵循唯才是举的原则之外，还必须考虑到职位与官员过往的执政经验、实际能力、个人所独有之气质的匹配程度，即该官员能否切实胜任某一职位，并且在这一职位上充分发挥出自身独特优势。例如包拯举荐张田去驻守边防地带，就在于该将具有"周知河朔之事"的优势。与之相对应的，包拯反对官员只单纯追求职位的上升，而不考虑自身才能是否能够切实与所请求的职位匹配的要官、讨官的钻营行为。最后，包拯提倡戒奢崇俭，反对贪赃枉法。对朝廷官员上下喜用金饰的情况，包拯提出"若不速行禁止，切虑糜坏金宝，扇长浇风，竞事浮华，大损圣化"，旗帜鲜明地反对奢侈贪婪的风气，主张朝廷大小官员在吃穿用度上一切从简，并且义正词严地指出"贪者，民之贼也"，认为贪婪只能带来一时的快乐和浮华，最终将会使官员和统治者自食恶果。

思考：如何提升解说词的文化内涵？如何正确发挥解说词的教育启发功能？

任务三　旅游景区自助式解说服务

【引例】

颐和园官方 APP 上线　可自动解说 112 处景点

2015 年 1 月 13 日颐和园官方 APP 正式上线。这款手机导览软件为游客提供了导游、讲解、查询等多种服务，根据 GPS 定位功能为游客自动解说颐和园 112 处景点，方便游客游览，"不走冤枉路"。

颐和园有关负责人介绍，颐和园 APP 由颐和园管理处官方推出，基于 8 万多字颐和园讲解资料以及 160 多张图片，涵盖颐和园 112 处景点信息及 9 条精品线路推介，主要通过文字、图片及语音方式，为游客提供游览线路推荐、景点自动推送、电子地图定位、游园百科和信息检索等服务。

游客可先在网络应用市场免费下载颐和园手机导览软件。进入颐和园后，便可在手机上收到游览线路及沿途景点介绍信息；在园中漫游时，软件也能根据游客所处位置，自动提供相应景点的图文介绍和语音解说，供游客选择。

据悉，这款 APP 最大的特点在于应用了传感设备进行定位，可对 50 米范围内的客户端进行调节式触发，向游客自动推送当前位置的景点信息。

颐和园表示，推出这款导览应用软件旨在为游客提供内容权威、信息量大、操作方便的移动数字化导览系统。借助精准的 GPS 定位，游客可随时查询在园内位置，并获取内容丰富的游园信息，让自助游览更舒心，"不走冤枉路"。

（资料来源：魏梦佳. 颐和园官方 APP 上线 可自动解说 112 处景点 [EB/OL]．[2015-01-13]．https://www.chinacourt.org/article/detail/2015/01/id/1533349.shtml.）

思考：自助式解说具有哪些优点？

一、自助式解说系统概述

自助式解说是通过书面材料、标准公共信息图形符号、语音等设施设备向游客提供被动的、非人员解说的信息服务。它形式多样，主要由标示牌解说、图文资料解说、影像视听解说和各类电子导览系统构成。

和讲解员现场提供解说服务相比，自助式解说服务受众群体比较广泛，特别是对散客旅游者来说尤为重要。由于获取方式比较方便自由，游客可以根据自己的爱好、兴趣和体力自主决定获取解说信息的内容和时间。缺点是部分设施前期投入比较高，如影像系统。此外，自助式解说设施通常不容易变更，如果设计不科学，使用效率会很低。

随着智慧旅游的迅速普及，我国各大景区积极顺应时代发展，以"一切以游客为中心、提高游客游览体验"为宗旨，利用先进的信息技术，努力提升景区旅游智能化服务水平，为游客提供各类自助式解说服务，让游客真正享受自在休闲之旅。

二、旅游景区传统型自助解说服务

（一）标识牌

标识牌是一种标有图案、标记符号、文字说明等内容的功能牌，具有直观简洁、实用简便、易于识记等特征。旅游标识牌是向游客进行信息传递的主要设施，是旅游景区不可缺少的核心构件。标识牌解说是通过旅游标识牌来实现解说功能，实现介绍说明、指示引导、警示提醒、宣传等目的。在景区里，标识牌还是具有装饰性的旅游辅助设施。随着游客需求的不断升级，旅游标识牌得到了景区管理者前所未有的重视。旅游开发商以及经营商在进行景区规划设计时，对于标识牌的外形设计、内容组织都给予了高度的重视。

1.景区标识牌的特性

（1）个性化

不同旅游景区的环境和文化元素都是独特的，旅游景区标识牌从外观到内容都应围绕所在景区的定位和景区的主题文化进行设计，要为所在景区量身而设，具有一定的新颖性和创造性，要能充分体现出该景区的特色。

（2）美观性

景区标识牌也是景观的一部分，要与周围环境相协调，外形设计要别致精美、图案要直观明了、雅致大方，总体要有艺术感、有地方特色，增强景区的观赏性，为景区环境的美化发挥锦上添花的作用效果。

（3）文化性

景区标识牌类型多样、内容丰富，能有效地丰富景区的文化内涵。标识牌的内容介绍能有效提升景区整体文化水平，为景区营造良好的文化氛围。

（4）规范性

标识牌的内容通常由图标、符号、语言文字三部分组成。图标和符号不能随意设计，一般都是采用通用规范的方法制作，例如交通、厕所、防火、电话等标志，均要求依据国家标准《标志用公共信息图形符号》来制作。

（5）人性化

景区标识牌的定位和设计应从游客的角度进行充分的考虑。标识牌的摆放位置要合理，高度要方便游客查看；内容包括为游客指引道路、提醒游客特别注意道路狭窄、注意安全等，发挥着方便游客游览的功能作用，体现对游客的关怀。标识牌在文字表达方面语气不宜生硬，应该温暖或有趣，体现景区"以人为本"的理念。

拓展阅读：哪些景区标识牌提示语更容易被游客接受？

2.景区标识牌的类型

旅游景区标识牌类型多样，功能作用也各不相同。从材料角度可将景区标识牌分为木质印刻标识牌、塑料吹型标识牌、玻璃压花标识牌、金属压模标识牌、易拉宝标识牌、石头碑刻标识牌、纸质标识牌、竹编标识牌等；从建造形式的角度可将景区标识牌分为单板式标识牌、多板式标识牌、亭式标识牌和厅式标识牌等；根据传递信息的内容，可将景区标识牌分为景区介绍牌、道路导向指示牌、提醒/警示关怀牌、服务设施标识牌等。

（1）景区介绍牌

景区介绍牌包括景区全景图（景区总平面图）、局部景点导览图、吸引物标识牌等。景区全景图的内容主要有景区文字介绍、游客须知、景点相关信息、服务管理部门电话等。一些面积范围大的景区会有局部景点导览图，对部分区域的景点进行概括性介绍。吸引物标识牌是对具体某一处景点、景物进行扼要介绍，比如介绍该景点或景物的名称、相关来历、典故等，要求讲究科学性，突出重点，通俗易懂，要突出该类型景观的特征。

①自然风景区、森林公园和地质公园景观介绍牌要说明地质地貌性质、构造特征、形成年代、科学价值、环境价值。

②河、湖、冰雪景观介绍牌要突出语言的艺术性和美感，营造和烘托艺术享受的意境。

③观景台介绍牌要说明环境、地貌、动植物以及天象特征。

④动植物景观介绍牌要说明动植物的科属、外观特征、习性、珍稀程度、保护等级。

⑤遗址遗迹景观介绍牌要说明产生年代、背景、发展历程、文化内涵、保护等级。

⑥建筑与宗教景观介绍牌要说明建造年代、结构特点、民族文化内涵、建造者等基本信息。

⑦游乐设施介绍牌要说明设施的运行方式、运行时间、可能产生的感觉效果，并提示不宜参与的人群。

（2）道路导向指示牌

道路导向指示牌内容包括景区外道路、景区内一级主干道、景区内二级和三级游步道；水上、陆地的指示牌；道路节点（交会处）的指示；道路节点处的主要设施，如码头、公厕指示牌、停车场指示牌等。

拓展阅读："微改造、精提升"——优化旅游标识牌系统

（3）提醒/警示关怀牌

这类标识牌包括提示游客注意安全及保护环境等一些内容的温馨提示牌及警戒、警示牌。

（4）服务设施标识牌

①服务引导标识：景区、景点、景观、服务设施、出入口等处设置引导牌，并视功能需要标明方向、位置、距离等。

②售票处标识要明示营业起止时间、票价、减免政策。

③停车场、售票处、出入口、游客中心、厕所、购物点、游览车上下站、游船码头、摄影部、餐饮点、电话亭、邮筒、医务室、住宿点、博物馆存包处等场所标识必须使用标志用公共信息图形符号。

（二）图文资料

景区图文资料解说是指利用印刷的书面宣传资料来传递旅游信息的解说形式，包括景区旅游指南、景区地图、旅游宣传画册、风光图片、书籍以及相关的广告宣传品等。图文资料具有保留时间长、阅读层次面广等特点，是旅游解说系统的组成部分，也是旅游宣传的主要手段。

1. 景区地图

景区地图主要向游客展示景区的地理位置、景区景点分布以及导游线路图等，通常它对于各个景点都有一定的简短介绍以及安全提示，游客可以通过景区地图自助完成景区的游览。为了满足不同类型游客的需求，景区地图所承载的信息也在不断地充实和丰富。

2. 旅游指南

旅游指南上所反映的信息较之景区地图要丰富得多，主要包括景区概况、景区地图、景点游览图、住宿指南，以及其他旅游咨询信息。旅游指南主要是帮助游客了解景区的总体概况、独特景观和主要旅游项目、服务设施等。

3. 旅游宣传画册

旅游宣传画册就是将有关景区的优美的摄影作品、景观特写等收集整理成精美的画册。旅游宣传画册一般制作都比较优美、典雅，不仅向游客展示了景区的魅力景观，而且具有收藏和纪念意义。

4. 书籍

景区出版的书籍，大部分以旅游景区和所在区域的自然和文化为背景，可以使游客更深入地了解景区的内涵，比如景区的地质结构、文化背景、动植物资源等。根据不同层次游客的需求，景区可推出不同类型书籍，或注重趣味或注重专业性。

（三）影像资料

影像资料解说是通过影视片、光盘、幻灯片等影像、音像资料来宣传景区、传递旅游信息的一种解说方式。旅游景区可以将景区有代表性的自然风光、标志性的景观、人物传记、民俗风情、风物特产、相关歌曲和乐曲等录制成VCD、DVD、CD等视听资料，来对景区进行宣传和解说。它不仅起到解说、引导、宣传、教育的作用，还方便游客购买、携带，具有收藏和纪念价值。

影像资料解说可视性强，音乐、混音效果等音效能够给景区带来生气，效果逼真，使游客如身临其境，可以增加游客的兴趣，丰富游客的知识，同时对景区的形象起到了很好的宣传作用。随着技术的不断进步，其制作越来越简单，更新也变得更加容易。在设计影像解说系统时，应重点考虑以下几点：认真筛选需要解说的信息；仔细分析景点的自然环境和主要游客群体；挑选最合适的人选进行解说录音；注意音乐、录音的配合，做到与环境相一致；经常检查播放声音的硬件设备，避免音效的降低。

三、旅游景区智慧型解说服务

拓展阅读：密云古北水镇景区智能电子导览上线

随着科技的进步，旅游景区解说系统从最初的口头讲解和以书面纸张为介质的讲解手册的形式发展为以文字、语言、视频为介质和载体的多媒体电子解说系统。电子解说设备也称为电子导游，是一种利用数码语音技术制作的自助式服务设备，可以让游客在参观游览的过程中，通过自行操作、定点启动、导游控制等来选择聆听景物或展品的介绍。按要求，4A级以上景区应提供中、英等多语种电子解说设备租赁服务，解说内容应准确、丰富、生动，其系统设计要方便游客操作。

使用电子导游系统可以有效地配置人力资源。由于讲解人员有限，特别是外语讲解人员较少，很难为每位游客提供规范的讲解服务，电子导游系统为散客和外国游客的参观提供了便利。电子导游系统既是景区提供的一种人性化服务手段，又是景区现代化的标志之一。

目前，我国景区的电子导游已有无线接收式、磁带播放式、MP3播放式、数码播放式等多种形式，其中无线智能电子导游系统是相对最先进的电子导游形式。此外，计算机触摸屏解说系统也逐渐成为自助式解说服务的一种形式，在很多景区得以广泛使用。多媒体触摸屏导览系统充分利用多媒体技术以及PC机，游客可通过触摸屏实现解说信息查询。音像信息丰富，实用性、可视性兼备。它可提供景区的整体介绍、重要景点的音像资料，以及旅游路线的选择、往返景区的交通、景区内服务设施说明等信息。

（一）电子解说设备主要类型

1. 录音解说

所谓录音解说是将景区的解说内容采用数码录音的方式存放到一个存储量比较大的解说器上。解说器上面有显示屏、数字键以及播放、停止键。这一服务方式的实现，首先要将与景区相关的解说词以不同的语种全部储存到解说器，并且将景点分割成不同的文件，即将每个景观的解说词分别归入景点内，景点名显示在显示屏上。例如我国云南的石林风景名胜区就采用这种解说方式。

游客拿到解说器后，首先选择所需要的语种，然后进入景点解说中。游客想听哪个景点的解说就按下相应的键，解说器就会自动播放景点的基本介绍。这种解说方式最大的优点就是游客可以随意选择自己所需要的内容，解说不受游览线路、游览进度的限制。这种解说器体积小、便于携带，而且使用也很方便，收听质量也可以得到很好的保证，成本也较低。若景区要增加或修改解说内容，处理起来也非常方便。这种解说方式对于景点景观多、解说内容多的旅游景区非常适用。

2. 感应式电子导游

感应式电子导游也是多语种可供选择的解说方式。它由两部分组成：一部分是具有解说内容的芯片，另一部分是游客手中的解说器。景区管理者先将解说内容通过语音压缩技术压缩在芯片中，然后将它置于需要解说的景点上面。这种电子讲解器体积很小。当游客携带解说器到达某一景点时，解说器会与之产生感应，就会启动信号，然后进行自动解说。这种解说不受时间、地点和游览线路的限制，而且还具备智能引导、自动讲解、语言同步乃至电子地图等多种功能。这种解说方式操作起来相当简便，游客除了选择自己所需要的语言、开关机以及调节音量外，基本上不需要其他操作，十分便捷。但是由于技术上的要求，这种方式成本相对较高。北京的颐和园景区已经采用这种解说方式。

3. 无线接收

这种解说方式是由很多台无线调频发射机和游客接收机构成。它是在景区的各个景点分别放置调频发射机，然后把景点的解说内容用多种语言储存在发射机内，当发射机开始工作时，导游解说信号就被发射出去，游客在景点周围可收听到适合自己的解说词。它的功能和收音机的功能相似。这种无线接收方式的导游解说系统服务范围比较广，不论有多大的游客量，只要游客手中有接收机，就可以享受导游解说服务，并且可以避免由导游员个人因素而带来的服务不满意的情况。

4. 微信语音导览

微信语音导览的建设是旅游景区立足"互联网+"模式，推动智慧旅游发展，加快旅游系统融合到大数据信息时代的重要步伐之一。现如今，很多旅游景区的导览系统都在使用二维码自助语音导览。游客只要通过手机扫一扫二维码即可收听景点解说。很多景区都有免费 Wi-Fi，网络服务覆盖整个景区，为游客收听语音讲解提供方便。微信语音导览不仅节省了人工导游与机器导游的人力成本，又便于游客随时获取景区各类信息。它是将传统的景点讲解与微信相结合，游客只需用手机扫一扫即可听到讲解，不会占用手机的内存，方便游客使用，这在一定程度上也提升了游客的体验感。对于景区管理来说，无须格外购置任何硬件设备，也不需要像机器导览设备那样专门安排人员管理，景区还可借助微信公众平台为游客提供智能化服务，既节省了景区的人力、物力和资金的投入，又宣传了景区文化，同时为整个景区的社会宣传开拓了一条新思路。

拓展阅读：淮南八公山风景区推出景点扫码免费听解说服务

（二）旅游景区电子解说设备的选用

旅游景区应根据讲解环境的不同选择合适的讲解器材。为减少不同讲解员同时讲解时的相互干扰，除了在一些比较空旷的空间范围可以使用扩音器，大部分景区内的讲解都不宜使用扩音器。在游客比较密集且允许不同讲解同时进行的景区，应根据游客的不同需要选用适宜的电子讲解说明服务设备。

对团队的讲解，可配备无干扰导游无线讲解系统，选用频率数值较高和工作频段数较多的设备，以保证语音的清晰和较多团队需要的不同讲解。

对散客，可配备自助电子语音讲解系统，选用自动接收与自由点播相结合的产品，包括无线自行播放式、无线触点感应式，以及预存储手动数字选择式。手动数字选择式产品最好能支持重复收听。

（三）智能机器人讲解

拓展阅读：
机器人导游

随着智能机器人技术的发展完善，一些旅游景区投入智能化设备，开始使用机器人讲解员。目前我国景区使用的机器人讲解员主要有两类，一类是实现定点讲解的功能，还有一类旅游景区的机器人讲解员可以根据环境情况进行自主移动，实现互动和引导的功能。这些新型的旅游景区景点机器人讲解，可以与游客互动交流，与游客进行实时语音对话，通过语音识别、人屏交互等方式，为游客提供智能化、人性化的咨询、指导、产品宣传、迎宾接待等服务。使用机器人讲解可以节约人力成本，同时有利于提升旅游景区的智能形象，增强游客吸引力。

知识与技能训练
答案

【知识与技能训练】

一、名词解释

旅游景区解说　旅游景区解说系统　景区讲解员　自助式解说

二、选择题

1. 下列（　　）是旅游景区讲解中常用的讲解方法。

A. 分段讲解法　　B. 问答法　　C. 类比法　　D. 虚实结合法

2. 旅游景区图文资料包括（　　）。

A. 景区地图　　　　　　　　B. 旅游指南

C. 旅游宣传画册　　　　　　D. 相关书籍

3. 旅游景区讲解员工作具有（　　）的特点。

A. 独立性强　　　　　　　　B. 脑力、体力高度结合

C. 复杂性　　　　　　　　　D. 重复性

4. 根据传递信息的内容，可将景区标识牌分为（   ）。
   A. 单板式标识牌   B. 道路导向指示牌
   C. 提醒或警示关怀牌   D. 服务设施标识牌
5. 景区标识牌的特性有（   ）。
   A. 个性化   B. 美观性   C. 文化性   D. 规范性
   E. 人性化

三、判断题

1. 旅游景区解说系统是由讲解员、解说设施、解说信息、景区解说管理和解说受众等要素构成的特定系统，这些要素之间相互独立存在、互不干扰。
（   ）

2. 和自助式解说相比，讲解员现场提供解说服务受众群体比较广泛，特别是对散客旅游者来说尤为重要。（   ）

3. 景区解说服务是一份脑力和体力劳动高度结合的工作。（   ）

4. 对团队的讲解，可配备无干扰导游无线讲解系统，选用频率数值较高和工作频段数较多的设备，以保证语音的清晰和较多团队需要时的不同讲解。
（   ）

5. 景区标识牌的图标和符号不能随意设计，一般都是采用通用规范的方法制作。（   ）

四、简答题

1. 旅游景区解说服务具有哪些功能作用？
2. 请描述旅游景区讲解员的工作流程。
3. 对旅游景区讲解员的语言要求是什么？
4. 旅游景区讲解员应该具备哪些基本素质？
5. 景区微信语音导览具有什么优点？

【综合实训】

实训项目：
旅游景区讲解词创作。
实训目标：
通过实训，掌握景区讲解词的基本构成，熟悉讲解词的规范要求，学会使用不同的讲解方法。

任务训练：

选取你所在城市的某一旅游景区进行讲解词创作。

实训要求：

1. 以小组为单位，分工合作，选取景区进行讲解词创作。

2. 认真严谨，确保信息资料真实可靠。

实训指导：

1. 指导学生通过实地考察、文献搜索等多种方法获取该景区相关资料。

2. 指导学生使用办公软件编辑和处理文档。

实训评价：

考评人		被考评人	
考评内容		旅游景区讲解词创作	
考评标准	具体内容	分值（分）	实际得分（分）
	符合景区讲解词基本规范要求	35	
	讲解词内容丰富、语言生动	30	
	团队贡献度	20	
	文档操作熟练	15	
	合计	100	

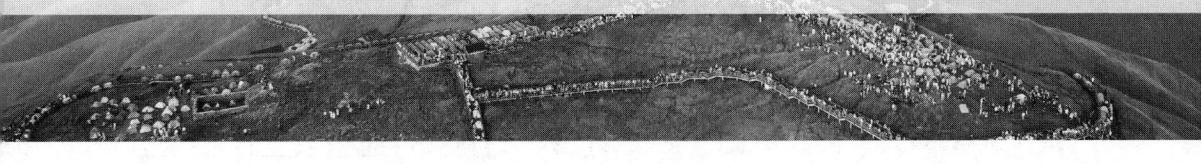

项目六　旅游景区营销管理

学 习 目 标

知识目标：
- 掌握旅游景区营销的含义、特点和类型。
- 掌握旅游景区市场调研和市场预测的方法。
- 掌握旅游景区市场细分的标准。
- 熟悉旅游景区形象策划的内容。
- 掌握旅游景区节事活动策划原则。

能力目标：
- 能够熟练运用合适的调研方法开展景区调研。
- 能够正确进行旅游景区市场细分。
- 能够根据具体条件为景区选择合适的目标市场。

素质目标：
- 提高学生的交流沟通能力。
- 培养学生分析问题的能力。
- 培养学生的创新意识。

思政目标：
- 在景区营销中传播中华优秀传统文化。
- 在景区营销中传播红色精神。
- 通过景区节事活动，传承非物质文化遗产。

思 维 导 图

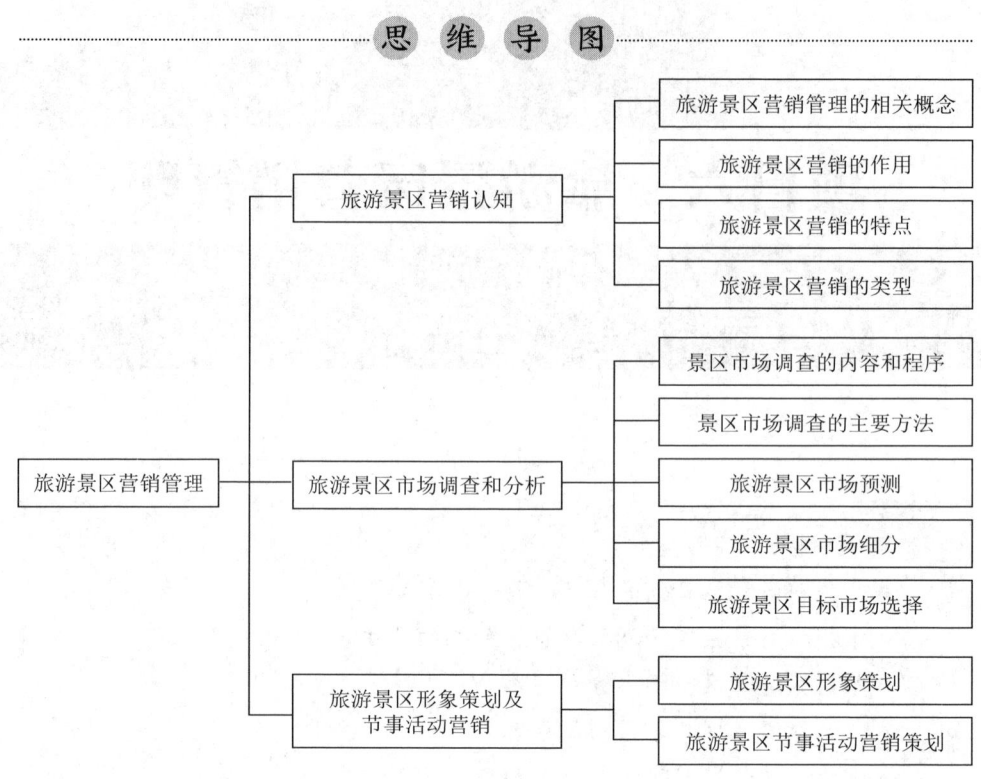

任务一　旅游景区营销认知

【引例】

从故宫创意看文化营销

文创产品看故宫。故宫在 2015 年创造了文创商品销售额突破 10 亿元的纪录；豆瓣评分 9.4 的《我在故宫修文物》获得 2016 年度中国最具影响力的十大纪录片之一和 2016 年度优秀国产纪录片之荣誉；《故宫回声》曝光量达 16 亿次；综艺节目——《上新了，故宫》也将迎来第三季。故宫打造的综合文化产品深受中青年群体的追捧，是文化营销成功案例的典范。

故宫文化营销的成功离不开研发团队的"走心",离不开产品的"实用、讨喜"。故宫以《雍正行乐图》为基础制作的《雍正:感觉自己萌萌哒》动态图片,以及系列帝王表情包、仕女风情图,结合网络热词、流行歌曲,一改历史人物刻板形象,用有趣方式满足大众深入了解历史的需求。

故宫推出带有故宫 IP 的手机壳、电脑包,为女性推出护肤品、化妆品、服装配饰;故宫联合当红主持人、演员推出《上新了,故宫》综艺节目;与腾讯动漫、腾讯 NI 创新大赛获奖青年团队合作《故宫回声》,用最容易被大众接受的方式,传播优秀的理念,收获大众的喜爱。

景区对自身的文化资源开发利用时应做到"三个关注"。关注现代人,尤其是年轻人的心理与喜好;关注市场变化,生产出"对胃口"的文创产品;关注新科技、新技术,以强强联合、多元化的形式,展示自己的文化和产品。

景区进行文化营销应深挖自身文化资源,贴合大众生活需求,创新升级文创产品。

(资料来源:侯宏伟. 从故宫创意看文化营销[EB/OL].[2020-02-23]. https://www.163.com/dy/article/F63TJQTA055061FK.html.)

思考:旅游景区应如何开展文化营销?

一、旅游景区营销管理的相关概念

市场营销对旅游景区在市场中生存和发展影响巨大,它是旅游景区寻找市场机会、实现经营目标的根本保证,也是合理调节旅游市场供求关系的准则。旅游景区要想吸引更多的游客、扩大市场份额、获得更好的经济收益,市场营销是关键。

(一)市场营销

市场营销的理论是随着时代发展不断更新的。在一开始,营销被定义为推销产品的一种艺术;随后,营销又被定义为发掘并维系顾客的科学与艺术;接下来,营销被定义为发掘、维系与培养能使企业获利的顾客的科学与艺术。在这些早期探索之后,著名的营销大师科特勒(Philip Kotler)提出了市场营销的定义,即市场营销(Marketing)是个人和集体通过创造,提供出售,并同其他个人和群体交换产品和价值,以获得所需所欲之物的一种社会管理过程。这一定义内涵丰富,涵盖了需要、欲望、产品、交换、交易、市场等一系列的概念及其内在联系,深入地揭示了市场营销活动的本质,逐渐被理论界大多数人所认可。

要理解市场营销这一概念,首先,需要明确的是,营销的主要责任在于为公司创造出具有获利性的收入增长。营销必须辨识、评估、选择市场机会,并落实战略,以在目标市场取得绝对的优势或至少是显著优势,其核心是交换,交换是主动的、积极的。其次,需要明确营销的思想精髓,即两个导向和四大支柱。两个导向是消费者导向和竞争者导向;四大支柱是市场中心、顾客满意、协调的市场营销及盈利性。最后,需要明确营销管理的本质是需求管理。在制定营销规划时,必须密切注意需求的变化,并随之调整定价、沟通、产品开发等企业策略。

(二)旅游景区营销

1. 景区营销

将上述市场营销概念应用到旅游景区的范畴中,就形成了景区营销的概念内涵。景区经营的任务就在于把握景区目标市场的需求和欲望,并且要能比吸引力范围内的其他竞争者更好地满足游客的需求,最终能提高区域综合效益。因此,景区营销是将景区作为一个整体所进行的营销活动,是指景区为满足游客的需要并实现自身经营和发展目标,而通过旅游市场实现交换的一系列有计划、有组织的社会管理活动。这些社会管理活动包括景区所进行的有关产品生产、销售和售后服务等与市场有关的一系列经营活动,如市场调查和预测,景区产品构思和设计,定价、分销、促销和售后服务等。

由于旅游景区凭借的是有形和无形的资源,创造的是旅游体验,这种特殊性使得其与旅游者的需求有着密切的关系,这种关系甚至要强于一般企业,而旅游者的旅游需求往往多元化、变化快、易受影响,这就决定了景区营销是一个复杂的、多方联动的系统工程,也势必要求景区的营销管理特别需要具有协调性和统观性。

2. 景区营销管理

景区营销管理(Tourist Attraction Marketing Management)是通过旅游市场分析,准确确定目标市场,为旅游者提供满意的产品和服务,使之获得预期的旅游体验,是旅游景区产品实现交换的全过程的管理,是一种旅游者的需求管理。

该定义强调旅游者的需求管理,这与市场营销的精髓是一脉相承的,只是这一过程烙上了旅游的印记而有了新的深入点,即要针对旅游者体验进行营销,更多地传达一些景区文化和理念从而使之产生购买行为。

二、旅游景区营销的作用

旅游景区是我国旅游业发展的主体,在当今激烈的旅游市场竞争中,市场营销和形象塑造已成为旅游景区占领市场制高点的关键,成为撬动景区发展的关键杠杆。合理而高效的景区营销是竞争的关键环节。旅游景区要发展就必须重视营销,解决好卖到哪里、卖给谁、卖什么和怎么卖的问题。旅游景区营销的功能作用主要表现在以下几个方面。

(一)了解游客需求

现代市场营销观念强调市场营销应以消费者为中心,围绕消费者的需要组织企业经营活动。满足游客的需求与欲望是景区营销的出发点和中心,也是景区市场营销的基本功能。通过营销活动,从游客的需求出发,并针对不同目标市场的顾客,采取不同的市场营销策略,合理地组织景区的人力、财力、物力等资源,为游客提供适销对路的产品,做好销售后的各种服务,让游客满意。只有满足消费者的需求,才可能实现企业的目标,因此,在景区运营中,发现和了解游客的需求是景区营销的首要功能。

(二)指导经营决策

景区决策正确与否是景区经营成败的关键,要谋得生存和发展,景区必须做好经营决策。应通过旅游景区营销活动,分析内外部环境的发展动向,了解游客的需求和欲望,了解竞争者的现状和发展趋势,结合自身的资源条件,指导景区在产品、定价、分销、促销和服务等方面做出相应的、科学的决策。

(三)传播品牌形象

从景区的特性来看,旅游景区具有不可移动性。由此,决定了景区产品要靠形象传播，使其为潜在游客所认知，从而使他们产生旅游动机，并最终实现出游计划。旅游景区品牌形象是吸引游客最关键的因素之一，景区营销可以有效传播景区相关信息，引起游客的兴趣和关注，并在游客心目中形成良好的印象。

（四）促进产品销售

随着社会经济的进步和旅游业的不断发展，景区数量越来越多，类型也更加多样化。同时，游客的旅游经历也不断丰富，他们对景区景点的要求也越来越高。在日益激烈的市场竞争中，景区必须通过对游客现有需求和潜在需求的调查、了解与分析，充分把握和捕捉市场机会，积极开发景区产品项目，并通过有效的营销引导消费观念，才能进一步开拓市场，增加产品销量。

三、旅游景区营销的特点

要正确制订旅游景区营销方案，需要深入了解旅游景区产品特征。旅游景区营销主要具有以下特点。

（一）营销目标多样化

不同于其他类型企业的营销目标，旅游景区的营销目标除了考虑经济指标外，还必须考虑环境目标和社会目标，这是由景区的产品特点决定的。资源型景区除了为游客提供服务，还担负着保护资源的责任，因为资源是吸引游客的重要因素，环境目标也成为景区能否持续发展的重要方面。景区应保持旅游与自然生态环境的平衡发展，达到可持续发展的目的。内部或外围影响范围内有居民的景区应该通过发展旅游实现景区与社区居民的双赢，同时给游客提供更和谐的旅游体验和权利保障；要不断提高景区社区居民的生活水平，实现景区发展、社区提升、居民增收的多重目标效应。

（二）营销主体多元化

首先，旅游景区的员工和游客都是营销的重要组成部分。旅游景区产品具有一个特征，即游客是生产过程的一部分，而员工是产品的一部分。前者是服务的对象，服务过程就是生产过程，他们的态度和行为，不仅会影响自己的经历，也会影响其他游客的经历；后者直接参与产品的生产和销售，因为员工直接与游客接触，他们的态度和行为会直接影响到游客是否喜欢该产品。因此，员工和游客都是营销的重要组成部分。

其次，在景区营销过程中，参与主体除景区外，还会有旅游经销商、旅游行政管理部门、地方当局和旅游委员会等多种主体。景区所在地的政府、行业主管部门，如旅游局，通常把景区纳入统一设计运作的目的地营销系统中，或并入统一设计的旅游线路中，与其他旅游企业一起联合推销，这时当地政府或行业主管部门就成为景区的营销主体。因此，景区营销要突出独特性和地方性，要使景区成为区域旅游的代表景区，借他人之手扩大影响，对相关主体扩大影响，才能使营销工作卓有成效，树立起良好的景区形象。

（三）营销环境复杂化

旅游业是一个综合性、交叉性、敏感性都很强的行业，旅游景区的营销活动受内外部环境的影响特别大。景区营销的外部环境多变且难以预料，国家的宏观政策、国家的外交政策、地方的经济发展、市场的竞争状况、社会的文化心理等诸多因素都可能给景区营销带来无法估量的影响。旅游景区的内部环境也比其他行业更加复杂。景区产品的共享使用与生产、消费同步性等特征，使游客的态度和行为相互影响、互为消费背景。

（四）营销对象消费行为多样化

随着我国经济高速增长，消费升级趋势在旅游产业表现得尤为明显。游客出游需求和消费行为越来越多样化、个性化。互联网在传统信息渠道之外，为游客提供了更多的信息和更多的选择机会，游客早已不再被动接受他人的观点和信息，不再消极购买和消费，而要求更多地参与、掌握主动权，并在满足个体需求的同时，更加注重保护景区生态环境、景区社区环境等。

（五）固定成本高，可变成本低

景区的固定成本一般都很高，但游客数量的剧增并不会大量增加成本；而当游客数量降低时，景区成本也不会大幅减少。这一点对景区营销，特别是定价和促销策略的制定都很重要，有基本指导作用。

(六)景区的属性差异化

旅游景区竞争激烈,竞争程度会因类型不同有所变化,但每个旅游景区都会突出差别性营销策略,以形成自己独特的形象。各景区的营销目的差别很大,这主要取决于景区的属性。私营景区的目的,通常是追求利润和市场份额,扩大产品销售量或取得满意的投资回报率。国有景区的目的主要不是利润,其目的范围很广泛,可以是文物保护、旅游扶贫或公共服务等。不同的属性决定了不同景区在营销力度和对象上有所区别。

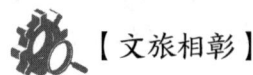【文旅相彰】

张家界天门山——创新营销铸就传奇

张家界天门山,因自然奇观天门洞而得名,有"张家界之魂"的美誉,是我国5A级旅游景区。天门山独特的喀斯特台型地貌举世罕见,山顶的森林覆盖率达90%,奇石异木繁多,宛若绝美空中花园。1992年7月,天门山被国家林业部批准为张家界的第二个国家森林公园。

十多年来,天门山一直坚持系统谋划、大手笔投入、突出创意、广泛覆盖的品牌营销策略,不遗余力地提升天门山的影响力和市场认知度。同时,也以提高张家界作为目的地的市场吸引力和促进张家界总体客流增长为基本宗旨。

从2012年到2018年,张家界天门山先后承办了七届翼装飞行世界锦标赛。其中,2012年的首届翼装飞行世界锦标赛被美国《时代》周刊评为"2012年度全球25项最棒的发明创新之一",这也是唯一一项在中国境内产生的"发明创新"。《时代》周刊还评价,这次比赛是一个前所未有的创新,不仅创造了翼装飞行运动的竞赛方式和规则,也是人类运动史上第一次在空中进行的飞行比赛,足以载入世界体育史册。

除了极限赛事活动,天门山景区还利用自身奇险的自然景观资源,与红牛、梅克萨斯、奔驰、路虎等多个世界知名品牌合作,进行汽车挑战活动及广告片拍摄。2017年,世界知名品牌越野车——英国路虎在天门山天门洞999级天梯上进行史无前例的"汽车挑战天梯"纪录片拍摄,并于2018年初进行全球投放播出,天门山的绝美风光以不一样的方式又一次亮相世界。

自开业以来，天门山公司在形象宣传方面已累计投入资金超过 2 亿元。天门山因先进的营销理念、准确的形象定位、优秀的形象策划包装能力、不断创新出奇的活动，成为全国旅游景区中市场营销工作的佼佼者，成为外地很多景区研究和模仿的标杆。成功的形象宣传不仅使得天门山客流不断增长，也对张家界旅游形象的整体宣传和市场吸引力的提升起到明显作用。

（资料来源：陆波.张家界天门山——创新营销铸就传奇［EB/OL］.红网张家界站,［2019-06-10］. https://zjj.rednet.cn/content/2019/06/10/5582069.html. 有删减）

思考：如何理解旅游景区与企业跨界合作，创新营销模式，传播中国品牌？

四、旅游景区营销的类型

（一）按服务对象，分为内部营销与外部营销

按服务对象，旅游景区营销可分为内部营销和外部营销。

外部营销是针对游客所做的调研市场并确定目标市场、设计包装产品、确定价格、开展宣传促销、实施跟踪调查等一系列前后衔接的工作内容。外部营销对象主要是游客，目的是提高游客的满意度和忠诚度。

内部营销对象是景区员工。20 世纪 70 年代贝里（Berry）研究服务企业时，首次提出内部营销（Internal Marketing）的概念，简单地说就是培养员工热爱自己的企业和它的品牌。内部营销是一种把员工当成顾客，取悦员工的哲学，体现了以人为本的企业文化内涵。通过满足员工的各种需要吸引、激励员工，最大限度地调动员工的积极性和能动性。景区内部营销贯穿景区运营全过程，通过实行内部营销，鼓舞员工士气，协调内部关系，为游客创造更大的价值。

内部营销和外部营销是旅游景区整体营销的有机组成部分。外部营销对内部营销的实施起指导作用，使内部营销活动更具有针对性。而对外部顾客开始实施营销前，必须确保景区内部员工理解并接受外部营销活动及景区提供的产品或服务内容。可以说，没有外部营销指导的内部营销是不切实际的，没有内部营销支持的外部营销也是难以成功的。

（二）按消费特征，分为旺季营销与淡季营销

淡旺季主要是根据景区所在地的气候情况和游客客流量来进行区分。国内大部分旅游景区都具有明显的淡旺季。不同的景区淡旺季的时间和长度各不相同。旅游景区旺季营销主要是要加强景区的经营管理和售后服务。确保景区游览设施的安全并及时了解游客对景区的评价和建议。景区淡季市场营销是为了充分实现景区的价值，在缺乏消费动力的时间段，调整消费者的季节性偏好，增加景区产品的销售或者为下一个销售旺季储备更大的消费市场而进行的一系列活动。

景区的淡季市场营销要根据消费者的淡季需求的特点及景区自身的淡季特征进行分析。从消费者淡季需求的特点来看，消费心理更趋理性化。旅游发展初期，天气成为游客做出旅游决策的前提。一般的消费者都有选择天气好的季节出游的偏好，相比较而言，人们更愿意在暖春、舒夏、凉秋等天气较好的时间段出游。随着旅游业和人们旅游心理的成熟，部分游客的首要考虑因素已不仅限于气候，也同时会考虑出游的自由度、舒适度、优惠度，理性地选择在淡季出游。淡季出游的好处有：一是回避人流拥挤造成负面的心理影响；二是出于价格的考虑，淡季出游便宜；三是能够有充足的时间游览和观赏景点。因此，景区淡季市场营销要满足消费者的这种需求，就要坚持"价格优惠、环境宽裕、项目更新"的原则，具体措施如下。

（1）推出半价门票。推出半价门票是指在原门票的基础上进行对折出售，这对于消费者或者旅游中间商来说都很有吸引力。

（2）推出增值门票。在原门票的价格保持不变的基础上赠送一些附加项目给游客体验。

（3）推出淡旺季套票。推出淡旺季套票就是指游客在淡季购买旅游产品可以获得旺季优惠旅游的机会。

（4）推出捆绑套票。指把景区内的参观、娱乐和餐饮项目捆绑起来一起销售，在原门票价格不变的基础上附赠项目或体验，如一份中餐或一个游乐项目。

（三）按营销传播的载体，分为线上营销与线下营销

按营销传播的载体，旅游景区营销可分为线上营销与线下营销。线上营销就是利用网络资源构筑线上渠道和宣传渠道。优点是通过网络社交软件（抖音、火山小视频、小红书APP等）、电商平台等媒介作为载体，成本相对较低、受众面广且不受时空与地域的限制。目前，很多旅游景区都建立起了景区的门户网站和官方微博、官方微信等线上营销平台。

线下营销主要采用店面管理、促销活动、终端销售团队管理、活动公关、会议会展、促销品营销等手段为客户提供"一对一"的品牌宣传、产品助销。优点是体验性较好，不过会受地域限制。

（四）按营销手段，分为传统媒体营销和新媒体营销

传统媒体营销是以户外广告、电视广告、纸媒广告为主的营销方式。传统的旅游景区营销主要是通过传统营销平台，如电视、杂志、广告等进行品牌的推广与宣传，把景区的相关信息推向大众。

近年来，网络、微博、微信等新兴媒体以其互动性、实时性、个性化、虚拟性和开放性的特点，给旅游景区营销带来了深刻的影响。越来越多的旅游景区开始运用新媒体进行营销宣传。

1. 新媒体和新媒体营销的概念

新媒体是与传统大众媒体如电视、报纸、广播不同的媒体形式，它是以用户为中心，利用计算机信息处理技术，通过社会化网络服务进行信息传播的新型媒体。它主要包括网络社区论坛、社交网络、网络视频、微博、博客、微信、门户网站等互联网应用形式。

新媒体营销是指通过微博、微信、视频等有别于传统大众媒体所开展的营销方式。新媒体营销是内容与渠道的结合，是新媒体内容在各渠道呈现的形式。内容呈现的形式主要有文字、图片、视频等。新媒体营销从本质上来说，是企业软性渗透的商业策略在新媒体形式上的实现，通常借助媒体表达与舆论传播使消费者认同某种概念、观点和分析思路，从而达到品牌宣传、产品销售的目的。

2. 旅游景区应用新媒体营销的意义

新媒体营销因其重体验、重沟通、重创造的思维方式，在营销方面较传统营销模式更有优势，旅游景区运用新媒体进行营销，不仅能获得良好的经济、社会效益，还能有效提升景区的整体形象，其特点具体表现在以下几个方面。

(1) 覆盖面广、成本较低

对旅游景区而言，世界上任何一个地方都有可能因网络连通而成为潜在市场，任何一个网络用户都有可能成为其顾客。从市场范围角度考虑，新媒体营销打破了空间界限，实现了全球覆盖。新媒体营销使得人们在任何时间任何地点，都可以快速及时地获得有效信息。同时，新媒体营销的技术、经济和时间成本相对较低。新媒体营销的技术成本不是很高，而且网络信息传递速度极快，这种便捷的传播方式，使得新媒体营销的时间成本大大降低。

(2) 信息量大、内容丰富

新媒体可以容纳海量信息，每一个独立的个体都可以作为信息传播的源头，利用新媒体超链接功能，可以深入了解旅游景点的各方面信息。新媒体对主题进行传播的方式更加丰富多样化。景区在新媒体营销过程中，可以借助的先进多媒体技术手段非常多，可以图文并茂地对旅游景点进行生动形象的传播，能够有效提高视觉传播的创新性和感召力，从而使潜在消费者更容易接受旅游景区的营销信息。

(3) 精准定位、互动性好

新媒体改变了传播者与受众之间的关系，由单向传播转为双向交流，可真正实现"以顾客为中心"的定制化营销。而且随着大数据时代科技的发展，通过强大的数据库分析挖掘功能，可以实现真正意义上的精准定位。此外，通过新媒体营销，旅游景区与游客之间可随时进行互动，旅游景区可以利用新媒体及时了解游客需求以及游客的反馈意见，能够及时改进产品、提高旅游服务质量，做好危机公关工作，以谋求最佳旅游营销效果。

3. 旅游景区新媒体营销管理

(1) 完善基础设施建设

旅游景区要搭建好景区的信息服务平台，必须有快速的 Wi-Fi 全面覆盖景区，以便让游客在游览前、游览过程中和游览后都能够便捷地与景区营销人员开展深度互动。景区还应设计手机专用的 APP 应用软件并设置二维码供游客下载使用，让游客通过智能手机或平板电脑就能完成景区相关资讯查询并进行产品预订和购买。

(2) 注重内容管理

网站的资讯要全面，包括景点介绍、线路行程、景区旅游指南、即时旅游优惠、天气情况、游客流量、门票预订、电子语音导游、游客互动评价等内容，并且要注意及时更新，确保内容的准确性和及时性。内容要有针对性，要实行定制化营销。官方微博、微信不仅要图文并茂，还要结合视频，提高观赏性和趣味性。

（3）加强新媒体营销人员培训

景区新媒体营销人员要掌握市场营销、电子商务、游客心理学等方面的知识；要具备网络营销理念；要掌握投放策略、数据分析、账户执行与管理以及效果优化等方面的技能；要精通编写、擅长营造与景区有关的新闻话题，开展各类能吸引游客的活动，以确保新媒体营销工作专业有效。

（4）做好安全保障

要注意互联网技术环境和信息安全，确保景区公众账号的安全、保障用户的信息安全和财产安全。现在很多景区开发了微信公众号，要注意做好日常维护工作，增强营销平台的安全保障，防止网络病毒攻击。要提升自身的网络安全性能，加强对用户个人信息的安全存储和传输。在开展营销时，要把用户隐私和数据安全放在第一位，明确用户对个人信息数据的所有权，个人资产不得侵犯。要保障用户的使用知情权，不得未经授权就采集用户信息。

拓展阅读：龙虎山景区的新媒体营销

任务二　旅游景区市场调查和分析

【引例】

黄龙风景区"十一"黄金周积极开展市场调查

2017年"十一"黄金周游客接待量不容乐观，为更准确了解游客数量减少的原因，10月3日至4日，黄龙管理局在游人中心广场、停车场、景区宾馆、旅行社广泛开展调查，全面收集游客信息及意见，市场调查分析如下。

游客满意度高。今年游客对景区内设施完善性、安全性、舒适性、服务质量、游览秩序、环境卫生、住宿、饮食等方面都普遍感到满意。

景区宾馆入住率下降。景区宾馆入住数据显示，在10月1日—10月3日期间，客房出租率达17.6%，与去年同期相比下降了60%。

团队游客呈减少的趋势。黄龙景区自驾游仍占主流地位，家庭、亲朋、个人自驾车旅游仍成为"黄金周"的主要客源群。其中，自驾车以四川、重庆、甘肃、陕西四省市车辆为主，云南、贵州、宁夏、青海、新疆、北京、山东、河南、湖北、湖南、江苏、安徽、广东、江西、浙江等省外自驾车辆也明显增多。

得出结论：往年"黄金周"期间景区都会大量涌入游客，出现拥挤和交通堵塞等情况，今年很多游客选择不在黄金周凑热闹，导致客流量减少。游客选择了错峰出行，预计十月中旬游客会有所增多。周边旅游市场崛起，让很多游客都选择了短途旅游，避免长时间拥堵，以节约旅行时间，而且也达到了休闲的效果。

（资料来源：黄龙管理局微信公众号，2017-10-04）

思考：景区市场调查包括哪些内容？如何做到景区调查的有效性？

一、景区市场调查的内容和程序

旅游市场信息是景区进行营销决策的基础，是实施和控制营销活动的依据。景区市场调查是指收集和分析某一个被明确限定的问题的有关信息，以提高营销人员的决策水平，它涉及与当前和潜在游客有关的信息。面对日益激烈的市场竞争，借助各种调查数据、预测方法和旅游信息处理技术，及时、准确地掌握旅游消费动向、竞争市场反馈等旅游市场信息及其发展变化趋势成为打造景区核心竞争力的重要保证。

（一）景区市场调查的主要内容

旅游景区市场调查的内容十分广泛，大致有以下几个方面。

1. 调查分析客源市场情况

（1）区分主要客源市场和次要客源市场。

（2）区分现实客源市场和潜在客源市场。

（3）对客源市场进行细分。

（4）了解游客的旅游需求、出游动机。

（5）了解游客的旅行路线和出行方式。

（6）了解游客的消费水平和消费能力。

（7）了解游客在旅游地的停留时间。

2. 调查分析景区的接待情况

（1）分析景区旅游产品的特色和最能吸引游客的因素是什么。

（2）分析景区在食、住、行、游、购、娱方面的强项和弱项是什么。

（3）分析景区旅游产品价格是否与游客消费水平和能力相适合。

3. 调查分析竞争者或可能的合作者的情况

（1）了解他们的特色旅游产品是什么。

（2）了解他们的竞争优势和劣势是什么。

（3）了解他们的竞争和促销策略是什么。

（4）了解他们是竞争者还是合作者。如果是竞争者，是在哪些方面进行竞争？如果是合作者，在哪些方面可以进行合作？

（二）景区市场调查的主要程序

市场调查通常需要经过以下五个基本步骤：①定义问题，确立目标；②调研设计；③收集数据；④分析数据；⑤形成结论。当然，调查程序因事而异，典型的市场营销调查可将以上几个步骤分成三步进行，即初步调查阶段、正式调查阶段和结果处理阶段。

二、景区市场调查的主要方法

旅游景区应运用科学的方法，系统地、客观地收集、整理和分析与旅游市场相关的各类信息。这是现代旅游景区营销活动的重要环节。只有通过市场调研，及时掌握市场信息，了解市场现状和发现市场机会，才能为景区市场营销和经营决策提供科学依据。

（一）传统方法

市场调查的方法很多，景区常用的市场调查方法主要有访问法、观察法、问卷法等。

1. 访问法

访问法是调研者先想好调研提纲，然后向被调查者提出问题并做好记录。这是旅游市场中常见的一种调研方法。优点是：可以较为快速地得到调查结果，回收率比较高；可以及时发现、解释和纠正偏差；整个过程可控性较好。缺点是：准备工作量大，调研投入比较大，被调查对象可能会受调查者的影响提供了不真实的信息；调查对象如果数量较少则可能缺乏代表性。

访问法可以分为结构式访问、无结构式访问和集体访问。结构式访问是实现设计好的、有一定结构的访问问卷的访问。调查人员要按照事先设计好的调查表或访问提纲进行访问，要以相同的提问方式和记录方式进行访问。提问的语气和态度也要尽可能地保持一致。

无结构式访问是没有统一问卷，由调查人员与被访问者自由交谈的访问。它可以根据调查的内容，进行广泛的交流，如对商品的价格进行交谈，了解被调查者对价格的看法。

集体访问是通过集体座谈的方式听取被访问者的想法，收集信息资料。可以分为专家集体访问和消费者集体访问。

2. 观察法

由调研人员在现场或借助于仪器设备等观察调研对象并得到相关数据和信息的方法。例如，调研人员通过观察景区内旅游者的旅游消费过程，分析了解旅游者的需求、兴趣、动机和态度。优点是由于和被调研对象交集密度小，数据比较客观和直接。缺点是观察所需的时间较长，并且只能观察到表面现象，因而很难了解其内在原因。

3. 问卷法

通过设计调查问卷，让被调查者填写调查表的方式获得所调查对象的信息。在调查中将调查的资料设计成问卷后，让接受调查的对象将自己的意见或答案填入问卷中。在一般进行的实地调查中，以问卷法采用最广。

（1）调查问卷的设计

问卷在景区市场调研的应用中相当普遍。问卷设计十分重要，要能符合调研需要，又要获得足够、适用和准确信息。问卷主题必须明确，结构要合理，语言通俗易懂，问卷长度适宜。

一般来说，一份正式的调查问卷通常包括标题、前

拓展阅读：雅丹景区开展游客调查活动

言、被调查者的基本情况、正文、结束语和附录等部分。

标题要简明扼要，易于引起回答者的兴趣。

前言部分主要包括问候语、调查者的自我介绍、调查主题、调查目的与意义以及向被调查者致意等。要取得被调查者的信任和支持。

被调查者的基本情况主要是根据调查目的和要求需要获取的被调查者的一些基本特征，如性别、年龄、文化程度、收入等。

正文是问卷的核心部分。根据调查目的和主题，设计若干问题要求被调查者回答，了解被调查者的行为、态度、意见、偏好等。

结束语通常置于问卷的最后，有的问卷也会省略。结束语要简洁明了，主要是对被调查者的合作表示感谢。

附录部分可以对某些问题做补充说明，可以根据不同的调查主题增加内容。

（2）问卷分析，信息甄别

在问卷调查完毕后，先剔除无效问卷，对问卷信息进行分类统计，然后对客源市场的特征进行分析，确定样本。常见的分析有：到旅游景区来旅游的旅游者男、女性别的比例；旅游者的受教育程度，中等以下学历或者是中高等学历；散客和团队旅游者所占比例；旅游者来的目的主要是观光、休闲度假、修学、探亲访友还是其他目的，各占多大份额；来旅游景区的旅游者以中低档收入人群为主还是以中高档收入人群为主，各占多大份额；旅游者以学生为主，还是以中青年人或老年人为主，各占多大份额；海外旅游者占多大份额，海外旅游者中各国家和地区分别占多大份额；省外、省内旅游者各占多大份额，省外旅游者中各省市分别占多大份额；省内旅游者中各地所占份额如何；旅游者对旅游景区的旅游形象、旅游产品的满意度如何等。

通过以上分析，既能了解旅游景区客源市场的现状，又能了解潜在客源市场的需求，据此可以对营销战略进行调整。

（3）结果处理

此阶段任务在于整理所分析的资料，在数据基础上用数理方法进行科学预测，从而形成景区市场调查报告。

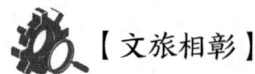【文旅相彰】

龙华烈士陵园开展问卷调查工作

为了更好地发挥缅怀英烈、催人奋进的爱国主义教育基地功能，同时进一步提升广大市民的游园体验，使游客在瞻仰和缅怀英烈、汲取红色力量、传承英烈精神的同时，感受到快捷、精准、到位的服务，上海市龙华烈士陵园（龙华烈士纪念馆）面向游客开展了问卷调查工作，以此深入分析目前服务过程中存在的问题，希望通过后期改善，提升服务效能，提高游客体验。

问卷调查主要采用网上测评的方式，通过"问卷星"系统进行发放，主要针对关键服务项目和服务接触过程中的游客体验满意度，包括参观祭扫服务（含烈士墓区、纪念馆、碑林区、龙华革命烈士纪念地、烈士纪念堂等的参观及祭扫）、专项主题活动服务以及党课服务。满意度测评从2020年8月开始，数据统计至2020年9月30日，共回收调查问卷734份，剔除无效问卷后有效问卷共计680份，问卷回收有效率达92.64%。

通过分析"团体类型"和"服务选择"的样本数据，可以看出：第一，从游客团体类型的样本量分布来看，团队类别最多的是"企业"，其次是"事业单位"，由此可见，来园参观的受众越来越多样化，不再局限于学生群体和机关事业单位，社会各界对于红色文化的重视程度也越来越高。第二，从游客选择服务的样本量分布来看，"参观祭扫服务"依然是团队来园参观的重点项目，而"专项主题活动服务"的比重逐渐增加，团队提出的参观内容要求越来越多元化和专业化，因此专项活动成为热门预约项目。

为了更好地收集游客对于各项服务的反馈，调研还专设了开放式问题，收集到的意见、建议包括：第一，扩大纪念馆展陈区域；第二，完善展陈内容的互动形式；第三，增加园馆内的服务设施，如增加座椅等休憩设施；第四，加强主题文创的设计和宣传；第五，提升安保队伍的服务能力；等等。

通过数据分析，游客对于各项服务的总体满意率为99.81%。就满意率指标而言，总体满意率和各分项满意率均超过《满意度测评管理规范》中的要求（≥90%），且处于较高的水平。周到耐心的预约接待、庄严肃穆的祭扫仪式、细致亲和的参观讲解、干货满满的党课宣讲，优质的服务提供使龙陵在同行业中具备了良好的口碑。

今后,龙华烈士陵园将进一步打造好革命烈士纪念地、初心使命教育地、红色文化传播地,以英雄们用血肉筑起的精神高地,传承弘扬英烈精神,夯实烈士褒扬工作,凝聚红色文化传承的力量,合力铺就传承之路,同心共筑英雄之城。

(资料来源:龙华英烈.2020年度龙华烈士陵园问卷调查分析报告新鲜出炉![EB/OL].[2020-11-05].https://www.sohu.com/a/429759469_769680.)

思考:红色旅游景区开展市场调查的必要性。

(二)大数据方法

随着信息技术的高速发展以及互联网的快速普及,人、机、物三元世界的高度融合引发了数据模式的高度复杂化和数据量的爆炸式增长,对经济发展、社会生活等各方面都产生了重大影响。以大数据支撑的市场调查为旅游景区提供了更好的选择及决策视角。

大数据(Big Data)是指所涉及的数据量规模巨大到无法通过人工在合理时间内达到获取、管理、处理并整理成为人类所能解读的信息。"大数据"的名称来自未来学家托夫勒所著的《第三次浪潮》(1980)。麦肯锡公司最早在2011年6月发布了关于"大数据"的报告,该报告对"大数据"的影响、关键技术和应用领域等都进行了详尽的分析。

在网络时代,全世界的数据正加速增长,大数据通过对数量巨大的数据做统计性的搜索、比较、聚类、分类等分析,找到数据之间的关联,将低成本与大样本的定量变成了现实,这将对消费者的消费行为以及心理方面的调查到达更高的层面,能有效协助景区更准确地分析市场。

1. 大数据的特征

大数据的特征可以概括为4V,即Volume(大量)、Variety(多样)、Velocity(高速)、Value(价值)。

(1) Volume(大量)

大数据的首要特征便是数据量巨大。随着互联网、物联网、移动互联技术的发展,人和事物的所有轨迹都可以被记录下来,各类社交网络,移动网络,各种智能工具、服务工具等,都成为数据的来源,数据呈现出爆发性增长。由于数据规模大、增长快,数据量的单位也在不断扩展。大数据单位之间按照进率1024(2的十次方)来计算,具体如表6-1所示。

表 6-1 大数据衡量单位

单位	换算格式
Byte	1Byte=8 bit
KB	1KB= 1024 Byte
MB	1MB= 1024 KB
GB	1GB= 1024 MB
TB	1TB= 1024 GB
PB	1PB= 1024 TB
EB	1EB= 1024 PB
ZB	1ZB= 1024 EB
YB	1YB= 1024 ZB
BB	1BB= 1024 YB
NB	1NB= 1024 BB
DB	1DB= 1024 NB

（2）Variety（多样）

首先，数据的种类和来源不断扩充。其次，格式也十分多样化，包括文本、图片、视频、机器数据。从数据形式上可将大数据分为三类：一是结构化数据，如信息管理系统数据、财务系统数据等，其特点是数据间的因果关系强；二是非结构化的数据，如图片、视频、音频等，其特点是数据间没有因果关系；三是半结构化数据，如邮件、HTML 文档、网页等，其特点是数据间的因果关系弱。

（3）Velocity（高速）

与以往的报纸、书信等传统数据载体生产传播方式不同，大数据时代，大数据的交换和传播主要是通过互联网和云计算等方式实现的，其生产和传播数据的速度非常迅速，各方向的数据流均实时在线，可快速处理数据。

（4）Value（价值）

拓展阅读：我国"大数据"事业的发展

运用大数据方法可进行预测分析和深度复杂分析，商业价值高。大数据的一个重要核心特征就是价值。现实世界所产生的数据中，有价值的数据所占比例很小。大数据能够从大量不相关的各种类型的数据中，挖掘出对未来趋势与模式预测分析有价值的数据，并通过机器学习方法、人工智能方法或数据挖掘方法深度分析,发现新规律和新知识,并运用于各个领域。

2. 旅游大数据的类型

根据数据来源的不同,可以将旅游大数据分为三类:UGC 数据(用户生成内容数据)、设备数据和事务型数据。

(1) UGC 数据

UGC 数据指由游客产生的数据。社交媒体的普及为游客提供了可以自由分享信息的平台,根据分享内容的不同,UGC 数据又可分为在线文本数据和在线图片数据。在线文本数据因其方便、快捷、低门槛的特点成为旅游大数据的主要来源之一。目前游客线上分享的文本内容主要包括在线评论和游记这两类,主要表达的是游客对旅游产品的体验感受和态度。在线图片数据主要是一些专业的图片共享网站或旅游网站上的图片数据。图片在一定程度上可以反映游客对于旅游目的地的感知偏好及其行为特征,能反映游客心中深层次的真实感受。

(2) 设备数据

进入 Web 2.0 时代后,物联网已渗透到旅游活动的全流程中。游客可以通过物联网进行通信、定位以及信息获取。各种设备(如传感器)产生的数据已被广泛运用在游客轨迹追踪的研究中。设备数据指由机器产生的数据,包括 GPS 数据、蓝牙数据、移动漫游数据、Wi-Fi 数据、RFID 数据以及其他设备数据。其中,目前在旅游研究中运用最广泛的是 GPS 数据。作为一种定位数据,GPS 能有效观测到游客移动,对研究旅游者时空行为模式非常有效,而且精度高、回应率高、数据格式也便于后续处理和分析。

(3) 事务型数据

事务型数据是指用户与机器执行网上交互活动时产生的数据,包括网络搜索数据、网页浏览数据、在线预订数据等。网络搜索数据是游客进行旅游信息搜索所留下的痕迹,可以反映游客的真实兴趣,主要被用于旅游预测研究,也是目前国内旅游研究使用最多的事务型数据。相比之下,网页浏览数据和在线预订数据受数据可得性的限制,使用率低得多。

3. 旅游大数据的来源

旅游大数据的来源包括两个渠道:一是智慧景区,借助于地理信息系统(GIS)、射频识别(RFID)、红外感应器、全球定位系统等技术产生的现实旅游者行为的海量数据;二是基于网络产生的海量数据,主要来源于搜索引擎的后台数据以及微博、微信、论坛、点评、攻略等海量信息转化的数据。这些数据能够对潜在旅游者行为特征进行比较准确的预测分析。通过对真实旅游者和潜在旅游者的大数据分析，可以知道：旅游者从哪里来？什么人要来旅游？什么时候来？怎么来？怎么吃住行游购娱？他们"知道了"景区什么？如何知道的？他们怎么评论景区？基于这些大数据的分析结果，旅游景区就可以实现对目标旅游者的"精准"营销。

4. 大数据在景区调研中的作用

大数据时代的到来大大提高了旅游景区市场调研的效率。

首先，大数据在量化分析方面具有强势作用。在社会调查研究中，由于难以对整体进行直接的测量，一般都是选取样本进行研究，抽样框架的设置、样本的代表性和样本大小都会对结论产生影响。大数据时代的到来，为数据采集带来了重大突破。大数据条件下可以直接跨越样本数量障碍，对数据整体进行分析，对于减少研究周期、人力和经费有巨大作用。

其次，能获取真实可靠的数据。大数据通过用户计算机cookies、IP地址、浏览路径、地理位置等维度，真实客观地记录用户的行为和文本生成内容。因为不介入调研对象的日常行为，这些依照消费者在网络上的行为所沉淀下来的数据，基本都是消费者的真实行为，呈现出调研对象真实客观的行为轨迹，所以大数据是具有真实性和可靠性的。

再次，数据沉积为长期过程，数据更完整，可以开展历时性研究。

最后，随着技术的不断发展，大数据的分析结果更加即时化、立体化，有利于监测和解决瞬息万变的市场问题。在大数据时代之前，很难对市场信息进行实时监控，但大数据时代能为景区营销提供实时监控的条件。例如，旅游景区可以用实时监控了解游客的信息、平均停留时间等相关数据。运用大数据，景区能有效对游客的消费轨迹进行跟踪，分析游客的购买行为。

三、旅游景区市场预测

（一）旅游景区市场预测的定义

预测与调查关系密切，预测建立在调查基础之上，预测是调查结果的延续。通过调查获得大量可靠数据并对数据进行加工处理与分析，才能对未来的旅游市场做出切合实际的预测分析。

旅游景区市场预测是指在大量市场调查分析基础之上，营销人员运用定性、定量的科学方法对目标市场供需做出的预测分析。预测内容主要包括旅游市场环境预测、需求预测（需求总量预测、客源预测、需求结构预测）、旅游容量预测、价格预测、占有率预测和效益预测等。通过旅游市场预测，可以给旅游景区营销活动提供前瞻性的建议，为旅游景区的经营决策提供科学的依据。

（二）旅游景区市场预测的程序

旅游景区开展市场预测首先要确定预测目标，然后是收集、处理资料，最后选择适宜的预测方法和技术进行预测结果的分析和处理。

（三）旅游景区市场预测的方法

旅游景区市场预测方法分为定性预测法和定量预测法两种。

1. 定性预测法

定性预测法是指经过市场调研，调查人员结合个人的经验判断，对调查变量的未来趋势进行估测的方法。这是一种在科学分析基础上的主观估计，主要凭借人的经验和分析判断能力。其优点是灵活简单、便捷、成本较低。其缺点是由于比较注重人的经验的主观判断能力，预测结果容易受到主观因素的影响。这种方法一般适用于缺乏足够信息资料的情况。

定性预测法有很多种，常用的有德尔菲法、管理人员意见法、营销人员意见法、旅游者意图调查法等。

（1）德尔菲法

德尔菲法又称专家意见法、专家小组法，一般由景区内部和外部专家组成专家小组，以匿名的方式，逐轮征求专家各自的预测意见，最后由主持者进行汇总和综合分析，确定市场预测值的方法。德尔菲法的特点是，因为采用匿名的方式，所以每一位专家都可以独立进行自己的预测判断，不受"核心人物"和"集体思维"的影响，这样预测结果更为合理。

（2）管理人员意见法

管理人员依据自己的管理经验进行判断，优点是迅速快捷、成本低；不足之处是受管理人员的领导作风影响较大。

（3）营销人员意见法

该方法主要是通过召集营销人员来进行预测，其优点是易于把握市场和竞争对手状况，不足之处是易受个人认识水平等主观因素影响。

（4）旅游者意图调查法

该方法是通过访问、电话问询或发放调查表等形式向潜在的旅游消费者征询意见、了解其需求情况及未来购买计划，然后将这些信息进行综合整理，分析市场变化、预测未来市场需求。其优点是能详细了解旅游者的需求，可以有针对性地进行营销活动。不足之处是耗时太多，费用太高。

2. 定量预测法

定量预测法是依据市场调研所得到的比较充分的数据资料，运用数理统计方法，通过数学模型来估测旅游调查变量未来趋势的方法，主要有时间序列预测法、因果关系预测法。

（1）时间序列预测法

将实际记录得到的较长时期的同一变量的数据排成时间序列，运用统计分析方法或建立模型的方法，找出其发展变化规律并预测未来需求。首先，要绘制历史数据曲线图，确定其趋势变动类型。其次，根据历史资料的趋势变动类型以及预测的目的与期限选定具体的预测方法。最后，确定预测值。这种方法考虑的因素只有时间，求得的也是随时间变化的长期趋势，不涉及各种因素之间的因果关系。

（2）因果关系预测法

从分析事物发展变化的因果关系出发，运用统计分析和建立数学模型，反映各种变量之间的数量变动的因果关系，并依此进行预测的方法。

定性预测的特点是依靠预测人员的知识、经验、灵活、简便易行，但准确度低。定量预测的特点是依靠数理统计方法对历史和现实资料进行分析，结果较可靠，但难度大，不灵活。

四、旅游景区市场细分

在现代旅游市场上，竞争的深度和广度不断延展，竞争的内容涉及方方面面，任何一个景区均不可能以自身有限的资源和力量，设计各种不同的旅游产品及其营销组合来全面满足各类游客的所有旅游需求。因此，通过市场细分,选择目标市场和准确定位是景区市场营销的主要内容。可以说,景区客源市场细分是市场营销的基础。客源市场被划分得越细,营销就越有差别性和针对性。

(一)旅游景区市场细分的定义

旅游景区市场细分是从旅游消费者的需求差异出发,根据旅游消费者消费行为的差异性,将整个景区市场划分为具有类似性的若干不同的消费群体。在这个差异巨大的时代,任何一个景区都无法满足所有游客的需求和审美品位,旅游景区必须发现和选择与自己资源特点和产品特征相适应的市场群体。

(二)市场细分的标准

常见的景区市场细分的标准有以下几种。

1. 按地理因素细分

这是常用的一种市场细分方法。按地理因素进行市场细分就是将市场划分为不同的地理单元,然后再选择市场营销的目标市场。常见的地理细分变量有地区、城市、气候等。旅游景区市场一般根据旅游景区距客源地的距离的远近,或者客源地客源出行半径的大小,将市场细分为一级、二级、三级市场。一般来说,旅游景区周边的市场是一级市场,是旅游景区营销目标市场的首要选择。再根据旅游景区辐射和影响的扩散确定二级市场和三级市场。

2. 按人口因素细分

人口细分是按照游客的年龄、性别、家庭人口、家庭类型、收入、职业、受教育程度、宗教、种族等人口变量来对客源市场进行划分。该类因素对游客的需求影响较大,并且该信息可以较好地为市场营销人员所获得并进行分类处理。因此,在旅游市场细分中人口细分是使用较为频繁的一类细分标准。在进行市场细分时,单一人口因素的有效性往往不太理想,例如用单纯的年龄指标得到的市场细分市场.景区就不一定能够发现其所需要的目标市场,因此,在市场细分过程中,多是采用多因素联合的人口细分方式。

3. 按心理因素细分

旅游者的购买行为取决于旅游者购买决策行为的心理特征,旅游景区必须充分理解和把握市场消费者的消费心理和购买行为，才能整合产品的定价、销售渠道及促销策略，激发旅游者的消费欲望。按照心理因素进行市场细分就是按照游客的个性、兴趣、爱好等来划分景区市场，常用的细分标准有生活方式、个性等。

4. 按行为因素细分

行为细分是指以游客选择购买景区产品的行为方式作为标准的细分方式，通常采用的行为细分标准有旅游动机、价格敏感度、品牌敏感度、旅游方式、旅游距离、旅游时间等。

需要注意的是，并没有任何一种单一的市场细分方法可以完全满足复杂的旅游景区市场的细分要求。旅游景区在进行市场细分时一般都是综合考虑多种因素，这样才能更准确地描绘所研究的景区市场。此外，还应该认识到，进行市场细分是为了更有效地开展营销活动，因此，所选择的细分方法一定要与景区的营销目标相吻合。

（三）市场细分的步骤

1. 列举潜在游客的基本需求

旅游景区营销者可以从地理、人口、行为和心理等几个方面，初步预计潜在游客的基本需求。

2. 分析潜在游客的不同需求

旅游景区应依据各细分变量做抽样调查，即在初步了解市场需要的基础上，有目的地选取市场细分变量，进行整体特征市场细分。

3. 细分市场的初步调整

细分市场应该具有这样的特征，即任何两个细分市场都存在明显的区别，而同一细分市场内的潜在游客具有明显相似的购买行为特征。在这些细分市场中，景区首先应去掉现实中不存在的子市场，然后再去掉一些利润回报低的市场，对于剩下的一部分细分市场，景区要进一步分析各市场的特征，以明确有没有必要对各细分市场再做细分。

4. 为细分市场命名

景区应对细分出来的市场，结合其中潜在游客的特点，为其命名。

五、旅游景区目标市场选择

市场细分的目的是帮助景区发现市场机会，景区应在市场细分的基础上，依据市场潜力、竞争对手状况以及自身特点来确定目标市场群体。

（一）目标市场的选择

目标市场是旅游景区经过成熟考虑而决定进入的、具有共同需要或特征的购买者的集合。不同旅游景区因自身资源条件和产品特征的差异造成了各自目标群体的不同。一旦细分市场被确定，各个旅游细分市场的特征被总结出来，接下来就是选择旅游目标市场。选择目标市场并不是很简单的事情，要根据旅游景区产品的市场定位以及旅游景区产品特征，判断所选取的目标市场是否符合景区的长远发展目标、景区是否具备在该目标市场竞争取胜所需的技术和资源，还要仔细分析竞争对手、进行成本核算等。下面介绍重点考虑因素：旅游景区区位条件和旅游景区旅游资源。

1. 旅游景区区位条件（地理位置）

（1）和客源地的距离：旅游景区距离客源近，吸引力就大；距离客源远，相对来说，吸引力就小。

（2）和相邻景区的关系：如果景区自身产品和相邻景区的产品特点不同，反差很大，则会形成互补关系，可增加对游客的吸引力；反之，则会形成竞争同一客源的关系。

（3）和中心城市的距离：中心城市是最近的客源地，也是旅游景区的依托中心。如果旅游景区距离中心城市近，则发展较快；距离中心城市远，则会受到一定的限制。

（4）交通条件：交通要便捷。要保证游客进得来、散得开、出得去。如果一个旅游景区的交通状况很差，即使资源再好也很难得到很好的发展。

2. 旅游景区旅游资源

除了分析景区旅游资源的特色还要考虑其资源的功能价值。不同性质的旅游资源对于不同的游客来说其功能价值各不相同。有的景区资源具有很高的观赏价值，例如黄山风景区具有优美的自然景观，则可以定位为观光旅游市场；有些景区资源具备的是休闲康体娱乐价值，例如汤峪温泉，就适合开发度假旅游和康体市场；具有科学研究价值的博物馆、科技馆之类的景区，则可以将学校等群体作为目标市场；具有文学艺术价值的景区例如敦煌莫高窟，则可以将目标市场定位为艺术研究和爱好者。

（二）景区目标市场策略

目标市场策略是对目标市场进行细化分析，满足不同消费者的需求，并针对目标市场的具体状况及要求，设计相应的市场营销策略，制订最佳的营销方案。

1. 集中性目标市场策略

该策略是景区在细分市场的基础上，只选择一个或个别少数几个细分市场，集中景区的全部营销力量，采用不同的营销组合来充分满足游客的消费需求。其优点是指向明确、市场集中；缺点是旅游产品单一，虽有特色但不能形成组合优势，市场风险大。

2. 无差异性目标市场策略

所谓无差异性目标市场策略，也叫一体化市场营销策略，它是指景区不对市场进行细分，把整个市场作为一个整体，以一种产品或单一的促销手段开展营销活动。无差异性目标市场策略能降低成本，简化市场调研和分析过程，容易形成垄断性旅游产品的声势和地位。但是，当几个景区都采取此策略，必然会加大竞争程度，最终导致利润降低。所以，此策略不能满足目前日益增长的旅游多样化的要求，主要适用于旅游市场中供不应求的或竞争力较弱的产品和服务。

3. 差异性目标市场策略

差异性目标市场策略是指景区将客源市场划分为若干细分市场，针对每个细分景区市场设计不同的营销组合。采用差异性目标市场策略，旅游产品更有个性和针对性，能增强旅游产品的竞争能力，有利于在旅游消费者心目中树立景区形象。但同时经营多个细分市场会增加管理的难度，增加成本和投资。

拓展阅读：细分市场：精耕细作渠道创新

任务三　旅游景区形象策划及节事活动营销

【引例】

乌镇文化节给景区带来生机

2012年乌镇景区客流超过600万，并获得中国历史文化名镇、中国十大魅力名镇、国家5A级旅游景区等诸多殊荣，已相当成功。但当时随着特色小镇的兴起，江南小镇随处可见，如何从众多风景类似的古镇中跳脱出来，打造"不一样"的乌镇？乌镇认为把文化的多样性提供给游客十分重要，于是乌镇以戏剧为入口开始向文化小镇转型。乌镇戏剧节始于2013年，由文化乌镇股份有限公司主办。

据统计，乌镇的主要游客年龄在25岁至35岁，虽然戏剧的受众局限在小众的文艺爱好者中，但戏剧节吸引的80后、90后的年轻群体恰恰是乌镇旅游的主流群体，和乌镇的需要不谋而合。

乌镇戏剧节由特邀剧目、青年竞演、古镇嘉年华、小镇对话（论坛、峰会、工作坊、朗读会、展览）等单元组成，以拥有1300年历史的乌镇为舞台，共邀全球戏剧爱好者和生活梦想家来到美丽的乌镇体验心灵的狂欢。乌镇戏剧节十分注重游客体验。乌镇戏剧节从最初的上映，到对戏剧的不同角度解读，每一届都有新的亮点带给观众。通过和旅游的结合，戏剧在乌镇找到了新的产业表现形式，主办方将整个乌镇打造为一个整体的舞台，游客在旅游观光的过程中就能观赏戏剧，让戏剧仿佛在生活中上演，提升了戏剧的知名度和影响力，培养了新的受众群体。同时，乌镇也通过戏剧节形成了自己的文化品牌，它成为乌镇新的文化符号，让乌镇这个旅游特色小镇真正做到了"一样的小镇，不一样的乌镇"。

戏剧节，为这个千年古镇带来了充满生机的未来。

思考：景区如何根据地方文化特点，打造具有区域特色的景区节事？

一、旅游景区形象策划

（一）旅游景区形象概述

旅游景区形象是指人们对景区的综合印象和观感，是人们对景区的价值评判标准，包括自然、人文等物质文明和精神文明形成的综合性的特定共识。

旅游景区应依据市场潜力、竞争对手状况以及景区自身特点，形成差别化的吸引力内容，为景区及其产品、服务在目标市场上确定形象和地位。景区应针对客源市场游客的心理采取相应行动，在他们心目中确立景区产品或服务的特殊位置，形成差异化，树立本企业产品与竞争者产品不同的理想形象，以便目标市场更好更快地了解和熟悉景区。

纵观国际上旅游业发达的国家和地区，它们无不具有鲜明的旅游形象。比如一提到瑞士，人们就会想到"世界公园"和"永久中立国"；提到西班牙，则会想到"阳光海岸"、"黄金海岸"和斗牛士；而提到纽约，人们会说"美国最好的和最坏的东西都集中在这里，不来纽约就不能说到过美国"。

20世纪90年代以来，我国学者加强了对旅游形象的研究工作，政府也加强了形象工程的建设。随着竞争意识的增强，越来越多的旅游景区开展了调研，进行了形象策划设计。

（二）旅游景区形象建立的前期基础工作

1. 地方性研究

地方性研究是旅游景区旅游形象设计的一项基础工作。其主要任务就是通过对旅游景区所在区域的特色挖掘，精练地总结该地的基本风格，为未来的旅游开发和规划提供本土特征基础。这个基本风格包括自然地理特征、历史文化特征和民族民俗文化属性等，往往能够反映一片区域或一个城市的总体吸引物特征。如广州具有鲜明的商业文化与现代化开放的气息，云南具有浓郁的少数民族风情，而北京则以历史文化与首都风貌与众多城市相区别。

许多景区所在的区域都具有独特的自然风貌。如西藏有世界屋脊之称；黄河是世界上含沙量最大的河流；黑龙江漠河境内乌苏里附近的黑龙江江心是中国边界最北端之所在；新疆吐鲁番盆地艾丁湖湖底是中国陆地最低点，吐鲁番是中国炎热日数和极端最高气温最多最高的地点，素有"火炉"之称；青海湖是我国最大的湖泊。

除自然地理环境分析，第二个研究角度是对地方的历史过程进行考察分析，寻找具有一定知名度和影响力的历史遗迹、历史人物、历史事件和古代文化背景，作为地方性的显要因素。承载着厚重历史的文物古迹能够使游客沉浸在历史的回忆中，丰富游客的体验。

在历史记载和考古发现并不充分的地区，同样可以通过对当地现代民族文化和民俗文化的考察分析，提炼出富有地方特色的景观特性。特别是在一些少数民族集中的地区，民族文化往往构成富有旅游号召力的精彩内容，为旅游形象的设计和旅游景区营销打下了坚实的基础。

2. 受众调查

受众调查和市场定位是确定目的地总体形象、选择促销口号的科学基础和技术前提。受众调查的目的是了解人们对旅游地形象的感知，调查旅游地的知名度和美誉度。知名度和美誉度的计算公式如下：

$$知名度 = \frac{知晓旅游地的人数}{总人数} \times 100\%$$

$$美誉度 = \frac{称赞旅游地的人数}{知晓旅游地的人数} \times 100\%$$

3. 形象定位分析

旅游景区形象一定要与当地的资源特色和历史文脉相符合，要通过景区的形象把景区的突出特色传播给广大消费者，并能让消费者对景区留下深刻印象。如果景区具有处于领先地位的资源优势，就可以采用领先定位策略。而对于一些旅游景区来说，在旅游形象的塑造过程中会遇到地方性的及市场比较类似的其他目的地的竞争，或者较能反映本地特色的形象已经被周边地区先声夺人地抢先注册了，这时就会面临着一种直接的形象挑战，则可根据差别定位、独特性定位、比附定位等不同形象战略，对旅游形象重新审慎抉择。

（1）领先定位

如果旅游景区具有独一无二或无法替代的旅游资源，则可以进行领先定位。比如"天下第一瀑""世界最高峰"。当然，除了在全球范围内具有资源优势,也可以是在全国范围内或更小区域范围内,只要景区的产品特征在该区域具有垄断性地位,景区都可以进行领先定位。

(2)比附定位

比附定位是指通过借用其他市场上知名度极高、特色很鲜明的景区的市场形象来标明自己的特征、树立自己的景区形象。比如把苏州誉为"东方威尼斯",让更多的境外消费者了解苏州的水乡特征;把三清山誉为"小黄山",通过和"五岳归来不看山、黄山归来不看岳"的著名的黄山景区相比较,让消费者了解三清山景区的特色和价值。通过和这些著名景区产生关联,提高游客对本景区的认知度。

需要注意的是采用这种定位方法不可与比附对象空间距离太近,因为这种定位是吸引比附对象景区的远途的潜在顾客。另外,对于已经具有一定知名度的景区景点和具有独特风格的景区景点,不建议采用此种定位方法。具有一定知名度的景区,已经在市场上占据特定的位置,仅需要维护和突出这种特色位置即可,而不能贸然只为一时一地市场的开发而别出心裁地突出其他特色,这样会冲淡自己原有的特色,动摇原先的市场地位。对于新开发的景区,如果能从与其他景区的比较中找出自己突出的、有特点的风格,就不要贸然采用比附定位。因为比附定位永远做不到市场第一,并且会掩盖景区的真正特色。

(3)逆向定位

逆向定位是打破消费者惯常的思维模式,以相反的内容和形式标新立异地塑造市场形象。逆向定位是强调并宣传定位对象是消费者心中第一位形象的对立面和相反面,同时开辟了一个新的易于接受的心理形象阶梯。例如深圳野生动物园一改传统动物园将动物养在笼中供人们观赏的方式,而是人在车中,让动物在笼外宽阔的空间自由活动。这种模拟野生环境的动物园采取游客与动物位置对调的方式,第一个打破我国消费者对动物园的惯性思维,从而赢得了市场的认可。

(4)空隙定位

空隙定位是根据旅游市场的竞争状况和景区所在地的资源条件,分析游客心中已有的形象阶梯类别,从而发现和创造新的形象阶梯,树立一个与众不同、从未有过的形象。比附定位及逆向定位都与原有形象阶梯存在关联,而空隙定位是开辟一个新的形象阶梯,从新角度出发进行立意,为景区创造一个鲜明的新形象。

（5）重新定位（再定位）

严格意义上来说，重新定位不能算是一种定位方法，而只是原旅游景点应当采取的再定位策略。市场发生变化，景区的特色定位就要随之改变。对于那些已经变化的旅游市场，或者处于衰落中的景点，通常要采取重新定位的方法改变旅游产品的内容和形式，促使新形象替换旧形象，让游客常游常新，以变取胜。

（三）旅游景区形象建立的后期显示性工作

1. 确定核心理念

理念是旅游景区形象识别系统的核心，是一个旅游地最深层的文化价值、文化内涵、文化品位和资源禀赋的体现，具体表现为发展定位、发展方向、未来规划等，是旅游地形象设计的灵魂。比如自然生态类景区旅游形象理念是人与自然的和谐共生、可持续发展理念；文化类景区的核心理念是文明的使者、传播优秀文化等。

2. 设计传播口号和视觉符号

传播符号即大众传播中具有群体记忆能力和独特信息价值的品牌要素，包括传播口号和视觉符号。其作用就是形成有效识别，激发旅游需求。鉴于旅游地形象在市场营销中的巨大作用，我国各个景区纷纷开展了旅游形象口号和标识的设计和征集活动。好的传播符号要能够体现旅游形象核心理念的深邃内涵，又能让广大旅游者乐于接受。

旅游景区传播口号应内涵丰富、地域特色鲜明、朗朗上口、易传易记。比如安徽黄山景区"感受黄山，天下无山"，天津盘山"早知有盘山、何必下江南"，杭州西湖"天下湖，看西湖"，安徽天堂寨风景区"华东最后一片原始森林"，杭州千岛湖"秀水千岛湖，休闲好去处"，宁夏沙湖风景区"人与自然的神奇物语"，西溪湿地"留下西溪只为你"等。

拓展阅读：宋城的宣传口号

视觉符号是具有象征性的图形设计，传达特定的集团、活动、事物、产品等的特定信息。标志设计涉及美学、广告学、符号学、社会学、心理学、语义学等方面的相关知识，是一门综合性很强的设计分类。旅游景区的视觉符号应该具有独特的个性，能够更加准确、快速地传递信息。

二、旅游景区节事活动营销策划

（一）旅游景区节事活动的内涵和意义

1. 旅游景区节事活动的内涵

节事是节庆和特殊事件的统称。节庆通常指一定主题下的公共庆典活动。特殊事件是人们精心策划和举办的某些特殊的仪式、表演或庆典等。旅游景区节事活动是景区根据一定目的举办的，以景区所在区域的自然环境、民俗文化等为基础，是人们日常生活和体验之外的群体性活动。旅游景区节事活动是我国近年来节事活动中发展最广泛的部分。

2. 旅游景区节事活动的意义

节事活动是一种旅游资源，又是一种营销活动。举办节事活动可以树立景区的良好形象，迅速提升景区知名度和美誉度；通过策划节事活动还可以有效整合景区静态资源，开发景区新产品；在淡季景区通过举办节事活动可以吸引更多游客，削弱季节差异，平衡景区淡旺季销售量；另外，举办节事活动也能有效地促进当地旅游业的发展，并以此带动区域经济的发展。

（二）旅游景区节事活动的特点

1. 地域性

节事活动都是在某一地域开展的，都带有明显的景区所处地域的特征。有些节事活动已经演变为景区的名片，可成为景区形象的指代物。例如新疆昭苏的天马节等。

2. 文化性

节事活动本身就是一种文化活动，特别是以民族文化、地域文化、节日文化、体育文化等为主导的景区节事活动往往都具有极浓的文化气息。比如彝族的火把节等。

3. 时效性

节事活动只在一个较短的时间内存在，每一项节事活动都有季节和时间的限制，都是按照预先计划好的时间规程开展和进行的。例如南京梅花山的中国南京国际梅花节举办时间是每年2月中下旬到3月底，正值梅花盛开的季节。

4. 体验性

景区节事活动是建立在大众参与和体验基础上的。在体验经济时代，游客的消费观念和消费方式都发生了变化，游客更加注重情感的愉悦和满足，更加重视过程而不是结果，希望通过亲身经历和实际参与获得良好的体验、获得更大的成就感和满足感。

5. 多样性

节事活动的内涵非常广泛，其开展形式可多元化，开展内容更是丰富多彩。近年来，我国各景区以自然景观、民俗文化、商贸会展、文艺娱乐、体育赛事等为主题的节事活动层出不穷，活动内容和形式也不断有所创新。

6. 吸引性

成功策划的节事活动是旅游景区宣传的最佳载体，是旅游景区重要的旅游吸引物。旅游景区节事活动较传统节事活动更为灵活，一般都是因地制宜，适时开展，活动内容也应根据旅游市场需求常变常新，以便对游客产生强大的吸引力，给参与者留下深刻的感知印象。

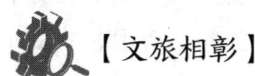【文旅相彰】

玄武湖的菊花会

玄武湖菊花会是南京市非物质文化遗产，已有近百年举办历史，广受市民游客欢迎。据史料记载，玄武湖菊花会始于1928年。1947年11月，在玄武湖举办了盛况空前的"菊花大会"。1949年11月玄武湖举办了中华人民共和国成立后的第一次菊花会之后，几乎年年举办，展出的品种逐年增加，规模逐年加大。

2021年10月23日，一年一度的玄武湖菊花会正式开幕，本次菊花会由南京市玄武湖公园管理处携手玄武门街道举办，助力南京国际消费中心城市建设。

万盆菊花将玄武湖的秋天装点得色彩斑斓。菊花会主展区梁洲金陵盆景园将举行精品菊花展，本次展览的菊花有品种菊、案头菊、多头菊、炫彩菊等多种类型。菊花会展览品种达400余种，数量近千盆，包括白毛刺、渔阳秋色、彩云飞舞、麦浪、正风学士、荷凤染黛等特色品种。本次展览还首次展出了鲜切花类菊花"七彩炫菊",一朵花上呈现出了"红橙黄绿"等多种色彩,十分绚丽夺目。此外在玄武门—翠虹堤—梁洲盆景园沿线及解放门区域,多组艺菊景点也富有特色,有大象、飞鱼、葫芦、亭子、天鹅等多种造型。其中,玄武门内广场一组名为"'象'往绿色生活"的艺菊景点由4座大象造型的菊花绿雕组成,该景点的创意来源于今年备受关注的云南大象"自由行"。10月习近平总书记在云南昆明召开的《生物多样性公约》第十五次缔约方大会领导人峰会上指出:应以生态文明建设为引领,协调人与自然关系。通过"'象'往绿色生活"景点打造,形象生动地展示了生态优先、绿色发展的理念,倡导践行低碳环保的健康生活方式。

菊花会举办期间,人气爆棚的咖啡节回归玄武湖樱洲。本次咖啡节邀请了来自北京、天津、上海、杭州等20个城市的近百个咖啡品牌参与,游客可以到樱洲一站式打卡全国百家优质咖啡馆的咖啡。此外,咖啡节期间还有行业大咖分享、遇见城市特调、沉浸式咖啡体验、插画师灵感市集、南京戏剧节特别演出等精彩活动。

除了咖啡节的加盟,10月23日上午10点及10月24日下午3点将在莲花广场举办秋花秋实展幸福南京人公益演出。本次演出由南京市文旅局主办,市文化馆及玄武湖公园管理处承办,届时将会有舞蹈、合唱、朗诵、戏剧、器乐表演等多种形式的节目轮番演绎。

此外,10月29日—31日,由南京市商务局主办,老字号协会、玄武区商务局、中国邮政及玄武湖公园管理处承办的"金陵明珠·老字号玄武湖嘉年华"活动将在环洲老儿童乐园区域举办。来自全国各地的近30个老字号品牌将汇集玄武湖,更有老字号传承人开展传统手工艺小讲坛,让游客领略传统国货的独特魅力。

(资料来源:南京市文旅局.玄武湖菊花会开幕,还有咖啡节[EB/OL].[2021-10-25].http://wlj.nanjing.gov.cn/whyw/202110/t20211025_3167152.html.)

思考:如何通过举办景区节事活动加强文化旅游深度融合,更好地传承和保护非物质文化遗产?

(三)旅游景区节事活动的类型

旅游节事活动类型多样,根据活动的不同主题,可以大致分为以下六类。

1. 以当地特色文化为主题的节事活动

这类节事活动常常与当地富有特色文化的物质载体相结合，主题明确，再结合丰富多彩的观光、娱乐和文化体验活动，对游客具有极大的吸引力。如浙江绍兴的乌篷船风情旅游节、舟山桃花岛的金庸武侠文化节、宁波梁祝文化公园的梁祝爱情节、绍兴兰亭书法节、四川绵山寒食清明文化体育旅游节等。

2. 以自然景观为主题的节事活动

这类节庆活动主要是依托当地某类独特的自然景观，此外，除了突出自然景观的主体地位之外，还可以有其他的相关活动作为陪衬，增添吸引力。如：新疆新源县杏花谷景区的中国·那拉提杏花节、北京香山红叶节等。

3. 以民俗风情为主题的节事活动

这类节事活动以独特的民俗风情为主题，内容围绕当地独具特色的民俗文化展开，包括书法、民歌、风情、风筝、杂技等。如武汉的木兰草原风筝节、浙江的畲乡风情旅游节等。

4. 以物产或其他产品为主题的节事活动

还有一些节事活动是以当地物产为主题的，如：余姚牟山湖大闸蟹休闲节、长兴渚山杨梅旅游节、青岛金沙滩啤酒节等。

5. 以"科技体育"为主题的节事活动

如：2020年天津市东丽湖景区的文化旅游体育节，活动包括中国家庭帆船赛、滑水赛、摩托艇赛、天津航海模型公开赛、2020年皮划艇环湖赛等。再如：中国蒙山体育节。体育节期间举办不同主题的体育活动，包括青少年小轮自行车锦标赛、蒙山之巅登山挑战赛、临沂市太极拳表演赛、山地自行车冠军赛、山地自行车爬坡王挑战赛等各类赛事活动。蒙山通过举办体育赛事活动，充分发挥旅游区的山地体育资源优势，提高蒙山运动养生的品牌知名度，开启"蒙山+体育"的休闲旅游新模式。

6. 综合性的旅游节庆活动

综合性的旅游节庆活动往往规模较大、形式多样、内容更加丰富多彩，如：中国黄山国际旅游节暨徽文化节，文化节分项活动多，包括徽文化展示、旅游促销、商务活动、国际体育赛事等多项活动内容，目的是打造黄山旅游品牌、提升安徽旅游形象。

（四）旅游景区节事活动策划原则

1. 文化性原则

从文化背景、文化传统出发，寻找创意素材和策划灵感，培育根植于地方文化的特色活动项目。如：建水文庙挖掘整理史料，策划推出了"儒家三礼"即开笔礼（源于古代"破蒙"仪式）、成童礼、成人礼（源于古代"冠笄之礼"）活动，受到市场认可。

2. 市场性原则

以市场为导向，深度研究细分市场，充分考虑游客需求特征。旅游需求是旅游者愿意并且能够以一定的货币和时间购买的旅游产品的数量。如果不从市场需求出发，旅游项目的价值就难以实现。旅游景区活动策划应对游客来源地结构、人口特征、游客需求差异、游客消费行为、消费能力、旅游时间安排、活动爱好等进行分析，对不同细分市场进行实证研究，研究市场构成的各个环节要素，以便策划有针对性的活动，实现举办旅游活动的目标。

3. 特色性原则

要在市场细分的基础上，针对重点客源市场策划组织旅游活动，要围绕旅游景区发展目标和主题形象定位，打造特色活动。自旅游景区认识到活动对旅游景区运营的重要性以来，旅游景区的节事活动异常活跃，但一些旅游景区盲目仿效，致使旅游景区活动雷同现象严重。旅游者寻求的是独特的经历，旅游景区活动策划应以独树一帜的主题形象为准，采用独特的表现形式，才能形成核心的竞争力。差异化、独特性是旅游景区形成核心竞争力的重要条件，因而也成为旅游景区活动策划的准绳。经过多年的探索和创新，傣族园探索出"学一首傣家歌""跳一曲傣家舞""吃一顿傣家饭""住一宿傣家楼""观一次傣家景""干一回傣家活""泼一身幸福水"等众多保留项目，被游客评为"必须体验的活动"，形成了特色活动项目体系。

4. 创新性原则

要努力打造原创性和独创性的活动。景区应顺应市场需求变化，利用社会热点事件，与时俱进地策划主题新颖的活动，提高游客重游率，促进旅游地持续、快速、健康发展。比如湖南张家界推出天门山特技飞行表演、"张家界地貌"命名、国际乡村音乐节、"南天一柱"景点改名、"直播苏木绰"等事件，成功保持了其在旅游市场上的热度。

5. 可操作性原则

一个缺乏可操作性的活动策划是无法实施的，有些活动的创意听起来精彩动人，但不实用，缺乏可行性。活动策划必须进行可行性分析，以便具体可行、使用有效。活动的设计最好能围绕商业模式，要能形成运作计划。

6. 以人为本原则

旅游景区经过规划建设已经不缺乏功能，随着旅游者旅游经验的积累，他们对各地旅游活动体验进行比较，因而对活动感觉的要求日益增高。因此，旅游景区活动策划要以人为本，策划和设计出提供互动体验、情境感悟的具有吸引力的旅游活动。

（五）旅游景区节事活动策划和管理

1. 确定主题

节事活动的主题要充分依托当地文化，寻求较为宽泛的文化背景支持，要坚持创新，把握时代脉搏。主题是整个节事活动策划的核心，节事活动的各环节都要围绕主题来进行，从策划、活动的安排，到吸引新闻媒体的传播，都要围绕、服从这个主题形象。

2. 提炼核心符号、选定相关主题物品

选定主题物品、主题典故、主题仪式等。另外也可以考虑设计标志物或者选定一个主题吉祥物。节庆符号不仅能为旅游节庆消费提供一个文化符号，也将唤醒游客对节庆活动的亲近和认同。

注意氛围营造。营造场景感和体验感十分重要。要根据主题对景区进行装点布置，为景区营造出节庆的氛围，提前造势，引起公众的关注，并在游客体验过程中，增强游客互动体验感与娱乐性。

3. 时间安排

时间安排首先是选择举办活动的时间，然后在旅游景区活动的准备工作开始前，准备一份详细的工作安排表，明确每项工作完成的最后期限，以便对各项工作的进度进行控制。举办时间受许多因素影响。一项活动的举办时间通常与季节或天气有关，一般的旅游景区在严冬和酷暑都不太适合举办活动。

4. 选定场地

选择开展活动的场所。一些旅游景区在规划时就布局有专门活动的场所，比如主题公园一般都有举办庆典之类活动的专门场址，但有些活动需要临时安排场所，例如，一些室外展览、定向活动的线路等。在选择活动场所时，要考虑活动的规模和场地的接待能力是否相符，是否有足够面积的停车场和健全的交通设施，场地能否保证在恶劣的天气情况下照常活动。

5. 完善活动和服务设施

如果是举办大型的活动，需要提前进行一些基础设施的建设，甚至包括场馆及其他配套设施的建设。在举办活动的地点必须要有足够的餐饮、垃圾桶和厕所等设施。旅游景区举办活动要做好游客流量的预测，以便准备足够的设施为游客提供充分的服务。

6. 做好人员安排

举办活动的目的是吸引更多的人参加，旅游景区的客流量增加了，相应地也要求旅游景区增加管理和接待人员。有些大型活动可以根据需要招募志愿者，但需要对志愿者进行专业化的培训。必须保证有足够的安保人员，切实做好各项安全保卫措施，确保旅游景区治安和交通秩序井然。

7. 宣传营销

旅游景区策划节事活动，需要通过新闻媒介、互联网平台各种媒介进行宣传造势，运用新闻发布会、现场采访报道、跟踪报道、人物专访等方式宣传节庆活动的主题、宗旨、意义等，让公众知晓，并制造与本次活动有关的新闻、事件热点，提高社会公众对旅游节庆的关注程度，全面提升旅游节庆的影响力与参与度。

拓展阅读：云蒙景区的节事营销

一个策划成功的旅游节庆活动能迅速为旅游景区带来良好的效益，如旅游人数的增多、知名度的提高等，但一个具有竞争力的旅游景区，不仅要追求短期的效益，更要有长远的打算，要注重旅游节事活动的延展性和延续性。有条件的景区应对节庆活动主题从时间和空间上进行延展，可以每年举办一届活动，当然每年的内容都要有所创新，这样就能够在游客的心里形成认知，提高其忠诚度。

项目六　旅游景区营销管理

【知识与技能训练】

一、名词解释
景区营销管理　旅游景区新媒体营销　旅游景区市场细分　旅游景区市场预测　旅游景区节事活动

二、选择题
1. 旅游景区营销的作用包括哪些？（　　）
   A. 了解游客需求　　　　　　　　B. 指导经营决策
   C. 传播品牌形象　　　　　　　　D. 促进产品销售
2. 旅游景区市场调查的主要方法有哪些？（　　）
   A. 访问法　　B. 观察法　　C. 问卷法　　D. 大数据方法
3. 大数据的4V特征是指什么？（　　）
   A. Volume　　B. Variety　　C. Velocity　　D. Value
4. 旅游景区市场预测定性方法有哪些？（　　）
   A. 德尔菲法　　　　　　　　　　B. 时间序列预测法
   C. 营销人员意见法　　　　　　　D. 旅游者意图调查法
5. 旅游景区节事活动的特点有哪些？（　　）
   A. 地域性　　B. 文化性　　C. 时效性　　D. 体验性
   E. 多样性　　F. 吸引性

三、判断题
1. 逆向定位是打破消费者惯常的思维模式，以相反的内容和形式标新立异地塑造市场形象。（　　）
2. 访问法是调研者先想好调研提纲，然后向被调查者提出问题并做好记录。（　　）
3. 时间序列预测法灵活简便，但主观性较强、准确度较低。（　　）
4. 差异性目标市场策略是景区在细分市场的基础上，只选择一个或几个细分市场，集中景区的全部营销力量，采用不同的营销组合来充分满足游客的消费需求。（　　）
5. 线下营销成本相对较低、受众面广且不受时空与地域的限制。（　　）

知识与技能训练答案

四、简答题

1. 旅游景区营销具有什么特点？
2. 旅游景区常用的市场调查方法有哪些？
3. 请简单介绍旅游景区的目标市场策略。
4. 旅游景区节事活动策划要遵循哪些原则？
5. 旅游景区应用新媒体营销有什么意义？

【综合实训】

实训项目：
景区节事活动策划。

实训目标：通过实训，掌握景区节事活动的策划原则和主要要求。

任务训练：选取你所在城市的某一景区，对景区目标市场进行分析，并据此确定某一主题，进行节事活动策划。

实训要求：

1. 以小组为单位，分工合作，选取一个景区进行讲解词创作。
2. 认真严谨，确保有关景区的信息资料真实可靠。

实训指导：

1. 指导学生通过实地考察、文献搜索等多种方法获取该景区相关资料。
2. 指导学生使用办公软件编辑和处理文档。

实训评价：

考评人		被考评人	
考评内容		景区节事活动策划	
考评标准	具体内容	分值（分）	实际得分（分）
	内容完整性	30	
	方案可行性	30	
	创新性	20	
	合作精神	20	
	合计	100	

项目七　旅游景区游客管理

知识目标：
- 了解旅游景区游客不文明行为的表现及危害。
- 理解旅游景区游客的类型与旅游行为特征。
- 熟悉体验经济的概念与特征。
- 熟悉旅游发展的体验化趋势。

能力目标：
- 能够在旅游景区管理中关注旅游者行为规范的问题。
- 能够运用所学知识开发景区体验产品。
- 能够在体验经济时代的景区管理方法上提出合理化建议。

素质目标：
- 培养学生成为高素质旅游从业人员。
- 培养学生发现问题、分析问题、解决问题的能力。
- 培养学生创新精神。

思政目标：
- 培养学生成为文明旅游的宣传员。
- 培养学生的爱国主义精神。
- 培养学生爱岗敬业的精神。

思维导图

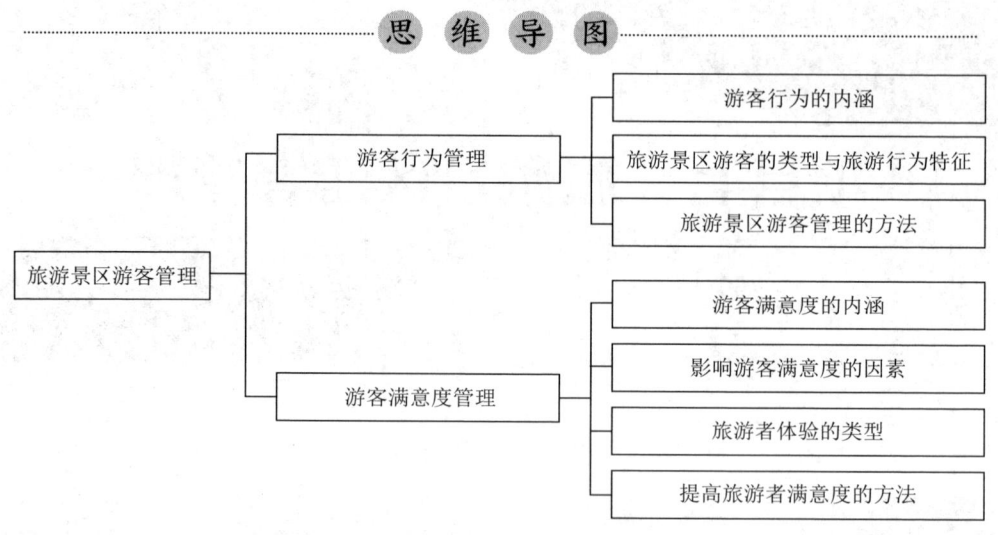

任务一 游客行为管理

【引例】

旅游不文明行为上了"黑名单"

1. 在非投喂区违规投喂动物

2020年5月4日上午，游客李某某在北京动物园狮虎山区域非投喂区违规投喂动物。根据《北京市公园条例》第四十六条第（二）项、第五十六条第（二）项之规定，城管执法部门对其处以100元罚款。根据《北京市旅游不文明行为记录管理暂行办法》的规定，经北京市旅游不文明行为记录评审委员会审定，列入北京市旅游不文明行为记录，信息保存期限为两年。

2. 攀爬古建并拍照

2020年10月16日16时许，游客敖某某在北海公园游览时，攀爬古建"写妙石室"并拍照，此不文明游览行为造成了较大的不良社会影响。根据《北京市公园条例》第四十六条、第五十六条规定，相关执法人员对敖某某进行了警告并处罚款 50 元的行政处罚。根据《北京市旅游不文明行为记录管理暂行办法》的规定，经北京市旅游不文明行为记录评审委员会审定，列入北京市旅游不文明行为记录，信息保存期限为四年。

思考：文明是什么？怎样做才是文明旅游？旅游活动中有哪些不文明行为？

一、游客行为的内涵

（一）游客行为的内涵

行为是指受思想支配而表现出来的外表活动。如：做出动作，发出声音，做出反应。"行为，生物以其外部和内部活动为中介与周边环境的相互作用"，这是行为最一般的解释，它阐述了行为作用的方式。北京大学王海明先生认为"行为是有机体受大脑皮层控制的反射活动，它的根本特征是受意识支配"，从而指出了行为的基本特征。事实上，行为研究涉及生物学、心理学、社会学等许多学科，不同学科对行为的概念有不同的理解。如生理学认为，行为是指可以观察到的肌肉和外分泌腺的活动，是身体某一部分的运动；心理学认为行为是人的机体对外界刺激所产生的反应；行为科学则试图以各学科的研究为基础，对行为的含义做出综合性的说明。也有专家认为，人类行为可以从四个方面理解其来源。四个方面即生物学、心理学、社会结构以及文化，人类的具体行为或者具体行为的某个环节，可能会受某个因素的影响较多，但总之，这四个方面是理解人的行为所不可或缺的。

游客管理包括游客旅行目的地管理、游客容量管理、游客满意度管理、游客行为管理、游客体验管理、游客影响管理、游客安全管理等。本书重点讨论游客行为管理和游客满意度管理。

（二）游客行为的分类

1. 游客文明行为

游客的文明行为是把游客主观需要同旅游目的地客观可能性有机结合而进行的创造或消费社会财富的过程，以有序地、和谐地进行旅游活动为基本特征。

2. 游客不文明行为

从社会危害性和社会规范类型的角度出发，游客不文明行为可以分为违法行为、违章行为、违规行为3种类型。其中违法行为以违反现行法律法规为特征，对社会具有相当大的危害，应受刑法处罚。违章行为是指违反有关维护社会秩序和社会治安的规章条例以及组织的规章纪律的行为。如违反交通规则、考场纪律、工作制度等，此类行为危害程度较之违法犯罪行为要轻，达不到刑罚惩处的程度，一般给予行政处分和批评教育。而违规行为，是指违反社会道德和既定的生活方式、风俗习惯的行为，包括违反道德规范的悖德行为和背离社会习俗的悖俗行为两类。综上所述，违章行为是不文明行为当中的一种基本类型，从社会危害性来看，它处于违法行为与违规行为之间，它所应采用的社会规范方式也与其他两类行为有很大的区别。当然，违章行为与违法行为、违规行为在危害程度上虽有所不同，但三者之间并没有不可逾越的鸿沟，违章行为可由违规行为演变而形成，违章行为也很有可能发展为违法行为。

（三）游客不文明行为的危害

2016年5月26日公布的《国家旅游局关于旅游不文明行为记录管理暂行办法》是为了推进旅游诚信建设工作、提升公民文明出游意识而制定的法规。其中第二条明确规定中国游客在境内外旅游过程中发生的因违反境内外法律法规、公序良俗，造成严重社会不良影响的行为，纳入"旅游不文明行为记录"。主要包括：

第一条，扰乱航空器、车船或者其他公共交通工具秩序；

第二条，破坏公共环境卫生、公共设施；

第三条，违反旅游目的地社会风俗、民族生活习惯；

第四条，损毁、破坏旅游目的地文物古迹；

第五条，参与赌博、色情、涉毒活动；

第六条，不顾劝阻、警示从事危及自身以及他人人身财产安全的活动；

第七条，破坏生态环境，违反野生动植物保护规定；

第八条，违反旅游场所规定，严重扰乱旅游秩序；

第九条，国务院旅游主管部门认定的造成严重社会不良影响的其他行为。

因监护人存在重大过错导致被监护人发生旅游不文明行为，将监护人纳入"旅游不文明行为记录"。

很多游客存在不文明旅游行为，这些不文明旅游行为从根本性危害上看，可能导致旅游景区环境污染，景观质量下降甚至寿命缩短，其最终结果必然是造成旅游景区整体吸引力下降、旅游价值降低。它严重影响甚至直接威胁着旅游景区（点）的可持续发展。更有甚者，还可能给景区造成灾难性影响，如违章抽烟、燃放爆竹、违章野炊等行为很容易引起火灾，一旦发生，后果将不堪设想。

从最直接的影响来看：首先，游客的不文明旅游行为给旅游景区的环境管理、景观管理带来极大的困难；其次，游客的不文明旅游行为本身往往成为其他游客游览活动中的视觉污染，影响游兴，破坏环境气氛，进而影响其他游客的游览质量；最后，游客的不文明旅游行为往往会给自己的人身安全带来隐患，如到一些未开放的景区（点）游览、违章露营、随意给动物喂食、袭击动物、不按规定操作游艺器械等行为都可能给游客自身带来意外伤害。近年来，已有不少景区出现类似的安全事故，可惜很多游客意识不到这一点，所以正确引导游客行为的责任重大。

（四）游客不文明行为产生的原因

了解游客不文明行为产生的原因是正确引导游客行为的必要条件。游客的不文明行为产生的原因比较复杂，具体有如下几种。

1. 文化传统的因素

中国是一个发展中国家，随着物质文明的不断充实，精神文明也有一个不断提高的过程，而这个过程的时间长度是随着社会的进步速度变化的，并不是个人思想和行为能控制的，这是社会原因。

中国传统社会结构是家庭—家族—国家的结构层次，这一结构导致了中国人过度重视血缘、地缘，而相对忽视社会公共空间。整个社会重视社会资本，即熟人伦理关系，而轻视公共空间。这导致游客在出游过程中只注重个人及亲朋好友的感受，而不太顾及他人感受。

2. 道德感弱化的因素

旅游活动是对日常生活的超越和背叛，因而旅游者在旅游过程中不同程度地存在着随意、懒散、放任、无约束的心理倾向。当一个人以旅游者的身份在异地游览时，往往想摆脱日常生活中的"清规戒律"，这时道德的约束力量远不及在他日常生活圈子中那样强大,所以人性中潜在的恶的东西总是自觉不自觉地流露出来,旅游者摆脱了日常生活圈子中众多熟人的目光的监督,所以对自己的行为举止便少了许多顾忌与约束。那种解脱的感觉,使一些旅游者感到轻松,使他们觉得"无姓名=无责任",特别是在缺乏集体主义心理起作用的情况下,这种倾向更加增强了,很容易导致所谓"抛弃旅游耻辱"型的行为。这一点在我国游客中表现得极为明显。这可能也跟我国文化传统中"他律"文化强于"自律"文化的特征有一定的关系。

3. 环保意识不强

文化素质低、环保意识差的游客很少会考虑自身行为对环境产生的影响,因而最容易在不知不觉中产生不文明行为。但值得注意的是,大量游客有着相当高的文化素养,在日常生活中也有明确的环保意识,能约束自己的行为,然而一到景区游览时便会做出种种与其日常行为迥然不同的不文明行为。对这类游客而言,用环保意识差来概括其不文明旅游行为产生的原因显然是不合适的。

就理论层面而言,旅游活动应该有利于提高游客的生态意识和环境伦理素质。但事实上,旅游活动本身的某些特性又不利于游客形成保护环境的愿望。就旅游活动而言,游客不文明行为对环境、景观的消极影响往往是潜在的,它所造成的严重后果通常是长期累积所形成的,而游客的游览活动是暂时性、动态性、异地性的,所以游客并不能看到自己的不文明旅行行为的严重后果。这就致使游客对旅游景区环境问题的严重性缺乏认知,同时对自己的不文明旅游行为不以为然,游客个体对解决环境问题的必要性缺乏认知,因而自己也不愿付出努力。这种种因素决定了游客在游览活动过程中不易形成保护环境的愿望,因而也不易产生保护环境的行为。

4. 缺乏责任意识

对很多旅游者而言,他并不清楚在风景旅游区游览时应该注意什么,自己的责任和义务是什么,自己的权利何在。大部分旅游者是"盲目"的,不成熟的,他的唯一标准可能就是"跟风",别人怎么干,他就怎么干。例如,有污物的地方,即便有"不准倒垃圾"的警示语,他也可能将手中的废物置于此地,正所谓"前有车,后有辙"。

5. 占有意识(物质摄取意识)外显的表现

正如有些学者所说,旅游者在异地的游览过程中除了眼看、耳听、鼻嗅、口感之外，还忍不住有手拿的倾向。如好古者可能偷偷掀下古庙的一片瓦当，恋花者就要"拈花惹草"，拿不走的就用手摸摸、用刀刻刻，告诉他人"我曾到此一游"。游客在旅游过程中的这种物质摄取意识是乱刻乱画、乱折乱摘、追逐猎杀动物等不文明行为产生的重要原因。

6. 故意破坏

例如，对眼前的垃圾桶视而不见而把废弃物故意扔入山谷或湖水中，故意破坏旅游设施，在野生动物园中拉扯鸟的羽毛、袭击追杀动物等。这些行为的动机一般有两种：一种是纯粹为了寻开心、寻求刺激和快感，有人称这种行为是"为了寻求刺激而对旅游资源的施暴行为"。另一种是为了发泄自己某种不满情绪，把对环境、景观的破坏作为发现发泄心中不满的途径。这类行为造成的破坏相当严重。

当然，除上述几个方面的原因，还有一个基本的原因，那就是很多游客缺乏旅游的常识和旅游技巧，往往由于无知而在无意识的情况下做出一些我们所称的"不文明旅游行为"。

游客是中国旅游业发展中的主力军，是中国旅游业收入的主要创造者。游客数量直接决定了旅游业的发展，而游客素质的好坏、行为的端正与否、环保意识等都直接影响到景区的管理与发展。游客管理作为景区管理中的重要内容，是保证整个旅游收益的关键部分，规范好我国景区的游客管理，对我国旅游业的可持续发展有着十分重要的意义。

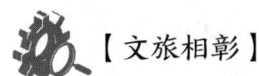

拓展阅读：文明旅游　为中国加分

【文旅相彰】

文明旅游　为中国加分

2019 年，在文化和旅游部市场管理司指导下，中国旅游报社进行了文明旅游优秀案例征集，最终选出了 10 个文明旅游引导优秀案例，分别是：

（1）安徽省："皖和号"安徽旅游援疆专列文明旅游创新举措。

（2）上海市：旅游大巴成流动宣讲车，导游领队做志愿宣传员。

（3）江苏省："志在旅游"文明旅游引导服务活动。

（4）福建省：福州三坊七巷，引领文明旅游。

（5）山东省："小小明礼少年"垃圾袋，环保行动我先行。

（6）湖北省：播撒文明旅游的种子——武汉市"市民文旅大讲堂"。

(7)海南省：2019三亚"发现最美旅游人"主题推选活动。
(8)浙江省：小长假文明旅游志愿服务活动。
(9)西藏自治区：美丽公约擦亮天路——文明旅游公益行动。
(10)内蒙古自治区："美丽公约"鄂尔多斯志愿服务队文明旅游系列公益活动。

思考：文明旅游如何影响到景区、区域形象？

（五）目前我国旅游景区游客管理存在的主要问题

1. 重视经济效益，忽视游客管理

过度重视旅游经济效益，重点目标在于如何吸引大批量的游客，缺少对大批量游客对景区环境所带来的负面影响的考虑。一些"网红"景点为了经济效益，接待大量的游客，人满为患，服务跟不上，旅游景点不仅没有吸引游客，还给大量游客带来了负面影响。

2. 管理内容仅局限于游客行为管理，管理手段偏重硬性措施

由于在管理内容上倾向于游客行为管理，使得管理方法和手段过于硬性化，如对一些不文明行为实行巡视、处罚或限制活动等。这些举措无法让游客意识到文明化环境氛围，甚至管理过程中出现了对抗性行为，硬性管理还存在着被动性、高技术性、高成本，因此旅游管理效果不是很理想。

3. 缺乏对旅游景区的综合规划及管理

如：在同一个旅游景点，一些地方过多的人流得不到合理的解决，而另一些地方则出现无人状态。服务设施不合理，有些景区很大一片地方都找不到一个厕所。旅游景区缺乏有效管理，如景区对商贩摊点没有统一的规划管理，商贩只管卖，不管环境卫生的清理，使得景区内的卫生环境脏乱，致使游客环保意识减弱，进而做出破坏环境的行为。

4. 对从业人员的培训与管理不到位，基层管理人员素质偏低

我国旅游业从业人员队伍缺乏稳定性，基层管理人员素质相对偏低，同时很多旅游景区和企业对从业人员的培训和管理不到位，致使从业人员缺少管理能力，责任意识不足，缺乏应有的责任感，甚至缺少起码的职业道德。在国内的很多景区，游人会随意触摸文物古迹，在文物古迹边嬉戏，并和文物拍照，而从业人员对其行为视而不见，使得文物资源在不经意间被逐步

破坏。

二、旅游景区游客的类型与旅游行为特征

游客人格特征与游客行为间的关系密切而复杂。对游客人格类型的分析，有助于景区员工更好地预测和引导游客行为。依据不同的划分方法，游客的类型可分为不同的种类。

（一）根据游客的性格倾向来划分

心理学上，人的心灵有两种指向，指向个体内在的世界，叫内倾；指向外部环境，叫外倾。具体衍生到景区游客的分类上，可分为以自我为中心的游客和以他人为中心的游客两大类。以自我为中心的游客计较小事，多考虑自己，一般易忧心忡忡，心情有些压抑，不爱冒险。以他人为中心的游客一般喜欢冒险，他们自信、好奇、外向、急于与外界接触、喜欢在生活中做新的尝试。

表 7-1 不同类型游客对服务质量的期望差异

游客类型	性格倾向	行为特征	服务期望	景区类型
以自我为中心	内倾	斤斤计较，从众，不爱冒险	较高	比较成熟
以他人为中心	外倾	喜欢冒险	较低	比较新

资料来源：周国忠.旅游景区服务与管理实务[M].南京，东南大学出版社，2007.

在一项专为调查景区受人们欢迎的程度为什么出现大幅度摆动而设计的研究中，人们分析发现，以自我为中心的游客和以他人为中心的游客在旅游行为的许多重要方面存在着明显的差别。从表 7-1、表 7-2 中可以看到，以自我为中心的游客显然要求生活具有可测性，最强烈的旅游动机是休息和放松一下，趋向于那些相对热门且相对比较成熟的景区或景点，对旅游服务质量的要求也相对较高；以他人为中心的游客则希望生活中有一些预测不到的东西，在景区游览中渴望有一些意外的发现或惊喜，相对更加喜欢那些比较偏远或安静、不太为人所知的景点，如能去一些没有听说过的地方，体验一些新的经历，避免千篇一律，他们会感到十分满意。同时，他们对旅游服务

质量的要求相对较低，自主性、自律性较强。

表 7-2 不同类型游客的旅游行为特点

	以自我为中心的游客	以他人为中心的游客
旅游行为特点	选择熟悉的景区	选择非旅游地区
	喜欢景区的一般活动	喜欢在新景区享受新鲜经验和发现的喜悦
	选择日光浴和游乐场所，包括相当程度无拘无束的休息	喜欢新奇的、不寻常的旅游场所
	活动量小	活动量大
	喜欢能驱车前往的旅游点	喜欢坐飞机去目的地
	喜欢正规的旅游设备，例如，设备全的旅馆、家庭式的饭店以及旅游商店	旅游设备只要求包括一般或较好的旅馆和伙食，不一定要求现代化大型旅馆，不喜欢逛吸引旅游者的商店
	喜欢家庭气氛，有熟悉的娱乐活动，不喜欢外国的陌生气氛	愿意会见和接触具有他们所不熟悉的文化和外国文化的居民
	要准备好齐全的旅行行装，全部日程都事先安排好	旅游的安排只包括最基本的项目（交通工具和旅馆），留有较大的余地和灵活性

（二）根据游客的生活表现来划分

根据游客在生活中的表现或与他人的关系，可以将他们划分为以下几种类型。

1. 神经质游客

神经质游客指的是具有敏感、易变等不完善人格的游客。神经质游客的特点：厌倦、脾气乖戾；易急躁、大惊小怪；兴奋、易激动；无礼、事必挑剔；敏感、行事难以预测。

神经质类游客最难管理，对服务人员是最大的挑战。通常该类游客所占比例较低，但随着生活节奏日益加快，外在压力的增大，体验到的失败感越来越多，导致神经质的游客有增加的趋势。对于景区服务人员来说，没有选择客人的权利，只能给客人以舒适、抚慰、优质的服务。

2. 依赖型游客

该类游客特点：羞怯、易受感动、拿不定主意、没明确的心理预期与服务目标。主要包括人格不健全的幼稚型人格游客、初次出门的游客、年老和年幼难以自理者及不熟悉情况的外国客人。

这类游客需要更多的关注和同情,他们需要详细掌握景区所提供的服务项目、收费情况等。对这类游客如果不能给予充分关注,他们将难以充分享受和消费景区所能提供的各种产品,这对于景区而言,不仅失去了商机,而且有可能在游客心目中造成不良的印象。

3. 使人难堪的游客

该类游客的特点:爱批评与抱怨、漠不关心、沉默寡言。他们好像有许多不平事、义愤填膺,原则只对外,只会对别人提要求,而很少理解和关心别人,也从不推己及人,进行换位思考。因此,对这类客人要谨慎、周到、注意细节,在服务过程中要给予他们更多的关注。

比如该类游客在看到其他游客有不文明行为的时候会大声批评,但是自己却也经常做出此类不文明的行为;看到服务人员已经忙得不可开交的时候,他们依然不依不饶。对于此类游客,最好是分配专门的服务员来进行服务。

4. 正常的游客

除了上述类型的游客外,绝大多数的游客属于有礼貌、理智、具有完全行为能力的正常人。对于此类游客,服务人员可充分发挥自己的聪明才智,把各种服务充分有效地提供给他们。

(三)根据游客的出游形式来划分

1. 团队游客及其行为特征

团队游客是由旅行社组织安排的,按照固定旅游线路、活动日程与内容,进行一日游或数日游的游客,人数一般在10人以上。团队游客的行为往往受到较多的约束,行程比较紧凑,灵活性差,游客在景区内多统一行动,在有限的时间内参观游览景区内核心的、比较重要的景点和景物,很难深入了解、观赏景区的全貌。因此,景区可事先根据旅行社的安排,按照他们的游览时间要求,制定出一条相对高效、省时、优质的旅游线路;还可向旅行社咨询服务对象的学历、职业背景,以便安排具备相应技术专长的服务人员提供服务。但是,由于是团队游客,所以一方面要加强与导游或领队的沟通,以便更好地了解游客的需求;另一方面要加强对团队游客的个体行为的引导,防止出现跟风行为。

2. 散客式自助游游客及其行为特征

散客是相对团队游客而言的自行结伴、自助型的游客,通常包括单个个人、小团体结伴出游的游客和家庭游游客等。他们根据自己的兴趣爱好，追求个性化，按照自己的意志自行决定旅游行程和线路，不受外界因素的影响与制约。散客旅游是人们追求自由与个性张扬、突破传统团体旅游约束的表现，具有决策自主性、内容多样性和活动灵活性等特点，主要人群以经济收入水平较高的游客为主。他们在景区内逗留的时间较长，重游次数较多。散客一般人数在10人以下，以年轻人为主。他们的旅游过程中存在着巨大的不确定性，无形之中就提高了对服务质量的要求。

（四）根据游客生活方式来划分

1.喜欢安静悠闲生活的游客

这类游客重视家庭，关心孩子，维护传统，爱好整洁而且对生活环境、生活品位、身体健康异常注意。尽管他们有足够的钱用来旅游，但他们更愿意将较多的钱用来购置家具，花更多的时间布置房屋等，就是为了有一个较好的生活环境。因此，他们对于一些幽静的度假区也会十分欣赏。一般情况下，他们选择的景区都是环境宜人的湖滨、海岛、山庄等。他们喜欢清新的空气、明媚的阳光，喜欢钓鱼、与家人野餐。这种人喜欢平静的生活，不愿意冒险。

2.喜欢交际的游客

这类游客思想活跃、外向、自信、易于接受新鲜事物，喜欢参加各种社会活动，认为旅游度假的含义不能局限于观光和休闲，而应该把它看成是结交新朋友、联络老朋友、扩大交往范围的良好时机。他们还喜欢到遥远的有异国情调的景区去旅游。

3.对历史文化感兴趣的游客

对历史文化感兴趣的游客认为旅游应该有教育意义，能够增长见识，而娱乐只是次要的动机。他们认为旅游度假是了解他人、了解他们的习俗和特色文化的良机，是了解世界发展史上重要历史人物和重大事件的良机。

拓展阅读：景区环保新招：
拾得垃圾换礼品

对历史感兴趣的游客之所以对受教育和增长见识重视，是因为他们把家庭和孩子看成是生活中最重要的部分，认为教育孩子是做家长的责任。因此他们认为假期应该是为孩子安排的，并且认为全家在一起度假是非常幸福的事情。景区面对此类游客，必然要求服务人员拥有良好的专业素质与专业知识背景,而不能像对待普通游客一样给他们讲解毫无特色和文化内涵的东西。

三、旅游景区游客管理的方法

游客既是景区服务管理人员的管理对象,又是景区服务人员的服务对象,因此,需要景区服务人员在为游客提供服务和帮助的过程中,进行有效沟通,通过不断的提醒与引导,来影响游客的消费行为,使游客逐步建立起基于人性中善的公德心、责任心、羞耻心,以此来实现管理游客、提升服务质量的目的。根据管理方法作用机制,可将景区游客管理方法分为激发型管理和约束型管理两种方法。

(一)激发型管理方法

激发型管理方法是指景区通过激发游客的自我控制意识而保证其按照社会基本行为准则和景区游客行为规范行事。该管理方法的出发点在于认为"人性本善",每个人都有公德心、责任心、羞耻心等。因此,激发型管理方法认为游客的管理主要在于沟通和交流,以充分激发游客的自我约束能力。激发型管理的典型方法有引导、沟通等。

1. 引导

(1)组织引导

带队导游可对游客的行为起到直接的引导、监督、制约作用。在可持续旅游中,导游不仅要完成组织协调、解说等传统的职责,同时还应负有"资源管理"的职责。在帮助游客了解、欣赏环境和景观的同时,应肯定游客对景区环境、景观负责的行为,预防和制止其不文明行为。旅游管理部门在导游考评、导游词设计等方面可适当增加有关环境特性和景观保护常识等内容,引导和鼓励导游负责任地行使好管理资源和保护环境的职责。在这一方面浙江省淳安县旅游局的做法颇有借鉴意义。淳安县是著名的千岛湖风景区所在地,为保护千岛湖的良好生态环境,该县旅游局明确要求导游员要成为千岛湖的"环保大使",该局经常为导游员举办环保专题讲座,把《千岛湖环境》作为导游上岗、年审培训的必修课,强化导游员的环保意识,强调每个导游员有责任向游客宣传千岛湖环境保护意识,还在导游队伍中发起"保护千岛湖，从我做起"的倡议。这些做法取得了很好的效果。

（2）示范引导

景区员工在履行其正常职责的过程中，可以随时与旅游者交流聊天，提供游客所需要的信息，并听取他们的反映，向游客阐明注意事项。同时，要以自己的实际行为教育游客尊重环境，遵守规章。国内不少景区曾组织工作人员与青年志愿者一起开展环保活动，这既可强化工作人员的环保意识，又能起到对公众的宣传作用。黄山之所以卫生环境好，除了因为到处都有石砌的垃圾箱外，还因为能看到清洁人员不辞辛劳、默默无闻地捡拾游客留下的垃圾，还有哪个人会忍心乱扔乱倒垃圾给他们添麻烦呢？此外，带队导游也要注意自己的一言一行，为游客树立好榜样。

（3）强制引导

①据景区自身的资源特点编制游客规则。

例如美国旅行商协会制定的游客游览旅游地的规则：

Ⅰ.要尊重地球的脆弱性。如果不保护环境，后代可能不会再看到独特而美丽的目的地了。

Ⅱ.只留下脚印，只带走照片；不折树枝，不乱扔杂物。

Ⅲ.充分了解你所参观的地方的地理、习俗、礼仪和文化。

Ⅳ.尊重别人的隐私和自尊，拍照时要征得别人的同意。

Ⅴ.不要购买使用濒危动植物制成的产品。

Ⅵ.要沿着划定的路线走，不打扰动物，不侵犯其自然栖息地，不破坏植物。

Ⅶ.了解并支持环境保护规划。

Ⅷ.只要可能，就步行或使用对环境无害的交通工具，机动车在停车时尽量关闭发动机。

Ⅸ.以实际行动支持景区内那些致力于节约能源和环境保护的企业。

Ⅹ.熟读有关旅行指南。

此外，制定比较完备的规章制度对可能出现的各种不文明行为，尤其是对故意破坏行为加大制约力度，并配备一定数量的管理人员约束游客的不文明行为，包括加强巡查、长期雇佣看护员、对违规行为实施罚款、使用闭路电视或摄影机监视等。

②分区管理。如关闭某些地域的活动场所、禁止在某些区域或某些时间

段内从事某些活动。

③限制利用量。如限制停留时间、限制团体规模、限制游客数量、禁止野营。

④限制活动。如旅行禁止超出道路和游径，禁止营火晚会，禁止乱扔废物，禁止游客纵容马匹啃食植物等。

（4）教育引导

①加强环保宣传

政府环境部门、社会环保组织、旅游管理部门应加强对环境保护问题重要性的宣传，提高公众的环保意识；要大力宣传旅游与生态环境保护之间的互惠互利的关系，使公众认识到保护生态环境是旅游业可持续发展的前提；要大力宣传旅游活动可能会给环境造成的损害，尤其应让公众认识游客不文明旅游行为对旅游环境、景观的污染和破坏；政府部门应经常性地向旅游者、旅游地居民公布环境质量信息及污染对健康、经济、环境的损害。通过种种措施使社会大众对旅游与环境的关系问题有正确的认识。这是一项最为基础性的工作，需要长期不懈地进行。旅游行政管理部门应负起重要的责任。

②增加环保旅游项目

旅游景区在旅游活动项目的安排中应有意识地增加与环境、景观保护有关的内容，使游客在生动有趣的活动中获得相关知识。国外许多生态旅游地在旅客到达中心部位之前，总是先通过种种形象生动的手段如展览、讲解培训等，对游客进行生态知识、游览规范等的教育和引导，旨在唤醒游客的生态责任意识。通过种种措施和手段在旅游景区内造就一种保护景观及周边环境、遵守游览规范的良好氛围，使游客时时意识到旅游景区对其文明行为的期待，从而能够约束自己的不文明旅游行为。

③对游客进行事前教育

向游客介绍活动类型、开放时间、场所。对于"盲目"的游客而言，有必要让他了解责任。对于那些来自不同文化背景的游客，更有必要让他少犯错误，以减少投诉和对立。比如，向他介绍景区内应注意的事项（特别是不准做的事情）及环保政策：当地的习俗，社会行为规范，宗教场所的行为规范，当地的消费习惯；在景区商店是否可以讨价还价；摄影时应遵守的礼貌；应注意的其他与当地社会习俗和价值观等有关的问题。景区管理者要将这些信息及时传递给旅游者。事前教育可采用情况介绍、分发宣传材料、利用交通工具上的视听设备等方法进行。

④加强对旅游景区内居民的环保教育

引导居民积极参加景区环保活动，充分发挥其示范与监督作用。武夷山风景区成立了由大量景区居民参加的"风景旅游资源保护协会"，在保护资源环境、发挥示范作用方面取得了很好的成效。张家界国家森林公园在游客进入景区前提醒游客不要抽烟、用火，以防止森林火灾，景区内居民在环境、景观保护方面所发挥示范作用和监督作用，有效地预防了一些游客不文明旅游行为的发生，有利于景区环境、景观的保护。

⑤加强旅游者的旅游法规教育

围绕旅游合同开展各种宣传教育活动，让旅游合同成为投诉和处理旅游投诉的共同标准。每年在一个固定的时间，在公共场合宣传介绍旅游质量监督管理所的行政职能，公布投诉电话，定期向媒体公布质检所处理投诉的信息，着重宣传处理旅游者消费者投诉的流程，增加投诉处理的透明度。

⑥建立旅游信息中心

游客中心不但可以展示景区景观，提供相关的旅游信息，出售导游手册和相关书籍，而且可以成为游客教育中心，成为利用声像资料播放让游人获得相关知识的中心。

⑦编制旅游指南或手册

手册要色彩鲜艳，生动有趣，有吸引力。要通过各种途径免费散发给游人，在游客购票时发放效果最好，虽然景区因此增加了一点费用，但可以达到宣传效果，更能让游客感觉到景区管理者对他们的一份关怀。

（5）实物引导

①建立旅游标志

警示标志是借助某些物品或标志来提醒游客注意其自身行为，并告知游客各种安全注意事项。在景区明显位置悬挂和摆放规范且美观醒目的旅游标志，配置有亲和力的标志性说明文字及提醒文字，注意语言柔性化设计，切忌生硬、带强迫性、非人性化，以达到游人自觉维护旅游秩序和环境的目的。例如，"请节约用水"，"请不要吸烟"，"清洁的环境需要您的努力"，"小动物是人类的好朋友"，等等。

②完善各种设施

景区应提供各类配套服务设施，包括环卫设施、游憩设施等，以防止游客不文明旅游行为的发生。如合理放置美观有趣的垃圾箱,使游客便于、乐于负责任地处理废弃物。当游客手中拿着垃圾时,一般不会拿在手中超过5分钟,如果5分钟内还找不到垃圾箱的话,最大的可能就是现场处理,随地丢弃。因此,景区内各项便民设施如垃圾桶等的设置要合理、科学,可设计成卡通形象或景物状,材质、颜色要与景区融为一体,增强其观赏性。另外,可发放相应的宣传册或导游图,使游客通过自我学习,知道景区有哪些游览活动项目,有哪些旅游服务设施等,以便其各取所需。

③发放垃圾袋

给每个游客发一个垃圾袋,以便保护旅游景点的环境卫生。发垃圾袋只是一种手段,其目的是培养游客的环保意识,提高人人注重环保的自觉性。这是一个过渡时期,待人们的环保意识提高了,达到人人讲卫生的时候,便可取消。就目前来说,给游客发个垃圾袋是很有必要的。它的好处有:首先,方便游客随时装垃圾,杜绝随地乱丢垃圾的不良现象;其次,有利于强化游客的环保意识,使人人养成自觉保护环境卫生的良好习惯;最后,有利于旅游景点的净化、美化,为国内外营造一个有利于旅游的环境。

2. 沟通

景区服务过程就是与游客的有效沟通过程。服务人员对游客需求的理解能力,直接影响服务质量;同时,游客对景区相关信息的理解程度也直接影响其在景区内的消费行为。

(1) 沟通的类型

言语沟通。一个人将自己的见解用明晰的语言,缜密的逻辑,再辅以传情达意的动作来表达,就使口头语言有了感染力。

言语沟通的原则有:

第一,要选择准确表达思想内容的语句。选用合适的语句,准确、恰当地表达自己的思想是与客人进行顺利交往的首要一环。"言不在多,达意则灵",交谈时要慎重地斟酌措辞。

第二,言语交往要符合特定的交往环境。言语交往的环境一般包括谈话对象、时间、场合、心理情绪等。讲话的语言要适应不同对象的特点,首先要弄清客人的年龄、身份、职业、文化修养等条件,针对不同的对象,交谈不同的内容,采用不同的语言形式。

非言语沟通。非言语沟通是人们通过使用非言语的方式来沟通感情、交流信息的过程，通常包括面部表情、身姿动态、服饰、空间距离等内容，一般称作身体语言。

第一，面部表情。眼睛、眉毛、鼻子、嘴、脸颊肌肉，都是传达感情的工具。如人生气时会拉长脸，肌肉下沉；高兴时喜笑颜开，肌肉松弛。人惊异时张嘴、愤怒时闭嘴、蔑视时撇嘴、高兴时翘嘴等。"眼睛是心灵的窗户"。眼睛凝视时间的长短，眼睑睁开的大小和眼睛的其他一些变化，都能传递最微妙的信息。

另外，面部表情中，微笑起着更大的作用，它能给客人以亲切与甜美的感受。首先，微笑帮助人镇定。当你第一次与客人交往，不免会感到羞怯与局促，微笑可帮你摆脱窘境。其次，微笑可提供思考的时间。有时碰到客人向你提出请求，而客人的请求由于种种原因不好满足。若板起脸来拒绝，往往会使客人产生反感。如果示以微笑，就能赢得思考时间，找到恰当的话题，不伤和气地解决问题。最后，微笑是信赖之本。微笑是一个人对他人的态度真诚的表现，它能给人以亲切、友好的感受。同时，微笑是美的象征，是自信的表现，是礼貌的表示，是心理健康的标志。微笑性的表情语，配以文明用语，使无声语言与有声语言相得益彰。

第二，身姿动态。人的动作与姿势是人的思想感情和文化修养的外在体现。手势是言语交往的辅助手段。手势有情绪性的，恼怒时握拳，恐惧时掩鼻等；有指示性的，招手示意人过来，挥手示意人走开等；有描述性的，如用手比画东西的大小、方圆等。当然，手势的运用不能过多，不能无目的地指手画脚，故意造作，分散游客的注意力，运用手势要明确、精练和个性化。

坐姿和站姿也是不容忽视的。入座时，要轻、要稳，不可响动过大。不论坐椅子还是坐沙发，姿势要自然端正，以坐一半为好，也可靠在沙发上，但忌半躺半坐。另外，站着与客人交谈时，身体要正对着客人，腰要挺直，两腿不要抖动。

第三，服饰。人的服饰、发型、化妆、饰物等，可以反映一个人的身份、地位、性格、爱好等。由于旅游服务工作的特殊性，旅游工作人员一般统一穿着工作服装，而不宜穿戴得过于高贵华丽，这既标明了自己的身份，也表明了对客人的尊重。

第四，空间距离。每个人都需要有属于自己的一定空间，并维护它，使之不受侵犯。在个体空间内，人会产生安全感、舒适感和自由感。当然，个体空间具有伸缩性，不同的人需要的个体空间的范围也不同，这与人们的心理、文化、地位以及人与人之间的关系等因素有关。

了解人际交往中的空间距离，对旅游服务人员在与客人的交往中把握好交际的分寸十分重要。首先，要尊重客人的"空间距离"意识，不与客人说过头的话，开过头的玩笑。要善于控制自己的情绪与理智，与人接触保持一定的频率。不可过频或过疏，过频使人生厌，过疏显得冷淡。不要介入有关私人问题的评论，不要有意无意窥视客人的隐私。其次，要尊重客人的习惯和性格，随时注意客人对空间距离的反馈信号，要根据客人的信号调节自己的言行。否则，自己本无恶意的行为被客人误解，就会影响与客人的关系。最后，要追求共享空间的默契。默契是一种领悟、沟通与理解，要达到这种境界是不容易的。这需要人们遵守社会优良行为准则，具有较高的思维艺术和精神修养，以及人与人间的相互宽容和爱。

（2）可能存在的沟通障碍

首先是语言问题。一些地区的年长游客由于普通话水平的限制，导致其无法与服务人员正常交流，服务人员也就很难提供完全吻合游客需求的服务。同时，对于国外游客来讲，由于许多景区一线员工外语口语水平偏低，语言沟通问题尤为突出。即使有些景区配备了专业外语人员，但一般也仅限于英语或日语、韩语，缺乏其他语种的服务人员。

其次是理解问题。由于不同地区的民族拥有不同的风俗习惯，同样的服务礼仪在某些民族或国家属于必备服务要求，但是在某些民族或国家可能属于不礼貌的行为。比如，部分景区停车场或度假区的员工提供上下车服务，员工可能为了防止游客的头碰到车框会将手放在框上，但是在某些国家则视这种行为为侮辱之举。

再次是信息含糊或混乱。信息含糊主要是指沟通双方没有将要表达的信息表达完整。服务人员在没听清游客提出的服务需求之前即展开服务，就可能出现服务质量问题。虽然有时候可能是游客自身信息传递有误，但作为景区服务质量管理人员，应该重复一遍游客的需求，以便得到确认，并将其服务需求记录下来。如对于那些喜怒无常的游客来讲，其提出的服务需求可能朝令夕改，这些都会导致服务管理人员不知所措、无所适从。

最后是外部环境干扰。在客流高峰期，游客提出的服务请求可能受到外界噪声或其他多个请求信息的干扰，导致服务人员难以完全明白请求信息或者疲于应付过多的信息。同时，沟通时双方的距离、所处的场合、当时的情绪以及电话等传送媒介的质量等，都会对沟通效果产生影响。

（3）掌握与游客的沟通技巧

加强与游客的相互理解，可获得游客更多的支持与帮助，克服对立、抵触情绪，减少误会和冲突，也容易实现质量管理目标。这就要求实施有效沟通，掌握与游客沟通的技巧。

掌握有效沟通的基本要求。一是服务时目光接触，给游客真诚的感觉，以实现相互交流的愉悦感。二是微笑服务，保持发自内心的微笑可以拉近彼此间的心理距离。三是表达含蓄，当无法满足游客要求时，回答一定要含蓄、婉转，既要投其所好，又要适度表现真实。如当游客抱怨度假小屋价格过高时，管理者不能当面否认，那样只会引起游客的不服气，应因势利导，说"价格是高了点，但是你得到的住宿环境、配套服务绝对是值得的"。四是服务人员表示对话题的兴趣，需要将身体轻微前倾并注视谈话对象的眼睛。此外，对游客的请求要积极回应；着装要整齐，但又不能过于严肃；语调要柔和，营造良好的沟通氛围；主动报名，争取让对方先记住你的姓名，然后争取记住对方的名字，互相理解，建立友好关系。

有效避免沟通中的过失。沟通失败是多数景区服务质量管理出错的主要原因之一。下面举例的沟通过失应竭力避免：对游客意见的简单评价，如"你是好人，可是……"；空洞的安慰，如"不要着急，东西会找到的"；自视专家，如"你根本就不了解……"；讽刺甚至挖苦，尤其当着家长面批评孩子的不是；过分和不恰当的询问，会引起游客的不安，感觉个人隐私被干涉；命令或威胁游客；多余而无用的劝告，只会引起游客的反感与失望。

与难"对付"游客有效沟通。游客难"对付"的三种情况：一是游客确实有理，需要解决问题，如购买的纪念品有质量问题；二是由于游客情绪波动所致；三是遇见"蛮横不讲理"的游客。与愤怒中的游客沟通时，应婉转地指出游客的不礼貌。首要的是等其情绪稍微稳定就说："您好，我还不了解您的具体要求，消消气，心平气和地把您遇到的问题和要求讲清楚，我会竭尽全力帮助您的。"这时游客就会收敛暴躁的态度，大家在平和的心态下，问题自然不难解决。

（二）约束型管理方法

虽然从人性化角度看，激发型管理最为合理，它强调了对游客的尊重和相互沟通，但现实中约束型管理也是景区游客管理中必不可少的。

约束型管理也称强制性管理，该方法在于明确制定相关行为准则，并借助强制力保障游客遵守规则在景区游览，否则将受到惩罚。

约束型管理实施的前提是必须保证景区规则制定的唯一性和实施的严格性。规则制定的唯一性是要求景区在制定相关行为规范时，其内容是唯一的。只有内容唯一的景区行为规则才能保证其在实施时获得较为稳定的运行秩序，否则针对同一条款可产生多种行为方式必然会给景区管理带来更大的麻烦。规则实施的严格性是对游客形成威慑力的前提，只有公平、公正地实施景区规则，对违规者严格执法，景区的行为规则才能为游客所信服和接受。

拓展阅读：中国公民出境旅游文明行为指南

任务二　游客满意度管理

【引例】

杭州成为 2021 年国内游客满意度第一的城市

近年来，杭州统筹疫情防控和文旅融合高质量发展，以改革的思路、创新的理念、惠民的举措、高质量的服务供给，整合资源，充分发挥数字文旅优势，积极构建"线上一键直达、线下一刻即享"的公共文化旅游服务新格局，为百姓打造"触手可及"的公共服务圈，也成为 2021 年国内游客满意度第一的城市。

为迎接第 19 届亚运会，由杭州亚组委、杭州市文化广电旅游局等单位合作推出了"亚运 PASS·文旅一码通"，在融合防疫健康、行程信息的基础上，整合公共交通出行、景区入园、文博场馆预约等生活应用场景，串联起各类消费和权益。杭州全新上线的"一键借阅",形成了 1 个市级图书馆、13 个区/县(市)图书馆和 N 个合作书店的"1+13+N"服务新模式。市民只要"手指点点,书籍就能快递到家",真正让图书馆变成了老百姓"家里的书房",实现了网络"全覆盖"、共享"无差别"、借还"零距离"。

思考:旅游景区、景点如何提高游客满意度?

一、游客满意度的内涵

(一)游客满意度、游客体验价值和行为倾向的内涵

1. 游客满意度

国外关于游客满意度的研究,最早是由皮赞姆(Pizam)等人发现并提出的,是游客期望和实际体验相比较是否一致的一个理论模式,这一定义模型被学术界广泛地接受。Pizam 认为游客满意度是游客对旅游地的期望和实地旅游体验相比较的结果,若实地旅游体验高于事先的期望值,则游客是满意的。Beard 也强调游客满意度是建立在游客期望和实地体验进行比较的正效应的基础上。Pearce 和 Moscardo 补充提出,对于跨文化旅游者而言,满意度的产生还与游客与东道主之间的价值体系相关。Kingchan 还认为,游客与旅游环境融合一致程度增大,游客满意程度也增加。Tribe 等进一步指出,满意度是指在游客旅行过程中,游客体验满足其期望和需求的程度。

而国内学者的研究与国外学者相似。南剑飞教授认为旅游景区游客满意度是游客对旅游景区所提供的产品或服务(旅游景观、基础设施、娱乐环境和接待服务等方面)满足其旅游活动需求程度的综合心理评价。游客满意度作为游客满意的定量表述,是衡量一个旅游景区旅游服务质量的综合性指标。

从以上文献可以看出,游客满意度是游客期望同实地旅游体验后的感知相比较的结果,它强调的是游客的心理比较过程及结果。当旅游体验大于或等于旅游期望时,旅游者获得满足感;反之,旅游者就感到失望或受挫。

2. 游客体验价值

体验价值一直以来都受到理论研究者和实践从业者的高度关注,为顾客制造和提供良好的体验价值已经成为企业获取竞争优势的新源泉。传统顾客体验价值的研究对象大多在制造业,20 世纪 90 年代以后,顾客体验价值的应

用领域得到了极大的延伸，从制造业扩展到了服务业、咨询业、金融业等产业领域，理论的普适性有了很大提高。旅游本质上是一种获得愉悦经历的体验性活动，旅游产品本质上是为了满足游客的审美和愉悦需求，从这个角度出发，游客体验价值在旅游景区开发和游客行为管理方面的理论应用是十分重要的。在旅游体验过程中，游客接触到的物象和服务，其带来的心理体验最终都会以体验价值的形态在游客头脑中形成映象，并进行权衡比较，进而形成游客对旅游体验的总体感知，它直接决定了游客对旅游产品的认知和评价，是构筑游客满意度、忠诚度的重要前置因素。

3. 行为倾向

旅游者行为倾向是游客在旅游体验后对于旅游产品或服务所可能采取的特定行动，其表现形式一般划分为重游意愿、口碑传播、溢价购买和游客抱怨，从该划分标准来看，游客重游意愿和目的地口碑传播是典型的旅游者行为倾向表现形式。游客重游意愿主要表现为游客在未来重游该地的意向，它对旅游目的地的发展具有重要意义，因为留住游客的最好方法就是使游客重复购买。口碑传播能够提供较为真实的面对面信息，当游客对旅游地持有正面评价时，能够增加重游概率，并对该目的地产生一定程度的个体偏好；反之，当游客对旅游目的地持有负面评价时，不仅会从根本上杜绝到该旅游地重游，还会以口碑传播的方式影响周围的不同个体和群体，这对旅游地的形象及其未来的发展会造成极大的损害。

（二）游客体验价值、游客满意度和行为倾向的关系

1. 价值主导论

即游客体验价值是行为倾向的直接前因，游客满意度通过游客体验价值对行为倾向产生间接作用，这类研究大多见于游客体验价值研究的早期阶段。游客体验价值是导致旅游者行为倾向的直接前因，满意度能够影响游客对旅游体验感知价值的评价，旅游者只有感到满意才会觉得本次旅游消费是有价值的。

2. 满意主导论

即游客满意度是行为倾向的直接前因，游客体验价值通过游客满意度对行为倾向产生间接影响，游客满意度对未来的行为倾向具有良好的预测效果，也是游客行为倾向最重要的直接前因，游客体验价值借助游客满意度对其行

为倾向产生间接影响，但其作用处于次要地位、从属地位。

二、影响游客满意度的因素

（一）期望影响游客满意度

期望对于顾客满意度的作用在很多研究文献中都有所提及。期望和满意度之间的关系随期望类型的不同而改变。在游客满意度研究中，大量的实证研究结果表明游客期望同游客满意度之间存在直接相关关系。游客期望是影响游客满意度的重要前提变量。

（二）期望差异主导游客满意度

期望差异理论最早应用于零售和服务业中的顾客满意度研究。根据这一理论，顾客会在购买之前根据过去的经历、广告宣传等途径，形成对产品或者服务特征的消费前期望，消费活动结束后，顾客会将感知绩效与消费前期望进行对比，如果两者不一致就会产生差异，当产品绩效大大低于原来的期望，此时会产生负差异，顾客就会对产品（或服务）产生不满意。

（三）感知质量主导游客满意度

感知质量是指在消费体验之后，顾客对产品质量的主观评价。早期对顾客满意的研究认为，期望差异是顾客满意的直接前因。后来的研究发现，除了期望差异对顾客具有直接影响外，感知质量和顾客满意度也具有直接的关系。

（四）感知价值影响游客满意度

感知价值是指顾客在购买和消费产品或者服务的过程中，相对于所支付的费用，对其所获得的实际收益的总体评价。感知价值包括功能价值、总体价值、情感价值3个部分，感知价值对于游客满意度有着显著的影响。感知价值不仅影响游客的选择行为，而且影响满意度和重购行为。

（五）旅游地形象影响游客满意度

旅游地形象是由旅游地的各种旅游产品和因素交织而成的总体印象。旅游地形象与感知质量之间存在正相关关系，从而会产生更大的游客满意度和行为倾向。

（六）其他因素

除了期望、期望差异、感知质量、感知价值、旅游地形象，旅游动机、游客情感、主客关系、游客经历等因素也对游客满意度产生影响。

三、旅游者体验的类型

旅游者的旅游目的地不同，他们所追求的旅游体验也不同。根据旅游活动的本质及旅游者心理需求的特点，可以将旅游者体验的类型大致分为五类，即娱乐、教育、逃避、审美和移情。

1. 娱乐体验

娱乐是人们最早使用的愉悦身心的方法之一，也是最主要的旅游体验之一。旅游者通过观看各类演出或参与各种娱乐活动使自己工作中的紧张神经得以松弛，让"会心微笑"或"开怀大笑"抚慰心灵的种种不快，从而达到愉悦身心、放松自我的目的。娱乐体验渗透到旅游者体验的整体过程中，无论是景区动物一个滑稽的动作还是美丽景观带给人的视觉冲击，都会起到娱乐身心的作用。

2. 教育体验

教育体验是消费者主动参与、吸收信息的访问参观、户外教学、感性旅行等，以获取知识、技术为目的的体验方式。旅游者在旅游中见所未见、闻所未闻、尝所未尝，每一次旅游都会有新的收获。无论是自然风光，还是人文类景点，总会令旅游者耳目一新，旅游者通过参观学习进而将求新求知的体验融入旅游的全过程。

3. 逃避（超脱现实）体验

在工作、生活等繁重的压力下，许多人希望通过旅游活动暂时摆脱自己在生活中扮演的各种角色。或在优美、轻松、异于日常生活的旅游环境中获得一份宁静、温馨的体验，寻找生活中另一个摆脱压力的真实自我；或在冒险、刺激的旅游中挖掘自身潜能，通过不断挑战自我、不断超越目标获得极大的心理满足，在活动的过程中体验舒畅、愉悦、忘我的感觉。这样的旅游者往往更主动参与，更能融入情境。例如，农村人观光大都市，乘快车、吃快餐、登高塔、眺全景，现代都市的节奏、现代都市的脉搏，冲击着他的感官，形成与他日常现实生活不同的体验。城里人游览小山村，过小桥、蹚溪水、坐牛车、看炊烟，山村的节奏、乡野的风貌，陶冶着他的性情，并定格在他的记忆深处。

4. 审美体验

对美的体验贯穿于旅游者的整个活动中，美好的事物可以令人心情舒畅、精神愉悦，使美的感受者获得从身体到精神的放松、通畅和忘我。旅游者在旅游活动中的审美体验首先是耳目愉悦，景区的资源和环境如繁花、绿地、溪水、瀑布、林木、鸟鸣、动物、蓝天等优美的自然景物给人带来极大的视觉愉悦。同时，在与自然的亲密接触中，由于精神的不设防，使人可以把对美的体验发挥到淋漓尽致，从而达到赏心悦目的境界。在审美体验中，旅游者虽主动参与少，但深度融入情境，个性的感受却很多。

5. 移情体验

移情体验（Empathize Experience）是指旅游者将自己内在的某种情感外射或迁移到他人或他物身上，在移情过程中体验旅游的快乐。旅游者在旅游中可以暂时摆脱在日常生活中自己所扮演的诸多角色，如父亲、儿子、职员等，把工作中的种种压力、人际交往中的各种冲突、生活中的琐碎事情抛到脑后，在陌生的旅游环境中扮演另一个自我，追寻"理想的自我"，逃离"现实的自我"，从而逃离现实，获得情感上的补偿。旅游活动中旅游者的角色扮演就是最典型的移情体验，例如，坐老爷车、穿绅士服、住古城堡、扮新郎（娘）等。旅游业的繁荣，应该是一种体验经济的繁荣。

拓展阅读：杭州成为2021年国内游客满意度第一的城市

四、提高旅游者满意度的方法

旅游的过程就是一个求新、求异、求美、求知、求乐的过程。这一过程也就是旅游者体验的过程。旅游发展的趋势是体验化，为使旅游者获得最佳的旅游体验效果，旅游景区应突出体验主题，同时在旅游产品、旅游服务、旅游设施和旅游纪念品等方面来加深旅游者的感官刺激。

旅游者的满意度体验点包括核心体验点和基本体验点，基本体验点包括服务设施、旅游秩序、旅游环境、服务意识、服务态度、服务时效、服务可信度、服务人员的仪表仪容与基本素质等，核心体验点包括游览点、游乐设施和旅游项目。

基本体验点属于旅游者体验的保障因素，核心体验点属于旅游者体验的生成因素。前者决定了旅游者是否满意，后者决定了旅游者是否兴奋。在我国旅游景区经营管理的过程中，一方面要全面提高管理水平，保障旅游者基本体验点的塑造；另一方面应该以文化挖掘为基础、以独特创意为突破口，提升旅游景区的核心体验点。具体来说，主要包括以下六个方面。

（一）增加景区创意体验主题

体验主题是景区的灵魂，没有主题的景区只是散乱的景物的堆积，旅游者游后无法留下难忘的经历。体验主题定位成功的关键在于景区中什么是真正令人瞩目和兴奋的。一般而言，创意好的旅游目的地体验主题包括以下五个特点。

1. 调整人们的现实感受是体验主题的出发点

人们到某一景区游览，是为了放松自己或者寻求平常生活中缺乏的特殊体验。景区体验必须提供或是强化人们所欠缺的现实感受。迪士尼的观光人数之所以如此众多，就是被"找到快乐和知识的地方"这样一个简单而美妙的主题所吸引过来的。

2. 空间、时间、事物等多维度的巧妙组合是体验主题的实现手段

通过空间、时间、事物等三维甚至多维度的巧妙组合，彻底改变旅游者对现实的感觉，获得不同于一般的感受。比如，杭州宋城景区，以"建筑为形，文化为魂"，仿宋代风格建造，主体建筑依据北宋画家张择端的长卷《清明上河图》而建，并按照宋书《营造法式》建造，还原了宋代都市风貌，是杭州市第一个反映两宋文化内涵的主题公园，年接待游客超过1000万人次。大型歌舞《宋城千古情》是宋城的灵魂，与拉斯维加斯的O秀、巴黎红磨坊并称"世界三大名秀"。宋城通过人造景观静态展示与动态表演相结合，生动再现了宋朝风貌和市井风俗，使旅游者仿佛置身于古代传奇之中，获得了

极大的成功。

旅游者的体验是完整的，包含了空间、时间和事物的整合，因此要做到让旅游者"在适当的地方、适当的时间做适当的事"。因此，任何一个景区体验主题必须根据景区的特性，寻找关联的主题，并根据不同时间旅游者的心理氛围来推出，才能真正有吸引力。

3. 多景点布局是体验主题的表现形式

景区是一个立体的景点的集合，推出的景区体验主题，要能够让旅游者对景区进行立体的体验。中国第一个全方位展示盛唐风貌的大型皇家园林式文化主题公园西安大唐芙蓉园通过多景点布局和各类表演让旅游者体验盛唐文化。园内建有紫云楼、仕女馆、御宴宫、杏园、芳林苑、凤鸣九天剧院、唐市等许多仿古建筑，是中国最大的仿唐皇家建筑群，全景式、多角度地展示了盛唐文化的博大和繁荣。同时，通过《大唐追梦》水幕电影、皇苑盛装巡游等活动增强了旅游者的体验。

4. 主题独特性是体验主题景区的生命线

主题独特性是主题公园的生命线。特色鲜明、个性独特的主题是主题景区旅游规划的灵魂，也是影响游客休闲娱乐定位的魅力源泉。成功的主题公园有自己强大的主题，与同类产品的独特形象不同。

如常州必去景点中华恐龙园，它是中国首个恐龙主题公园，有"东方侏罗纪"美誉。爱好恐龙的旅游者会对科普性内容感兴趣，如恐龙化石馆等；玩性难掩的旅游者可直奔娱乐项目场地，众多高空机械游乐项目使这里成为寻求刺激的首选。

5. 体验主题必须符合景区本身的特色

景区推出的体验活动，必须能够与景区本身拥有的自然、人文、历史资源相吻合，才能够强化旅游者的体验。

目前，在主题选择方面比较成功的景区主要是一些主题公园，例如中华回乡文化园位于宁夏回族自治区银川市郊著名的回乡名镇纳家户村，和纳家户古老的回族社区清真大寺交相辉映，是我国目前唯一的以回族文化为主题的旅游景区。在坐西面东的中轴线上建有大团结广场、主体大门、圣洁广场、回族博物馆、回族民俗村，轴线南北两侧建有景观湖、金色礼仪大殿、演艺大厅、曼苏尔宫清真餐厅、中华回族第一街、纳家大院。这些建筑，映衬在绿地水系之间，回族文化特色突出。

（二）开发体验旅游产品

体验旅游产品属于旅游者的核心体验点，即在一定时间中，特定地域内，围绕审美和愉悦等精神享受这个核心，为旅游者差异化体验和消费而提供的价值综合体。开发体验旅游产品的主要方法包括以下两点。

1. 外延式开发新产品

菲利普·科特勒（Philip Kotler）提出了产品开发的八个阶段：创意产生、创意筛选、概念发展和测试、营销战略、商业分析、产品开发、市场试销和商品化。由于旅游产品的特殊性，八大程序中的市场试销和商品化往往被市场调查和各种形式的广告宣传替代。

景区进行新产品开发时，要把握景区自身的资源条件和市场需求条件，逐次进行。广东肇庆的鼎湖山生物保护区在开发之初，"在飞水潭照一张相，到庆云寺烧一炷香"一度成为旅游者对鼎湖山的刻板印象。景区管理者适时地推出鼎湖泛舟、原始森林探险、"品氧谷"养生保健游等旅游体验产品，丰富了旅游者体验，延长了旅游者的停留时间。

新产品开发的关键在于创意，我们认为创意的途径通常包括：文化移植、文化嫁接和本土文化再现三种。囊括中国各少数民族风情和建筑特色的锦绣中华主题公园就属于文化移植，而迪士尼主题公园在项目设计时就进行了文化移植的创意，既突出了迪士尼自身的特色，又充分考虑了当地的文化特色。例如香港迪士尼在设计园区自然景观时，参考了中国景观设计中的风水学原则，不管是地点的选择，或是乐园入口处的设置都讲究风水学。从乐园的每条街、每间商店或餐馆门口，到炉灶和收银机的摆设都经过精心的计算。另外，香港迪士尼乐园的另一特色是配合中国节日，如农历新年和中秋节举办各种活动，给旅游者带来不同的体验。以展现大宋文化为主题的开封清明上河园则是本土文化再现的最好例证，以张择端的《清明上河图》为蓝本建设，通过杨志卖刀、包拯巡游、开封盘鼓等参与性较强的表演节目以及工作人员的角色扮演等，使游人仿若置身于一千多年前的宋朝的市井之中。

2. 内涵式升华

内涵式升华是对景区现有产品进行深层次开发，实现产品的高级化，变出售资源为出售产品，变被动服务为主动设计，变参观型为参与型。文化是内涵式升华的主要切入点。例如，颐和园恢复"耕织图"、天坛修缮神乐署、香山复建勤政殿、丽江古城再现纳西古乐等都是对原有景区文化的深度挖掘。概括起来说，以自然资源为主要构成的旅游景区应重视自然文化的导向，深掘其科学、美学内涵，以科普教育、原始风光、生态考察为主题增加体验旅游产品；以人文旅游资源为主要构成的旅游景区应以历史文化为主导，以民族性、艺术性、神秘性、地域性为特色设计体验旅游产品。

（三）提供定制旅游服务

任何经济时代都需要服务，区别在于表现形式和人们的关注点不同。为满足人们日益多样、变化的需求，服务也要"水涨船高"。

随着旅游业的发展及我国人民消费理念的升级，消费者开始追求更深层次的旅游体验，旅游品质需求逐渐增强，不再将大众化的旅游作为出行的第一选择，更加注重旅游的个性化和独特性。众多从业者和投资者寻找新的旅游模式，定制旅游符合市场发展趋势，规模日益扩大，成为旅游业中一支重要的力量。景区定制旅游服务也成为提升服务质量的一个抓手。如国家5A级旅游景区无锡鼋头渚导游部以提高游客满意为核心，以让游客实现贵族享受为目标，在2016年推出管家式导游服务，为游客提供标准化、规范化、人性化的一站式服务。鼋管家VIP定制服务集导游个性化定制服务、景区餐饮、住宿、交通、特色纪念品选购预订等一站式管家服务，大大提高了游客的满意度。

（四）完善公共服务体系

旅游体验虽然强调旅游者的个人感受、强调针对旅游者个体的经历，但是旅游景区的设计绝不排斥景区内的公共服务系统的体验化设计，这些公共服务系统是游客满意度的支持系统。例如，解说系统、生活服务系统、安全保障系统、引景空间系统等，这些系统一方面保障了旅游过程"畅"的要求，另一方面也形成了旅游者深度体验的环境。例如，从欧美旅游归来的旅游者总是啧啧赞叹其良好的环境和周到细致的服务系统、解说系统、安全保障系统等。如果说景区服务管理水平是塑造游客满意度的软件的话，那么，旅游服务设施就是塑造游客满意度的硬件。目前，我国旅游景区中过多的不协调建筑和不完善的景区设施是影响游客满意度的两个主要问题。

1. 建筑设施

无论是自然类旅游景区还是人文类旅游景区，任何人为的建筑设施相对于旅游资源来说都只能处于从属地位，绝不可危及旅游资源的整体性、安全性和美学价值，危及旅游者良好的旅游体验。

近几年，我国旅游景区已经开始注重景区建筑设施与景区环境的协调，拆除了一些不协调的建筑设施。这样做一方面有力地保护了旅游资源，另一方面也提升了旅游者在旅游景区的体验水平。例如，九寨沟景区斥资1.2亿元拆除景区内10万平方米的经营性房屋，包括沟内宾馆饭店70余个，使自然风光恢复最原始的风貌，10万平方米的经营性房屋将全部被绿色草坪所代替，其绿化率达95%以上。青城山都江堰拆除价值两亿多元的不协调建筑；洛阳龙门石窟为恢复绿地，投入6000多万元拆除了东华龙宫、环幕影城等违章建筑；西藏清除大昭寺附近不协调非文物建筑523处；少林寺景区为了营造"深山藏古寺，碧溪锁少林"的形象，拆除了景区内的现代建筑；庐山拆除了其景区内的别墅群等。

2. 景区内的交通系统

交通系统一般由燃油汽车、电瓶车、高空轨道车、人力车、畜力车、水上交通船（艇）、自行车（双踏自行车）等构成。燃油汽车因其噪声和污染破坏了旅游者体验而逐渐被舍弃；其他的交通工具在各个景区都有存在。但从旅游者体验的角度来看，富有特色、机动性好、视野开阔的交通工具更受欢迎。例如，滑竿、老式三轮车、人抬轿、双踏自行车等。

3. 建设完善的景区解说系统

景区解说系统是运用某种媒体和表达方式，使特定信息传播并到达旅游者中间，帮助旅游者了解旅游景区相关事物的性质和特点，并起到服务和教育的基本功能。有效的解说系统不仅在为旅游者提供良好的旅游体验方面发挥着有效作用，而且也为旅游景区提供了一种有效的管理工具，帮助减少一些负面影响。景区解说系统分为向导式解说服务（Personal or Attended Service）和自导式解说服务（Non-personal or Unattended Service）两类。

向导式解说服务的职责包括：信息咨询、开展导游活动、向团队演讲、现场解说。目前，我国大多数旅游景区已经有景区解说员来承担解说工作。存在的问题是解说员大多只能背诵编排好的解说词，不能提供更详细、准确的旅游信息。因而向导式解说服务的设计思路是：提高景区解说员的素质，将"移动式录音机"转化为"移动式问答机",为旅游者提供个性化服务。因此,在吸引高素质人才的同时,应该强化培训学习,提高解说员的职业素养和文化素养。

目前,我国大多数景区内的向导式解说系统已经具备,只是存在一些解说水平和人员素质的问题。另外,我国景区的自导式解说系统还很不完善、很不规范,优化该系统的基本思路是接轨国际、完善系统、富有文化内涵。

(五)重视旅游纪念品的宣传效应

人们到一个地方旅游,通常会购买旅游纪念品以示纪念,如明信片、工艺品等。旅游纪念品买回来以后人们通常会有两种做法:一是珍藏,一是送人。珍藏纪念品的人往往把它们看作一种纪念,用以纪念他们一次难以忘怀的体验。心理学分析,他们中的很多人会向别人炫耀自己的体验、讲述自己的经历。而把纪念品作为礼物赠送给他人的旅游者即使不主动讲述旅游中的所见所闻,也会被受赠者所问及。就像布诺努·吉乌沙尼说的:"纪念品是一种使体验社会化的方法,人们通过它把体验的一部分与他人分享。"体验经济消费者的口头传播十分重要,这部分消费者体验过后,对"impression"进行咀嚼和品味,他们是对这种体验把握最到位的、最有发言权的、最易于被他人信赖的人。可见,作为体验经济的纪念品是一种无声的广告,一种默示。体验经济时代,旅游纪念品的开发需加重体验的成分。

其一,使用个性化的设计。在好莱坞,客人的签名被放在电影画面的底部,并且画面上客人会与某位明星站在一起,同时明星们的签名也印到了上面。这类纪念品常常成为人们旅游结束后向亲友炫耀的道具。

其二,设计有特殊意义的纪念品。如同心锁的设计不仅能使人们在若干年后还回忆起当初的浪漫情景,并可能成为促使旅游者故地重游的助推器。

其三,赠送纪念品。不是所有旅游者都愿意购买纪念品,要想把这些旅游者也纳入为旅游义务宣传的队伍,赠送免费纪念品不失为一种好方法。如在桂林漓江游览后,有些游船会赠送印有漓江风光的金箔书签。这不仅会在将来唤起旅游者美好的回忆,还会加强旅游者对旅游地的好感,自觉地加以宣传。

（六）营造诚信安全的旅游环境

裴特斯（Printice）和威特（Witt）在《提供体验的旅游》（*Tourism As Experience*）一文中综合多家观点，归纳出体验的五种等级模式：享受自然、摆脱紧张、学习、价值共享和创造。这五种体验模式存在的基本前提是诚信安全的旅游环境。在我国的旅游景区管理中，安全问题已经基本得到解决，不再赘述。目前比较突出的问题是诚信的旅游环境还远未建立，"坑蒙拐骗"现象在很多旅游景区还比较常见。在一些旅游景区"回回都上当，当当不一样"已经成为旅游者心头挥不去的阴影。一方面，旅游者在旅游景区处处小心、不敢消费，更谈不上良好的旅游体验；另一方面，旅游景区管理者慨叹旅游者在景区不停留、不花钱，收入途径有限。解决问题的途径之一就在于景区诚信环境的建立。具体解决的途径包括以下两点。

1. 政府管理层面

政府主导和政府监管是旅游景区发展的两个抓手。为了营造诚信安全的旅游环境，有效的政府监管是最强有力的措施。政府应该在日常监管的基础上再建立快捷高效的旅游投诉处理机制，对旅游景区的规范经营和诚信水平进行监督，始终以维护旅游者的利益为第一要义。例如，香港旅游局一直坚持的授牌经营和高效投诉处理机制成就了香港"购物天堂"的美誉，诚信和安全成为香港旅游发展的助推器。

2. 景区管理层面

理顺景区内部的经营机制，尽量避免以简单的承包制代替整体经营管理，避免景区内出现"各自为政、舍大利取小利、杀鸡取卵"的现象。中、小型旅游景区可以在旅游纪念品售卖、餐饮服务、内部交通服务等过程中，实行统一采购、统一价格、统一管理。大型旅游景区可以实行基于量化考核的"准入和退出"机制，将规范经营、诚信经营、旅游者满意等指标纳入日常管理。不让规范经营的企业吃亏，将坑蒙拐骗旅游者的企业清除出场，杜绝"劣币驱逐良币"现象的发生。

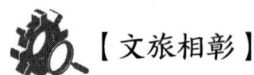【文旅相彰】

云南书记要求反思游客为何不来

2022年8月15日14时许，头条新闻发文：老牌景区客流量不够，云南书记要求反思游客为什么不来。云南省委书记王宁调研时表示，云南民族村作为老牌景区，基础条件不错但客流量不够，要深刻反思工作不足在哪，游客为什么不来。目前，云南书记要求反思游客为什么不来的相关话题在网络上引发了广大网民热议。多数网民表示黑导游、低性价比、疫情反复是不去云南旅游的主要原因，建议相关部门及各大景区提升旅游服务质量并进行业态创新等；还有部分网民则表示云南风景秀美，期待当地反思改进后能吸引更多游客前去打卡。

近年来，云南"黑导游""购物团""低价团"等事件屡禁不绝，不仅拉低了游客对当地的好感，还严重损害了云南的旅游形象，加之云南景区不少"短平快"的旅游产品令游客出现审美疲劳，导致部分景区客流量下降。此次云南书记要求反思游客为何不来，说明相关部门已意识到问题的重要性，进一步表明提振当地旅游市场的决心。

拓展阅读：舆情关注：云南书记要求反思游客为何不来

舆情点评：为吸引更多游客，相关部门首先要严打各类旅游乱象，规范行业秩序，提升游客满意度。同时，学习借鉴其他景区的创新经验和做法，大力推进旅游产品创新、业态创新，不断推出新的旅游形态，全面提升质量和效益。

（资料来源：腾讯新闻，https://new.qq.com/rain/a/20220816A09Ql000，有改写）

思考：如何通过文明旅游管理提升景区的吸引力？

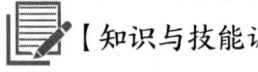【知识与技能训练】

一、名词解释

游客管理　游客文明行为　激发型管理方法　游客满意度　旅游者行为倾向

知识与技能训练答案

二、选择题

1. 游客的下列行为中属于不文明行为的是（　　）。
   A. 遵纪守法 B. 在文物古迹处留下自己的名字
   C. 废弃物装进垃圾袋 D. 除了照片，什么都不带走

2. 下列属于旅游不文明行为的是（　　）。
   A. 游客刘女士在飞机上大声喧哗扰乱飞行秩序
   B. 导游员李某带游客观看旅游目的地的色情表演
   C. 旅游行政执法部门在处理旅游纠纷时暴力执法
   D. 游客张先生不顾劝阻携带易燃易爆物品乘坐旅游大巴
   E. 旅行社大巴司机王某阻止未购物的游客上车

3. 游客不文明行为可以分为（　　）。
   A. 违法行为 B. 违章行为 C. 违规行为 D. 悖德行为
   E. 背俗行为

4. 目前我国旅游景区游客管理存在的主要问题有（　　）。
   A. 忽视游客管理
   B. 管理手段偏重硬性措施
   C. 缺乏对旅游景区综合规划及管理
   D. 对从业人员的培训与管理不到位，基层管理人员素质偏低

5. 根据游客在生活中的表现或与他人之间的关系，可以将他们划分为（　　）几种类型。
   A. 神经质游客 B. 依赖型游客
   C. 使人难堪的游客 D. 正常的游客

三、判断题

1. 违章行为危害程度较之违法犯罪行为要轻。（　　）
2. 违章行为，是指违反社会道德和既定的生活方式、风俗习惯的行为。（　　）
3. 因监护人存在重大过错导致被监护人发生旅游不文明行为，将监护人纳入"旅游不文明行为记录"。（　　）
4. 公共服务系统是游客满意度的支持系统。（　　）
5. 无论是自然类旅游景区还是人文类旅游景区，人为的建筑设施相对于旅游资源来说都是处于主导地位。（　　）

四、简答题

1. 旅游景区游客管理的方法有哪些?
2. 影响游客满意度的因素有哪些?
3. 旅游者体验的类型有哪些?
4. 什么是教育体验?
5. 提高旅游者满意度的方法有哪些?

【综合实训】

实训一

1997年12月,平遥以一座完整古城申报世界文化遗产获得成功,填补了我国在《世界遗产名录》中古城类型方面的空白。世界遗产委员会的评价是:"平遥古城是中国境内保存最为完整的一座古代县城,是中国汉民族城市在明清时期的杰出范例,在中国历史的发展中,为人们展示了一幅非同寻常的文化、社会、经济及宗教发展的完整画卷。"但是,从旅游者的角度来看,平遥古城与丽江古城、凤凰古城等进行比较,吸引力不足,重游率也很低。主要问题体现在旅游者体验的"活化文化"不足,"夏天去了干巴巴,冬天去了灰蒙蒙"。

1. 以此案例为基础分组讨论,思考如何开发体验旅游产品。
2. 了解开封清明上河园和西安大唐芙蓉园的体验设计思路,对照此案例,思考如何提升旅游者的体验水平。

实训二

以小组为单位,先学习和讨论引导、沟通等激发型管理方法,然后分别扮演景区管理人员、导游和游客(注意角色互换),模拟用所学方法与游客沟通,并对其旅游行为进行有效引导。最后总结讨论模拟过程中的得失。

实训评价：

考评人		被考评人	
考评内容		景区现状调研	
考评标准	具体内容	分值（分）	实际得分（分）
	方案撰写认真	35	
	团队贡献度	30	
	合作精神	20	
	文档操作熟练	15	
合计		100	

项目八　旅游景区环境与资源管理

学习目标

知识目标：
- 熟悉景区环境管理的内容及实现路径。
- 熟悉旅游景区垃圾、厕所环境卫生管理。
- 掌握旅游景区卫生管理的措施。
- 掌握景区环境容量的概念、内容。
- 熟悉景区环境容量调控与管理战略。
- 掌握景区环境遭受破坏的原因以及应对措施和管理方法。
- 熟悉旅游资源的类型划分及景区旅游资源管理手段。

能力目标：
- 能够正确分析景区环境影响因素并提出解决策略。
- 能够对景区资源进行分类管理和界定。
- 能够掌握维护景区自然生态环境、人文环境的技术手段。
- 能够以可持续发展的理念，解决环境冲突。

素质目标：
- 在环境保护中，树立人和自然和谐发展的理念。
- 培养热爱劳动、勤于思考的优良品质。
- 养成爱环境、爱生态的良好习惯。

思政目标：
- 树立社会主义生态文明发展观。
- 在人文景观环境保护中，感受中华优秀传统文化，树立民族文化自豪感。
- 关注经济与生态的和谐发展，树立景区可持续发展理念。

思维导图

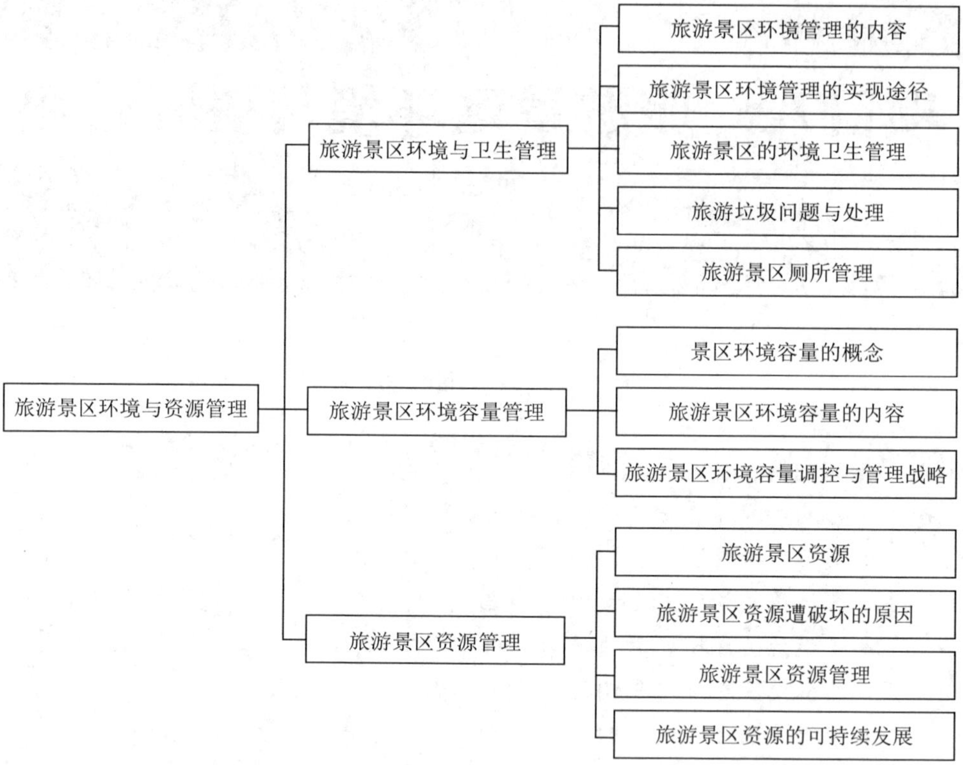

```
旅游景区环境与资源管理
├── 旅游景区环境与卫生管理
│   ├── 旅游景区环境管理的内容
│   ├── 旅游景区环境管理的实现途径
│   ├── 旅游景区的环境卫生管理
│   ├── 旅游垃圾问题与处理
│   └── 旅游景区厕所管理
├── 旅游景区环境容量管理
│   ├── 景区环境容量的概念
│   ├── 旅游景区环境容量的内容
│   └── 旅游景区环境容量调控与管理战略
└── 旅游景区资源管理
    ├── 旅游景区资源
    ├── 旅游景区资源遭破坏的原因
    ├── 旅游景区资源管理
    └── 旅游景区资源的可持续发展
```

任务一 旅游景区环境与卫生管理

【引例】

把钱存进银行，不仅安全而且还可获得一定的利息，但垃圾存"银行"也能获得"利息"的说法似乎闻所未闻。2015年四川省甘孜州海螺沟景区正是靠这个别出心裁的"金点子"不但一举解决了久久困扰景区的垃圾问题，而且备受游客赞誉，更成为国内各大景区纷纷效仿的典范。

项目八　旅游景区环境与资源管理

海螺沟景区位于青藏高原东南缘、贡嘎山主峰东坡，是长江上游重要的天然生态屏障和水源涵养地，是国家生态旅游示范区、国家4A级旅游景区、国家级风景名胜区、自然保护区、冰川森林温泉公园和国家地质公园。经过充分讨论，海螺沟借鉴银行管理和运作方式，决定成立海螺沟景区"垃圾银行"，开展"捡垃圾、兑礼品、存信誉"活动，把客户到银行存钱变为让游客将垃圾送到指定地点，然后按一定的标准给予相应的奖品，活动开展后，游客参与度极高。"垃圾银行"的利息为："1袋垃圾可兑换海螺沟明信片1张；2袋垃圾可兑换冰川雪菊1盒；3袋垃圾可兑换毛主席纪念章1枚；5袋垃圾可兑换中国红石公园门票1张；终极大奖为10袋垃圾可获得海螺沟'环保大使'称号以及兑换海螺沟门票免票券和优惠券各一张，5年之内凭本人身份证便可多次免费游览景区，并享受门票优惠（5人以内）特权。"

从景区山门口乘车到草海子下车，垃圾银行就一直伴随身边。景区还开设了"垃圾银行"APP、微信宣传平台等，全方位、多角度地宣传垃圾银行"兑礼品、存信誉"活动。

一组数据表明：在未成立垃圾银行之前，海螺沟内共有清理垃圾的保洁人员95名，年工资近300万元，垃圾银行成立后，景区内清理垃圾的保洁人员工作量大大降低，数量锐减到11名，每年环卫费也由350余万元锐减至50余万元，垃圾清理成本大幅降低。自海螺沟垃圾银行成立以来，共回收游客产生的垃圾250万余袋，约375吨，兑换各类奖品117万余件，产生海螺沟环保大使44名。

思考：旅游景区如何加强资源与环境的管理，才能获得可持续发展？

旅游景区环境管理是指运用法律、经济、行政、规划、科技、教育等手段，协调景区发展与环境保护之间的关系，处理景区利益相关者涉及环境问题的相关关系，为游客营造能获得美好旅游体验的旅游环境，使旅游景区既能可持续发展，又能实现经济利益、社会利益和环境利益的有机统一。

一、旅游景区环境管理的内容

（一）内部环境管理

1. 自然环境管理

良好的自然生态环境是景区健康持续发展的基本保证，这应该是景区旅游开发的一个基本理念。时刻树立环境保护为主的理念，引导自然环境保护、利用和培育三者的和谐统一。旅游景区开发应以自然生态保护和培育为基础，达到综合效益的最佳化。当开发与保护发生冲突时，开发利用应让位于保护和培育。

通过建立合理的环境功能分区，明确不同分区内的旅游开发行为和保护力度，确保自然环境不受破坏。根据需要，可划定自然保护区、生态敏感区和风景名胜区等环境功能分区，明确各功能区的控制标准，明确各分区内的旅游开发行为和保护力度。同时在自然生态类型的景区中，还应划分出相应的核心区、缓冲区和实验区，从而确定相应的保护目标。

2. 历史文化环境管理

在景区内构建现代化设施的同时，要充分发掘、保护和发展旅游地的传统特色和历史风貌。在景区环境管理中，除了要不断创新，及时赋予景区以新的时代特色，尤其要精心保护和管理代表旅游地历史文化的标志性建筑物、文物等历史文化景观。对旅游景区独具特色的民俗风情要加以保护和管理。将旅游目的地的民俗风情加以提炼，以当地民俗风情为依托，在景区内整修出一些典型的民俗载体，控制景区内的建筑现代化和城市化倾向。注重景区内文化氛围的营造，在景区内建筑装修、店铺门面、园林绿化、环境卫生、广告标志、交通工具等景区综合风貌上透射文化品位。

（二）外部环境管理

1. 旅游基础设施管理

加强旅游景区交通建设，为旅游者提供便利、舒适的交通。把景观生态学原理引入旅游基础设施管理，制定不同的标准，对区域内的设施配置做出规定，严格控制其规模、色彩、用料、造型和风格等，尽量使人工建筑的斑块、廊道、基质等相协调。

2. 旅游市场秩序管理

维护旅游市场的良好秩序，相互协作，抵制不正当竞争行为，提供诚信服务，真实发布景区信息，不欺诈游客，为游客提供公平交易的旅游市场环境。同时加强安全保卫措施，确保景区及周边社区保持安全稳定的环境。

3. 旅游产品开发和营销

在旅游地完善现有的设施建设并引入更多的休闲设施和服务，不仅能增强目的地的吸引力，提高目的地的生存能力，还能使当地居民受益。在旅游营销过程中，为旅游者提供全面、具有引导性的信息，有助于他们形成自己的观点和态度，使他们可以在一个更加透明的旅游环境中开展游览活动。

二、旅游景区环境管理的实现途径

传统的旅游景区环境管理多为狭隘的生态环境管理，即只是从景区自身解决环境污染问题的角度出发进行管理，没有从旅游体验的角度进行开放式的、宏观的考虑，没有将景区的利益相关者对旅游大环境的要求考虑在内，致使环境管理工作仍只局限于景区项目自身，其"主动性"没有拓展到景区的外部环境中去。为了使旅游景区在更宏观的层次、更全面的范围内实现环境管理，必须要构建旅游景区利益相关者共同参与的景区环境管理体系。

所谓利益相关者是指"那些能够影响企业目标实现，或者能够被企业实现目标的过程影响的任何个人和群体"。从景区环境管理的角度来看，景区利益相关者主要包括政府部门、当地社区、旅游者和景区开发商等，他们与景区环境之间存在着相互作用、互为影响的关系。旅游景区环境管理的实现取决于景区利益相关者各自的活动以及利益相关者之间关系的协调。

（一）政府部门

在旅游景区各利益相关者中，政府部门起着宏观调控和主导性的作用。政府部门通过立法、行政管理和税收等形式来规范和引导其他利益相关者的行为和活动，从而实现对旅游景区的环境管理。

(二)当地社区

当地社区不仅是受影响最大的景区利益相关者,也是景区环境管理工作最大的影响施加者。旅游景区环境管理工作必须要考虑社区参与的问题,积极鼓励当地社区参与环境管理,发挥其对环境管理的监督和维护作用。同时要加强对社区的环境教育,还可以拍摄公益广告,营造良好的旅游人文环境。

(三)旅游者

旅游者的行为和态度是景区环境管理的关键因素,强调旅游者的行为要对环境负责任。对旅游者进行管理的关键之一是确定正确的旅游容量。既要注意景区内部的容量控制,又要考虑区域内旅游线路的平衡。另一个重要内容是采取各种有效的方法和技术,对旅游者实施文物景观保护和环境教育,此外,旅游者还必须尊重当地社区的民俗风情、文化传统和宗教信仰等。

(四)景区开发商

旅游景区环境管理的一个重要目的是可持续发展,就旅游景区开发商而言,要在经营的各个阶段遵守可持续旅游发展原则,包括能源和水的耗费、垃圾处理、产品开发、市场营销及交通等各个方面。可持续旅游既取决于旅游目的地自身的发展战略,也取决于旅游景区开发商的市场战略与经营策略,景区开发商尤其要处理好与当地社区的关系,在开发私人项目的同时,提供公共设施和服务,以满足社区的需求和愿望。

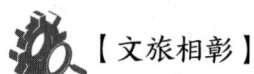【文旅相彰】

习近平在浙江余村首次提出"绿水青山就是金山银山"

2005年8月15日,时任浙江省委书记的习近平在浙江安吉县余村调研时,首次提出"绿水青山就是金山银山"的重要论述。

习近平:刚才你们讲了,下决心停掉一些矿山,这个都是高明之举。绿水青山就是金山银山,我们过去讲,既要绿水青山又要金山银山,实际上绿水青山就是金山银山。

调研余村9天之后,习近平以笔名"哲欣"在《浙江日报》头版"之江新语"栏目中发表短评《绿水青山也是金山银山》。文章指出，绿水青山可以带来金山银山，但金山银山却买不到绿水青山。绿水青山与金山银山既会产生矛盾，又可辩证统一。

党的十八大以来，习近平总书记多次强调"绿水青山就是金山银山"，"两山理论"已成为引领我国走向绿色发展之路的基本国策。

习近平总书记强调：在生态环境保护建设上，一定要树立大局观、长远观、整体观，坚持保护优先，坚持节约资源和保护环境的基本国策，像保护眼睛一样保护生态环境，像对待生命一样对待生态环境，推动形成绿色发展方式和生活方式。

三、旅游景区的环境卫生管理

卫生管理是环境管理的组成部分，但由于卫生状况是整个环境状况中的一个常变量，不像生态环境、设施环境那样有着时间上的连续性和稳定性，因此卫生管理便成为旅游景区环境管理工作的一个特殊内容。

（一）卫生管理的重要性

1. 卫生状况是旅游景区环境质量重要的外在表现

游客进入旅游景区首先感受到的便是卫生状况，并且卫生状况自始至终地影响着游客的整个游览过程。其次是清洁的路面、分布有序的设施、干净的设备、服务人员整洁的仪表等，都能给人舒适、欢畅、美好的感受，增加游览的乐趣和体验性，提高心理享受程度，因此，卫生状况是旅游景区环境质量的最重要的外在表现，直接影响着顾客的消费过程和消费质量。

2. 卫生状况反映旅游景区的管理水平

卫生管理是旅游景区管理活动中最基础的管理工作，是旅游景区管理水平的重要体现，也是旅游景区管理者和员工的整个形象的重要表现。同时，它也是旅游地整体形象的重要表现之一，因为外地旅客在旅游地停留的时间大都比较短，不可能对当地社会有深入的了解，他们主要是通过对游览对象的直观了解来感受旅游地的整体情况。所以，要提高旅游景区和旅游地在外来旅游者心中的形象，给旅游者留下美好的印象，增加回头客，提高卫生质量是必不可少的手段之一。目前，我国许多城市就是首先以卫生优良树立起了良好的公众形象，如威海、大连等。

3. 卫生状况对客源市场有重要影响

卫生状况也是生活质量的重要表现之一。无论是当地居民还是外地游客，都希望在一个良好的环境中生活，特别是旅游景区，对客源市场有着最直接的影响。据以前有关调查资料反映，外国旅游者对我国旅游景区管理反映最强烈的便是卫生状况，特别是厕所卫生，令人难以容忍，以前我国绝大多数旅游景区的厕所都是传统的暴露式蹲坑厕所，既不卫生，也不雅观。许多西方游客不得不专门带着浴巾，如厕时放在身上。2015年，国家旅游局针对旅游景区厕所脏乱差的现象，发起了一场清理整治活动，被称为"旅游厕所革命"。根据规划，三年内全国共新建厕所3.3万座，改扩建2.4万座。其中，2015年，新建1.3万座，改扩建9000座。到2017年最终实现旅游景区、旅游线路沿线、交通集散点、旅游餐馆、旅游娱乐场所、休闲步行区等的厕所全部达到标准，并满足"数量充足、干净无味、实用免费、管理有效"的要求。

（二）旅游景区卫生管理措施

（1）从行业管理的角度制定专门的旅游景区卫生管理质量标准，加强监督、检查和奖惩。目前，在我国国家旅游部门已经制定的《旅游区（点）质量等级的划分与评定》中，对五个等级的旅游景区、参观游览点的卫生管理质量都规定了明确的标准，并相应制定了操作规范。管理部门应在此基础上切实做好监督检查工作，将标准落实到实际工作中去，使卫生管理工作真正建立在自觉规范的基础上。

（2）坚持统一管理与分散管理相结合的原则。管理制度、卫生标准、奖惩标准、监督检查由旅游景区统一制定和进行。同时将具体任务和指标落实到旅游景区内的各企业、摊点和部门，人人明确责任，齐抓共管。

（3）建立卫生管理责任制。责任到人，奖罚分明，使卫生管理权、责、利均落到实处。

（4）加强制度建设。使卫生管理成为制度化、经常性的工作，成为日常工作的重要组成部分，而不是"卫生运动"或"突击活动"。

（5）卫生管理必须严格按照规范要求进行操作，景区卫生管理要求如下：

①每日在游览开放时间前必须做到景区内的地面、设施已清扫完毕，必要时要洒水防尘。

②在游览时段内卫生清洁员随时监控各自负责的卫生区域，及时清除地面的污渍、果皮、纸屑等脏物。

③景区内的垃圾箱表面应每日擦洗，保持外表整洁；垃圾箱内垃圾要及时清除，不可出现外溢现象。

④栏杆每日应擦净，并定期重新上漆。

⑤草地绿篱应修剪规整，无灰尘、纸屑等脏物。

⑥餐饮点环境整洁，采取消除苍蝇、老鼠、蟑螂等有害物滋生条件的措施。

⑦禁止出售腐败变质、不洁、受有毒有害物污染的食品及超出保存期限的食品。

拓展阅读：十大旅游不文明行为

四、旅游垃圾问题与处理

（一）旅游垃圾问题

1. 旅游垃圾的种类

旅游垃圾的成分比较复杂，大致可分为三类，即有机垃圾、无机垃圾和有害垃圾。有机垃圾泛指由有机物构成的生活垃圾，包括剩茶剩饭、瓜果皮核、菜根菜叶、鱼肉骨头、蛋壳和树叶杂草、畜禽粪便、动物尸体等。无机垃圾，主要指可回收利用物资，是生活垃圾中可用于直接回收利用或再生后循环使用的物质。无机垃圾包括各类塑料制品及包装物（塑料袋、塑料瓶、快餐饭盒、易拉罐、啤酒瓶、罐头盒、罐头瓶、胶卷盒、烟盒、冷饮盒、火腿肠外皮等），还有碎砖、石块、灰土、炉渣、煤灰、烟头、废纸、口香糖等。有害垃圾，主要指废电池、油漆、灯泡、灯管、过期药品等。这些固体废弃物会对人体健康或自然环境造成现实危害或潜在危害。

若按旅游垃圾的来源分类，大致可分为两种，即来自旅行游览活动的垃圾和来自旅游开发经营活动的垃圾。前者是指游客在旅游过程中产生的各类垃圾；后者是指经营开发单位和个人在建造房屋、修路开道、接待服务等过程中产生的各类垃圾。

2. 旅游垃圾的危害和不良影响

随着旅游业的迅猛发展，作为旅游业副产品的旅游垃圾，将会呈现不断增加的趋势。旅游垃圾的大量产生，使旅游环境受到严重污染和破坏，危害极大，而且很难控制。国外环境专家对各类废弃物的解体时间所做的推算为：玻璃瓶在任何时候都不能分解；塑料瓶需 450 年；易拉罐需 200~250 年；棉织物需 1~5 个月；废纸屑需 15 天。而有机垃圾较易腐烂，含有病原体，尤其在夏季，正值旅游旺季，有机垃圾所占比重大，气候湿热，降雨较多，不及时处理就会马上腐烂。

旅游垃圾恐怕是山地旅游景区最难处理的问题，如张家界国家森林公园，曾经每天产生的垃圾总量约 6.5 吨，旅游旺季时，每百米游道平均日产垃圾 25~40 公斤，而且垃圾基本上是就地掩埋，结果又造成二次污染。

塑料包装物对旅游环境的"白色污染"也是十分惊人的。全世界几乎每秒都在产生白色污染，其危害是非常大的。塑料包装物是用聚苯乙烯制成，难以降解或分解。

（二）旅游景区垃圾处理

如果旅游景区位于城区或城郊，旅游垃圾可纳入城市垃圾处理系统；如果旅游景区远离城镇或运输不便，就要考虑旅游垃圾的处理问题。

1. 旅游垃圾的收集

（1）旅游垃圾盛放装置的类型及要求

目前主要有金属垃圾箱/桶、塑料垃圾箱/桶、塑料袋、纸袋等。其要求是不漏水、不生锈、结实耐用、有盖、易于清洗和携带。

（2）旅游垃圾盛放装置的数量和摆放

要根据游客数量的多少来定。旅游旺季时要多些，旅游淡季时则少些；游客多的地方多放，如门口、停车场、住宿点、餐馆、商店摊位等处要多放一些，其他地方则少放一些。垃圾箱/桶要安放牢固，纸制和塑料袋可撑开放在专用的架子上，上面加盖。在有条件的地方，实行分类收集，采用不同颜色或不同形状的垃圾箱/桶，也可放置不同的标志，引导游客处理不同种类的垃圾。另外，也可在出售门票时把垃圾袋发给游客，以供盛放废弃物之用。

（3）垃圾的收集、清运

在旅游旺季，需要每日清运；如果游客不多或在旅游淡季，可根据情况处理。

垃圾箱/桶要及时清洗、消毒，收运垃圾最好选在景区开放时间之外，以免干扰游客。

2. 旅游垃圾的处理

国内外城市垃圾处理的主要方法有卫生填埋法、堆肥法和焚烧法等，无论哪一种，最终都要以无害化、资源化、减量化为标准。卫生填埋法最经济、实用，它的处理成本是堆肥法的1/3、焚烧法的1/10，西方发达国家由于土地资源、能源日益紧张，焚烧比例逐渐增加。填埋法作为最终处置手段，一般占有较大的比例。堆肥法是农业型发展中国家处理垃圾的主要形式。热解法、填海和造山等垃圾处理新技术逐渐取得新的发展。

3. 其他处理和利用垃圾的方法

世界各个国家和地区，想出不同的绝招，采用不同的方法，赋予垃圾以新的生命，将垃圾变废为宝。这些方法主要有以下几种。

（1）垃圾墙

芬兰科学家把炉渣、破布、废纸等捣碎混合，经高温和高压处理后做成一种墙体材料，实验证明，用这种材料筑成的"垃圾墙"非常结实，还能防酸碱腐蚀。

（2）垃圾公园

印度北部的昌迪加尔兴建了一座"垃圾公园"，园内的所有游乐设备都是用垃圾作为原材料制成的。

（3）垃圾门票

加拿大西北部的普罗维登斯堡的街头巷尾，总是干干净净，几乎看不到烟头、果皮、纸屑，即使有零星垃圾，转瞬间也会不翼而飞。原来，这座靠近北极圈的城市，有一个现代化的游泳池，里面设施齐全，是人们休息和娱乐的理想场所。为了搞好城市环境卫生，市政府规定，本城男女老幼如果到此游泳时交纳一定数量的垃圾，可不必购买门票。

（4）垃圾纪念碑

法国在欧洲第一峰——勃朗峰附近的迈尔杰·格拉斯冰川中心，用游客丢下的罐头盒、啤酒瓶、塑料袋等废弃物，建造了一座高6米、重1吨的巨大雕塑，目的是告诫人们要保护勃朗峰的良好自然环境。

（5）会说话的垃圾桶

在比利时首都布鲁塞尔的一座公园里，摆设着许多会说话的垃圾桶，这种垃圾桶做成模样令人发笑的胖木偶形状，木偶张着大嘴，当游客把垃圾丢进它的口中时，它就会大声说"谢谢"，会说话的木偶引起了人们极大的兴趣，他们都愿意把废物丢进它的嘴里。

（6）饮料罐回收抽奖机

日本环保部门在公园、街头设置了一种饮料罐回收抽奖机，当人们把空饮料罐放进去，上方的 5 只拼图转轮就转动起来，如果最后停在一个完整的画面上，放入空罐的入口处就会给你献上一件精美的小饰物。回收机的光传感器对铝皮、铁皮空罐能进行自动筛选，在 5 秒钟内将其压缩成块、分类回收。

五、旅游景区厕所管理

在旅游景区卫生管理中，旅游厕所的分布格局、方便程度、建设档次和卫生水平直接影响游客旅行过程中的感受，是衡量旅游服务质量高低的重要因素。目前，我国旅游厕所建设在底子薄弱、认识滞后的基点上取得了突破性进展，在树立和改善我国旅游形象、扩大和活跃旅游经济方面发挥了明显作用。

（一）我国旅游景区厕所新特点

经过数年来的发展，我国旅游景区厕所建设不断取得新突破，已基本步入了布局合理化、设施现代化、清洁卫生标准化、管理服务规范化的良性发展轨道，曾经最难登大雅之堂的旅游厕所正在成为景区里的一座座新景观。我国旅游景区和旅游城市这些年在旅游厕所建设上所取得的显著成绩，受到了国内外旅游者的普遍赞扬。我国旅游景区厕所建设逐步形成了以下突出特点。

1. 认识上有突破

近年来，各级政府把景点厕所作为展示城市文明和市民素质的"窗口"来抓。例如，河北省确立了"两消灭两争取"的奋斗目标。即在各主要景区、主要旅游线路上消灭旅游厕所空白、所有旅游厕所消灭"脏乱差"现象，争取一大批旅游厕所成为标准旅游厕所；2017 年 5 月 26 日，第四次全国厕所革命推进大会暨诗画浙江推介会在浙江义乌召开。从 2015 年初到 2017 年 4 月底，全国共完成新建、改建厕所 52 485 座，占厕所革命三年计划（共 5.7 万座）的 92.71%。

厕所革命是指对发展中国家的厕所进行改造的一项举措，最早由联合国儿童基金会提出，厕所是衡量文明的重要标志，改善厕所卫生状况直接关系到这些国家人民的健康和环境状况。

浙江以全域旅游理念，把厕所革命作为旅游工作的"一号工程"来抓。自2015年起，三年时间里，浙江省投入资金超10亿元，改建扩建厕所4500余座，建成第三卫生间100余座，基本提前完成厕所革命三年行动目标。这足以表明对旅游厕所问题的重视程度。

2. 层层建章立制

各地把旅游厕所建设作为一个系统工程，要求搞好总体规划、保证建设质量并切实加强日常管理。如贵州省，按照"高起点规划、高标准建设、超常规发展"的工作思路，通过政策引导、资金补助、规范标准等，把"厕所革命"工作作为建设国家生态文明试验区、创建省级全域旅游示范区、推进乡村振兴的重要抓手，健全厕所管理体制，推广厕所科技应用，推动"厕所革命"向有旅游资源的贫困村倾斜，促进贫困村旅游基础设施和公共服务水平提升完善。

3. 有关单位齐抓共管

建厕是一项系统工程，涉及方方面面的所有权、管理权，需要各方协调联动。各地在这一过程中较好地利用和调动了全社会的积极性，各相关单位聘请了专门设计院设计，负责所管辖区内公厕建设、管理和维修等相关环节的工作。例如，南京市陵园管理局，作为该市雨花台风景区主管单位，不向社会"等、靠、要"，利用40万元职工自筹的资金，进行了公厕新建和改造。

4. 政府投入有增加

作为城市公用设施，许多城市政府都加大了对厕所建设的投入。2017年，山西省委省政府在支持各市开展旅游厕所建设的同时，推进五台山、云冈石窟、平遥古城三大世界遗产景区旅游厕所标准化建设，并下拨专项经费4874.8万元对三个景区范围内的70座旅游厕所和1200座农家厕所改造进行投资补助和奖励。同时，各地政府也加大资金投入，郑州市每年从5000万元旅游发展资金中拿出2000万元用于旅游厕所建设工作；河南省财政厅在2015年、2016年分别投入2000万元、2050万元高成长服务业发展专项资金用于支持旅游厕所建设。

5. 建设标准普遍提高

各城市按照现代社会对厕所文明所提出的要求，摒弃"挖个坑，搭个棚"

的做法，普遍重视公厕设计的新颖、造型的美观和功能的实用。许多城市在建厕过程中不拘一格，因地制宜，充分扩展厕所的各项功能并极为重视厕所与周围环境的协调搭配，塑造出了一批赏心悦目、美观实用的"厕所精品"，有的景区厕所甚至成了"景点"。十三陵景区定陵 161 号厕所内设有全市仅有的 4 个豪华厕所"单间"，内部配置有电吹风、风扇、洗脸盆等设施，均已达到宾馆洗手间水平，一跃成为京城"顶级厕所"。为保护文物建筑的整体风格，故宫、天坛和十三陵等景区的厕所都采用了青砖灰瓦的仿古建筑形式。

建厕所对水源要求高，同时又有可能引起环境污染，各地在建设过程中，体现出了较好的环保意识。例如，大连市在地势较高、引水难度较大的主要景区建造环保厕所，有效解决了公厕方便游客却污染环境的两难问题。此外，一些景区自觉把建设厕所视为公益事业，着眼于提高综合效益。

6. 积极探索融资渠道

各地建厕工作开始打破政府包揽环卫建设、景区景点搭乘便车的传统局面，广辟融资渠道。例如，广州在首批建成的星级厕所已基本形成"以厕养厕"的良性循环后，又开始探索不用政府花钱、兴建星级公厕的新路子。其

拓展阅读：景区厕所成"美丽风景"

做法是，采取股份制的形式筹集资金，环卫工人和机关干部均可入股，根据有关部门计划，每股作价 1000 元，总股本超过 100 万元，由参股者和政府签下 20 年合同，20 年之内持股者对多功能公厕的收入进行分配，20 年后还将退回本金。

（二）旅游景区厕所管理规范

旅游景区对厕所卫生的常规规定有如下几条。

（1）所有厕所在开门接待客人之前必须打扫干净，做到地面无污物、尘土、积水，便池无污物、不堵塞，墙壁门窗无蛛网、无乱涂乱画现象，无积土，无明显异味，纸篓倒净。

（2）在游览时间内，厕所清扫人员要随时或定时清扫。

（3）在每一位清扫工下班之前，其负责的厕所必须达到卫生标准。

（4）收费厕所由专人全日服务，视厕所等级提供卫生纸、洗手水、烘手器、肥皂、擦手纸等。

（5）按以下顺序进行厕所保洁工作：墙壁—天花板和门窗—厕位和厕

池—纸篓—地面。

2022年7月11日，国家市场监督管理总局、国家标准化管理委员会发布《旅游厕所质量要求与评定》(GB/T 18973—2022)，该文件在标准名称、适用范围、相关技术参数以及管理和服务规范等方面，都根据工作实际进行了调整。以切实提升广大游客如厕满意度、促进旅游业高质量发展为目标，对旅游厕所提出了分布合理、厕位充足、男女厕位比例适当、设计人性化、管理有效、运行良好等具体要求；强调旅游厕所以满足干净卫生、方便实用等基本功能为主，坚决避免奢华浪费；对各等级旅游景区旅游厕所建设提出了相应要求，凸显了A级旅游景区在旅游厕所革命工作中的主力军地位；同时还首次明确了评定工作流程，制定了评分细则和评分表，增加了基层落实标准的可操作性。该标准的实施和普及大幅提升了中国旅游厕所的标准化水平，为各地特别是各级各类旅游景区提高旅游厕所建设、管理和服务水平提供了有力指导，为实现旅游厕所"健康、舒适、环保、智能化"目标提供了有力保障。

任务二 旅游景区环境容量管理

【引例】

又是一年"人从众"，旅游景区如何破解"人满为患"

2021年，在刚刚结束的"十一"黄金周，居民"补偿式"出游意愿强烈，多地再现"人从众"，泰山、广汉三星堆博物馆、良渚古城遗址公园等多个景区因客流量过大而暂停售票或临时限流。

实际上，自从2008年"五一"长假被取消后，由于春节长假以探亲为主，"十一"黄金周成了不少居民唯一可以进行长途旅行的假期。数亿人同时放假，再加上统一的休假节奏，必然对出行体验带来影响，黄金周变成"黄金粥"。另外，长期以来，国内景区一直奉行以"接待量"论英雄的"多多益善"原则，逢假必堵已是一个非常尴尬的现状。受利益最大化驱动的景区经营者,能否在具体实践中坦承并恪守"限量红线"有待观察,但景区如何解决假日人满为患的难题却是迫在眉睫。国内多地景区再现逢节必"爆"的景象,处处人满为患,引发了人们对于景区安全的担忧,一系列疑问也在小长假里持续发酵——景区最大容量到底是多大?最大容量又是如何测算出来的?为什么鲜少见到景区公布自己的最大容量?达到最大容量后为何依然不限客?

(资料来源:根据网络新闻整理)

思考:节假日许多热门景点都存在人满为患现象,景区该如何控制好环境容量,避免安全事件的发生?

旅游容量和承载力是旅游地理学、旅游环境学、旅游规划学乃至旅游管理学关注的焦点问题之一,被称为旅游可持续发展的依据之一。旅游容量和承载力的评估与拓展对于实现旅游业的可持续发展具有重要意义。因为它们直接面对旅游环境,并成为旅游者、旅游资源与环境、旅游社区居民及管理者之间的有效接口,因此,对旅游容量问题不能回避。

一、景区环境容量的概念

环境容量是一个从生态学中发展起来的概念,与它相近的一个概念是环境承受力或环境承载力、环境忍耐力。

1838年,比利时数学生物学家弗胡斯特从马尔萨斯的生物总数增长率出发,认为生物种群在环境中可以利用的食物量有一个最大值,动物种群增长相应地也有一个极限值,种群增长越接近这个极限值,增长速度越慢,直到停止增长。这个极限值在生态学中被定义为"环境容量"。

1972年,梅多斯等在《增长的极限》书中研究人口、经济增长与资源、环境的关系问题,确定了"增长的极限"即"环境容量"的基本含义。1968年,日本学者首先将"环境容量"的概念借用到环境保护科学中来,提出在环境保护领域,环境容量是指在人类生存和自然状态不受危害的前提下某一环境能容纳的某种污染物的最大负荷量。

世界旅游组织在1978—1979年工作计划报告中正式提出了"旅游承载容量"的概念,并且指出:发达国家由国内旅游起步转向国际旅游,表现形式为输出和接待并举；发展中国家则由先开展国际旅游再转为国内旅游和国际旅游，故以全方位接待为主，容量矛盾也就突出。从微观上看，有的旅游景区或旅游点片面追求经济效益，置环境容量于不顾，超负荷接待，不进行总量控制，使风景资源和自然环境受到很大破坏，加剧了容量矛盾的尖锐性。

从以上的分析可以看出，环境容量是一个发展的概念，在100多年的时间里，人们将它从单一的生态学领域引入很多相关领域，如环境保护、人口问题、土地利用、社会发展、旅游管理等。各个学科在坚持环境容量的基本含义——"增长的极限"的同时，也在不同的角度和层次上对它进行延伸，使环境容量的概念能够在本学科中发挥更大的作用。在旅游学中，一般认为，旅游环境容量是指在可持续发展的前提下，旅游景区在某一段时间内，其自然环境、人工环境和社会环境所能承受的旅游活动在规模、强度、速度上的极限值。

二、旅游景区环境容量的内容

我国传统的旅游景区环境容量的内容及其计算方法一般包括三个方面，即面积容量、线路容量、卡口容量。在旅游发展规划实践中，这三种容量的计算也是比较容易操作的，因此至今仍是被普遍采用的环境容量计算方法。

（一）面积容量、线路容量、卡口容量

1. 面积容量

面积容量是指单位时间内每位游客活动所必需的最小面积。

根据环境心理学原理，个人在从事活动时，对环境在其周围的空间有一定的要求，任何人的进入都会使人感到受侵犯、压抑、拥挤，导致情绪不安、不舒畅，这个空间即个人空间，也是旅游景区面积容量的依据。在不同的环境中，人对这种个人空间的要求是不同的。

西方一些国家对一些旅游设施面积容量的设置标准为：一般旅馆 $10\sim35m^2/$ 人，海滨别墅 $15m^2/$ 人，山区旅馆 $19m^2/$ 人，餐馆 $24m^2/$ 人，海滨度假区 $10m^2/$ 人，滑雪场 $100\ m^2/$ 人，室外电影场最多1000人/场，夜间俱乐部最多1000人/处。

当然，由于文化、心理、传统习惯等因素的影响，在同一场合，人的感受也会有所不同。例如在海滩，世界上比较常用的标准是 $10m^2$/人，日本人对这个标准的满意度是100%，而美国人的满意度只有50%。

日本规定的不同游乐场所的个人空间及平均滞留时间标准为：动物园 $2.5m^2$/人，2.5h；植物园 $300m^2$/人，2.5h；高尔夫球场 $2000\sim3000m^2$/人，5h；溜冰场 $25m^2$/人，1.6h；射箭场 $230m^2$/人，2.5h；自行车道 $30\ m^2$/人，2h；徒步旅行 $400m^2$/人，3.5h；别墅 $70\sim100m^2$/人，3.5h。

世界旅游组织（OMT）规定一些娱乐活动场所的容量或承载力标准为（以每公顷接待人数为单位）：森林公园15，郊区自然公园15~17，高密度野餐地300~600，低密度野餐地60~200，体育比赛100~200，高尔夫球场10~15，垂钓/帆船5~30，速度划船5~10，滑水5~10，徒步旅行40，骑马25~80。

在我国，传统的说法是：城市园林旅游景区每位游客所需的最佳活动面积为 $14m^2$，自然风景区每位游客所需的最佳活动面积为 $20m^2$。

根据旅游景区的总面积、可游活动面积和设施等条件，运用面积容量计算方法可计算出旅游景区在同一时间内的接待能力或饱和量。其计算公式为：

$$V = M/m$$

V：单位时间内旅游景区的接待能力（饱和量）

M：旅游景区可游活动面积（L）

m：每位游人所需活动面积（m^2/人）

2. 线路容量

线路容量是指在同一时间内每位游客所必须占有的游览线路长度。我们知道，在旅游景区内，游客并不是平均分布在可游区域内，而是集中在区内的游览线路上呈线性运动，这就使游览线路成为人流最集中的区域。因此，仅用面积容量法并不能准确反映旅游景区的接待能力，因为它同时还受到线路容量的限制。

线路容量的大小可视线路的长度、宽度、可行程度或险易程度、线路交通方式、沿线景点的分布状况等情况而定。这是一个比较复杂的变量。

3. 卡口容量

卡口容量又叫瓶颈容量，它是旅游景区内因交通、景观、游乐等因素构成的游客必需的活动"热点",形成人流集中的"瓶颈"或"卡口",同时成为环境和资源的脆弱点,由此会引起整个旅游景区环境的破坏。

一般说来,旅游景区的核心区或著名的景点周围是人流最集中的地区,在旅游旺季往往形成人流过于集中、负荷过重的局面,给环境造成极大的压力。例如:八达岭长城高峰日游客量可达 3 万多人,平均每平方米要容纳 4~5 人,不仅游客无法观景、活动不便、叫苦不迭,而且破坏了长城的环境。西安一次节日仅参观兵马俑博物馆的即达 5 万人,出现了"进不去,出不来"的现象。杭州各风景点高峰时游人量均超过合理游人密度的 10 倍。"瑶琳仙境"溶洞高峰时日游客量达 1.5 万人,不但危及旅游环境,妨碍正常观赏游览,而且由于洞内长年处于饱和状态,酸雾污染导致许多晶莹的石钟乳色泽变黑,亿万年造就的自然奇观面临着毁于一旦的危险境地。因此,为切实保护好旅游环境,保证游览质量,旅游景区必须根据实际情况,对重点地段规定出此点或此段的最大允许容量作为控制。

根据上述三种容量的计量方法,可以综合计算出旅游景区或游览参观点的接受能力。

测定旅游景区或游览参观点的游客接待能力一般要考虑两方面的问题:一是在旅游景区里一次(一批)能接待游客的总数(如每批人数)、每次同时开航的游览船数等;二是旅游景区在规定的开放时间内所能接待游客的总批数,如每天能接待 10 批人、每天能开航 10 班船等。计算公式如下:

(1)园林、岩洞每天的接待能力

$$V=T/t \cdot n$$

$V=$ 园林、岩洞每天能接待游客总数

$T=$ 园林、岩洞每天开放时间

$t=$ 前后两批游客进入园林、岩洞的间隔时间

$n=$ 每批游客的人数(此项取决于每个游览空间的大小,一般的园林要求每个游客要拥有 $14m^2$ 的园地面积)

运用上述公式可计算出每个旅游景区或游览参观点接待游客能力的合理数值。

例如:桂林市的芦笛岩,每天开放 8 个小时,每 10 分钟进一批游客,每批游客 25 人,每天能接待多少游客?

已知：

$T=8\times60=480$（分钟）

$t=10$（分钟）

$n=25$（人）

则：

$V=480/10\times25=1200$（人）

答：每天能接待 1200 人。

（2）江河游览旅程接待游客能力

$V=L/J\cdot S\cdot n$

$V=$ 江河游览旅程能接待的游客量

$L=$ 江河整个水面游程

$J=$ 前后下水的两条游船之间间隔的距离

$S=$ 每条游船载客的数量

$n=$ 每批可以同时开航的船数

运用上述公式可以计算出江河旅程接待游客能力的合理数值。

例如：桂林漓江，从桂林至阳朔的游程为 70 千米，前后两条船的距离以 500 米计，每条船载客以 60 人计，江面同时只能开 1 条船，整个游程能接待多少游客？

已知：

$L=70\times1000=70000$（米）

$J=500$（米）

$S=60$（人）

$n=1$

则：

$V=70000/500\times60\times1=8400$（人）

答：整个游程能接待 8400 名游客。

面积容量、线路容量、卡口容量这三种容量及其计算方法在实践中有一定的合理性，但从现代的生态和环境的角度来认识，它们所反映的基本是"游览空间"（包括面积空间与线路空间）对游客的承载能力，即"空间环境容量"，它只是旅游景区环境容量的一个组成部分，而不是全部。

2014 年 12 月 26 日，国家旅游局发布行业标准《景区最大承载量核定导

则》(LB/T 034—2014),规定景区最大承载量核定方法:

瞬时承载量:景区瞬时承载量一般是指瞬时空间承载量。瞬时空间承载量 C_1 由以下公式确定:

$$C_1 = \sum X_i / Y_i$$

X_i——第 i 景点的有效可游览面积;

Y_i——第 i 景点的旅游者单位游览面积,即基本空间承载标准。

当景区设施承载量是景区承载量瓶颈时,或景区以设施服务为主要功能时,其瞬时承载量取决于瞬时设施承载量,瞬时设施承载量 D_1 由以下公式确定:

$$D_1 = \sum D_j$$

D_j——第 j 个设施单次运行最大载客量,可以用座位数来衡量。

日承载量:景区日承载量一般是指日空间承载量。日空间承载量 C_2 由以下公式确定:

$$C_2 = \sum X_i / Y_i \times \text{Int}(T/t) = C_1 \times Z$$

T——景区每天的有效开放时间;

t——每位旅游者在景区的平均游览时间;

Z——整个景区的日平均周转率,即 $\text{Int}(T/t)$,为 T/t 的整数部分值。

景区设施承载量是景区承载量瓶颈时,或景区以设施服务为主要功能时,其日承载量取决于日设施承载量,日设施承载量 D_2 由以下公式确定:

$$D_2 = \frac{1}{a} \sum D_j \times M_j$$

D_j——第 j 个设施单次运行最大载客量;

M_j——第 j 个设施日最大运行次数;

a——根据景区调研和实际运营情况得出的人均使用设施的个数;

通过系数 a 去掉单一旅游者使用多个设施而被重复计算的次数。

当旅游者在景区有效开放时间内相对匀速进出,且旅游者平均游览时间是一个相对稳定的值时,日最大承载量 C 由以下公式确定:

$$C = \frac{r}{t} \times (t_2 - t_0) = \frac{r}{t_1 - t_0} \times (t_2 - t_0)$$

r——景区高峰时刻旅游者人数；

t——每位旅游者在景区的平均游览时间；

t_0——景区开门时刻（即景区开始售票时刻）；

t_1——景区高峰时刻；

t_2——景区停止售票时刻。

【文旅相彰】

我国生态保护修复取得历史性成就

党的十八大以来，在习近平生态文明思想指引下，我国通过实施一系列生态保护修复政策和重大工程，生态保护修复取得历史性成就。最新的卫星遥感监测数据显示，青海湖水体面积达到4625.6平方千米，相比10年前增加了近220平方千米，相当于增加了34个西湖，昔日大片的沙地如今已变成湿地。党的十八大以来，我国先后修订森林法、草原法等生态保护修复相关法律，编制实施了天然林资源保护、耕地草原河湖休养生息等专项规划以及退耕还林还草、海洋生态保护等政策制度。

与此同时，我国一大批重要生态系统保护和修复重大工程先后实施，在重点生态功能区实施了25个生态保护修复试点工程，出台了《全国重要生态系统保护和修复重大工程总体规划（2021—2035年）》，将全部自然生态系统的保护和修复工作都囊括其中。如今，我国生态空间管控越发严格，生态保护红线划定工作已基本完成，覆盖了全国生物多样性分布的关键区域。如今，全国设立了三江源国家公园、大熊猫国家公园、东北虎豹国家公园等，以国家公园为主体的自然保护地体系正在加快形成。如今，青藏高原、长江流域、黄河流域等重点生态区的生态系统质量得到了整体提升，从生态退化、恶化到环境持续向好，是中国生态环境保护历史性、转折性、全局性变化的写照。

拓展阅读：旅游景区环境容量

（二）旅游景区环境容量因素

从现代生态环境学和旅游心理学的角度看，旅游景区的环境容量一般应包括下列因素。

1. 自然环境容量

自然环境容量是指风景资源和生态环境的最大允许量，这是旅游供给的主体，又可分为生态容量和资源容量。

生态容量包括三个方面：一是水质及大气资源对旅游及其相关活动的承受能力；二是土壤、地质、植被、野生动物、湿地等生态特征对旅游及其相关活动的承受能力；三是地震、飓风、泥石流等自然灾害对旅游及其相关活动的限制。

资源容量也包括三个方面：一是水资源、土地资源对旅游及其相关活动的承受能力；二是自然景观资源对旅游及其相关活动的承受能力（也称自然景观资源的敏感性）；三是自然能源（如风能、太阳能、潮汐能、波能等）对旅游及其相关活动的承受能力（自然能源对于边远地区的旅游开发具有很大的现实意义）。

2. 人工环境容量

人工环境容量是指直接或间接为开展旅游活动而开发和建设的人工场所或环境的最大许可量，又包括空间容量和设施容量。

空间容量即可游览地区的空间接待能力。设施容量包括三个方面：一是市政设施容量，包括供水、排水、供电、供气、通信等设施对旅游及其相关活动的承受能力；二是道路交通设施容量，包括道路、停车场、机场、码头等对旅游及其相关活动的承受能力；三是旅游服务设施容量，包括住宿、文化、体育、娱乐、商业及其他服务设施对旅游及其相关活动的接待或承受能力。

3. 社会环境容量

社会环境容量是一个非常活跃的、弹性很大的因素，它的内涵广泛，大到包括一个地区的开放和稳定程度，小到包括旅游景区居民对旅游者的友善态度，还可以包括当地的文化吸引等。它包括人文环境承载力、经济环境承载力、心理环境承受力三个方面。

人文环境承载力是指文化习俗、历史古迹、大型工程设施等人文景观对旅游及其相关活动的承受能力。

经济环境承载力是指就业及经济背景对旅游及其相关活动的承受能力。

心理环境承受力包括两方面：一是当地居民对由于旅游开发而使环境及生活方式发生改变的承受能力；二是旅游者的审美体验对旅游及其相关活动的承受能力，如在不降低旅游者对风景观赏和活动感知质量（或审美质量）的前提下场所能容纳的最大数量。

三、旅游景区环境容量调控与管理战略

（一）环境容量调控原则

（1）尽量给旅游者提供更多的游憩机会（产品）以满足不同需求和目的的旅游者。

（2）使规划专家及旅游管理者制定的旅游地利用水平（强度）不至于损害生态系统。

（3）找出旅游容量的限制因子并提高其阈值。

（4）对于一些具有相同目的的旅游区，新建地的利用强度应低于已设立容量阈值的已开发地区。

（二）环境容量的调控

（1）采用不同的门票价格，即在旺季提高票价，在平季和淡季降低票价。

（2）禁止机动车进入景区，在景区内设立禁入区。

（3）实行景区预约制，使用控制游览时间的门票。

（4）最大日流量超过极限时关闭景区入口。

（5）通过为游客提供更多游览区域以提高景区内的接待能力，鼓励游客走动。

（6）开发周边景区，疏导游客。

（7）设立标语、提示牌以提醒游人保护环境，利用多种媒体唤起游客环境保护意识，从根本上调整游客行为。

（8）打击犯罪和破坏环境行为，通过法律、规章制度制裁违法者，用于警示游人。

（9）增加管护人员，提高管护质量。

拓展阅读：
垃圾换早餐

任务三　旅游景区资源管理

【引例】

黄山"放假",黄石"请狼"!

黄山风景区自1987年10月首创"景点轮休"以来,先后对天都峰、莲花峰、丹霞峰、狮子峰等热门景点陆续实行封闭轮休,每个轮休期为3年至5年,旨在促进景区生态休养生息。这一景点"轮休"制在1989年4月通过的《黄山风景名胜区管理条例》中被以法律的形式固定下来,主要为"莲花峰""天都峰"交替轮休,轮休时间为5年,另外,除了"莲花峰""天都峰"有轮休制度外,每年的冬季景区将全部封闭,全面的开放时间基本稳定在每年的4—11月。据黄山园林部门负责人介绍,封闭轮休期间,景区园林管理部门将继续实施资源监管,做好病虫害防治和水土保持治理,通过人工辅助手段,促进自然植被和生态环境的恢复。黄山风景区景点轮休机制如今已实施30多年,取得了非常好的成效。

美国黄石国家公园(Yellowstone National Park),简称黄石公园,是一座国家公园,成立于1872年。黄石公园还是个野生动物保护区,栖息着北美水野牛、灰狼、棕熊、驼鹿、麋鹿、巨角岩羊、羚羊、羚牛等众多的野生动物(黄石公园以熊为其象征)。黄石公园最有名的野生动物问题莫过于灰狼了。刚开始时,人们不清楚灰狼在黄石生态圈中所扮演的角色,以为灰狼只会危害旅游者安全,而且狼皮有极高的经济价值,便随意把它们猎杀,以致灭绝净尽。后来,由于没有了灰狼,麋鹿的数量便不受控制,造成生态不平衡,引发出一连串的生态危机,原因是大量的麋鹿吃掉了当地的橡树幼苗。最后,人们只好又从别处千辛万苦"请来"灰狼,并把它列为濒临绝种动物,直到今天,黄石国家公园里的灰狼数目还在慢慢恢复中。

思考:黄山"放假",黄石"请狼",对旅游景区管理有哪些启示?

一、旅游景区资源

旅游景区资源是指景区内被用来吸引旅游者的一切事物与因素,换言之，旅游景区资源是指已经开发了的为旅游业所利用的旅游资源。通常景区的资源反映了一个景区的品质、吸引力和价值，景区里的一山一水、一景一物、一草一木都构成了旅游景区的资源。景区资源是景区开发、利用的最基本因素。

景区的资源大致可以分为自然旅游资源和人文旅游资源。自然旅游资源包括高山、峡谷、森林、火山、河湖、海滩、野生动植物、气候等，可归纳为地貌、水文、气候、生物四大类。人文旅游资源包括历史文化古迹、古建筑、民族风情、现代建设新成就、饮食、购物、文化艺术和体育娱乐等，可归纳为人文景物、文化传统、民情风俗、体育娱乐四大类。景区资源从体量上看，大的可以是一座山，一个湖，一片草原，一幢建筑；小的可以是一棵树，一朵花，一只鸟，一扇窗。

（一）旅游景区资源管理的意义

首先，旅游景区资源是旅游景区赖以生存、经营和发展的基础。旅游景区是旅游业发展的主体，也是旅游业发展的基础。长期以来，旅游者都是以游览旅游景区为目标，很少有旅游者是为了住一个饭店到某一个城市，所以，旅游景区在旅游发展过程中的地位始终是非常重要的，而且越来越重要。

其次，旅游景区资源不仅需要开发和利用，更需要保护与管理。开发利用与保护管理是一对矛盾，又是相互依存、相互促进的。合理的开发利用不仅可以促进当地的经济发展，还可以保护资源不受人为的破坏。一个好的旅游资源在开发利用中被破坏了，或者无意中被人们的各种活动所损坏了，对旅游工作者和旅游者来说都是一种损失。我们应该认识到景区的资源不仅需要开发与利用，而且需要保护与管理。

再次，旅游景区资源决定了景区的品质、吸引力和价值。要维持景区的吸引力和价值，首先要保护好景区的资源，而有效的管理则是资源保护的重要途径之一。景区资源有多重的价值体现，如艺术价值、历史价值、游憩价值、科学价值、环境价值等，景区资源管理的主要任务就是要使多重的价值得到充分的体现。

最后，人与自然和谐发展是景区资源管理的最终目标，景区的可持续发展建立在保护和开发相互和谐的基础上，使景区资源保护和经济效益获得"双赢"。保护景区资源和环境不受破坏是第一要务，是发展现代旅游业、实现旅游收入效益最大化目标的基础；而景区的经济发展，则是资源保护、资金积累的基本来源，只有在旅游经济得到发展的条件下，才能使景区资源得到有效的保护。故保护和开发是相辅相成的，只有在保护中开发，在开发中保护，才能把旅游景区资源的保护和管理工作做好。

（二）旅游资源的类型划分及界定

根据文化和旅游部颁布的《旅游资源分类、调查与评价》（标准号：GB/T 18972—2017），旅游资源类型及释义见表8-1所示。

表8-1 旅游资源基本类型释义

主类	亚类	基本类型	简要说明
A 地文景观	AA 自然景观综合体	AAA 山丘型景观	山地丘陵内可供观光游览的整体景观或个别景观
		AAB 台地型景观	山地边缘或山间台状可供观光游览的整体景观或个别景观
		AAC 沟谷型景观	沟谷内可供观赏游览的整体景观或个体景观
		AAD 滩地型景观	缓平滩地内可供观赏游览的整体景观或个别景观
	AB 地质与构造形迹	ABA 断层景观	地层断裂在地表面形成的景观
		ABB 褶曲景观	地层在各种内力作用下形成的扭曲变形
		ABC 地层剖面	地层中具有科学意义的典型剖面
		ABD 生物化石点	保存在地层中的地质时期的生物遗体、遗骸及活动遗迹的发掘地点
	AC 地表形态	ACA 台丘状地景	台地和丘陵形状的地貌景观
		ACB 峰柱状地景	在山地、丘陵或平地上突起的峰状石体
		ACC 垄岗状地景	构造形迹的控制下长期受溶蚀作用形成的岩溶地貌
		ACD 沟壑与洞穴	由内营力塑造或外营力侵蚀形成的沟谷、劣地，以及位于基岩内和岩石表面的天然洞穴
		ACE 奇特与象形山石	形状奇异、拟人状物的山体或石体
		ACF 岩土圈灾变遗迹	岩石圈自然灾害变动所留下的表面痕迹
	AD 自然标记与自然现象	ADA 奇异自然现象	发生在地表一般还没有合理解释的自然界奇特现象
		ADB 自然标志地	标志特殊地理、自然区域的地点
		ADC 垂直自然带	山地自然景观及其自然要素（主要是地貌、气候、植被、土壤）随海拔呈递变规律的现象

续表

主类	亚类	基本类型	简要说明
B 水域景观	BA 河系	BAA 游憩河段	可供观光游览的河流段落
		BAB 瀑布	河水在流经断层、凹陷等地区时垂直从高空跌落的跌水
		BAC 古河道段落	已经消失的历史河道现存段落
	BB 湖沼	BBA 游憩湖区	湖泊水体的观光游览区与段落
		BBB 潭地	四周有岸的小片水域
		BBC 湿地	天然或人工形成的沼泽地带等带有静止或流动水体的成片浅水区
	BC 地下水	BCA 泉	地下水的天然露头
		BCB 埋藏水体	埋藏于地下的温度适宜、具有矿物元素的地下热水、热气
	BD 冰雪地	BDA 积雪地	长时间不融化的降雪堆积面
		BDB 现代冰川	现代冰川存留区域
	BE 海面	BEA 游憩海域	可供观光游憩的海上区域
		BEB 涌潮与击浪现象	海上大潮时水涌进景象,以及海浪推进时的击岸现象
		BEC 小型岛礁	出现在江海中的小型明礁或暗礁
C 生物景观	CA 植被景观	CAA 林地	生长在一起的大片树木组成的植物群体
		CAB 独树与丛树	单株或生长在一起的小片树林组成的植物群体
		CAC 草地	以多年生草本植物或小半灌木组成的植物群落构成的地区
		CAD 花卉地	一种或多种花卉组成的群体
	CB 野生动植物栖息地	CBA 水生动物栖息地	一种或多种水生动物常年或季节性栖息的地方
		CBB 陆地动物栖息地	一种或多种陆地野生哺乳动物、两栖动物、爬行动物等常年或季节性栖息的地方
		CBC 鸟类栖息地	一种或多种鸟类长期或季节性栖息的地方
		CBD 蝶类栖息地	一种或多种蝶类常年或季节性栖息的地方

续表

主类	亚类	基本类型	简要说明
D 天象与气候景观	DA 天象景观	DAA 太空景象观赏地	观察各种日、月、星辰、极光等太空现象的地方
		DAB 地表光现象	发生在地面上的天然或人工现象
	DB 天气与气候现象	DBA 云雾多发区	云雾及雾凇、雨凇出现频率高的地方
		DBB 极端与特殊气候显示地	易出现极端与特殊气候的地区或地点，如风区、雨区、热区、寒区、旱区等典型地点
		DBC 物候景象	各种植物的发芽、展叶、开花、结实、叶变色、落叶等季变现象
E 建筑与设施	EA 人文景观综合体	EAA 社会与商贸活动场所	进行社会交往活动、商业贸易等活动的场所
		EAB 军事遗址与古战场	古时用于战事的场所、建筑物和设施遗存
		EAC 教学科研实验场所	各类学校和教育单位、开展科学研究的机构和从事工程技术试验场所的观光、研究、实习的地方
		EAD 建设工程与生产地	经济开发工程和实体单位，如工厂、矿区、农田、牧场、林场、茶园、养殖场、加工企业以及各类生产部门的生产区域和生产线
		EAE 文化活动场所	进行文化活动、展览、科学技术普及的场所
		EAF 康体游乐休闲度假地	具有康乐、健身、休闲、疗养、度假条件的地方
		EAG 宗教与祭祀活动场所	进行宗教、祭祀、礼仪活动场所的地方
		EAH 交通运输场站	用于运输通行的地面场站等
		EAI 纪念地与纪念活动场所	为纪念故人或开展各种宗教祭祀、礼仪活动的场馆或场地
	EB 实用建筑与核心设施	EBA 特色街区	反映某一时代建筑风格，或经营专门特色商品和商业服务的街道
		EBB 特性屋舍	具有观赏游览功能的房屋
		EBC 独立厅、屋、馆	具有观赏游览功能的景观建筑
		EBD 独立场、所	具有观赏游览功能的文化、体育场馆的空间场所
		EBE 桥梁	跨越河流、山谷、障碍物或其他交通线而修建的架空通道
		EBF 渠道、运河段落	正在运行的人工开凿水道段落
		EBG 堤坝段落	防水、挡水的构筑物段落
		EBH 港口、渡口与码头	位于江、河、湖、海沿岸进行航运、过渡、商贸、渔业活动的地方

续表

主类	亚类	基本类型	简要说明
E 建筑与设施	EB 实用建筑与核心设施	EBI 洞窟	由水的溶蚀、侵蚀和风蚀作用形成的可进入的地下空间
		EBJ 陵墓	帝王、诸侯陵寝及领袖先烈的坟墓
		EBK 景观农田	具有一定观赏游览功能的农田
		EBL 景观牧场	具有一定观赏游览功能的牧场
		EBM 景观林场	具有一定观赏游览功能的林场
		EBN 景观养殖场	具有一定观赏游览功能的养殖场
		EBO 特色店铺	具有一定观光游览功能的店铺
		EBP 特色市场	具有一定观光游览功能的市场
	EC 景观与小品建筑	ECA 形象标志物	能反映某处旅游形象的标志物
		ECB 观景点	用于景观观赏的场所
		ECC 亭、台、楼、阁	供游客休息、乘凉或观景用的建筑
		ECD 书画作	具有一定知名度的书画作品
		ECE 雕塑	用于美化或纪念而雕刻塑造、具有一定寓意、象征或象形的观赏物和纪念物
		ECF 碑碣、碑林、经幡	雕刻记录文字、经文的群体刻石或多角形石柱
		ECG 牌坊牌楼、影壁	为表彰功勋、科第、德政以及忠孝节义所立的建筑物，以及中国传统建筑中用于遮挡视线的墙壁
		ECH 门廊、廊道	门头廊形装饰物，不同于两侧基质的狭长地带
		ECI 塔形建筑	具有纪念、镇物、标明风水和某些实用目的的直立建筑物
		ECJ 景观步道、甬路	用于观光游览行走而砌成的小路
		ECK 花草坪	天然或人造的种满花草的地面
		ECL 水井	用于生活、灌溉用的取水设施
		ECM 喷泉	人造的由地下喷射水至地面的喷水设备
		ECN 堆石	由石头堆砌或填筑形成的景观
F 历史遗迹	FA 物质类文化遗存	FAA 建筑遗迹	具有地方风格和历史色彩的历史建筑遗存
		FAB 可移动文物	历史上各时代重要实物、艺术品、文献、手稿、图书资料、代表性实物等，分为珍贵文物和一般文物
	FB 非物质类文化遗存	FBA 民间文学艺术	民间对社会生活进行形象的概括而创作的文学艺术作品
		FBB 地方习俗	社会文化中长期形成的风尚、礼节、习惯及禁忌等
		FBC 传统服饰装饰	具有地方和民族特色的衣饰

续表

主类	亚类	基本类型	简要说明
F 历史遗迹	FB 非物质类文化遗存	FBD 传统演艺	民间各种传统表演方式
		FBE 传统医药	当地传统留存的医药制品和治疗方式
		FBF 传统体育赛事	当地定期举行的体育比赛活动
G 旅游购品	GA 农业产品	GAA 种植业产品及制品	具有跨地区声望的当地生产的种植业产品及制品
		GAB 林业产品与制品	具有跨地区声望的当地生产的林业产品及制品
		GAC 畜牧业产品与制品	具有跨地区声望的当地生产的畜牧业产品及制品
		GAD 水产品及制品	具有跨地区声望的当地生产的水产品及制品
		GAE 养殖业产品与制品	具有跨地区声望的养殖业产品及制品
	GB 工业产品	GBA 日用工业品	具有跨地区声望的当地生产的日用工业品
		GBB 旅游装备产品	具有跨地区声望的当地生产的户外旅游装备和物品
	GC 手工工艺品	GCA 文房用品	文房书斋的主要文具
		GCB 织品、染织	纺织及用染色印花织物
		GCC 家具	生活、工作或社会实践中供人们坐、卧或支撑与贮存物品的器具
		GCD 陶瓷	用瓷石、高岭土、石英石、莫来石等烧制而成，外表施有玻璃质釉或彩绘的物器
		GCE 金石雕刻、雕塑制品	用金属、石料或木头等材料雕刻的工艺品
		GCF 金石器	用金属、石料制成的具有观赏价值的器物
		GCG 纸艺与灯艺	以纸材质和灯饰材料为主要材料制成的平面或立体的艺术品
		GCH 画作	具有一定观赏价值的手工画成作品
H 人文活动	HA 人事活动记录	HAA 地方人物	当地历史和现代名人
		HAB 地方事件	当地发生过的历史和现代事件
	HB 岁时节令	HBA 宗教活动与庙会	宗教信徒举办的礼仪活动，以及节日或规定日子里在庙会附近或既定地点举行的集合
		HBB 农时节日	当地与农业生产息息相关的传统节日
		HBC 现代节庆	当地定期或不定期的文化、商贸、体育活动等

续表

主类	亚类	基本类型	简要说明
8	23	110	

注：如果发现本分类没有包括的基本类型时，使用者可自行增加，增加的基本类型可归入相应亚类，置于最后，最多可增加2个，编号方式为：增加第1个基本类型时，该亚类2位汉语拼音字母+Z，增加第2个基本类型时，该亚类2位汉语拼音字母+Y。

二、旅游景区资源遭破坏的原因

旅游景区资源遭破坏的原因复杂，大致可以分为自然因素和人为因素两种。

（一）自然因素造成的景区资源破坏

1. 突发性破坏

自然界中常发生的地震、山火、海啸、火山喷发等自然灾害对旅游资源的破坏力是巨大的，这种破坏在短时间内就会完成。破坏力度大的还可能导致整个旅游资源在一夜之间就化为乌有。

2. 缓慢性破坏

在自然条件下，一些历史遗迹，长时间受到风吹日晒雨淋，加上外部环境和动物的破坏，导致旅游资源本身发生了各种物理、化学变化，旅游资源本身的形态和性质就发生了缓慢的变化，又称缓慢性风化。

这种外界空气、气候条件的变化给很多旅游景点造成了危害，尤其是历史古迹。如甘肃的敦煌莫高窟，在环境质量监测中已发现有一定含量的二氧化碳和氮氧化物，而且已经检验出对壁画十分有害的硫化氢、臭氧，导致石窟形成的病害有十余种，壁画遭受脱落、起甲、酥碱、烟熏、变色等的侵害。西安冶金建筑学院《大雁塔倾斜及其加固问题的研究》课题组，经过十多年的研究，确认大雁塔每年向西北方向逐渐倾斜，倾斜速度每年1毫米，塔基每年下沉120毫米。这些变化虽然不是十分明显，但如果持续下去，若干年后大雁塔有倒塌的危险。2022年10月3日，由于常年风化和海水侵蚀，加上雷雨天气影响，导致青岛"石老人"海蚀柱上半部分自然坍塌，引发无数网友关注。坍塌前，"石老人"高约17米，作为我国基岩海岸典型的海蚀柱景观,"石老人"历经 6000 多年风雨屹立不倒。

此外,一些虫害也是造成旅游资源遭到破坏的因素。例如成都市的望江楼"崇丽阁"以及武侯祠、德阳孔庙、青城山等一大批旅游景点的文物古迹已遭到白蚁侵蚀,一些景点已经不复存在。

(二)人为因素造成的景区资源破坏

1. 战争因素的破坏

战争是对旅游资源最具毁灭性的一种行为,战争的炮火可以在短时间内使一处文物古迹化作一片瓦砾。2001 年 3 月,阿富汗塔利班政权把闻名中外的巴米扬大佛炸毁,引起了世界人民的愤慨。阿富汗的巴米扬大佛曾经是两个巨大的佛像。1500 年前雕刻而成,嵌在一对巨大的拱形石窟中,一个高 55 米,另一个高 38 米,被认为是世界上最高的立佛像。在两尊大佛的周围还有由数百个山洞、寺院和神社组成的庞大佛教文化聚集地。

2. 建设性破坏

由于对旅游资源的认识与重视不足,在城市建设、交通建设等工程中经常出现拆毁有价值的建筑、损坏遗迹遗址的情况。如我国哈尔滨市,素有"东方小巴黎"之称,在 19 世纪末至 20 世纪初,是我国与俄罗斯和欧洲通商的一个重要口岸。当时哈尔滨的城市建筑中,有很多融西方建筑和东方建筑为一体的建筑,是西方建筑风格在我国北方地区的汇集,像哥特式建筑、巴洛克建筑等,至今仍有西方的建筑学家来哈尔滨参观考察。但在 20 世纪五六十年代的城市建设中,人们对这些陈旧的建筑不感兴趣,拆毁了一批融东西方建筑特色为一体的建筑物。

3. 旅游从业人员的破坏

在早期的规划中,由于旅游规划人员缺乏资源保护意识,出现了砍伐树木、毁坏建筑、破坏环境的现象。有些地方在旅游景区内兴建宾馆饭店、旅游品商店等接待设施,结果各种生活垃圾污染了当地的旅游资源和生态环境,这种规划所造成的危害在短时间内很难消除。现在,由于规划和开发不当造成破坏的事件仍屡屡发生,如在一些风景名胜区的旅游规划中仍计划建造索道,索道的建设,一方面在建设之初要开山炸石,这对旅游资源的破坏是毁灭性的;另一方面索道建成后一定程度上破坏了自然风光的整体美。

4.旅游者的破坏

旅游者造成的破坏也随处可见。游人不正确的行为给自然环境带来许多负面的影响。例如景区植被会经常被踩踏甚至被破坏，珍稀的花草被采回家作为纪念品，野生动物栖息地被打扰或破坏，地质特征遭到涂写的破坏和侵蚀，空气、水被污染等，一些人文景观，如宫殿、庙宇、教堂、历史遗迹等所存在的问题是：在原本不是为旅游目的而建造的建筑物和场地内接待大量的游客。因此，负面影响有磨损、侵蚀、意外损坏、乱丢废弃物等。例如宫殿、庙宇内独特的、有纪念意义的地面可能会被磨损。如北京颐和园长廊的地砖每几年就要更换一次，故宫的地面俗称"金砖"，由于游客的踩踏每年也要更换总面积的15%才能够勉强支撑。

三、旅游景区资源管理

旅游业发展到今天，我们不能再像以前那样无节制地利用和开发旅游资源，必须寻求一种有效的资源管理方式以保证旅游业的可持续发展，在保护旅游资源的前提下，实现旅游资源开发利用的最优化，既能保证旅游者的旅游质量，又能满足旅游开发者的利益要求，实现环境保护与旅游发展的双赢模式。

（一）旅游资源的定义

旅游资源是旅游业发展的前提，是旅游业的基础。旅游资源主要包括自然风景旅游资源和人文景观旅游资源。自然风景旅游资源包括高山、峡谷、森林、火山、江河、湖泊、海滩、温泉、野生动植物、气候等，可归纳为地貌、水文、气候、生物四大类。人文景观旅游资源包括历史文化古迹、古建筑、民俗风情、现代建设新成就、饮食、购物、文化艺术和体育娱乐等，可归纳为人文景物、文化传统、民情风俗、体育娱乐四大类。国家标准《旅游区（点）质量等级的划分与评定》(GB/T 17775—2003)中对旅游资源的定义为："自然界和人类社会中凡能对旅游者产生吸引力，可以为旅游业开发利用，并可产生经济效益、社会效益和环境效益的各种事物和因素。"

（二）相关概念辨析

1. 景区旅游资源与旅游资源

凡是能够造就对旅游者具有吸引力环境的自然因素、社会因素或其他任何因素，都可构成旅游资源。旅游资源既包括开发利用的，也包括未被开发利用的；既有物质的，也有非物质的；既有有形的，也包括无形的。

景区旅游资源与旅游资源的主要区别有：景区旅游资源是限定于景区之内的，范围比较小，已经形成旅游吸引力的，所以，景区旅游资源当然也是被开发利用的，而旅游资源既包括已开发利用的，还包括未开发利用的。因此，我们可以说，景区旅游资源是旅游资源的一个组成部分。

2. 景区旅游资源与景区旅游产品

景区旅游产品是指旅游景区的经营者凭借一定的景区旅游资源和旅游设施向旅游者提供的满足其在旅游过程中综合需求的服务。从广义上来说，景区旅游产品是多种旅游产品的组合，包括4As：旅游资源（Attractions）；交通运输设施和服务（Access）；住宿、餐饮、娱乐、零售等旅游生活设施和相应服务（Amenities）；辅助设施（Ancillary Service），如旅游问询中心。可见，景区旅游资源也是景区旅游产品的一部分，它们是被包含与包含的关系。

3. 景区旅游资源与景区旅游项目

景区旅游项目是借助于旅游地的旅游资源开发出的以旅游者和旅游地居民为吸引对象，提供休闲消遣服务，具有持续旅游吸引力，以实现经济、社会、生态环境效益为目标的旅游吸引物。

可见，景区旅游项目是建立在景区旅游资源基础上、后天开发而成的，而景区旅游资源还包括先天存在的东西。

（三）景区旅游资源管理的特征

1. 综合性

由于旅游业的综合性产业的特点，旅游资源管理涉及旅游、交通、文化、文物、民族、宗教、环保、卫生、林业等部门。此外，资源管理是一项包含经济、文化、生态等多要素的系统工程，需要运用行政、经济、法律、规划等手段，将整体系统综合起来进行管理才能取得效果。

2. 区域性

不同国家、不同地区、不同类型的景区旅游资源具有不同的特点，需要采取有针对性的措施和方法，因此管理手段的运用要结合景区的自身特点，不能一概而论，要有的放矢，因地制宜，因时制宜。

3. 技术性

景区的旅游资源管理需要利用多种先进的科技手段进行科学监测和分析研究，尤其是针对一些动植物资源、自然景观资源和人文胜迹等，如建立资源数据库，不断输入和修改资料，使之成为动态的数据库，或是跟踪监测旅游景区内的风景地质、风景地貌、风景水体和风景气象等的开发效果，并及时做出控制反应，确保景区内的景观资源不受破坏。

4. 能动性

对景区旅游资源特别是一些文化旅游资源，需要重点对其主体——具有民族性和能动性的人进行管理，这就需要遵循以人为本的理念，通过物质鼓励、精神激励等方法，充分调动被管理者的能动性，使旅游资源得到有效的保护和利用。

（四）景区旅游资源管理手段

所谓景区旅游资源管理，是指运用规划、法律、经济、技术、行政、教育等手段，对一切可能损害景区旅游资源的行为和活动施加影响，从而协调旅游发展、资源利用和环境保护之间的关系，实现经济效益、社会效益、环境效益的有机统一。

1. 法律手段

景区旅游资源管理基础在于是否具有完善的法律制度。在旅游资源管理中，相关的法律、法规和标准发挥着十分重要的作用。可以说，旅游业的可持续发展必须要有切实可行的法律、法规做保障，做到"以法兴游""以法治游"。

法律手段的基本特点是权威性、强制性、规范性和综合性。

在旅游资源开发、利用和保护方面的法规，有《中华人民共和国文物保护法》《风景名胜区条例》《中华人民共和国自然保护区条例》等。

"旅游资源法"是调整人们在旅游资源开发、利用、管理和保护过程中所发生的各种社会关系的法律规范的总称。它一般包括国家公园（风景名胜区）

管理、文物古迹保护、自然保护区管理、海滩管理、游乐场管理、野生动植物资源保护等方面的法律、法规、法令、条例和章程等。

由于我国旅游业起步较晚，旅游方面的法律法规不健全，尽管《中华人民共和国旅游法》的颁布和实施具有里程碑式的意义，其中也涉及旅游资源的管理和保护，但关于资源管理方面的法律法规还是缺乏；普法宣传教育不足，没有深入普通的老百姓，各种法律条款仅作为一纸公文在政府间自上而下地传达；在执法方面缺乏效力，执法力度不够，如一些破坏旅游资源的行为未能受到法律的严厉制裁等。所有这些，都是资源管理方面应该扫清的障碍。

2. 经济手段

所谓经济手段，是指国家或主管部门，运用价格、税收、补贴、罚款等经济杠杆和价值工具，调整各方面的经济利益关系，把景区的局部利益同社会的整体利益有机结合起来，达到资源的合理开发和持续利用。

在税收方面，如我国已开征旅游税、旅游资源税和环境资源税。

旅游税，一方面，有利于限制和禁止某些过度开发行为，为旅游资源及环境的保护提供稳定而有保障的资金；另一方面，可以通过政府对税收的掌握，重点投向旅游业的薄弱环节，平衡旅游业的发展。

旅游资源税，我国于1984年开征资源税，其目的主要是体现国有资源有偿使用的原则，同时可以调节开发自然资源的单位因资源结构和开发条件的差异而形成的级差收入。它是调节因资源差异而形成的级差收入所征收的一种税。

环境资源税（也叫绿色税），是国家为了保护环境资源、促进可持续发展而对一切开发、利用环境资源的单位和个人，按照其开发、利用自然资源的程度或污染、破坏环境资源的程度征收的一个税种。

3. 规划手段

规划，在景区管理中扮演着极其重要的角色，是旅游业经营管理中必不可少的环节，科学有效的规划可以促进旅游资源的开发和旅游环境的保护。

旅游业发展规划包括近期发展规划（3~5年）、中期发展规划（5~10年）或远期发展规划（10~20年）。其主要任务是明确旅游业在国民经济和社会发展中的地位与作用，提出旅游业的发展目标，优化旅游业发展的要素结构与空间布局，安排旅游业发展的优先项目，促进旅游业持续、健康、稳定地发展。

旅游景区规划从规划层次角度可以分为总体规划、控制性详细规划和修建性详细规划等。总体规划的期限一般为10~20年，其主要任务是分析旅游景区客源市场、主体形象、市场营销，旅游景区的用地范围、空间布局以及旅游景区产品和项目策划等。

4. 行政手段

所谓行政手段就是依靠各级行政机关或企业行政组织的权威，采取各种行政管理手段，如下命令、发指示、定指标等办法，对旅游环境实行行政系统管理。旅游业的发展、旅游景区的资源管理，都需要各级政府的支持和帮助，需要一个相对稳定适宜的外部环境，政府可以通过行政手段，有效控制盲目开发、破坏资源以及各种不良现象的发生。

5. 宣传教育手段

所谓宣传教育手段就是指通过现代化的新闻媒介和其他形式，向公众传播有关旅游资源管理和环境保护的法律知识和科技知识。目的是使人们正确认识旅游资源问题，树立良好的资源利用意识和环保意识，养成文明的旅游消费习惯。

一些旅游者在景区乱扔垃圾、乱刻乱画、攀爬涂抹等行为已经对旅游资源的存续和安全构成了威胁，必须加强对旅游者的宣传教育，提高旅游者的环境保护意识。

6. 科技手段

在资源管理中，科技手段具体包括数学手段、物理手段、化学手段、生物手段和工程手段等，将它们单一或组合使用以达到资源的永续利用的目的。

科技手段在景区资源的保护和开发中的应用非常广泛，如我国的许多雕刻产品和石窟，都需要高超的保护技术以防止风化、侵蚀等自然界的破坏和人工损害。有许多景区为了不破坏景区的原始资源，运用索道技术把游人隔离于景区之外，以及景区的清淤技术等，都是科技手段的应用。科学技术手段的应用可以提高旅游资源的利用效率，把对资源的破坏减到最小。

项目八　旅游景区环境与资源管理

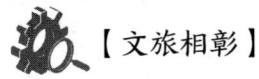【文旅相彰】

地球之肾——中国最美十大湿地

湿地有着"地球之肾"的美称，她肩负着净化地球环境的重要使命，同时，湿地也是众多摄影师梦寐以求的创作天堂。下面介绍中国最美十大湿地，让我们一起来感受大美中国！

1. 若尔盖湿地（四川省阿坝若尔盖）

中国最大的湿地泽国——若尔盖湿地，海拔高而昼夜温差大，云海奇观经常出现。若尔盖湿地适合日出和日落时分拍摄。除了拍摄黄河外，此地的草原牧场、牛羊、牧民、寺庙、经幡、白塔等，自然景观和人文景观非常丰富。

2. 巴音布鲁克湿地（新疆）

巴音布鲁克位于天山山脉中部的山间盆地中，四周雪山环抱。这里是新疆最重要的畜牧业基地之一。巴音布鲁克草原是典型的禾草草甸草原，也是天山南麓最肥美的夏牧场。著名的天鹅湖就坐落在草原上，在新疆和静县巴音布鲁克区政府约60千米的巴音乡西南部。天鹅湖实际上是由众多相互串联的小湖组成的大面积沼泽地，这是全国第一个天鹅自然保护区。

3. 额尔古纳湿地（大兴安岭西北侧）

额尔古纳湿地风景如诗如画，距拉布大林西北3千米，南坡较缓，布满了郁郁葱葱的人工林，北坡陡峭的山崖下是著名的根河湿地，主峰海拔720米，是观赏湿地的主要地点。

4. 扎龙湿地（黑龙江）

扎龙自然保护区，位于黑龙江省西部的松嫩平原，乌裕尔河下游，是中国最大的鹤类等水禽为主体的珍稀鸟类和湿地生态类型的自然保护区，它占地面积21万公顷，是我国北方同纬度地区保留最完善、最原始、最开阔的湿地生态系统。这里芦苇沼泽广袤辽远，湖泊星罗棋布，苇泽肥美，鱼虾丰盛，环境幽静，风光绮丽，是鸟类繁衍的天堂，也是使人流连忘返的乐园。

5. 辽河三角洲湿地（辽宁省盘锦）

辽宁省盘锦市的辽河三角洲的滩涂湿地，被称为世界上最大的植被类型保存完好的芦苇沼泽地。三角洲湿地内栖息着丹顶鹤、黑嘴鸥、大天鹅、东方白鹳等250多种鸟类。据专家考证，这里是丹顶鹤繁殖的最南线，也是迄

— 345 —

今为止世界上黑嘴鸥最大的繁殖栖息地。金色的芦苇荡、蓝色的大海共同组成一幅绚丽无比的巨幅画卷,这就是著名的天下奇观——红海滩。

6. 黄河三角洲湿地

黄河三角洲湿地是中国暖温带最完整、最广阔、最年轻的湿地生态系统,是东北亚内陆和环西太平洋鸟类迁徙的重要"中转站、越冬栖息和繁殖地",是全国最大的河口三角洲自然保护区,是世界范围内河口湿地生态系统中极具代表性的范例之一。

7. 三江平原湿地(黑龙江省黑龙江、乌苏里江)

三江平原位于黑龙江省的黑龙江和乌苏里江的顶端,为一个面积约为500万公顷的冲积平原。这里有包括东方白鹳、丹顶鹤、中华秋沙鸭、金雕、白尾海雕及玉带海雕等在内的国家重点保护动物。

8. 西溪国家湿地公园(杭州)

西溪被称为"杭州之肾",曾与西湖、西泠并称杭州"三西",是目前国内第一个也是唯一的集城市湿地、农耕湿地、文化湿地于一体的国家湿地公园。

9. 星湖湿地公园(广东肇庆)

星湖湿地公园位于肇庆星湖风景名胜区,是我国第一个国家自然保护区和中国第一批世界生物圈保护区之一。20多个小岛如翡翠般镶嵌点缀在碧绿的湖水中,18个主要湿地景观如珍珠般洒落在清澈的湖泊里。水天一色,草甸沁绿,令人心旷神怡。

10. 福田红树林自然保护区(深圳湾北东岸深圳河口)

红树林自然保护区是中国面积最小的国家级自然保护区,区内地势平坦、开阔,有沼泽、浅水和林木等多种自然景观,在此可观赏到落霞与千鸟齐飞、静水共长天一色的自然美景。

四、旅游景区资源的可持续发展

1995年,联合国教科文组织、环境规划署和世界旅游组织等在西班牙召开的"可持续旅游发展世界会议"上通过《可持续旅游发展宪章》,指出:"旅游具有双重性,一方面能够促进社会经济和文化的发展;同时,旅游业加剧了环境损耗和地区特色的消失。""可持续旅游发展的实质,就是要求旅游与自然、文化和人类生存环境成为一体，自然、文化和人类生存环境之间的平衡关系使许多旅游目的地各具特色，旅游发展不能破坏这种脆弱的平衡关系。"可见，对旅游资源及其生态环境的保护，对旅游业的可持续发展极其重要。一方面，旅游资源及其环境特色的存在，是旅游业存在和发展的基础。而旅游资源是有限的，旅游活动造成环境损耗和地方特色逐渐消失，实质上就是对旅游资源的消耗，因此旅游发展必须切实保护好旅游资源，使其可持续利用水平不断提高；另一方面，旅游资源可持续利用和良好的生态环境状况，又是旅游业可持续发展的重要基础。旅游资源的真正可持续利用是建立在生态环境承载力不断提高的基础之上的。因此，我们必须把旅游资源保护和利用提高到战略的高度上来认识。

（一）旅游景区可持续发展的基本原则

1. 公平性

即每个旅游者、每个国家、每个民族都享有公平分配旅游资源的机会，当代人与后代人之间也有选择旅游资源的公平性。

2. 持续性

即保证旅游业的发展和旅游资源的开发利用限制在生态环境所能承载的范围之内，不能破坏生态环境和平衡，保证旅游资源的使用速率小于它的更新速率。

3. 整体性

即旅游、资源与环境的整体性，全国、全世界旅游发展的整体性，把全世界的旅游发展统一起来，在环境保护下实现资源的有效均衡利用，为后代人留下足够的旅游资源。

4. 共同性

即旅游的可持续发展需要全世界人们的联合行动，反对狭隘的政治观、区域观和民族观，采取国际统一行动，来实现这一全球性目标。

（二）旅游景区可持续发展的实现

1. 总体思路

旅游承载力管理，包括生态承载力——地区环境问题产生的限度；心理承受力——旅游者在转向另外的目的地前，在该地期望得到的最低心理娱乐程度；社会承载力——当地居民对来访旅游者的最大忍耐程度；经济承载力——不影响当地居民活动的情况下举行旅游活动的能力。景区的开发程度不能超过这些承载力。

环境影响评估（EIA），即识别旅游项目中可能产生活动的性质；识别环境中受旅游影响最大的因素；评估旅游对环境的起初和随后影响；管理旅游对环境产生的正面和负面影响。

2. 具体措施

（1）端正景区开发与发展的思想。景区开发要摒弃"有资源就可开发""靠山吃山，靠水吃水，靠风景吃风景"之类的错误或片面性提法，真正把开发和建设思想统一到与社会和环境协调一致的可持续发展思路上来。

（2）杜绝走"先污染后治理"的老路。不能再走曾经走过的以牺牲自然环境为代价来换取经济繁荣的错误之路。景区开发规划中必须充分论证开发对社会和环境的影响，特别是要重视对环境的消极影响，实行开发与保护相结合，或者是在保护基础上适度开发。

例如：杭州西湖从汉代脱离大海成为湖泊以来，由于上游溪流泥沙堆积和水草生长，湖面不断缩小，湖水变浅，并有沼泽化的趋势，但由于各个历史时期实施了有效的保护和疏浚治理工程，使西湖至今一直是我国著名的风景胜地，并使杭州成为我国东南地区重要的文化、经济中心。在旅游业迅速发展的今天，杭州是我国排在前10名的旅游城市、国内外著名的旅游区，旅游业已成为杭州地区重要的支柱产业。这一切不能不说是对西湖保护和合理开发的结果。

（3）实现旅游"生态发展"。即旅游开发和旅游活动不违反生态规律的原则。旅游景区都有环境承载力。如果旅游者人数超过了景区最大承载力，则旅游景区的环境衰退和破坏现象将随之发生和加剧。旅游生态发展的实质，是要在旅游业发展中充分认识到开发与保护、经济发展与生态平衡的辩证关系，坚持经济发展和环境保护一起抓，这样才能使旅游生态发展真正落到实处。

生态旅游这一概念首先是在1986年墨西哥召开的一次国际环保会议上提出的。1995年，中国生态旅游研究会把生态旅游的定义归纳为："生态旅游是在生态学的观点、理论指导下，享受、认识、保护自然和文化遗产，带有生态科教和科普色彩的一种特殊形式的专项旅游活动。"我国学者还认为，生态旅游必须具有促进生态保护和旅游资源可持续利用的特点。

（4）坚持旅游景区开发的有序性。所谓有序性，即开发顺序。开发有先有后，既要考虑到目前，又要考虑到未来，决不能与子孙后代"抢饭吃"。"暂时不开发的保护起来，留待后人去开发"，这是一个非常有远见的开发观。西安周围有秦始皇陵及许多汉、唐帝陵，大部分没有开发而是先保护起来，一方面是考虑到目前科技水平尚未达到保证地下文物一旦出土不致变质的水平，另一方面也是为了给后人留下一些开发对象。杭州的南宋太庙遗址出土后予以回填，也是基于这种考虑。1997年，国家就做出近期内暂不发掘大型帝王陵寝的决定。

（5）提倡文明旅游，杜绝旅游污染。游人的文明程度在很大程度上决定着旅游景区的环境质量，旅游者乱扔垃圾、随地吐痰、乱涂乱画、高声喧哗等不文明习惯的改变之日，就是旅游环境的改善之时。对此要对旅游者加强宣传教育，同时辅以严格的处罚规定。对于不文明行为，"罚而不严"等于不罚。在这一点上，新加坡等国家的经验值得借鉴。

拓展阅读："绿色环球21"

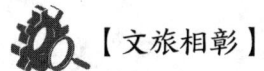

【文旅相彰】

"十四五"旅游规划首次提出要加快旅游强国建设

2021年国务院发布《"十四五"旅游业发展规划》（以下简称为《规划》）。其中，针对未来出入境游有了规划和安排，提出创新提升国内旅游，出台入境旅游发展支持政策，分步有序促进入境旅游，稳步发展出境旅游。同时，还指出要增强市场主体活力，做强做优做大骨干旅游企业，并且首次提出加快旅游强国建设。

文化和旅游部相关负责人在回答记者问时表示：一是分步有序促进入境旅游。在全球新冠疫情得到有效控制前提下，适时启动入境旅游促进行动，出台入境旅游发展支持政策。二是稳步发展出境旅游。相关部门建立畅通工作机制，及时传递信息和共同应对突发事件，加强对出境游客的引导和管理。三是深化与港澳台地区合作。推进粤港澳大湾区旅游一体化发展，支持香港旅游业繁荣发展，推动澳门世界旅游休闲中心建设。四是深化旅游国际合作。以建交周年、高层互访为契机，办好中国旅游年（节），开展多层次对话交流活动。积极服务和对接高质量共建"一带一路"，扩大与共建国家的交流合作，打造跨国跨境旅游带。

同时，还提出，培养多语种导游，讲好中国故事，丰富和提升国家旅游形象，审时度势采取有力措施推动入境旅游高质量发展。

《规划》制定了发展目标，到2025年，文化和旅游深度融合，建设一批富有文化底蕴的世界级旅游景区和度假区，打造一批文化特色鲜明的国家级旅游休闲城市和街区，红色旅游、乡村旅游等加快发展。

此外，还规划了远期目标，到2035年，以国家文化公园、世界级旅游景区和度假区、国家级旅游休闲城市和街区、红色旅游融合发展示范区、乡村旅游重点村镇等为代表的优质旅游供给更加丰富，旅游业综合功能全面发挥，整体实力和竞争力大幅提升，基本建成世界旅游强国，为建成文化强国贡献重要力量，为基本实现社会主义现代化做出积极贡献。

《规划》还针对创新驱动发展、优化旅游空间布局、构建科学保护利用体系、完善旅游产品供给体系、拓展大众旅游消费体系、建立现代旅游治理体系、完善旅游开放合作体系、健全旅游综合保障体系做了详细阐述及要求。

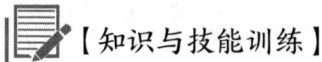

【知识与技能训练】

一、名词解释

旅游景区环境管理　旅游景区环境容量　利益相关者　景区旅游资源　厕所革命

二、选择题

1. 旅游景区外部环境管理的内容包括（　　　）。
A. 旅游基础设施管理　　　　B. 旅游市场秩序管理
C. 旅游产品开发和营销　　　D. 自然环境管理
E. 历史文化环境管理

2. 人为因素造成的景区资源破坏主要包括（　　　）。
A. 战争因素的破坏　　　　　B. 建设性破坏
C. 旅游从业人员的破坏　　　D. 旅游者的破坏

3. 景区旅游资源管理的特征有（　　　）。
A. 综合性　　B. 区域性　　C. 技术性　　D. 能动性

4. 旅游景区可持续发展的基本原则是（　　　）。

A. 公平性　　　　B. 持续性　　　　C. 整体性　　　　D. 共同性

三、判断题

1. 旅游景区资源遭破坏的原因复杂，大致可以分为自然因素和人为因素两种。（　　）

2. 树立环境保护为主的理念，引导自然环境保护、利用和培育三者的和谐统一。（　　）

3. 当旅游景区面临开发与保护冲突时，开发利用应让位于保护和培育。（　　）

4. 旅游业的可持续发展必须要有切实可行的法律、法规作保障，做到"以法兴游""以法治游"。（　　）

5. 旅游具有双重性，一方面能够促进社会经济和文化的发展；同时，旅游业加剧了环境损耗和地区特色的消失，为保护区域旅游特色，应杜绝旅游资源开发。（　　）

四、简答题

1. 环境容量的调控措施有哪些？
2. 旅游景区卫生管理措施有哪些？
3. 景区旅游资源管理手段有哪些？
4. 旅游景区卫生管理的重要性体现在哪些方面？
5. 环境容量调控原则是什么？

【综合实训】

实训项目：

为保护资源，调研景区可持续发展的有效手段。

实训目标：

通过实训，了解旅游景区资源保护的现状、手段及创新，树立景区可持续发展的信念，培养学生在调研中深入思考的能力。

实训项目：（分小组调研）

1. 选择某一景区，调研该景区为了保护景区资源、实现景区的可持续发展，都采取了哪些行之有效的手段。

2. 根据调研，给出你的建议或策略。

实训要求：

1. 教师引导学生结合本章教学内容和平时收集的信息对问题进行独立思考，鼓励有创意的可持续发展策略。

2. 通过计算机网络收集国内外景区可持续发展的策略。

实训指导：

指导学生利用搜索引擎、官方网站、文献资料、财务报表等渠道获取调研对象的资料。

指导学生使用办公软件编辑和处理文档。

实训评价：

考评人		被考评人	
考评内容		景区现状调研	
考评标准	具体内容	分值（分）	实际得分（分）
	方案撰写认真	35	
	团队贡献度	30	
	合作精神	20	
	文档操作熟练	15	
	合计	100	

项目九　旅游景区安全管理

知识目标：
- 熟悉景区环境管理的内容。
- 熟悉旅游景区环境安全事故类型及形态。
- 掌握旅游景区日常安全管理制度。
- 掌握景区安全管理体系。
- 熟悉景区专项安全管理措施。
- 掌握景区突发事故的应急预案。
- 掌握景区突发事故的应急处置措施。

能力目标：
- 能够正确分析安全事故原因并提出解决策略。
- 能够正确处理景区日常安全管理事务。
- 能够正确应对景区突发事故。

素质目标：
- 具有对安全问题高度重视的职业素养。
- 培养严谨、细致、临危不乱的品质。
- 具备景区安全事务相关的法律法规素养。

思政目标：
- 树立生命至上、安全第一的思想，提升防灾减灾救灾能力。
- 弘扬在景区突发安全事件中积极抢险救灾的旅游工作者的美德善行。
- 提升景区安全法律法规意识和自我防范能力，传递深厚的安全理念。

思维导图

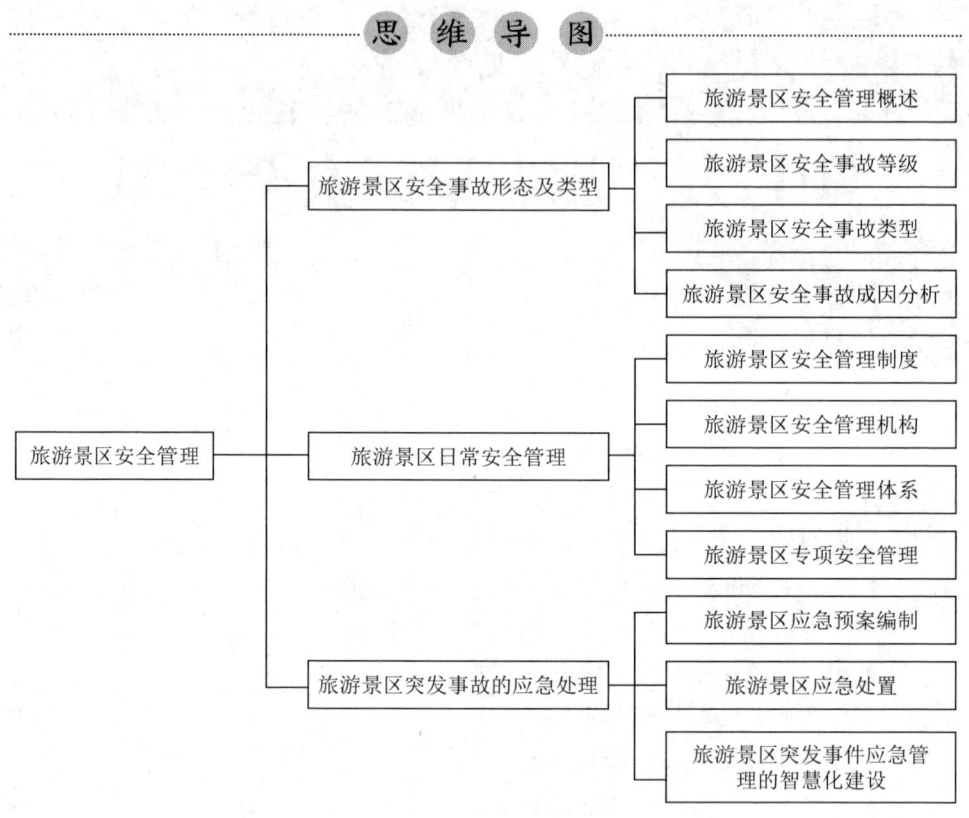

任务一　旅游景区安全事故形态及类型

【引例】

国家 5A 级景区瘦西湖是扬州市的城市名片。近年来，景区始终本着"保安全就是保发展"的理念，牢固树立问题导向、目标导向，积极通过优化科技应用和机制创新管理，抓实抓细安全生产工作，不断夯实安全基础，旅游景区本质安全水平得到有力提升，切实有效保障了人民群众旅游安全。

一是施行智慧调度，确保景区畅通。旅游景区安全最大的隐患往往在于旅游旺季人流聚集。近年来，瘦西湖景区高度重视信息化安防监管，不等不靠自筹经费对原有安防设施设备进行升级改造，建成"安全应急处理指挥中心"。形成对全景区、全方位、全动向的实时监控，实现日常监管与调度和突发事件应急处置两大主要功能，由旅游观光车辆定位系统、停车场车位统计系统、值班系统、游客量统计系统、人流预警系统、消防管理系统和展示系统组成。此外，应急处理指挥中心在整合景区地理信息、固定式监控信息、安全游览等动态、静态信息的基础上，结合大数据统计技术对数据加以分析，对景区重要节点、主要游览路线的客流量和总游客数量做出快速评估，精准核算景区的承载量，并根据承载量制订预警方案。

　　二是施行智慧救援，保障生命安全。为着力提升应对突发事件的救援能力，切实保障人民群众生命安全，瘦西湖景区运用科技手段，引进各类安防配套软硬件设施，研发建立一套智慧救援与消防体系。针对景区特点配有水上巡逻艇，在水面上开展巡逻救援，配备"智能救生圈"，若游客落水，遥控操作救生圈行驶到落水处，可迅速将游客救出。配备无人机巡逻，在景区内发生拥堵或其他突发情况时进行广播，疏散拥挤人群，防止踩踏事故发生。设立微型消防工作站，配备微型消防车、水上消防艇等设施，形成海陆空三位一体、人防技防物防全方位应急救援体系。

　　三是施行特勤安防，确保应急处置。为确保有效应对景区突发事件，景区成立一支由退役军人组成的安全特勤队，协助景区保卫部门负责日常安全生产监管工作。安全特勤队成立开展工作以来，展现了旅游安全人员良好的精神风采，多起应急救护事迹被《现代快报》《江苏工人先锋报》等媒体报道，得到全社会的一致好评，在景区的安全巡逻和突发事件处置等工作中发挥了积极有效的作用，使旅游景区的本质安全水平得到了极大的提升。

　　（资料来源：江苏省文化和旅游厅官网，http://wlt.jiangsu.gov.cn/art/2021/3/29/art_81849_9718499.html.）

　　思考：如何充分利用最新的技术和管理手段，确保旅游景区安全水平得到有力提升，切实有效保障人民群众旅游安全？

2019年11月29日，习近平总书记在主持中共中央政治局第十九次集体学习时强调：要健全风险防范化解机制，坚持从源头上防范化解重大安全风险，真正把问题解决在萌芽之时、成灾之前；要加强应急救援队伍建设，建设一支专常兼备、反应灵敏、作风过硬、本领高强的应急救援队伍;要强化应急管理装备技术支撑,优化整合各类科技资源,推进应急管理科技自主创新,依靠科技提高应急管理的科学化、专业化、智能化、精细化水平。

旅游景区要认真贯彻落实习近平总书记关于安全生产的重要论述和重要指示批示精神,牢固树立安全生产"底线"思维、"红线"意识、"责任"意识,始终坚持全面排查与重点整治相结合、监督检查与严格执法相结合的原则,深入开展安全隐患排查整治和安全生产专项整治行动,强化基础建设,狠抓源头防控,坚决防范各类安全生产事故的发生,为景区的高质量发展营造了稳定、安全、文明、有序、和谐的环境。

一、旅游景区安全管理概述

景区安全管理是指景区为了确保游客、员工和景区的安全,消除安全问题发生的各种潜在因素,确保景区秩序井然,保持良好运营状态,而实施的一系列计划、组织、指挥、协调、控制等管理活动。

景区安全管理的任务是要依据旅游主管部门旅游安全工作的方针、政策,结合景区自身的特点,研究景区游览活动中的安全规律与特点,发现、分析和解决景区存在的安全隐患和不安全因素,采取适当有效的管理措施和手段,确保景区安全和经营活动的顺利进行。

2021年6月10日,第十三届全国人民代表大会常务委员会第二十九次会议通过《全国人民代表大会常务委员会关于修改〈中华人民共和国安全生产法〉的决定》,于2021年9月1日起施行。文化和旅游行业也要贯彻落实习近平总书记关于安全生产的重要论述和党中央、国务院的决策部署,牢固树立"人民至上、生命至上"的理念,坚持底线思维,增强红线意识,坚持科学发展、安全发展,全面抓好新《安全生产法》学习宣传贯彻工作。

旅游景区安全事故具有下列特征。

(一)因果性

景区不安全因素及其因果关系的存在决定了景区安全事故或迟或早必然发生,只有消除了安全事故发生的原因才有可能防止景区安全事故的发生。

（二）突发性

从本质上讲，景区无论是旅游者人员的伤亡，还是旅游资源或设施财产的破坏，均属于在一定条件下可能发生的安全事故，但其发生的时间、地点状况等均无法预测。这使景区安全事故呈现出突发性的特点。此外，突发性还表现在景区安全事故产生的后果（旅游者伤亡、旅游景区物质损失）以及后果的大小难以预测。

（三）潜在性

景区安全事故往往是突然发生的，然而导致景区安全事故发生的因素，即所谓"隐患"或潜在危险是早就存在的，只是未被发现或未受到重视而已。随着时间的推移，一旦条件成熟，就会显现而酿成安全事故。

（四）集中性

我国景区客流量呈现出强烈的季节性和地域分布不均衡性的特征。在旅游旺季和节假日，旅游景区内往往游人如织，人满为患，许多景点处于严重的旅游饱和与超载状态，尤其是在旅游景区内一些著名的险景、奇观观赏处等。游客无组织、无秩序的游览活动常常造成安全事故的发生。

（五）广泛性

旅游安全问题广泛存在于旅游景区管理运营活动的各个环节，几乎任何类型的旅游者都有可能面临旅游安全问题。除了旅游者之外，旅游安全还与旅游地居民、旅游从业者、旅游管理机构以及各级行政部门有着密切的联系。

（六）综合性

旅游活动内容涵盖食、住、行、游、购、娱等方面。也就是说，景区集成了所有可能的安全事故类型，传统安全管理中遇到的各种安全事故在旅游景区中都能出现。

二、旅游景区安全事故等级

国务院 2007 年颁布的《生产安全事故报告和调查处理条例》规定：根据生产安全事故（以下简称事故）造成的人员伤亡或者直接经济损失，事故一般分为以下等级：

特别重大事故，是指造成 30 人以上死亡，或者 100 人以上重伤（包括急性工业中毒，下同），或者 1 亿元以上直接经济损失的事故。

重大事故，是指造成 10 人以上 30 人以下死亡，或者 50 人以上 100 人以下重伤，或者 5000 万元以上 1 亿元以下直接经济损失的事故。

较大事故，是指造成 3 人以上 10 人以下死亡，或者 10 人以上 50 人以下重伤，或者 1000 万元以上 5000 万元以下直接经济损失的事故。

一般事故，是指造成 3 人以下死亡，或者 10 人以下重伤，或者 1000 万元以下直接经济损失的事故。

根据 2016 年颁布的《旅游安全管理办法》，旅游突发事件分为以下等级：特别重大旅游突发事件、重大旅游突发事件、较大旅游突发事件、一般旅游突发事件。

特别重大旅游突发事件，是指下列情形：

（1）造成或者可能造成人员死亡（含失踪）30 人以上或者重伤 100 人以上；

（2）旅游者 500 人以上滞留超过 24 小时，并对当地生产生活秩序造成严重影响；

（3）其他在境内外产生特别重大影响，并对旅游者人身、财产安全造成特别重大威胁的事件。

重大旅游突发事件，是指下列情形：

（1）造成或者可能造成人员死亡（含失踪）10 人以上、30 人以下或者重伤 50 人以上、100 人以下；

（2）旅游者 200 人以上滞留超过 24 小时，对当地生产生活秩序造成较严重影响；

（3）其他在境内外产生重大影响，并对旅游者人身、财产安全造成重大威胁的事件。

较大旅游突发事件，是指下列情形：

（1）造成或者可能造成人员死亡（含失踪）3人以上、10人以下或者重伤10人以上、50人以下；

（2）旅游者50人以上、200人以下滞留超过24小时，并对当地生产生活秩序造成较大影响；

（3）其他在境内外产生较大影响，并对旅游者人身、财产安全造成较大威胁的事件。

一般旅游突发事件，是指下列情形：

（1）造成或者可能造成人员死亡（含失踪）3人以下或者重伤10人以下；

（2）旅游者50人以下滞留超过24小时，并对当地生产生活秩序造成一定影响；

（3）其他在境内外产生一定影响，并对旅游者人身、财产安全造成一定威胁的事件。

三、旅游景区安全事故类型

（一）自然灾害

自然灾害事故是指旅游景区因自然灾害而导致的安全事故。通常包括以下几个类型：地质灾害、气象灾害、生物灾害、环境疾病灾害等。

以九寨沟景区为例，地震和九寨沟这个人间仙境一直相伴相生。九寨沟县位于四川省阿坝州，地处青藏高原东缘岷山山脉南段。这里正好是青藏高原与四川盆地的过渡地带，也是中国地质构造最为活跃的地区。2017年8月8日，九寨沟境内发生7.0级地震，这场地震给九寨沟景区留下了大大小小多处伤痕，也使得这处人间仙境关闭了整整两年。

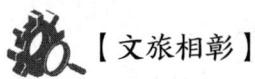【文旅相彰】

地震发生时　导游在行动

2017年8月8日21时19分，九寨沟突发7级强震。地震发生的第一时间，全世界的目光都聚焦在九寨沟的时候，有一支特殊的、训练有素的"队伍"正在九寨沟悄然行动着。他们是分散在各个旅游景点、带领着来自全国乃至世界各地游客的导游。地震当天，九寨沟有近四万名游客滞留受困。在灾难来临时，导游们临危不惧、沉着冷静、舍生忘死，为了游客不辞辛苦，把游客安全放在首位。在两天三夜的紧急救灾和疏散游客的过程中，导游们所带领的团队历经了各种艰险与生死考验。尽管不少导游的嗓子喊哑了，手脚划破了，饿累趴下了，但能看到游客们安然无恙，便是他们心中最大的安慰和快乐。

这是一群可爱的热血青年，这是一支勇敢的特殊队伍，凭着一颗爱心、一种信念和烙印在内心深处的情愫与责任，在这次九寨沟抗震救灾中，谱写出一曲曲动人心弦的赞歌，闪耀出一缕缕彰显大爱的人性光芒。而这次事件，对这些身处一线参与志愿抢险的导游来说，也是一次洗礼，一场考验，一种锻炼。

我们期望这支队伍能更加成熟、坚强，更加团结、友善，更加富有战斗力。为此，我们把一个个感人的故事记录下来，传播出去，让更多的人分享他们的付出和幸福，见证四川旅游的灿烂一页。

（资料来源：四川文明网）

思考：自然灾害会对景区造成哪些损失？工作人员应如何应对？

（二）景区游乐设施事故

旅游景区游乐设施一般以大型游乐设施设备为主，其中既包括传统类游乐设备项目，即大型机械类游艺设施或无动力游乐设施，如海盗船、轨道车类、旋转类、飞行塔类等项目；又包括一些通过互联网的传播快速被大众接受并喜爱的游乐设备项目，如玻璃栈道项目、旱地滑草项目、高空蹦极项目、高空滑索及漂流等项目。

2022年暑期，天津市蓟州区九山顶自然风景区、山西省吕梁市上林舍生态旅游景区、湖北省恩施州地心谷景区等多家旅游景区出现游乐设施设备安全事故。暑期、汛期、旅游高峰期叠加，旅游景区安全有序开放面临较大压力。文化和旅游部办公厅2022年8月发布《文化和旅游部办公厅关于进一步加强旅游景区暑期安全管理工作的通知》，要求各地积极会同应急、市场监管等部门加大对旅游景区特种设备、消防设施等安全隐患的排查力度。推动旅游景区按照主管部门要求，加强设施设备检查维护，特别要做好玻璃栈道、室内冰雪冰雕等项目的安全管理。要更好发挥动态管理的警示作用，对问题

项目九　旅游景区安全管理

整改不力、安全管理不到位的 A 级旅游景区，要按照相关规定予以处理并向社会发布。

（三）景区交通事故

旅游交通事故是旅行安全事故最主要的表现形式，也是旅游活动中难以控制、影响最大、发生频率最高的不安全事件之一。旅游景区交通安全事故是机动车驾驶人员、行人、乘客以及其他在景区道路上进行交通活动的人员，因违反了国家有关道路交通安全的法律法规规定的行为所造成人身伤亡和财产损失的事故。

根据景区交通事故发生的空间性质可分为：景区道路交通事故、景区水面交通事故、景区索道安全事故、景区代步小工具安全事故等。

景区道路交通事故，指游人在景区内因乘坐汽车、火车而发生的撞车、翻车等车祸以及车祸后发生的爆炸与火灾等不安全事故。

景区水面交通事故，指在海域或江、河、湖面乘坐轮船、游船、汽艇等针对旅游的水上交通工具而引发的翻船、沉船等危及人身、财产安全的事故。

根据事故表现形式可分为碰撞、碾压、刮擦、翻车、坠车、爆炸、失火共七种。

（四）景区动植物伤害类事故

近年国内景区屡次发生的动物伤人事故，多与当事人麻痹大意、忽视操作规程或管理疏漏有关。

拓展阅读：景区猴子伤人了

2016 年北京八达岭野生动物园发生老虎伤人事件，事故造成母女两人一死一伤，起因正是游客违反景区规则在猛兽区下车，紧接着被老虎袭击。同样是在八达岭野生动物园，2017 年，一名游客因为违规打开车窗投喂，被猛兽区散养的黑熊咬伤。

（五）景区治安事故

旅游景区常见治安事故是因刑事犯罪而导致的各种事故。根据旅游活动中存在的犯罪现象可分为敲诈勒索、诈骗、抢夺、抢劫、盗窃、性侵犯等类型。长期以来，景区治安问题都是影响旅游业发展的重要因素。

（六）火灾事故

旅游景区火灾事故是由于人为因素引发的各种火险，根据发生事故的地点可分为景区住宿设施火灾、景区餐饮设施火灾、景区游览设施火灾、景区娱乐设施火灾、景区游乐设施火灾等。根据事故成因分为故意纵火、过失失火两种。根据事故级别可分为一般火灾事故、重大火灾事故、特大火灾事故三种。2020年12月6日，位于贵州黔东南的4A级景区西江千户苗寨发生大火，这个曾经的"贵州最具魅力民族村寨"内，60栋房屋化为一片废墟。

（七）食物中毒事故

旅游景区食物中毒事故是指因景区饮食卫生条件差、食品不干净导致的游客集体突发疾病（急性非传染性疾病）。这是游客在摄入了含有生物性或化学性有毒有害物质的食品，或者把有毒有害物质当作食品摄入后出现的非传染性的急性、亚急性疾病。

（八）环境安全事故

旅游景区环境安全事故是景区内的自然环境、游览场所因自然因素或人为因素而导致的安全事故，通常包括以下几个类型：海滨安全事故、山地安全事故、环境容量安全事故及防护安全事故等。

拓展阅读：游客在景区游览时摔伤引起的纠纷

四、旅游景区安全事故成因分析

旅游景区安全事故的成因可以从旅游者自身因素、景区管理因素、社会因素等几个方面进行归纳。

（一）旅游者自身因素

多数安全事故是由于疏忽大意、风险意识淡薄等因素而引发。部分游客缺乏必要的规则意识，忽略法律、规则、自然地理环境等因素，安全意识欠缺，刻意追求高风险旅游行为，不满足于传统的被动旅游方式，而是转向主动式、自助式、多文化主题的个性化旅游，甚至不顾生命安全而去寻求危险刺激，主观上愿意选择游客相对疏散的景区，强调刺激、种种超常规的冒险活动，这样极容易导致旅游安全事故的发生。

美国卡内基梅隆大学的研究报告显示，"自拍死"已经成为一种全球现象，全球因自拍而意外死亡的人数在不断飙升，令人担忧。卡内基梅隆大学这项研究显示，2014年全球共有15人死于自拍，2015年是39人，而2016年的前8个月就有73人死于自拍，超过过去两年之和。游客的行为应该在安全防范系统管理之中，不能罔顾安全提示跨越安全区域去体验所谓的旅游刺激。

（二）景区管理因素

从景区管理的角度看，造成安全事故的原因主要有：景区安全生产主体责任不落实，安全管理混乱，施工建造等不符合要求，在安全检查上流于形式等。旅游活动的相关管理单位存在安全监管不到位、风险预警不及时、应急救援能力差等情况。景区管理者往往抱着侥幸的心理，认为事故不会轻易发生，没有建立起完善的安全管理体系，缺乏必备的安全防护设施，也不能把安全管理责任落实到日常管理中。部分旅游经营单位存在应急预案缺失、安全标识系统混乱等问题，此外，旅游经营单位对本企业内的设施设备检查、工作人员安全检查及安全技能培训等工作进行不到位，对游客不安全行为管理不到位，对风险的预防与监测工作也需进一步提升，在管理上未能建立风险评估系统，在管理制度和管理体系上仍停留在原始的坐等事故报案或巡逻的阶段，无法对事故的发生进行有效的监控。

我国许多景区的设备设施较为滞后，主要表现在设备设施不足与维护不及时。一些景区的大型设备不按标准要求进行安装、试车和检验就投入运营；旅游设施老化、操作失误等人为因素造成的旅游安全事故时有发生。旅游景区自身地形、气候环境复杂；面积大、人员复杂、游客流动大，不易于防卫，这些也在客观上造成了安全隐患。

景区在旅游活动组织方面的不合理性也是导致景区安全事故的原因之一，例如交通游线设计与旅游活动组织不合理，从许多景区安全事故中可看出，交通游线与旅游活动组织不合理的破坏性非常大。旅游线路设计不合理和疏导管理不畅通，容易导致局部旅游节点过于拥挤，非常容易出现安全事故。例如韩国梨泰院踩踏事件，事发场地狭小，现场过度拥堵，当天为庆祝万圣节,现场人流量暴增为平日的10倍,达到10万人规模,现场缺乏有力疏导、引流措施,耽误了救援工作的展开,种种原因导致事故发生。

(三)社会因素

旅游安全事故的发生还与旅游市场迅速发展、规模壮大有关。由于旅游消费需求的爆发性增长,不仅参加旅游休闲活动的人数、频次大幅增加,而且旅游供给也呈快速增长的势头,在旅游供给和需求都快速增加的情况下,就容易出现重数量而轻质量和轻安全的问题。旅游活动常态化、平民化,各类旅游设施设备常常超负荷运行,经常出现"过载"现象,且很多得不到定期检查、更新与维护,积累众多风险隐患。"黄金周"假期或旅游旺季期间,部分景区游客接待量超过规定的最大承载量,有的景区甚至严重超标。景区的工作人员也在满负荷工作。这些因素,都导致旅游安全事故容易产生。

旅游经济活动开展滋生了景区当地的刑事和社会治安问题,最为典型的是违法犯罪,其给游客带来严重的创伤和广泛的影响,成为旅游景区安全管理中最大的问题。

我国旅游安全管理部门多而复杂,景区的日常工作涉及多个政府职能机构,如旅游、工商、交通、林业、环保、安监、水利等诸多部门,各部门、机构之间大多没有完全理顺彼此的行政关系,因而导致多头领导、管理错位和混乱,更严重的问题是由于职责不明、责任落实不到位等原因形成了管理上的"真空地带"。这些使得景区安全受到威胁,安全隐患问题得不到及时发现和解决。

任务二　旅游景区日常安全管理

【引例】

安全生产大排查　筑牢安全"防火墙"

为确保旅游景区安全生产形势持续稳定,同时根据西湖风景名胜区管委会相关工作要求，杭州西湖风景名胜区市政市容环卫管理中心主要领导、分管领导、相关职能部门负责人及安全员组成临时检查组，对辖区内的景区全面安全隐患进行综合大排查。

检查组先后对景区内仓库是否存放易燃易爆物品、灭火器等消防设施是否配置齐全及有效、灭火和应急疏散预案是否制定、是否存在私拉乱接电气线路现象、仓库现场是否干净整洁、物资是否摆放整齐有序等情况进行了详细排查。检查结果大部分情况良好，但也发现景区存在部分安全隐患——路桥双峰基地大功率照明灯具接线不规范，汽车修理班车辆维修保养台账不健全，莲花峰35号大院地下仓库管理责任有漏洞，对检查发现的问题均已要求责任部门在限期内落实整改。

管理中心主要领导强调，安全生产永远在路上，防范胜于救灾，要充分认识做好安全生产工作的重要性，决不能有丝毫麻痹大意，要紧紧抓住安全生产"人为"的关键点，不断加强对职工的安全教育培训，持续强化安全意识，严格落实安全防范措施，汲取其他地区安全事故教训，做好安全警示教育，举一反三，防微杜渐，从严从实从细抓好安全生产工作，彻底消除生产安全隐患，防范和遏制各类安全生产事故的发生，切实保障景区安全。

（资料来源：杭州西湖风景名胜区管委会，http://westlake.hangzhou.gov.cn/art/2019/3/25/art_1639430_34246019.html.）

思考：怎样从制度方面健全景区安全管理？

如前所述，景区安全管理是指景区为了确保游客、员工和景区的安全，消除安全问题发生的各种潜在因素，确保景区秩序井然，保持良好运营状态，而实施一系列计划、组织、指挥、协调、控制等服务管理活动。

景区安全管理的内容：人、财、物、时间、安全信息等；对景区中游客、旅游从业人员、当地居民以及其他利益相关者的安全行为进行监督管理；预测景区内的风险源，添加景区应急救援设施；进行景区应急演练、安全生产事故处理演练、安全培训和宣传教育等。

景区安全风险源，是指景区中具有潜在能量和物质释放危险的，可造成景区内人员伤害、财产损失或环境破坏的，在一定的触发因素作用下可转化为事故发生的区域、场所、空间、岗位、设备的。它是景区具有潜在危险的源点或部位，是发生事故的源头，是危险物质集中的核心。

景区安全管理对于景区的发展有着重要的作用。忽视景区安全管理，会给景区带来致命的影响。可以说，没有安全就没有旅游，旅游安全事故不仅给游客带来伤害，也给旅游目的地、景区、旅游业带来损失，破坏景区形象。

景区应做好安全管理工作，主要包括：设置健全的安全管理机构，建立景区安全保障体系，培训各类安全员，培养员工安全意识，完善旅游安全标识，依法处理安全事故。做好安全防护工作，能有效减少安全事故的发生。

景区安全管理的主要举措包括：加强对景区事故特点的研究，有针对性地建立景区安全的预警、控制与保障体系，保证游客和工作人员的人身安全、财物安全。建立景区安全管理组织，根据景区的规模和性质建立各种专职或兼职的安全职能队伍。建立健全景区安全管理制度，如建立预案管理制度，制定景区应急预案；如落实景区的安全生产责任制，将景区安全管理的责任落实到每个部门、岗位和职工；如加强景区各类设施设备的管理与维护工作，制定景区设备的安全操作规程，对景区基建工程进行安全审查，组织落实各项安全核查工作。加强安全设施设备的配备，提升景区的技防水平。防范、控制与处理各类突发事件，加强对自然灾害、事故灾难、社会安全事件、公共卫生事件的预警、控制和管理。提升景区的安全形象，积极提升景区从业人员的安全素质。

一、旅游景区安全管理制度

旅游安全管理政策法规是旅游景区安全管理的基础，同时也为旅游景区安全管理提供了法律依据并为其指示方向。

（一）全国性旅游安全法律法规及标准

目前，国家有关旅游的安全法律法规有《中华人民共和国安全生产法》《中华人民共和国突发事件应对法》《旅游安全管理办法》《重大旅游安全事故报告制度试行办法》《中华人民共和国消防法》《中华人民共和国食品卫生法》《特种设备安全监察条例》《漂流旅游安全管理暂行办法》《旅馆业治安管理办法》《游乐园管理规定》《游艇安全管理规定》等。

针对频繁出现的高聚集游客群，2017年国家旅游局制定出台了《景区游客高峰时段应对规范》（LB/T 068—2017）。《景区游客高峰时段应对规范》

规定了景区游客高峰时段的基本要求、应对等级、具体要求等，并将游客高峰时段应对等级分为一级、二级和三级，一级为最高级别。其中，一级为景区内游客数量达到景区主管部门核定的日最大承载量的 95% 及以上，用红色标示。二级为达到 90% 及以上，用橙色标示。三级为 80% 及以上，用黄色标示。

拓展阅读：××风景名胜区安全管理标准

（二）地方性安全管理法规与标准

不同区域针对当地的特色建立了地方性法规，这些地方性的法律法规与国家层面的旅游法律法规，对于解决景区旅游业发展过程中出现的部分旅游安全问题提供了制度保障和政策依据。以桂林为例，桂林针对当地的特色所建立的地方性法规主要包括《桂林市旅游景区安全秩序管理办法（试行）》《桂林安全技术防范管理规定》《桂林旅游市场暂行办法》《桂林市旅游定点单位管理办法》《桂林市风景名胜资源保护管理条例》等。

2017 年出台了《景区游客高峰时段应对规范》的行业标准，贵州省各主要景区经过实践运用，发现该标准对贵州省山地旅游景区的实践指导效度极其有限，参照此标准并不能解决贵州山地旅游景区游客高峰时段的问题。因此，在此上位标准的指导下，根据贵州省山地旅游景区的特殊性，贵州省有的放矢地制定地方标准《山地旅游—第 27 部分：景区游客高峰应对规范》，这一地方标准于 2021 年 4 月 1 日起实施。

2017 年 7 月 1 日起，四川省地方标准《旅游景区突发事件（事故）应急救援指南》开始实施，该指南适用于四川省旅游景区突发事件（事故）应急救援过程中的能力要求和管理防范，规定了旅游景区突发事件（事故）应急救援的基本要求、措施和管理。这一地方标准的实施，能够有效规范旅游景区应急救援行为，不断强化旅游安全的综合治理，从而促进旅游景区应急管理科学化、规范化和法制化，不断提高事故防范和风险控制水平，为提升旅游景区本质安全水平和竞争实力提供指导和依据。

二、旅游景区安全管理机构

景区的旅游安全管理机构设置为：一是政府组织机构，具体涉及食品安全、消防、交警、公安派出所、旅游局、安监局等；二是景区管理组织，各个部门组织积极联动配合，依据其职责权限来进行具体的管理行为，从而形成景区旅游安全管理机构。

景区安全管理组织机构的职责如下。

（1）指导、督促、检查本地区旅游企事业单位贯彻执行国家制定的涉及旅游安全的各项法规的情况。

（2）组织、实施旅游安全教育和宣传。

（3）会同有关部门对旅游企事业单位进行开业前的安全设施检查验收工作。

（4）督促、检查旅游企事业单位落实有关旅游者人身、财物安全的保险制度。

（5）受理旅游者有关安全问题的投诉，并会同有关部门妥善处理。

（6）建立和健全安全检查工作制度，定期召开安全工作会议。

（7）参与涉及旅游者人身、财物安全的事故处理。

三、旅游景区安全管理体系

应从日常安全防控、安全事故响应、善后恢复阶段等方面来设计架构景区安全管理体系，识别各个要素，采取持续性改进来完善体系，降低发生事故的频率和事故的危害度。

（一）景区日常安全事故防范

景区要制定并演练应急预案，应急预案应包括对景区各类安全事故的应急组织体系及职责、预测预警、信息报告、应急响应、应急处置、应急保障、调查评估等，形成涵盖各环节的一整套工作运行机制。同时，要通过培训和预案演练使景区员工和管理人员熟练掌握预案，并在实践中不断完善预案，培养风险意识和安全防范、救援技能。居安思危，预防为主，要增强忧患意识，常抓不懈，防患于未然。注重员工安全知识以及风险意识的培养，强烈的风险意识，可以使员工关注景区内各个环节的微小变化，及时发现安全事故隐患，避免一些安全事故的发生。坚持预防与应急相结合、常态与非常态相结合。同时景区应该积极开展救灾演练，装备专门的通信设备，在紧急条件下替代常用的通信方式，并保证储备必要的紧急储备物资和设施，积极做好装备、技术、人员等方面的应急准备。

（二）加强对景区安全事故的监测预警

根据《中华人民共和国突发事件应对法》，应当建立健全突发事件监测制度，县级以上人民政府及其有关部门应当根据自然灾害、事故灾难和公共卫生事件的种类和特点，建立健全基础信息数据库，完善监测网络，划分监测区域，确定监测点，明确监测项目，提供必要的设备、设施，配备专职或者兼职人员，对可能发生的突发事件进行监测。还应当建立健全突发事件预警制度，可以预警的自然灾害、事故灾难和公共卫生事件的预警级别，按照突发事件发生的紧急程度、发展势态和可能造成的危害程度分为一级、二级、三级和四级，分别用红色、橙色、黄色和蓝色标示，一级为最高级别。预警级别的划分标准由国务院或者国务院确定的部门制定。

在景区安全事故防范中应坚持"预防为主"的基本原则，把监测预报预警放到十分突出的位置，并高度重视和做好面向旅游者的预警体系。要依靠科技，提高防灾减灾的综合能力。通过加强防灾领域的科学研究与技术开发，采用与推广先进的监测、预测、预警、预防和应急处置技术及设施，并充分发挥专家队伍和专业人员的作用，提高应对科技水平。

（三）景区管理者要养成灾害风险防范意识

景区管理者是景区安全管理的主要实施者。防灾减灾需要景区管理者增强防灾意识、了解与掌握避灾知识，这样在自然灾害发生时，景区管理应对者就知道如何处置灾害情况、保证旅游者的生命和财产安全。景区要组织从业人员学习和宣传灾害知识，通过图书及报刊、音像制品和电子出版物、广播、电视、网络等，广泛宣传预防、自救、互救、减灾等常识，增强景区从业者的忧患意识、社会责任意识和自救措施、互救能力。要开展"防灾进景区"行动，使景区从业者和旅游者以及景区居民增强防灾减灾意识，掌握基本的避灾、自救、互救技能，达到减灾目的。景区管理者要充分认识灾害预警信息的重要作用，了解各类预警信息含义，在收到灾害预警信息时，根据不同预警信息、不同的预警级别，进行积极有效的应对。需要建立广泛、畅通的预警信息发布渠道，利用广播、电话、手机、街区显示屏和互联网等多种形式发布预警信息，重要预警信息在电视节目中能即时插播和滚动播出。

有关部门应能确保灾害预警信息在有效时间内到达有效用户，使他们有机会采取有效防御措施，达到减少人员伤亡和财产损失的目的。

（四）建立各部门相互协调的景区应急响应机制

景区要和相关部门建立"统一指挥，反应灵敏，功能齐全，协调有序，运转高效"的应急管理机制。"快速响应，协同应对"是应急机制的核心。在景区自然灾害应急管理中，要在内部上下联动的同时，加强与公安、消防、安全监督、林业、环境等部门的横向联动和紧密协作，建立应急联动机制，把景区安全管理纳入各级政府的公共服务体系。需要加强以属地管理为主的应急处置队伍建设，建立联动协调制度，充分动员和发挥乡镇、社区、企事业单位、社会团体和志愿者队伍的作用。

（五）旅游景区危机管理 5R 模型

5R 是由减少（Reduction）、预备（Readiness）、反应（Response）、恢复（Restoration）和回顾（Retrospect）五个单词首字母构成。

1. 危机前阶段

一是树立危机管理意识；二是成立危机管理小组，指定和培养危机发言人；三是进行风险评估并制定危机应急预案；四是完善游客和景区居民保险制度。此外，景区应重视日常管理。

景区管理部门应做好危机预备工作：加强危机培训、危机预警、危机演习和战略物资储备。对景区工作人员和社区居民进行经常性的、系统性的危机培训，培育危机意识，训练应对危机的基本技能，提高危机状态下的自救能力。

"未雨绸缪、防患于未然"，提前储备应急救援物资。例如，山地景区在雨季来临之际，应加强地质灾害监测和预警，举行防灾、减灾、自救培训，储备食品、淡水、帐篷、医药等救灾物资。

2. 危机阶段

该阶段的管理目的是有效减轻危机对景区造成的破坏，尽量减少人员伤亡和财产损失。预警和监控对危机的防治作用有限，它只能对已经表现出一定征兆的突发性事件或危机加以控制，但有些危机前期征兆很难被发现或者不可能进行监控和预警。

景区要对突发事件做出快速反应：首先应启动危机应急预案，迅速成立危机应急指挥小组，景区主要领导迅速组织救援人员赶赴现场抢救，尤其应组织一切力量将人员伤亡控制到最低限度。

要尽快从危机中恢复：及时对危机中被破坏的景区资源、基础设施、服务设施等进行修复，编制重建规划，重塑景区形象，加强市场营销，尽快地让景区正常运转，使景区系统迅速恢复到有序状态。全面普查突发事件隐患点，及时治理潜在隐患点，为游客创造安全的旅游环境。

3. 危机后阶段

该阶段危机管理的目的是总结经验、将危险转化为机遇、提升危机管理水平。有些危机会重复发生，不同危机应对策略也具有相似性。因此，旅游景区在经历危机后应认真总结，完善危机管理体制，提高危机管理效率。

拓展阅读：江苏省文化和旅游行业学习宣传贯彻新《安全生产法》实施方案

通过回顾危机管理过程，对危机战略措施进行自我审视，总结经验教训，加强资源配置，优化组织结构，完善规章制度，提高危机管理水平。对所经历危机的表现形式、危机成因、演变过程进行认真分析，以便提高危机识别能力。

四、旅游景区专项安全管理

（一）游客游览行为安全管理

景区要科学安排游览线路，应考虑通过旅游线路设计管理实现游客分流，降低游客在景区内部某些景点的时空集中程度，从而减少各局部景点的游客的拥挤流。景区管理人员要掌握游览线路顺序及时间的安排、客流的时空分布情况，通过信息的及时传递反映各处游客的拥挤情况，组织引导游客分流或实现游客自发分流。

实施定点管理，在需要特别保护的地带利用警示性标牌提醒游客什么不可以做，或在旅游高峰期聘用保安及专门服务人员或安排志愿者在重点区域、重点地段实行重点管理，对游客提供相应的帮助与及时服务。在危险地带或禁止游客进入的场所采用拉网、拉绳、种植植物墙阻止游客。

为了使景区接待游客数量保持在合理的范围内，避免超载现象产生，可以对旅客实行定量管理。景区应测算出空间承载量和设施承载量等，并根据实际情况确定景区最大承载量的基本值，这些指标包括：最大承载量（Carry Capacity of Scenic Area），即在一定时间条件下，在保障景区内每个景点旅游者人身安全和旅游资源环境安全的前提下，景区能够容纳的最大旅游者数量；空间承载量（Space Carry Capacity of Scenic Area），在一定时间条件下，旅游资源依存的游憩用地、游览空间等有效物理环境空间能够容纳的最大旅游者数量；设施承载量（Facility Carry Capacity of Scenic Area），在一定时间条件下，景区内各项旅游服务设施在正常工作状态下能够服务的最大旅游者数量。此外，还有生态承载量、心理承载量、社会承载量等方面的指标或经验值作为参考。景区可采用限制进入时间、停留时间，控制旅游团人数、日旅游接待量，或综合运用集中措施的方式限定游客数量和预停留时间。例如《黄山风景名胜区管理条例》中规定，黄山风景区实行旅游者容量控制，制定限额管理和提前预约制度，适时将景区日最大承载量、旅游者流量调控方案发布在市人民政府、管委会网站上。

　　导游在出现下列情况时，要向游客做出真实的说明和明确的警示。

　　（1）在带领游客下车前、上车后。

　　（2）在带领游客游览中遇到登山、下海、钻洞、过桥、攀岩、溯溪、渡河、越坎、过马路或经过较危险的地带时。

　　（3）在景区人流量、车流量较密集的地区集中时。

　　（4）景区治安状况不好时。

　　（5）游客自由活动期间，拍照、摄影时。

　　（6）在景区参与漂流、冲浪、骑马、滑雪、潜水、溜索、滑翔、开放式观赏野生动物、赛车、赛马、降落伞、滑板、帆船、蹦极、特技表演、仿真野战、热气球等高风险性项目时。

　　（7）参与温泉理疗等健身保养活动时。

　　（8）游客不遵守集体活动纪律或团内小孩顽皮，游客不随团活动或不走规定路线而私自行动时。

　　遇到天气突变、道路出现险情，或出现危及旅游者人身和财物安全的紧急情形时，景区定点导游经征得多数游客同意，可临时调整游览行程，此外，导游要自始至终与游客在一起活动，并随时清点人数，以防游客走失。

(二)景区治安管理

在景区活动中,遇到歹徒行凶、诈骗、偷窃、抢劫等,导致旅游者身心及财物受到损害的事故,统称为治安事故。景区治安事故实行等级划分,结合景区实际依据事件造成的危害程度,以及对景区正常营运造成影响的程度进行划分。

通常对治安事故的处理步骤有:保护游客的人身、财产安全;立即报警,保护现场;及时向领导报告,配合调查,稳定游客的情绪,协助公安部门早日破案。

各职能小组接到相关指令后,应在第一时间赶到现场,根据执行指挥长的安排,开展治安安全隐患排查,通知和引导景区游客疏散到安全区域,做好游客安抚工作。治安事件发生后,在场人员准备必要的证明、资料。迅速恢复现场,恢复景区正常的运营秩序。对外信息发布要保持一致性,减少对景区带来的负面影响。跟进公安机关对治安事件的处置,安慰受伤人员或亲属,做好治疗和医院处置事项,做好保险事项的跟进和处理。对事件进行调查,查明事故原因,做好责任认定工作,必要时配合交通部门调查和取证,协助做好事件的调查处理。形成公平公正的调查报告,做好事件资料的备份、存档。

景区须提醒旅游者:不要将自己的身份信息告诉陌生人,随身物品要随身携带,注意保管,离开景区时要注意检查随身物品。向游客交代住宿的安全规定,提示客人将贵重物品和大量现金寄存在总台或客房保险柜中。在每个客房内放置《宾客服务安全指南》、防滑地垫、应急安全疏散图等,在游客即将离开宾馆时,要提醒客人自身行李物品是否带齐。宾馆服务人员应礼貌劝阻客人不得在公共场所吸烟,并做好解释工作。不与客人的小孩玩耍,发现客人的小孩玩火、玩电、玩水,应加以劝阻,避免意外事故的发生。

(三)游客饮食行为安全管理

强化部门监管责任,加大违法行为查处力度,切实消除旅游景区餐饮服务食品安全监管的盲区和空白,提升旅游景区餐饮服务食品安全水平,确保游客饮食安全。

要按照属地管理、分级负责的原则和《餐饮服务许可管理办法》及相关许可审查规范的规定,规范餐饮服务许可行为,把好餐饮服务事前准入关口。

要摸清旅游景区及周边餐饮服务单位底数，认真核查餐饮服务单位状况，严厉查处无证经营，擅自改变经营地址、许可类别、备注项目，转让、涂改、出借、倒卖、出租《餐饮服务许可证》等违法违规行为。加强日常监管：重点检查旅游景区及周边餐饮服务单位是否符合场所环境和布局流程要求，是否配备符合要求和取得相关资质的专兼职食品安全管理人员，从业人员是否经过培训并持有效健康证明，食品制作加工过程是否符合餐饮服务食品安全操作规范，餐饮具清洗消毒、设施设备运转是否按要求操作，餐厨废弃物是否按规定存放并及时处理等。在节假日期间、旅游旺季等重要时段，要加大日常监督检查力度，督促餐饮服务单位强化过程管理，防控食品安全。

完善旅游景区餐饮服务食品安全应急预案，严格执行餐饮服务环节食品安全事故信息报送制度，开展应急培训和演练，提高应急处置能力，确保一旦发生涉及旅游景区的食品安全事故能及时有效应对处置。

景区饮食经营单位在游客进店用餐期间，应安排服务员随时盯桌，征询游客对用餐卫生的意见，认真解答游客提出的食品安全状况，做到不回避、不敷衍。

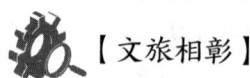

【文旅相彰】

习近平总书记关于安全生产重要论述的六大要点和十句"硬话"

六大要点

1. 强化红线意识，实施安全发展战略。
2. 抓紧建立健全安全生产责任体系。
3. 强化企业主体责任落实。
4. 加快安全监管方面改革创新。
5. 全面构建长效机制。
6. 领导干部要敢于担当。

十句"硬话"

人命关天，发展决不能以牺牲人的生命为代价。这必须作为一条不可逾越的红线。

落实安全生产责任制，要落实行业主管部门直接监管、安全监管部门综合监管、地方政府属地监管，坚持管行业必须管安全，管业务必须管安全，管生产必须管安全,而且要党政同责、一岗双责、齐抓共管。

当干部不要当的那么潇洒,要经常临事而惧,这是一种负责任的态度。要经常有睡不着觉、半夜惊醒的情况,当官当的太潇洒,准要出事。

对责任单位和责任人要打到疼处、痛处,让他们真正痛定思痛、痛改前非,有效防止悲剧重演。造成重大损失,如果责任人照样拿高薪,拿高额奖金,还分红,那是不合理的。

安全生产必须警钟长鸣、常抓不懈,丝毫放松不得,否则就会给国家和人民带来不可挽回的损失。

必须建立健全安全生产责任体系,强化企业主体责任,深化安全生产大检查,认真吸取教训,注重举一反三,全面加强安全生产工作。

所有企业都必须认真履行安全生产主体责任,做到安全投入到位、安全培训到位、基础管理到位、应急救援到位,确保安全生产。

安全生产,要坚持防患于未然。要继续开展安全生产大检查,做到"全覆盖、零容忍、严执法、重实效"。要采取不发通知、不打招呼、不听汇报、不用陪同和接待,直奔基层、直插现场,暗查暗访,特别是要深查地下油气管网这样的隐蔽致灾隐患。要加大隐患整改治理力度,建立安全生产检查工作责任制,实行谁检查、谁签字、谁负责,做到不打折扣、不留死角、不走过场,务必见到成效。

要做到"一厂出事故、万厂受教育,一地有隐患、全国受警示"。

血的教训极其深刻,必须牢牢记取。各生产单位要强化安全生产第一意识,落实安全生产主体责任,加强安全生产基础能力建设,坚决遏制重特大安全生产事故发生。

(资料来源:习近平关于安全生产重要论述的六大要点和十句"硬话"[EB/OL].人民网,[2015-8-20].http://politics.people.com.cn/n/2015/0820/c1001-27492284.html.)

思考:景区工作人员如何树立景区安全主体责任意识?

任务三　旅游景区突发事故的应急处理

【引例】

广西开展旅游景区安全应急演练

2020年7月,广西为进一步提高全区文化旅游行业安全生产与应急处置能力,在南宁市组织开展旅游景区安全应急演练。本次演练以某景区玻璃桥因突降大雨桥面湿滑,游客慌乱避雨引起骚动,景区根据应急预案及时开展现场应急救护、救援处置等工作为背景,演练内容丰富,安排紧凑,达到了检验预案、锻炼队伍的目的。

通过演练,提高了辖区文化和旅游行政管理部门和涉及高风险文化旅游项目企业经营单位应对突发事件的指挥、决策、调度、救援和自救互救能力,增强了安全风险防范意识,积累了应急管理的实战经验。

参加现场学习的学员们纷纷表示,要以观摩这次景区应急演练为契机,认真总结辖区内文化旅游行业的安全应急演练经验,认真履职,扎实工作,积极探索文化旅游行业应急演练新方式、新办法,为促进全区经济发展和社会和谐稳定做出积极贡献。

(资料来源:中华人民共和国文化和旅游部,https://www.mct.gov.cn/whzx/qgwhxxlb/gx/202007/t20200708_873379.htm.)

思考:如何通过演练,预防景区突发事故的发生?

根据《中华人民共和国突发事件应对法》,突发事件是指突然发生,造成或者可能造成严重社会危害,需要采取应急处置措施予以应对的自然灾害、事故灾难、公共卫生事件和社会安全事件。按照社会危害程度、影响范围等因素,自然灾害、事故灾难、公共卫生事件分为特别重大、重大、较大和一般四级。法律、行政法规或者国务院另有规定的,从其规定。突发事件的分级标准由国务院或者国务院确定的部门制定。重大旅游交通事故、重大旅游设施设备事故、重大旅游犯罪案件等旅游突发事件,可能会在每个景区发生,而一旦发生就会给旅游景区带来极大的危害甚至是致命的灾难，影响旅游业的正常经营或造成重大游客伤亡与财产损失，导致旅游目的地形象受损、地方旅游业衰退。建立健全旅游应急管理机制，增强旅游应急管理能力建设，正日益成为各级旅游管理部门一项紧迫而艰巨的重要任务。

2022年10月29日晚，韩国首尔梨泰院开展万圣节庆典活动聚集了约10万人，这本该是一场狂欢，却发展成一起重大踩踏伤亡事故，此次踩踏事故伤亡逾两百人，对我国的景区应急管理敲响了警钟。

世界旅游组织2003年发布了《旅游业危机管理指南》（*Crisis Guidelines for the Tourism Industry*），指导成员的危机应对和管理工作，并将旅游突发事件的处理过程划分为旅游突发事件之前、旅游突发事件期间和旅游突发事件过后三个阶段。世界旅游组织强调：危机发生的第一个24小时至关重要，一个不专业的反应，就能够使目的地遭受更大的破坏。这说明，景区突发事故出现之前的应急预案以及突发事件的应急处理至关重要。

一、旅游景区应急预案编制

（一）应急管理机构的确立

应急管理机构的设置应结合实际情况，遵循归口管理、统一指挥、讲究效率、权责对等和灵活机动的原则。国家应急管理工作组织体系中要求，应急管理机构的构成分为领导机构、办事机构、工作机构、地方机构、专家组。

（二）景区应急预案编制

应急预案，是事先针对可能发生的事故（件）或灾害进行预测，进而预先制定的有关应急与救援行动、降低事故损失的救援措施、计划或方案。应急预案包含三个方面的内容。

1. 安全风险预控

通过辨识风险源、分析事故后果，采用安全技术和风险管理手段降低事故发生的概率且使有可能发生的事故被控制在局部范围，防止事故扩大。

2. 事故应急处理

制定好应急预案程序和方法，一旦发生了安全事故，依照预案，使安全事故得到快速处理,将安全事故消除在初始萌芽状态。

3. 事故抢险救援

安全事故已经扩大,应急救援各相关部门采用现场抢险、抢救的方式,降低安全事故造成的危害,避免事故进一步扩散。

预防与应急准备是旅游应急管理全过程的起始阶段,最佳的应急管理是将旅游突发事件消除在萌芽状态。坚持"预防为主,准备为先"的原则,将事前预防与应急处置有机结合起来,有利于降低旅游突发事件发生的概率。通过收集、汇总、分析以往旅游突发事件的相关资料,识别和掌握规律特点,预测可能发生的类型方式,并对其发展趋势和损害程度做出合理的判断,积极做好预防预控工作;通过组织开展应急知识的宣传教育和必要的应急演练,提高旅游经营者、旅游者的安全意识和自救互救能力。旨在防患未然、未雨绸缪的监测与预警机制,应具有对可能发生的旅游突发事件进行严密监测、提前预警的功能;要能对高发时段、易发领域的旅游风险源进行重点监控,尤其重视在黄金周和旅游旺季期间组织风险识别与排查、监测与预警工作;对旅游景区风险点、旅游车辆、住宿餐饮、旅游设施等安全隐患进行实时监测,及早发现突发事件苗头性信息。根据监测信息结果,运用官方信息公告、大众传媒、社会网络等传播途径及时发布可能暴发突发事件的警示信息,引导旅游者安全出行和合理分流。

拓展阅读:湖南省旅游突发公共事件应急预案

二、旅游景区应急处置

根据《中华人民共和国突发事件应对法》的相关规定,结合旅游应急管理工作流程,我国旅游应急机制应当包括预防、预警、响应、控制、恢复五大部分。

根据《旅游安全管理暂行办法》,旅游突发事件发生后,旅游经营者中的现场人员应当立即向本单位负责人报告,单位负责人接到报告后,应当于1小时内向发生地县级旅游主管部门、安全生产监督管理部门和负有安全生产监督管理职责的其他相关部门报告;旅行社负责人应当同时向单位所在地县级以上地方旅游主管部门报告。

情况紧急或者发生重大、特别重大旅游突发事件时,现场有关人员可直接向发生地、旅行社所在地县级以上旅游主管部门、安全生产监督管理部门和负有安全生产监督管理职责的其他相关部门报告。

旅游突发事件发生后，景区应启动旅游突发事件应急预案，并采取下列一项或者多项措施：组织或者协同、配合相关部门开展对旅游者的救助及善后处置，防止次生、衍生事件；协调医疗、救援和保险等机构对旅游者进行救助及善后处置；按照同级人民政府的要求，统一、准确、及时发布有关事态发展和应急处置工作的信息，并公布咨询电话。

（一）景区交通事故的应急处理

（1）事发现场的目击人员应立即上报景区管理部门，景区管理部门及时报告主管部门和所在地的各相关职能部门（交通、公安、医疗卫生、部队），甚至当地人民政府。

（2）会同事故发生地的有关单位严格保护现场。

（3）协同有关单位、部门进行抢救、勘查、车辆施救等现场工作。

（4）景区管理部门负责人应及时赶赴现场协调处理事故，配合有关单位、部门开展调查取证、保险理赔、行政处罚、民事调解等工作，并安抚旅游团其余未受伤成员的情绪，转送他们去住宿处休息。

（5）撰写事故报告。

（6）妥善处理善后事宜。

（二）景区治安事故的应急处理

（1）打架斗殴事件

发生打架斗殴事件，应迅速通知景区值班保安，及时制止，防止事态扩大，必要时则应立即拨打110报警。景区保安在处理过程中，应将闹事双方带到警卫室处理，并尽快疏散围观人员，同时告知相关部门负责人到现场协助处理。

（2）盗抢事件

一旦发现可疑人员，应立即与景区保安人员联系。对于盗抢事件处理，景区保安人员应沉着冷静，立即拨打110报警，尽量协助被抢人回忆抢劫者的面貌、身高、衣着等特征并详细记录，以协助公安机关破案。

(3) 破坏事件处理

发现故意破坏景区生产设备、设施、煽动闹事、扰乱景区正常运营的，应立即予以制止，保护现场并通知景区综合管理部。景区保安应立即将肇事者带离现场看管，并对破坏情况进行记录。对于事态严重的，应报警由公安机关处理，同时协助公安人员对事件进行调查、处理。

对于治安事件的处理，事故发生单位应协助综合管理部及有关人员，搞好事故调查分析和处理工作；并且要及时召开事故分析会，总结经验教训，必要时建立文档，引以为戒，促使员工注意，以避免类似事件再次发生。

（三）景区自然灾害事故的应急处理

（1）启动环境监测响应处理机制。事故发生后，景区应立即向上级主管部门报告，同时向当地旅游行政部门通告情况，在旅游部门的指示下，通过媒体发布旅游预警，或有计划地控制游客的接待数量。

（2）积极配合有关部门的抢险救助，开展紧急救援行动。组织专业救援队伍深入事发地抢救遇害遇险游客，将受害游客紧急转送到医院进行治疗抢救。

（3）对难以靠近的事发地的遇险游客，救援队应通过高音喇叭或喊话告知其安全自救的正确方法和避险的紧急措施，并使其克服恐惧焦躁的情绪。

（4）将受阻滞留的旅游团队迅速转移，安置在安全的区域，安抚游客情绪。

（5）开展环境整治，请求有关部门扑灭山火、治理水患，划定隔离带、警戒区，适时封闭景区，停止接待，转移当地居民和服务员工。

（6）邀请专家到现场展开调查，配合林业部门，捕杀给游客造成危害的凶猛动物或昆虫。

（7）紧急增设、加固防护设施，并将紧急处理情况通报给有关部门，获得认可。

（8）开展灾后重建，恢复建设原有旅游项目，工程结束后适时对外解除旅游禁令。

（四）景区食物中毒事故的应急处理

（1）赶赴现场，核实确认事件。在现场核实确认事件时应了解事发现场情况，询问相关人员和在场群众，观察受害病人，对其病原进行判断，并进行受害群体的统计工作。

（2）上报景区管理部门，成立临时指挥部。事件上报当地卫生医疗与防疫部门，同时向景区主管部门报告，服从上级部门做出的安排，临时指挥部负责整个抢救与处理工作。

（3）协同医疗单位组织开展紧急抢救工作。设法催吐游客，使他们多喝水以排泄毒性，把严重的中毒者送到附近医院进行救治。

（4）收集物证，查明毒源。收集与食物中毒有关的食物、餐具、呕吐物等，交由卫生防疫部门化验取证。现场遗留物和剩余食物、原料、容器具等，切记不能移动、踩踏、洗刷、清扫，留待卫生防疫部门做调查用，并做消毒、扑杀（害虫）、销毁处理。

（5）安抚受害游客及探望他们的亲属，给出相应的补偿措施。

（6）写出事故发生报告后，要报告主管部门，追究饮食经营单位的责任。对事发的饮食经营单位责令停业，由卫生执法部门调查后暂扣一切食品原料和一切生产经营器具，令其接受处罚或被取缔。接受处理后事发单位应立即按照要求整改，经卫生防疫部门验收合格后，方可恢复饮食经营。

（五）景区环境事故的应急处理

（1）接到游客报警后，应快速核实信息，组织救援队，迅速赶到出事地点。

（2）开展紧急施救，对难以靠近的事发地的遇险游客，通过高音喇叭或喊话告知其安全自救的正确方法和避险的紧急措施，帮助他们克服恐惧、慌乱、焦躁情绪。

（3）抢救遇害遇险游客，将受害游客紧急转送到医院进行治疗抢救。

（4）重大、特大事故情况上报景区主管部门和相关政府部门，服从上级部门做出的安排。

（5）发布预警信息，暂时封闭发生危害的景区区域。

拓展阅读：九寨沟景区 4日游客超4万 连续 6天启动应急预案

（6）安抚受害游客及探望他们的亲属，制定相应的补偿措施。

三、旅游景区突发事件应急管理的智慧化建设

景区应急管理的智慧化建设建立在"智慧景区"建设的基础上。"智慧景区"构建的核心是通过传感网、物联网、互联网以及空间信息技术的整合，实现对景区的资源环境、基础设施、游客活动、灾害风险等进行全面、系统、及时的感知与可视化管理，提高景区信息采集、传输、处理与分析的自动化程度，实现综合、实时、交互、精细、可持续的信息化景区管理与服务目标。通过景区智慧化建设，结合专家知识系统、集成数据分析、数据挖掘与知识发现，通过虚拟现实、情境模拟等手段，为景区的应急指挥与重大事件的综合决策提供技术支撑和信息支持，提高决策的透明度与科学性。

（一）数据中心建设

数据中心包含了众多应用系统及物联网基础信息采集系统，产生的数据有 RS（遥感）数据、GIS（地理信息）数据、GPS 数据、视频录像类多媒体数据以及各业务各部门的业务信息数据。数据中心建设是指景区通过建立数据中心，制定一定规范标准，将旅游企业、政府、游客的相关信息进行收集以及储存、分析。建立智慧景区综合管控平台，实现对景区的集中监控管理、客流统计、报警监测、指挥调度等业务应用。通过公共媒体、景区渠道等，并结合智慧旅游新技术，利用移动多媒体、智能终端等多样化的旅游信息平台，及时公布景区旅游者流量，供旅游者参考。

（二）完善监管系统建设

景区逐步推进旅游者流量监测常态化。采用门禁票务系统、景区一卡通联动系统、景点实时监控系统等技术手段，实现景区流量监测的点、线、面布局。例如电子导览系统建设，进行信息发布以及景区内容展示，对于景区安全管理还有一个最为重要的功能，就是引导分流，即通过电子导览系统让游客提前以及实时了解景区内哪些路段交通拥挤、人流较多，让游客可以主动选择避开拥堵方位。使用 GIS、北斗卫星定位、电子地图技术，对进入景区车辆进行管控，了解车辆的运行情况及位置。对进出景区的车辆通过信息发布屏进行指引和疏导，并结合位置信息，做到自动提醒、解说等功能，有

效保障景区内部交通的顺畅。

利用人脸识别产品与现有的景区票务系统进行比对，通过人、证、票三合一身份认证通行管理，提升景区对游客服务的智能化、现代化水平。利用AI视频图像分析技术，实现对游客行为的智能监控，便于对景区进行管理与安全防护。智慧景区综合管控平台可实现的功能包括——越界预警：在景区边界一旦越过或者进入就会报警，显示越界地段的监控视频以及广播等页面；游客异常行为监控：如景区内打架、斗殴行为，可疑人员快速运动行为；摄像头监控：检测摄像头被遮挡、破坏或者大幅度移动情况，以及摄像头常见故障与图像质量下降情况；夜间出没监控：检测夜间的区域闯入、滞留、游荡行为；火情监控：通过视频监控与物联网设备如烟感、温度、CO_2浓度等设备进行综合判断，出现火情，立即告警，通知管理人员进行警情确认。景区安全管理人员通过视频监控、GPS定位技术，可发送指令，实现人员快速调动，及时处理突发事件以及预防突发事件发生。

（三）安全隐患智慧化提前预警

景区通过监测数据，预测景区旅游者流量趋势，对景区旅游者流量实行分级管理，为疏导分流工作预案的启动提供依据。依托大数据、人工智能等技术，可以对景区内人流量进行实时监测，通过特定技术，以热力图、趋势图等形式将实时承载情况在云端进行记录与对比，形成集中化管控，自动报警密度较高的区域，分析人群行为状态、驻留时间等数据还能在人员出现危险行为或驻留过久等情况下及时预警，做到由"事后分析"向"事前预警"拓展，提前对拥堵、踩踏事故的发生进行有效预测和秩序管控，极大缓解监管压力，提升安全系数。景区内旅游者数量达到最大承载量80%时，启动交通调控、入口调控等措施控制旅游者流量。景区内旅游者数量接近最大承载量时，当向社会公告并同时向当地人民政府报告，同时在当地人民政府的指挥、指导、协助下，配合景区主管部门和旅游行政主管部门启动应急预案。景区内旅游者数量达到最大承载量时，立即停止售票，向旅游者发布告示，做好解释和疏导等相关工作。

我国旅游突发事件应急工作结合互联网、APP等多项技术，在实现旅游景区突发事件应急的智慧化发展方面做出了一些实践。黄果树景区现已在景区内安装了多个救援按钮，游客在需要救助时可使用按钮与景区救援部门及时联系；景区通过智能红外视频监控系统对景区的监控，发现危险，通过对游客携带的电子门票进行 GPS 定位，让救护人员能够以最快速度赶往现场救护。深圳某主题乐园景区通过人工智能技术，能更精确有效地检查出违禁品，从源头上杜绝具有危险性的物品被带入景区，保障旅客及景区的财产安全和秩序。千灯镇在古镇景区内已完成三百多套"智慧用电"设备安装，并全部接入景区智慧安全大平台，对电气火灾的全面诊断分为早期、中期及危险三个阶段，通过更早介入实现超前预警，达到"防患于未然"的效果。

【文旅相彰】

保安工作无小事，救治生命有保障

2022 年 10 月 2 日 10 时，市民张先生到某景区游玩，在行至山上时突感身体不适，巡逻队员发现此情况，立即上前询问是否需要帮助或者需不需要叫救护车，其家属回应不需要叫救护车，但经验丰富的老队员觉得市民情况危急，如不及时转运救治，事态可能会进一步恶化。于是向安全部门做了汇报。为确保安全，景区安保部采取了一系列紧急救护措施：一是安排人员搀扶着张先生到山腰平台，便于救护车接送；二是同时拨打 120 急救电话；三是值班骨干人员驾驶"爱心车"前往现场；四是对昏厥抽搐的市民采取紧急救护措施，并取下应急救助设备 AED 做好心肺复苏准备，经过极力救援，张先生转危为安，逐渐恢复了意识。

救护车到了园区后，为确保救护车能快速准确到达事发地点，安保部安排人员坐上救护车进行引导，大约 8 分钟救护车到达现场，现场人员配合医护人员将张先生送往医院救治。这是一场紧张而让人揪心的救援行动，但也是安保部日常工作的一个缩影。景区应急队伍在紧急情况发生时，快速反应、临危不乱、措施得当，用实际行动确保了市民的生命财产安全。

思考：景区安全工作人员在日常工作中，如何从大处着眼，细处入手，做好安全保卫工作？

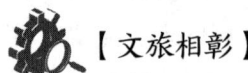

拓展阅读：千岛湖景区开展消防逃生应急演练

【知识与技能训练】

一、名词解释

旅游景区安全管理　旅游景区自然灾害事故　旅游景区食物中毒事故　旅游景区环境安全事故

二、选择题

1. 国务院 2007 年颁布的《生产安全事故报告和调查处理条例》规定：根据生产安全事故造成的人员伤亡或者直接经济损失，事故划分的最高等级为（　　）。

    A. 特别事故　　　　　　　　B. 重大事故
    C. 特别重大事故　　　　　　D. 重点事故

2. 下列不属于景区自然灾害的是（　　）。

    A. 地质灾害　　B. 黑熊伤人　　C. 气象灾害　　D. 环境疾病灾害

3. 下列（　　）设施不属于景区游乐设施。

    A. 海盗船　　　B. 玻璃栈道项目　C. 旱地滑草　　D. 景区摆渡车

4. 某游客在景区内被抢劫，这属于（　　）类型的景区安全事故。

    A. 景区治安事故　　　　　　B. 环境安全事故
    C. 景区动植物伤害事故　　　D. 景区交通事故

5. 游客李某在某景区游览时，由于景区扶梯过陡，不慎滑下把腿摔断，这属于（　　）类型的景区安全事故。

    A. 景区治安事故　　　　　　B. 环境安全事故
    C. 景区动植物伤害事故　　　D. 景区交通事故

三、判断题

1. 世界旅游组织强调：危机发生的第一个 48 小时至关重要。　　　（　　）

2. 自然灾害事故是指旅游景区因自然灾害而导致的安全事故。通常包括以下几个类型：地质灾害、气象灾害、生物灾害、环境疾病灾害等。（　　）

3. 旅游景区食物中毒事故是指因游客个人卫生习惯不良造成的突发病。
　　　　　　　　　　　　　　　　　　　　　　　　　　　　　（　　）

4. 在景区安全事故防范中应坚持"预防为主"的基本原则，把监测预报预警放到十分突出的位置。　　　　　　　　　　　　　　　　　（　　）

— 385 —

5. 在景区安全事故应急响应过程中,需要景区独立应对,无须建立联动协调制度。（   ）

四、简答题

1. 根据景区交通事故发生的空间性质,可将其分为哪些类型?
2. 请简述景区安全管理组织机构的组成。
3. 请简述突发事件的概念与类型。
4. 请简述旅游景区应急预案编制的主要内容。
5. 请简述景区处理治安案件的主要步骤。

五、论述题

1. 请论述,为什么说最佳的应急管理是将旅游突发事件消除在萌芽状态,坚持"预防为主,准备为先"的原则?
2. 请论述景区安全事故的成因。

【综合实训】

实训项目:

实地调研某景区,查找其潜在安全隐患,制定安全管理预案。

实训目标:

通过实训,了解旅游景区安全事故的类型、景区管理的概念,能够查找景区内安全隐患,并提出解决方案。

实训项目:（分小组调研）

1. 以自己较为熟悉的景区为调研对象,分析和思考目前景区在安全管理方面有哪些优缺点。
2. 根据你在景区的调研,分析该景区存在的安全隐患或者潜在的安全事故风险。

实训要求:

1. 学生以5~6人为一小组,确定调研对象,调研过程可采用实地调研或者网络资料搜集两种方式。
2. 通过资料搜集、小组讨论,得出调研结果,写出调研报告。

实训指导:

指导学生恰当地选择调研对象。

指导学生利用搜索引擎和专业网站检索有关景区的资料。

实训评价：

考评人		被考评人	
考评内容		景区安全管理调研	
考评标准	具体内容	分值（分）	实际得分（分）
	方案撰写认真	35	
	团队贡献度	30	
	合作精神	20	
	文档操作熟练	15	
	合计	100	

参考文献

[1] 安土敏.日本超级市场探原[M].北京：中国人民大学出版社，1992.

[2] 蔡梅.景区接待服务[M].北京：中国旅游出版社，2017.

[3] 陈传康，刘振礼.旅游资源鉴赏与开发[M].上海：同济大学出版社，1990.

[4] 陈戈，夏正楷，俞晖.森林公园的概念、类型与功能[J].林业资源管理，2001（03）：41-45.

[5] 陈玉英.景区经营与管理[M].北京：北京大学出版社，2014.

[6] 程质彬.贵州省旅游新业态发展研究[D].贵阳：贵州大学，2015.

[7] 崔国发.自然保护区学当前应该解决的几个科学问题[J].北京林业大学学报，2004，26（06）：102-105.

[8] 党安荣，张丹明，陈杨.智慧景区的内涵与总体框架研究[J].中国园林，2011，27（09）：15-21.

[9] 党安荣，张丹明，马琦伟，等.大数据时代的智慧景区管理与服务探讨[J].西部人居环境学刊，2016，31（04）：8-13.

[10] 邓纯纯，吴晋峰，吴珊珊，等.中国A级景区等级结构和空间分布特征[J].陕西师范大学学报（自然科学版），2020，48（01）：70-79.

[11] 杜先汉.大型景区交通组织优化探讨：以武汉东湖绿道为例[J].交通企业管理，2019，34（06）：46-48.

[12] 方小燕.景区服务与管理[M].北京：清华大学出版社，2015.

[13] 郭剑英.旅游景区旅游解说系统评价研究[M].合肥：合肥工业大学出版社，2011.

[14] 郭亚军.旅游景区管理[M].北京：高等教育出版社，2014.

[15] 国家旅游局人事劳动教育司.旅游规划原理[M].北京：旅游教育出版社，1999.

［16］国家旅游局综合协调司.旅游景区安全管理实务［M］.北京：中国旅游出版社，2012.

［17］黄其新.旅游景区管理［M］.武汉：华中科技大学出版社，2009.

［18］江帆，林珊珊，应天煜，等.中国旅游大数据研究：二十年回顾与展望［J］.旅游导刊，2022，6（04）：68-104.

［19］姜若愚.旅游景区服务与管理［M］.大连：东北财经大学出版社，2008.

［20］郎富平，陈蔚.景区服务与管理［M］.北京：旅游教育出版社，2021.

［21］李飞.零售革命［M］.北京：经济管理出版社，2003.

［22］李凤亮，杨辉.文化科技融合背景下新型旅游业态的新发展［J］.同济大学学报（社会科学版），2021，32（1）：16-23.

［23］李天元.旅游学概论［M］.天津：南开大学出版社，2001.

［24］林永胜.浅谈山地建筑的开发建设及设计方法：漳州长泰乐统度假山庄E地块度假酒店项目的探讨［J］.广东科技，2011，20（16）：134-135.

［25］林越英.旅游环境保护概论［M］.北京：旅游教育出版社，1999.

［26］刘英，宋立本.旅游景区服务与管理［M］.北京：北京理工大学出版社，2020.

［27］彭德成.中国旅游景区治理模式［M］.北京：中国旅游出版社，2003.

［28］彭淑清.景区服务与管理［M］.北京：电子工业出版社，2010.

［29］宋万华.基于游客体验的景区交通优化策略研究：以广西东兰第一湾旅游总体规划为例［J］.中国建设信息化，2018（17）：76-78.

［30］佟瑞鹏，李春旭.旅游景区事故应急管理与预案编制［M］.北京：中国劳动社会保障出版社，2015.

［31］万剑敏.旅游景区服务与管理［M］.北京：高等教育出版社，2014.

［32］汪燕，李东和.旅游新业态的类型及其形成机制研究［J］.科技和产业，2011，11（06）：9-12.

［33］王昆欣.旅游景区服务与管理［M］.北京：旅游教育出版社，2004.

［34］王昆欣，牟丹.旅游景区服务与管理［M］.3版.北京：旅游教育出版社，2018.

［35］王亚楠，肖旺群，李梁.景区餐饮空间设计中场所精神的营建：以南京夫子庙景区桃叶渡餐厅设计为例［J］.工业设计，2020（9）：116-118.

［36］王瑜.旅游景区服务与管理［M］.大连：东北财经大学出版社，2012.

［37］吴必虎，俞曦.旅游规划原理［M］.北京：中国旅游出版社，2010.

［38］吴国清.旅游资源开发与管理［M］.上海：上海人民出版社，2010.

［39］席建超.旅游景区安全管理［M］.北京：旅游教育出版社，2015.

［40］萧桂森.连锁经营理论与实践［M］.海口：南海出版公司，2004.

［41］辛建荣.旅游区规划与管理［M］.天津：南开大学出版社，1999.

［42］许豫宏.旅游新业态的行业创新思考（上）［N］.中国旅游报，2009-02-27（010）.

［43］杨桂华.旅游资源学［M］.昆明：云南大学出版社，1999.

［44］杨玲玲，魏小安.旅游新业态的"新"意探析［J］.资源与产业，2009，11（06）：135-138.

［45］张芳蕊，索虹，周秀芝，等.景区服务与管理［M］.2版.北京：清华大学出版社，2021.

［46］张菲菲.黄果树智慧景区建设研究［D］.重庆：西南大学，2015.

［47］张凌云.旅游景区管理［M］.北京：旅游教育出版社，2009.

［48］张宁.旅游景区安全管理水平评价研究［D］.北京：北京交通大学，2019.

［49］张瑞真，马晓冬.我国旅游新业态研究进展及展望［J］.旅游论坛，2013，6（04）：53-58.

［50］张树民，邬东璠.中国旅游度假区发展现状与趋势探讨［J］.中国人口·资源与环境，2013，23（01）：170-177.

［51］张文建.当代旅游业态理论及创新问题探析［J］.商业经济与管理，2010（04）：91-96.

［52］张文君，李为仁，彭启轩，等.智慧景区数字产品设计与开发：以黄龙景区为例［M］.北京：科学出版社，2021.

［53］章小平，任佩瑜，邓贵平.论旅游景区危机管理模型的构建［J］.财贸经济，2010（02）：130-135.

［54］中华人民共和国国家旅游局.景区最大承载量核定导则（LB/T 034—2014）.中华人民共和国行业标准，2014-12-26.

［55］周国忠.景区服务与管理［M］.北京：中国旅游出版社，2017.

［56］周书云，胡秋红，杨丽春，等.旅游景区运营管理［M］.广州：广东高

等教育出版社，2017.

［57］周书云.旅游景区运营管理［M］.广州：广东高等教育出版社，2017.

［58］周政.浅析生态农庄客房空间照明设计［J］.居舍，2018（24）：136.

［59］邹统钎.旅游景区开发与管理［M］北京：清华大学出版社，2004.

［60］邹统钎.旅游景区开发与经营经典案例［M］.北京：旅游教育出版社，2003.

［61］邹再进.旅游业态发展趋势探讨［J］.商业研究，2007（12）：156-160.

［62］邹再进.区域旅游业态理论研究［J］.地理与地理信息科学，2007（05）：100-104.